无人水下航行器集群控制

梁 霄　曲星儒 著

科 学 出 版 社

北 京

内 容 简 介

本书从模型、理论和仿真等角度，深入系统介绍无人水下航行器集群控制的理论和方法。首先，本书概述了无人水下航行器集群研究现状，并对反步、滑模等非线性控制方法进行简单介绍；其次，通过分析航行器控制特性，建立运动学模型，并基于该模型进行操纵性仿真；再次，针对欠驱动水下航行器轨迹跟踪控制、路径规划、路径跟踪控制、多路径协同跟踪控制、单路径包围控制、集群轨迹跟踪控制、集群路径跟踪控制及集群避障等问题，分别基于动态面、神经网络、模糊系统、图论、势函数及一致性等理论设计控制器；最后，为验证上述控制方法的有效性和优越性，给出了详细的理论证明和仿真结果。

本书可供船舶与海洋工程、人工智能和自动化技术等领域的科研人员和工程技术人员阅读，也可作为相关专业研究生和高年级本科生的参考用书。

图书在版编目(CIP)数据

无人水下航行器集群控制 / 梁霄，曲星儒著. —北京：科学出版社，2023.3

ISBN 978-7-03-073482-2

Ⅰ. ①无… Ⅱ. ①梁… ②曲… Ⅲ. ①无人驾驶-可潜器-集群-自动飞行控制 Ⅳ. ①U674.941

中国版本图书馆 CIP 数据核字(2022)第 192570 号

责任编辑：张 庆 张培静 / 责任校对：邹慧卿
责任印制：吴兆东 / 封面设计：无极书装

科学出版社 出版
北京东黄城根北街 16 号
邮政编码：100717
http://www.sciencep.com
北京中石油彩色印刷有限责任公司 印刷
科学出版社发行 各地新华书店经销
*
2023 年 3 月第 一 版 开本：720×1000 1/16
2023 年 3 月第一次印刷 印张：14 1/4
字数：287 000

定价：142.00 元

作 者 简 介

梁霄，大连海事大学教授、博士生导师、国家级科技重大专项项目首席科学家，长期从事海上无人系统群体智能决策与协同控制研究，入选交通运输部“交通运输青年科技英才”、辽宁省“创新人才支持计划”、辽宁省“兴辽英才计划—青年拔尖人才”、辽宁省“百千万人才工程”等，发表学术论文100余篇，承担国家级科技重大和重点项目2项、国家自然科学基金项目4项，现为中国人民解放军陆军装备部专家、海军装备部专家、辽宁省造船工程学会专家组成员、辽宁省水下机器人联盟专家委员、国家自然科学基金评审专家等。

前　言

我国是海洋大国，拥有丰富的海洋资源及漫长的海岸线。在海洋形势日趋复杂的今天，面向海洋保护区监管和海岸带、海岛保护监管等现实需求，加强智能化海洋作战系统的研究已迫在眉睫。无人水下航行器作为新型智能化海洋武器装备，具有体积小、隐身性好、很难被拦截、不易被追踪等特点，能够在海洋战场评估、情报侦查、水下探测、探险、扫雷、协同作战等领域发挥重要作用。受自然界中生物集群行为启发，同时得益于电子信息技术的推陈出新，无人水下航行器集群技术迅猛发展，已成为当前各主要国家和地区争先推进的前沿尖端技术。集群系统融合群体协同和单体自主性优势，具有更高的灵活性、机动性、任务执行效率和更广的作业范围，可代替人类完成更复杂的任务，进而满足协同区域搜索、编队巡逻、多无人平台协同围捕等实际需求，这进一步扩展了无人系统的应用领域。

本书取材于作者团队近年来的相关研究成果。第 1 章概述了无人水下航行器集群的研究现状，对近年来国内外航行器集群系统的进展情况进行简单论述，并对后续章节中涉及的反步、滑模等非线性控制技术进行简单介绍。第 2 章以欠驱动无人水下航行器为研究对象，分析其运动特性并根据工程应用需求建立了六自由度和三自由度模型；基于上述运动模型，利用微分几何工具和非线性控制理论进行控制特性分析，具体包括本质非线性、非完整特性、可控性与系统稳定性，并进行了操纵性仿真实验。第 3 章针对航行器的二维和三维轨迹跟踪控制问题，利用反步法和自适应动态面法设计动力学控制器；考虑模型不确定性和外界干扰，设计基于神经网络和模糊逼近的抗干扰控制器，提高航行器鲁棒性。第 4 章针对航行器路径跟踪控制问题，提出一种基于改进势函数的路径规划方法；结合自适应和滑模理论，设计二维动力学控制器；考虑海流干扰影响，设计基于海流观测器的航速、转艏和纵倾控制器，使航行器跟踪上期望路径。第 5 章针对多水下航行器协同编队控制问题，分别设计集中式和分布式编队控制律，并对闭环系统进行了稳定性分析；考虑多航行器二维和三维编队控制问题，构建领航跟随编队模型，结合反步法和李雅普诺夫直接法设计了跟随者控制律，使其以预先设定的编队模式跟踪领航者；结合一致性理论和图论，分别设计了路径参数包含、路径参数一致及路径参数环形跟踪的分布式控制律，实现了多航行器的单路径协同跟踪、多路径协同跟踪以及单路径协同包围。第 6 章考虑多水下航行器集群跟踪控制问题，基于生物自组织行为构建自组织集群模型，通过集群误差和李雅普诺夫稳定性设计集群期望速度；考虑干扰未知以及集群中心位置不可测问题，采用小波神经网络设计干扰逼近器估计未知干扰，基于图论设计群中心观测器辨识集群中心位置；考虑集群路径跟踪控制问题，设计基于视线法的群中心制导控制方法；考虑航行过程中障碍物规避问题，基于人工势函数修正集群速度向量，保证航行器安全可靠航行。

感谢本领域专家学者给予作者的大力支持，以及课题组成员张钊、陈聪等在本书撰写过程中的贡献和帮助。

限于作者水平，书中难免有疏漏，敬请专家批评指正。衷心希望本书能起到抛砖引玉的作用，为广大读者提供一些有益借鉴。

梁　霄

2022 年 10 月

目　录

第 1 章　绪　　论

海洋，浩瀚无边，拥有无限的奥秘，不但蕴藏着丰富的资源，也见证了无数的战争。随着陆地资源日益匮乏，逐步开发海洋资源成为必然趋势。近年来，随着“海洋强国”“交通强国”“海运强国”的相继提出以及科学技术的日新月异，我国对海洋的认识进一步深入，对海洋权益和海洋资源的重视程度也进一步提高，海洋领域各项技术取得突破性发展，走向智慧海洋计划在一步一步实现。考虑到海洋环境十分恶劣以及传统海洋探索方式面临诸多困难，配备通信系统、感知系统、决策系统及动力系统的无人水下航行器（autonomous underwater vehicles，AUVs）成为全球研究热点（严浙平等，2015；Diercks et al.，2014；Eberhart et al.，2002），开启了海洋探索以及海洋作业新篇章。

1.1　无人水下航行器集群概念

1.1.1　无人水下航行器集群定义

在自然界中，鱼群、鸟群、蜂群、狼群中的个体依靠局部感知作用和信息交流，可以涌现出协调一致、令人震撼的集群运动场景（梁晓龙等，2018；段海滨等，2013），如图 1-1 所示。生物学家 Pierre Paul Grasse 基于蚂蚁筑巢行为提出了生物集群概念（李鹏举等，2020），并进行了共识自主性研究。鉴于此，集群概念开始步入人类视野并逐步发展。正如 20 世纪初受飞鸟启发发明了飞机一样，无人水下航行器集群起源于鱼群行为，群内成员分工明确，且存在着丰富的信息交流。

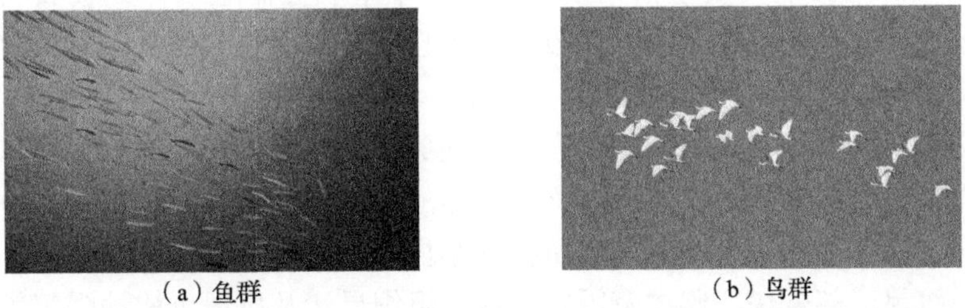

（a）鱼群　　（b）鸟群

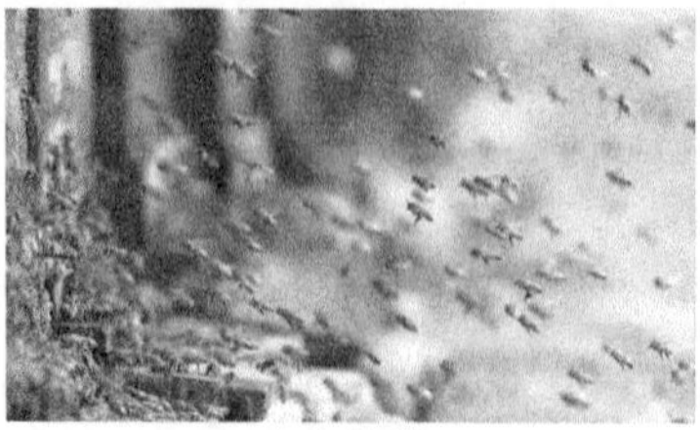

（c）蜂群

（d）狼群

图 1-1　典型的集群行为

无人水下航行器集群是由一定数量的单功能和多功能航行器通过相互关联、相互协作形成的有机整体，在宏观层面涌现出群体智能，具备更高级、多样化的功能，依靠自主决策和行为协同完成更加综合、复杂的海上作业任务。

水下航行器集群不是多个航行器的简单组合，而是通过科学的方法聚集后，经过集群自组织机制和行为协调机制的有机耦合，利用协同来实现资源的有效利用，以提高任务的执行效率。航行器集群系统相比单个航行器，具有以下特点：第一，构造多个功能简单的集群系统比构造一个功能齐全的航行器更容易，成本更低，且协同作业时某个节点失效时造成的损失较小；第二，集群系统可以形成覆盖面积较大的实时探测区域，以较短的时间完成大范围搜索任务；第三，集群系统在数量上具有冗余性，通过合理的预案可以保证任意节点故障不致使整个系统任务失败（许真珍等，2007）。

1.1.2　无人水下航行器集群背景

无人水下航行器作为海上智能化无人系统和作战平台的代表性装备，必将成为推进海军军事智能化发展的核心装备之一。面对日益复杂的海洋工程应用和作战多样化需求，航行器受其自身软件及硬件条件的限制，执行任务时仍存在很多局限性（金克帆等，2018；徐博等，2015）。例如，单个航行器受其自身质量、尺寸及搭载燃料等限制，难以在海洋作战中产生持续有力的打击力度；受搭载传感器角度及通信设备的制约，单个航行器难以从多个不同方位对目标区域进行探测；受作战范围、摧毁能力及攻击精度等限制，单个航行器难以保证较高的作战成功率；另外，单个航行器可能受到攻击或因自身故障而失效，从而导致整个任务失败。

为弥补单个航行器在载荷配置有限、任务能力偏弱、作战样式相对单一以及小范围作战等方面的不足，适应多样化的作战任务，航行器通常以集群协同方式进行作业，即通过多个航行器组成航行器集群，适应高度动态水域环境，充分发挥集群系统灵活部署快、监控范围广、作战组织灵活及抗毁重构性强等优势（顾颖闽，2019）。这样，既能最大限度地发挥航行器优势，又能避免单个成员故障而造成的不良后果，提高任务执行效率和作业范围。执行任务的复杂性以及动态环境的不确定决定了水下航行器系统势必朝着集群化方向发展。

1.2 无人水下航行器集群系统研究概况

无人水下航行器集群系统的研究始于20世纪80年代，需要解决的理论和应用问题包括系统体系结构、协同编队、协同导航、水声通信等，涉及船舶与海洋工程、人工智能、自动化技术、通信工程等多个学科，具有多学科交叉融合、集成度高的特性。近年来，随着上述学科的发展以及海洋调查、海底探测等任务需求增长，航行器集群系统得到了快速发展，研究更加广泛、深入。国内外的相关研究计划正在如火如荼地进行，并建立了一些航行器集群的仿真系统和实验系统。

1987年，美国新罕布什尔大学在美国国防高级研究计划局海军办公室的资助下提出了一种分层的分布式航行器集群控制体系结构，并在温尼伯索基湖进行了编队协同、协同区域探测实验（Albus et al.，1987）。2003年，美国海军研究生院与普林斯顿大学、哈佛大学等单位共同承担了自主海洋采集网络（autonomous ocean sampling network，AOSN）项目，利用航行器集群系统在蒙特利湾进行数据采集，同时该项目在航行器集群协同探测、有人-无人系统集成、海洋立体检测等方面积累了大量技术基础和实验数据（Phoha et al.，2001）。2003年，英国Nekton研究机构开发了水下多智能体平台（underwater multi-agent platform，UMAP），包括四个小型、易操纵的Ranger航行器，用于绘制美国北卡罗来纳州海岸线上Newport河口湾一带的盐度移动情况（Schulz et al.，2003）。2006年，Bluefin机器人公司为满足美国海军征服计划需求，开发了一种分布式侦察与探测的协作自主（cooperative autonomy for distributed reconnaissance and exploration，CADRE）系统，可分别执行导航、探测和识别水雷等使命。2009年，德国、意大利及葡萄牙联合开展了航行器集群协同认知与控制技术（cooperative cognitive control for autonomous underwater vehicles，CO3-AUVs）项目，如图1-2所示，主要研究集群系统仿真环境开发、协同控制、定位于导航技术、协同行为设计等（Almeida et al.，2012；Antonelli et al.，2008）。2011年，奥地利Ganz人工生命实验室研发了Cocoro航行器集群系统，该系统由41个航行器组成，如图1-3所示；基于生物启发运动原理和生物衍生的集体认知机制，可协同进行生态监测、探索和收获水下栖息地资源。2019年，美国海军水下战略研究中心资助澳大利亚海洋技术公司研发Swarm-diver航行器，如图1-4所示，该微型航行器可从海岸线或任何移动/非移动平台下放，下放、操作和回收可由单人完成。Swarm-diver的集群功能使其成为水文测量、反水雷、水上及水下通信侦查的理想工具。

国内在航行器集群系统研究领域起步较晚，目前大多处于理论阶段，研究单位主要包括哈尔滨工程大学、中国科学院沈阳自动化研究所、西北工业大学、华中科技大学、大连海事大学等高校或研究所。

1996 年，哈尔滨工程大学研究了航行器集群路径规划及避碰策略，初步开发了协同路径规划仿真环境，构建了双航行器编队系统，并于 2003 年在渤海进行了航行实验（由光鑫，2006；仲宇等，2003）。2005 年，中国科学院沈阳自动化研究所开展了航行器集群相关研究，涉及编队协同、任务分配、仿真平台搭建等（潘无为等，2017；徐红丽等，2005）。2007 年，西北工业大学也开展了航行器集群系统关键技术的相关研究，主要包括编队协同、任务分配、路径规划等（王琦斐等，2012；赵宁宁等，2011）。2014 年，哈尔滨工程大学水下机器人技术重点实验室在威海老港附近使用 3 个航行器组成的集群系统开展了水平面协同编队实验（何斌，2017），如图 1-5 所示。2018 年，西北工业大学自主水下航行器团队开发了航行器集群系统实验平台，并在机器人设计大赛中初步验证了水下多节点协同定位等技术。

图 1-2　CO3-AUVs 海上实验

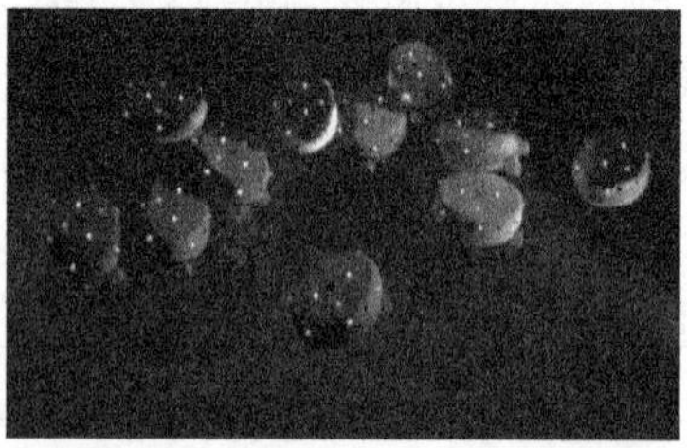

图 1-3　奥地利 Cocoro 航行器集群

图 1-4　Swarm-diver 航行器集群

图 1-5　哈尔滨工程大学航行器集群

1.3　无人水下航行器集群控制研究概况

无人水下航行器集群系统协同执行作业任务，离不开合理高效的集群控制方法。受作业任务要求以及复杂海洋环境等的影响及约束，航行器集群控制方法研究极具挑战性，如系统规模大、数据维度高、干扰复杂未知、通信带宽窄。作为集群系统技术发展的一个重要趋势，集群控制方法的研究成为当前学术界的研究热点之一。

目前，水下航行器集群控制方法主要包括领航跟随法、虚拟结构法、一致性方法和基于行为的方法。领航跟随法是将集群系统中一个或多个成员指定为领航者，其余成员视为跟随者，跟随者以期望的距离或角度跟踪领航者的位置，最终达到与领航者的协同运动（彭周华，2011）。Cui 等（2010）针对跟随者动力学控制器设计问题，结合一阶滤波器和滑模控制，利用领航者位置和速度信息设计了抗干扰控制律。Zhou 等（2012）研究了领航跟随编队控制问题，根据水下通信宽带限制将航行器集群系统分成若干个子系统，并为每个子系统指定一个领航者，其余成员为跟随者，子系统基于领航信息执行编队任务。Rout 等（2016）为解决系统采样数据传输问题，对每个跟随者设计了预估器，基于李雅普诺夫直接法设计动力学控制器，实现了基于离散数据传输的集群协同控制。冯之文等（2020）提出了一种基于时延补偿的领航跟随法，利用最小二乘法结合领航者的当前和历史状态信息进行状态拟合，并利用时延误差来预测领航者信息。

值得一提的是，领航跟随法虽易于实现，但整个集群控制过程过于依赖领航者；一旦领航节点失效，整个集群系统将陷入瘫痪。在此背景下，一致性方法和基于行为的方法为集群控制提供了新思路，尤其是对于集群避障及集群系统自组织重构问题。在势函数编队控制策略中，需要设计相应的人工势函数来避免成员碰撞和保持编队队形，再根据其负梯度得到相应控制律，其中避碰势函数产生排斥的虚拟力用来避免成员碰撞，而编队保持势函数使得保持期望编队结构的总势能最小。

Eickstedt 等（2006）考虑了多航行器协同采样任务，为集群系统设计了几种基本行为，并采用多目标函数针对多种约束条件下的集群行为融合机制进行了研究。吴小平等（2008）利用领航者来控制整个集群系统运动趋势，并利用基于行为法的思想来定义领航者和跟随者的基本行为，实现驶向目标、编队变换以及躲避障碍等行为。Kang 等（2009）提出了一种基于模糊逻辑的多反应行为融合方法，使集群系统在存在复杂海洋环境及传感器噪声条件下能保持稳定的编队队形，且适用于大范围未知区域避障。Pentzer 等（2010）将基于行为的编队策略成功应用到多航行器协同磁场探测任务中，并开展了两艘航行器实验验证。袁健等（2011）结合虚拟结构和一致性理论研究了小规模航行器集群控制问题，对各成员对应的不一致的虚拟领航者参考信息进行一致性协商达到状态一致，将各虚拟领航者的相对位置转换成航行器期望位置。潘无为等（2017）结合势函数和虚拟结构设计了航行器集群控制律，将集群系统分为编队参考点、虚拟结构质点和航行器三个部分，以编队参考点为中心形成的虚拟结构来构建编队队形，且运动过程中利用势函数实现了系统避碰和避障。Sahu 等（2018）提出了一种基于集群中心制导的集群控制方法，设计一致性观测器估计集群中心位置，结合模糊逻辑系统和势函数建立避碰规则，保证航行器集群安全航行。Ren（2006）将一致性理论应用于多机器人编队控制，把领航跟随法、基于行为法和虚拟结构法整合到一致性算法框架中，理论证明了即使没有领导者，如果满足一定条件，采用基于一致性的控制策略也能精确地保持编队队形。Ghabchello 等（2009）考虑集群单向通信拓扑结构，利用李雅普诺夫稳定性理论和代数图论设计了一种分布式集群控制方法，将多航行器集群系统分解为路径跟踪和协同控制两个级联子系统，通过设计速度一致性实现期望的编队模式。赵宁宁等（2015）研究了多航行器协同路径跟踪控制问题，以描述曲线路径参数的变化率为附加控制变量，基于路径参数一致性设计协同控制器，使航行器沿着期望路径运动的同时保持路径参数同步，实现了多航行器在空间和时间上的协同。唐会林等（2017）针对无领航者和时延下的集群控制问题，提出一种通信延迟下的一致性协调控制方法，设计了基于位置信息和速度信息的拓扑结构来减少信息交互的数据量，并用理论证明了该时延系统的稳定性。崔健等（2019）研究了航行器集群系统的自适应有限时间一致性跟踪控制问题，基于非奇异快速终端滑模对跟随者设计了控制律，提高不确定性系统的鲁棒性。

1.4 预备知识

考虑到航行器本身具有的强耦合性及运动非线性，非线性是设计航行器制导控制律时的关键问题。对于非线性系统，国内外研究学者提出了诸多控制方法。本节主要针对本书中涉及的反步、滑模等非线性控制技术及李雅普诺夫稳定性理论做简单介绍。

1.4.1 反步控制

反步法作为一种回归设计方法，又称为反演法、反推法。其基本思想是将李雅普诺夫函数的选取与控制器的设计相结合，通过采用引入虚拟控制的方式，从系统微分方程的最低阶次开始，一直后推来设计满足要求的虚拟控制，从而设计出最终的控制律，使系统达到期望的性能要求（崔士鹏，2018）。对于参数严格反馈的非线性系统尤为有效，反步法最大的优势点主要体现在能够有效地解决非匹配不确定性。

定义被控制对象为

$$\begin{cases}\dot{x}_1 = x_2 \\ \dot{x}_2 = f(\boldsymbol{x},t) + b(\boldsymbol{x},t)u \\ y = x_1\end{cases} \tag{1-1}$$

式中，$\boldsymbol{x} = [x_1, x_2]^{\mathrm{T}}$ 为系统状态向量；u 为控制输入；y 为系统输出；$b(\boldsymbol{x},t) \neq 0$。

针对非线性系统（1-1），反步控制设计步骤如下。

第一步　定义跟踪误差

$$z_1 = y - y_{\mathrm{d}} \tag{1-2}$$

式中，y_{d} 表示给定期望指令。

对式（1-2）求导，并代入式（1-1），可得

$$\begin{aligned}\dot{z}_1 &= \dot{y} - \dot{y}_{\mathrm{d}} \\ &= x_2 - \dot{y}_{\mathrm{d}}\end{aligned} \tag{1-3}$$

定义虚拟控制量

$$\alpha_1 = -k_1 z_1 + \dot{y}_{\mathrm{d}} \tag{1-4}$$

式中，$k_1 > 0$ 为设计常数。

定义误差 $z_2 = x_2 - \alpha_1$，并选择如下形式的李雅普诺夫函数：

$$V_1 = \frac{1}{2} z_1^2 \tag{1-5}$$

求 V_1 对时间的导数，有

$$\begin{aligned}\dot{V}_1 &= z_1(x_2 - \dot{y}_{\mathrm{d}}) \\ &= z_1(z_2 + \alpha_1 - \dot{y}_{\mathrm{d}})\end{aligned} \tag{1-6}$$

将式（1-4）代入式（1-6），可得

$$\dot{V}_1 = -k_1 z_1^2 + z_1 z_2 \tag{1-7}$$

第二步　选择如下形式的李雅普诺夫函数：

$$V_2 = V_1 + \frac{1}{2} z_2^2 \tag{1-8}$$

考虑到 $\dot{z}_2 = \dot{x}_2 - \dot{\alpha}_1 = f(\boldsymbol{x},t) + b(\boldsymbol{x},t)u - \dot{\alpha}_1$，则 V_2 对时间的导数为

$$\begin{aligned}\dot{V}_2 &= \dot{V}_1 + z_2 \dot{z}_2 \\ &= -k_1 z_1^2 + z_1 z_2 + z_2\left(f(\boldsymbol{x},t) + b(\boldsymbol{x},t)u - \dot{\alpha}_1\right)\end{aligned} \tag{1-9}$$

根据式（1-9），设计控制器为

$$u = \frac{1}{b(\boldsymbol{x},t)}\left(-f(\boldsymbol{x},t) + \dot{\alpha}_1 - z_1 - k_2 z_2\right) \tag{1-10}$$

式中，$k_2 > 0$ 为设计常数。

将控制器（1-10）代入式（1-9），可得

$$\dot{V}_2 = -k_1 z_1^2 - k_2 z_2^2 \leqslant 0 \tag{1-11}$$

式（1-11）结果表明，在控制律（1-10）作用下，系统（1-1）是指数渐近稳定，即误差 z_1 和 z_2 以指数的形式渐近趋近于零（尹强，2016）。

1.4.2 动态面控制

动态面控制是在反步法的基础上提出的，并且不断地发展，它的提出主要是为了解决传统反步法设计过程中出现的一些复杂计算问题（王昊，2014）。现有研究表明，动态面控制主要优点如下：第一，能够有效地避免微分项上的膨胀，简化控制器和参数设计；第二，有效地减少在神经网络建模过程中以及模糊系统输入变量的个数；第三，在稳定性分析过程中，不需要设定逼近误差有界的假设，因此避免了重复论证。

考虑非线性系统

$$\begin{cases} \dot{x}_i = x_{i+1} + f_i(x_i) + \lambda_i \zeta_i(x_1,\cdots,x_i) + d_i(\boldsymbol{x},t) \\ x_n = f(\boldsymbol{x}) + bu + \lambda_n \zeta_n(\boldsymbol{x}) + d_n(\boldsymbol{x},t) \\ y = x_1 \end{cases} \tag{1-12}$$

式中，$\boldsymbol{x} \in \mathbf{R}^n$ 为系统状态向量；$u \in \mathbf{R}$ 和 $y \in \mathbf{R}$ 分别表示系统的输入和输出；$\lambda_i \in \mathbf{R}^n$ 为未知常参数向量；$\zeta_i(x_1,\cdots,x_i)$ 和 $f(\boldsymbol{x})$ 均为 C^1 类函数；$d_i(\boldsymbol{x},t)$ 表示系统不确定项；$|d_i| < a_i$，且 a_i 和 b 为未知常参数，这里 $1 \leqslant i \leqslant n$。

假设参考信号 $x_{1\mathrm{d}}$ 连续，且其 n 阶导数 $x_{1\mathrm{d}}, \dot{x}'_{1\mathrm{d}}, \cdots, x_{1\mathrm{d}}^{(n)}$ 有界。在此背景下，控制目标可描述为：设计基于动态面的控制律，使系统输出在满足任意小的误差范围内渐近跟踪上参考信号。

针对非线性系统（1-12），基于动态面的控制器设计步骤如下：

第一步　定义第一个动态面为 $z_1 = x_1 - x_{1\mathrm{d}}$，其导数为

$$\dot{z}_1 = x_2 + f_1(x_1) + \lambda_1 \zeta_1 + d_1 - \dot{x}_{1d} \tag{1-13}$$

定义虚拟控制输入 $\bar{\chi}_2$，并采用非线性阻尼项来抵消 $\dot{z}_1$ 中的不确定项 d_1，则

$$\bar{\chi}_2 = -k_1 z_1 - f_1(x_1) - \hat{\lambda}_1 \zeta_1 - \frac{1}{2\varepsilon} a_1^2 z_1 + \dot{x}_{1\mathrm{d}} \tag{1-14}$$

式中，$k_1 > 0$ 和 $\varepsilon > 0$ 为设计常数。

令 $\bar{\chi}_2$ 通过一阶滤波器，则有

$$\begin{cases} \xi_2 \dot{x}_{2\mathrm{d}} + x_{2\mathrm{d}} = \bar{\chi}_2 \\ x_{2\mathrm{d}}(0) = \bar{\chi}_2(0) \end{cases} \tag{1-15}$$

式中，ξ_2 为滤波器时间常数；$x_{2\mathrm{d}}$ 为滤波器输出。

第 i 步　定义第 i 个动态面为

$$z_i = x_i - x_{i\mathrm{d}} \tag{1-16}$$

为使 $z_i \to 0$，设计虚拟控制输入 $\bar{\chi}_{i+1}$ 为

$$\bar{\chi}_{i+1} = -k_i z_i - f_i\left(x_i\right) - \hat{\lambda}_i \zeta_i - \frac{1}{2\varepsilon} a_i^2 z_i + \dot{x}_{id} \tag{1-17}$$

式中，$k_i > 0$ 为设计常数。

令 $\bar{\chi}_{i+1}$ 通过一阶滤波器，有

$$\begin{cases} \xi_{i+1}\dot{x}_{(i+1)d} + x_{(i+1)d} = \bar{\chi}_{i+1} \\ x_{(i+1)d}\left(0\right) = \bar{\chi}_{i+1}\left(0\right) \end{cases} \tag{1-18}$$

式中，ξ_{i+1} 为滤波器时间常数；$x_{(i+1)d}$ 为滤波器输出。

第 n 步　定义第 n 个动态面为 $z_n = x_n - x_{nd}$，其导数为

$$\dot{z}_n = f\left(x\right) + \lambda_n \zeta_n + bu + d_n - \dot{x}_{nd} \tag{1-19}$$

在此背景下，设计控制律为

$$u = \hat{\beta}\left(-f\left(x\right) - k_n z_n - \hat{\lambda}_n \zeta_n - \frac{1}{2\varepsilon} a_n^2 z_n + \dot{x}_{nd}\right) \tag{1-20}$$

式中，$k_n > 0$ 为设计常数；$\hat{\beta}$ 为 $1/b$ 的估计值。

设计参数更新律为

$$\begin{cases} \dot{\hat{\lambda}}_1 = c_1 z_1 \zeta_1 \\ \cdots \\ \dot{\hat{\lambda}}_n = c_n z_n \zeta_n \\ \dot{\hat{\beta}} = -c\,\mathrm{sgn}\left(b\right) z_n x_d \end{cases} \tag{1-21}$$

式中，$c > 0$ 和 $c_i > 0$ 为设计常数。

1.4.3 滑模控制

滑模控制也叫变结构控制，其基本思想是通过对控制量的切换来迫使控制系统的状态随着滑模面滑动，这种状态下的系统处于滑动模态。研究表明，滑模控制在克服非线性系统不确定性方面，以及对干扰和对满足匹配条件的系统未建模动态，控制效果显著。考虑变结构控制系统算法易实现、响应速度快、控制器结构简单、操作简便等优点，具有“完全鲁棒性”的滑模控制方法在无人水下航行器控制领域得到了广泛应用（Perruquetti et al.，2002）。

考虑非线性系统

$$\dot{\boldsymbol{x}} = f\left(\boldsymbol{x}, \boldsymbol{u}, t\right) \tag{1-22}$$

式中，$\boldsymbol{u} \in \mathbf{R}^m$ 和 $\boldsymbol{x} \in \mathbf{R}^n$ 分别表示系统控制输入和状态。

为确保内切面在有限时间内切换面 $s\left(\boldsymbol{x}\right) = 0$ 以外的相轨迹进入切换面并保持在切换面上运动，定义变结构控制形式为

$$u_i(x)=\begin{cases}u_i^{+}(\boldsymbol{x}), & s_i(\boldsymbol{x})>0\\ u_i^{-}(\boldsymbol{x}), & s_i(\boldsymbol{x})<0\end{cases} \tag{1-23}$$

注意，任何滑模变结构控制系统都必须满足以下条件：第一，滑动模态存在；第二，切换面 $s(\boldsymbol{x})=0$ 以外的相轨迹在有限时间内到达切换面 $s(\boldsymbol{x})=0$；第三，在切换面 $s(\boldsymbol{x})=0$ 上的滑动模态运动渐近稳定且具有良好的动态性能。

为保证切换面在有限的时间内到达，控制律需满足

$$\dot{s}s\leqslant 0 \tag{1-24}$$

进一步，为确保趋近效果，我国控制专家高为炳及团队采用趋近律方法（高为炳，1996），提出了当下应用最为广泛的两种趋近律。其中，等速趋近律为

$$\dot{s}=-\varepsilon\,\mathrm{sgn}(s) \tag{1-25}$$

式中，$\varepsilon>0$ 为设计常数。

指数趋近律为

$$\dot{s}=-\varepsilon\,\mathrm{sgn}(s)-k_{\mathrm{s}}s \tag{1-26}$$

式中，$\varepsilon>0$ 和 $k_{\mathrm{s}}>0$ 为设计常数。

1.4.4　李雅普诺夫稳定性理论

考虑非线性系统

$$\dot{\boldsymbol{x}}(t)=\boldsymbol{f}\left(\boldsymbol{x}(t),t\right) \tag{1-27}$$

式中，$\boldsymbol{x}(t)$ 表示 n 维状态向量；$\boldsymbol{f}\left(\boldsymbol{x}(t),t\right)$ 表示 n 维函数向量，这里 $\boldsymbol{f}$ 的分量 f_i 都是状态 $\boldsymbol{x}(t)$ 和时间 t 的函数（王奔，2005；Khalil et al.，2002）。

假设在初始条件 $t=t_0$ 和 $\boldsymbol{x}(t_0)=\boldsymbol{x}_0$ 下，式（1-27）有唯一解，则用 $\phi(t;\boldsymbol{x}_0,t_0)$ 表示其解为

$$\boldsymbol{x}(t)=\boldsymbol{x}(t;\boldsymbol{x}_0,t_0) \tag{1-28}$$

式（1-28）表示从初始时刻 t_0 开始，由初始状态 $\boldsymbol{x}_0$ 为起点的在 n 维状态空间的运动轨迹。显然，满足 $\boldsymbol{x}_0=\boldsymbol{x}(t_0;\boldsymbol{x}_0,t_0)$。如果某性质对于所有的 $t_0\geqslant 0$ 都成立，则称它是一致的。

1. 平衡状态

若方程（1-27）中存在 $\boldsymbol{x}_{\mathrm{e}}$，使其满足

$$\dot{\boldsymbol{x}}(t)=f\left(\boldsymbol{x}_{\mathrm{e}},t\right)=0,\ \forall t\geqslant 0 \tag{1-29}$$

则称 $\boldsymbol{x}_{\mathrm{e}}$ 为系统的平衡状态。注意李雅普诺夫关于稳定性的研究都是针对平衡点而言的（Khalil et al.，2002）。

2. 稳定性

若对于任一个实数$\varepsilon>0$，都存在另一个与ε取值有关的实数$\delta(\varepsilon,t_0)>0$，使得下列不等式成立时，即

$$\|\boldsymbol{x}_0-\boldsymbol{x}_{\mathrm{e}}\|\leqslant\delta \tag{1-30}$$

就一定有

$$\|\boldsymbol{x}_0-\boldsymbol{x}_{\mathrm{e}}\|\leqslant\varepsilon,\ t\geqslant t_0 \tag{1-31}$$

则称系统（1-27）的平衡状态$\boldsymbol{x}_{\mathrm{e}}$是稳定的（刘小河，2008）。

3. 渐近稳定性

若系统（1-27）的平衡状态$\boldsymbol{x}_{\mathrm{e}}$在李雅普诺夫意义下是稳定的，且从与平衡状态$\boldsymbol{x}_{\mathrm{e}}$的距离小于等于$\delta$的某邻域$\Omega(\delta)$出发的任意一个状态$\boldsymbol{x}(t)$，当$t$趋于无穷大时都趋近于$\boldsymbol{x}_{\mathrm{e}}$，则平衡状态$\boldsymbol{x}_{\mathrm{e}}$是渐近稳定的。

若系统（1-27）的平衡状态$\boldsymbol{x}_{\mathrm{e}}$是渐近稳定的，且$\delta$与$t_0$无关，$\boldsymbol{x}(t)$趋近于$\boldsymbol{x}_{\mathrm{e}}$的极限过程与$t_0$无关，则称系统平衡状态$\boldsymbol{x}_{\mathrm{e}}$是一致渐近稳定的。

若对$\forall\boldsymbol{x}_0\in\mathbf{R}^n$，平衡状态$\boldsymbol{x}_{\mathrm{e}}$是一致渐近稳定的，则称平衡状态$\boldsymbol{x}_{\mathrm{e}}$为全局渐近稳定（廖晓昕，2010）。

4. 指数稳定性

若存在$\lambda>0$，且对于每一个$\varepsilon>0$，存在$\delta=\delta(\varepsilon)>0$，使得$\|\boldsymbol{x}_0\|\leqslant\delta$，则一定有

$$\|\boldsymbol{x}(t;\boldsymbol{x}_0,t_0)\|\leqslant\varepsilon\mathrm{e}^{-\lambda(t-t_0)},\ \forall t\geqslant t_0\geqslant 0 \tag{1-32}$$

成立，则称系统平衡点$\boldsymbol{x}_{\mathrm{e}}=0$是指数稳定的，这里$\lambda$表示收敛率。指数稳定性意味着系统轨迹按指数规律衰减到零，是较强的稳定形式（胡跃明，2005）。

5. 有界性

若存在$\beta>0$，使得对所有$t\geqslant t_0>0$均有$\|\boldsymbol{x}(t;\boldsymbol{x}_0,t_0)\|<\beta$，则称式（1-27）的解$\boldsymbol{x}(t;\boldsymbol{x}_0,t_0)$是有界的。

若对任意的$\alpha>0$和$t_0\geqslant 0$，存在一个不依赖于t_0的$\beta(\alpha)>0$，当$\|\boldsymbol{x}_0\|<\alpha$时，使得对所有$t\geqslant t_0>0$，均有$\|\boldsymbol{x}(t;\boldsymbol{x}_0,t_0)\|<\beta$成立，则称式（1-27）的解$\boldsymbol{x}(t;\boldsymbol{x}_0,t_0)$是一致有界的。

若存在$\beta>0$，且对任意的$\alpha>0$和$t_0\geqslant 0$，存在一个不取决于t_0的$T(\alpha)>0$，使得对所有$t\geqslant t_0+T(\alpha)$，当$\|\boldsymbol{x}_0\|<\alpha$时，均有$\|\boldsymbol{x}(t;\boldsymbol{x}_0,t_0)\|<\beta$成立，称式（1-27）的解$\boldsymbol{x}(t;\boldsymbol{x}_0,t_0)$是一致最终有界的（焦晓红等，2008）。

1.5　本书体系结构

目前，无人水下航行器集群控制领域的理论、方法及应用研究受到广泛关注，且取得了较大的研究进展，国内外学者在相关期刊和会议发表了大量的学术论文，但缺少相关的学术专著，且没有针对“航行器集群控制”问题进行系统讲解的学术专著。本书围绕无人水下航行器集群控制相关热点研究问题展开论述，反映了作者在水下航行器技术领域的最新研究工作，具有前沿性和创新性。

本书共分为 6 章，体系结构如图 1-6 所示。第 1 章概述了无人水下航行器集群控制理论和研究概况，第 2 章建立了欠驱动无人水下航行器的运动模型，第 3 章主要研究了欠驱动水下航行器轨迹跟踪控制，第 4 章主要研究了欠驱动水下航行器路径跟踪控制，第 5 章主要研究了多水下航行器协同编队控制方法；第 6 章主要研究了多水下航行器集群跟踪控制方法。

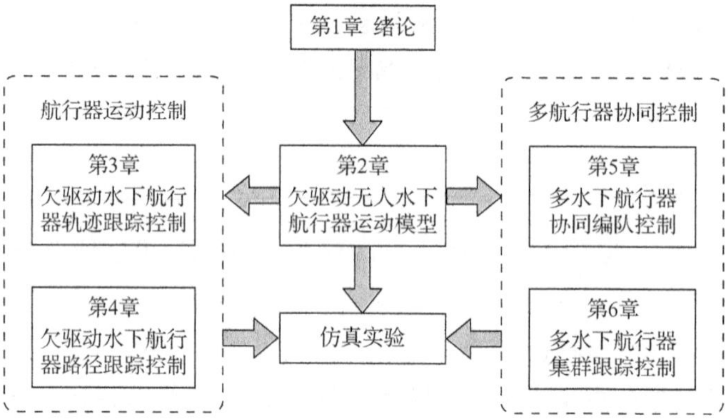

图 1-6　本书体系结构图

具体内容安排如下：

第 1 章“绪论”给出了无人水下航行器集群的定义，概述了国内外航行器集群控制的研究进展，介绍了本书中用的理论知识，并对体系结构进行了说明。

第 2 章“欠驱动无人水下航行器运动模型”给出了欠驱动无人水下航行器运动学和动力学方程，并对欠驱动系统进行了本质非线性、非完整特性、可控性与系统稳定性分析；利用 MATLAB 编写实验程序，进行操纵性仿真实验验证。

第 3 章“欠驱动水下航行器轨迹跟踪控制”首先基于自适应动态面设计速度和转艏控制器，克服了传统反步设计过程中的微分爆炸问题；然后，通过引入虚拟航行器，简化了轨迹跟踪控制器设计步骤，保证航行器跟踪上参考轨迹；最后，基于神经网络和模糊逻辑系统设计干扰逼近器，补偿环境干扰及模型不确定性，提高了控制系统在复杂海洋环境下的鲁棒性。

第4章“欠驱动水下航行器路径跟踪控制”主要研究外界干扰下的路径跟踪问题。研究路径规划方法，克服传统势函数中的目标不可达和局部极小值问题；为提高航行器收敛至期望路径的暂态行为，设计基于误差的趋近角；考虑海流干扰问题，一方面设计基于阻尼反步的动力学控制器，提高系统的抗干扰性；另一方面基于李雅普诺夫稳定性设计非线性海流观测器，补偿未知海流干扰，仿真实验结果验证了所提控制方法的有效性。

第5章“多水下航行器协同编队控制”主要研究了集中式编队控制和分布式编队控制。分析领航跟随编队结构，建立领航跟随编队模型，基于反步法和李雅普诺夫直接法设计跟随控制律，实现了多航行器协同编队控制；为提高编队方法的实用性，利用一致性理论和视线制导方法，设计基于路径参数一致的协同跟踪制导律，分别实现了多路径协同跟踪控制、单路径协同跟踪控制以及单路径协同包围控制。

第6章“多水下航行器集群跟踪控制”主要研究了集群自组织分布式协同控制方法。首先，基于生物自组织行为构建了集群聚集模型，通过李雅普诺夫稳定性理论设计集群期望速度；其次，利用小波神经网络设计干扰逼近器估计未知干扰，基于图论设计群中心观测器，实现了不确定干扰下的航行器集群轨迹跟踪控制；再次，基于视线法和集群自组织聚集模型设计群中心制导方法，实现了多航行器集群路径跟踪控制；最后，通过改进的人工势函数修正集群速度，保证多航行器在航行过程中能够安全绕过障碍物，仿真实验结果验证了所提方法的有效性。

参考文献

崔健，赵林，于金鹏，等，2019．多 AUV 系统的自适应有限时间一致性跟踪控制．中国海洋大学学报（自然科学版），49（S1）：170-176．

崔士鹏，2018．微小型水下航行器运动控制．哈尔滨：哈尔滨工程大学．

段海滨，孙昌浩，史玉回，2013．群体智能研究进展．中国自动化学会通讯，34（3）：65-74．

冯之文，姚尧，苗艳，等，2020．基于时延补偿的 AUV 领航跟随编队控制．舰船电子对抗，43（1）：29-36．

顾颖闽，2019．水面无人艇艇群技术发展概述．舰船科学技术，41（23）：35-38．

何斌，2017．多 AUV 编队控制与协同搜索技术研究．哈尔滨：哈尔滨工程大学．

胡跃明，2005．非线性控制系统理论与应用．2 版．北京：国防工业出版社．

焦晓红，关新平，2008．非线性系统分析与设计．北京：电子工业出版社．

金克帆，王鸿东，易宏，2018．海上无人装备关键技术与智能演进展望．中国舰船研究，13（6）：3-10．

李鹏举，毛鹅军，耿乾，等，2020．无人机集群技术研究现状与趋势．航空兵器，27（4）：25-32．

梁晓龙，张佳强，吕娜，2018．无人机集群．西安：西北工业大学出版社．

廖晓昕，2010．稳定性的理论、方法和应用．2 版．武汉：华中科技大学出版社．

刘小河，2008．非线性系统分析与控制引论．北京：清华大学出版社．

潘无为，姜大鹏，庞永杰，等，2017．人工势场和虚拟结构相结合的多水下机器人编队控制．兵工学报，38（2）：326-334．

彭周华，2011．舰船编队的鲁棒自适应控制．大连：大连海事大学．
唐会林，周佳加，何东旭，等，2017．不同时变延迟下的多 AUV 编队协调控制．计算机测量与控制，2017，25（8）：88-92．
王奔，2005．非线性控制系统．北京：电子工业出版社．
王昊，2014．基于自适应动态面控制的自主海洋航行器协同路径跟踪．大连：大连海事大学．
王琦斐，杨军，2012．基于内螺旋覆盖算法的多 AUV 协作反水雷路径规划研究．计算机测量与控制，20（1）：144-146，160．
吴小平，冯正平，朱继懋，2008．多 AUV 队形控制的新方法．舰船科学技术，30（2）：128-134．
徐博，白金磊，郝燕玲，等，2015．多 AUV 协同导航问题的研究现状与进展．自动化学报，41（3）：445-461．
徐红丽，许真珍，封锡盛，2005．基于局域网的多水下机器人仿真系统设计与实现．机器人，27（5）：423-425．
许真珍，封锡盛，2007．多 UUV 协作系统的研究现状与发展．机器人（2）：186-192．
严浙平，周佳加，2015．水下无人航行器控制技术．北京：国防工业出版社．
尹强，2016．基于反演滑模的欠驱动 AUV 的路径跟踪控制研究．大连：大连海事大学．
由光鑫，2006．多水下机器人分布式智能控制技术研究．哈尔滨：哈尔滨工程大学．
袁健，唐功友，2011．采用一致性算法与虚拟结构的多自主水下航行器编队控制．智能系统学报，6（3）：248-253．
赵宁宁，徐德民，高剑，2011．一种多 AUV 集群猎雷的任务协调算法．水雷战与舰船防护（2）：30-33．
赵宁宁，徐德民，高剑，等，2015．基于路径参数一致性的多 AUV 协同路径跟踪控制．火力与指挥控制，40（10）：90-93．
仲宇，顾国昌，张汝波，2003．一种新的水下机器人集群路径规划方法．哈尔滨工程大学学报（2）：166-169．
Albus J S, Blidberg D R, 1987. A control system architecture for multiple autonomous undersea vehicles (MAUV). Durham, NH, USA: Proceedings of the 1987 5th International Symposium on Unmanned Untethered Submersible Technology: 444-466.
Almeida J, Silvestre C, Pascoal A M, 2012. Cooperative control of multiple surface vessels with discrete-time periodic communications. International Journal of Robust and Nonlinear Control, 22(4): 398-419.
Antonelli G, Arrichiello F, Chiaverini S, 2008. Flocking for multi-robot systems via the null-space-based behavioral control. Nice, France: 2008 IEEE/RSJ International Conference on Intelligent Robots and Systems: 1409-1414.
Cui R X, Ge S S, How B V E, et al., 2010. Leader-follower formation control of underactuated autonomous underwater vehicles. Ocean Engineering, 37(17-18): 1491-1502.
Diercks A R, Woolsey M, Jarnagin R, et al., 2014. Site reconnaissance surveys for oil spill research using deep-sea AUVs. San Diego, CA, USA: 2013 Oceans-San Diego.
Eberhart R, Kennedy J, 2002. A new optimizer using particle swarm theory. Nagoya, Japan: Proceedings of the Sixth International Symposium on Micro Machine and Human Science: 39-43.
Eickstedt D P, Benjamin M R, Schmidt H, et al., 2006. Adaptive control of heterogeneous marine sensor platforms in an autonomous sensor network. Beijing, China: 2006 IEEE/RSJ International Conference on Intelligent Robots and Systems: 5514-5521.
Ghabchello R, Aguiar A P, Pascoal A, et al., 2009. Coordinated path following in the presence of communication losses and time delays. SIAM Journal on Control and Optimization, 48(1): 234-256.
Kang X D, Xu H L, Feng X S, 2009. Fuzzy logic based behavior fusion for multi-AUV formation keeping in uncertain ocean environment. Biloxi, MS: MTS/IEEE Biloxi-Marine Technology for Our Future: Global and Local Challenges Oceans 2009.
Khalil H K, Grizzle J W, 2002. Nonlinear system. Upper Saddle River, NJ: Prentice Hall.
Pentzer J, Crosbie B, Bean T, et al., 2010. Measurement of magnetic field using collaborative AUVs. Sydney, NSW, Australia: Oceans 2010 IEEE-Sydney.
Perruquetti W, Barbot J P, 2002. Sliding mode control in engineering. Control Engineering-Highlands Ranch-Cahners then Reed Business Information: 53-101.

Phoha S, Peluso E M, Culver R L, 2001. A high-fidelity ocean sampling mobile network (SAMON) simulator testbed for evaluating intelligent control of unmanned underwater vehicles. IEEE Journal of Oceanic Engineering, 26(4): 646-653.

Ren W, 2006. Consensus based formation control strategies for multi-vehicle systems. Minnesota, USA: Proceedings of the 2006 American Control Conference Minneapolis: 4237-4242.

Rout R, Subudhi B, 2016. A backstepping approach for the formation control of multiple autonomous underwater vehicles using a leader-follower strategy. Journal of Marine Engineering Science & Technology, 15(1): 38-46.

Sahu B K, Subudhi B, 2018. Flocking control of multiple AUVs based on fuzzy potential functions. IEEE Transactions Fuzzy Systems, 26(5): 2539-2551.

Schulz B, Hobson B W, Kemp M, et al., 2003. Field results of multi UUV missions using ranger micro UUVs. San Diego, CA, USA: Oceans 2003. Celebrating the Past Teaming Toward the Future: 956-961.

Zhou Z H, Yuan J, Zhang W X, et al., 2012. Virtual-leader-follower structure and finite-time controller based cooperative control of multiple autonomous underwater vehicles. Taiyuan, China: 2012 24th Chinese Control and Decision Conference: 3670-3675.

第2章　欠驱动无人水下航行器运动模型

运动控制及集群控制设计的前提是建立精确的运动模型，且适当地简化运动模型将有助于观测器、制导律及控制器的设计。本书以欠驱动水下航行器为研究对象，即独立控制系统维数少于系统自由度（王芳等，2010）。航行器运动模型包括运动学模型和动力学模型，其中运动学模型反映的是位置和速度关系，动力学模型反映的是控制输入与速度关系。关于运动模型的建立，国内外研究学者进行了大量研究（向先波，2010；张显库等，2006；Fossen，2002）。其中，挪威科技大学 Fossen 提出的海洋航行器向量化非线性运动模型最具代表性，适用于欠（全）驱动无人船及无人水下航行器，在目前相关理论研究和仿真实验中得到广泛应用（Fossen，2011；Fossen，1994）。

本章首先给出了无人水下航行器的运动符号定义，建立大地坐标系及载体坐标系，并根据坐标变换得到航行器运动学模型；结合 Fossen 提出的运动模型得到航行器的六自由度动力学方程，且在不影响主要性能的前提下，将运动模型解耦成水平面和垂直面的三自由度动力学方程，为后续制导控制设计及系统稳定性分析奠定基础（曲星儒，2018）。然后，针对上述运动模型，利用微分几何工具和非线性控制理论对本质非线性、可控性、系统稳定性与完整性等控制特性进行理论分析。最后，为验证上述运动模型的可行性，采用 MATLAB 编写程序进行操纵性仿真实验，包括二维水平面、垂直面与三维操纵性仿真验证。

2.1　运动学模型

2.1.1　符号定义

从刚体力学的角度分析，无人水下航行器的运动可以分为随载体坐标系原点的平动和绕该点的转动（马聘等，2009）。设 $\boldsymbol{v}$ 为航行器速度，u、v 和 w 分别表示沿三个坐标轴的纵向速度、横向速度和垂向速度，则有

$$\boldsymbol{v} = u\boldsymbol{i} + v\boldsymbol{j} + w\boldsymbol{k} \tag{2-1}$$

式中，$\boldsymbol{i}$、$\boldsymbol{j}$ 和 $\boldsymbol{k}$ 分别表示沿着三个坐标轴的单位向量。

设 $\boldsymbol{\omega}$ 为航行器绕坐标原点的转动角速度，载体坐标系下绕三个坐标轴转动的

角速度分别为横摇角速度 p 、纵倾角速度 q 和转艏角速度 r ，则

$$\boldsymbol{\omega} = p\boldsymbol{i} + q\boldsymbol{j} + r\boldsymbol{k} \tag{2-2}$$

航行器在空间的位置和姿态可通过载体坐标系 $Oxyz$ 的原点 O 在大地坐标系中的坐标值 (x,y,z) 和载体坐标系 $Oxyz$ 相对于大地坐标系 $O_0x_0y_0z_0$ 的姿态角 (ϕ,θ,ψ) 来确定。其中，载体坐标系下的轴 Ox 在大地坐标系的水平面 x_0y_0 上的投影与轴 O_0x_0 的夹角记为艏向角 $\varPsi$ ，轴 Ox 与水平面 x_0y_0 之间的夹角记为纵倾角 θ ，横倾角 ϕ 为轴 Oy 与水平面 x_0y_0 之间的夹角。主要名称和符号见表 2-1。

表 2-1　运动参数和符号

	广义向量				广义向量		
位移	x	y	z	速度	u	v	w
角度	ϕ	θ	ψ	角速度	p	q	r

2.1.2　坐标系

1. 定义坐标系

根据国际拖曳水池会议推荐和造船与轮机工程学会术语公报，建立如图 2-1 所示的两个坐标系（贾鹤鸣，2012；Do et al.，2009）。具体地，$O_0x_0y_0z_0$ 表示大地坐标系（简称定系），其原点 O_0 为地球上任意一固定点；轴 O_0x_0 指向地理北极，轴 O_0y_0 指向东方，轴 O_0z_0 与切平面垂直向下。$Oxyz$ 为载体坐标系（简称动系），其原点 O 通常取在航行器的重心或浮心，坐标轴为惯性主轴方向；轴 Ox 沿航行器纵轴并指向前方，轴 Oy 位于水平面内并垂直于轴 Ox 向右，轴 Oz 垂直于轴 Ox 和轴 Oy 向下。

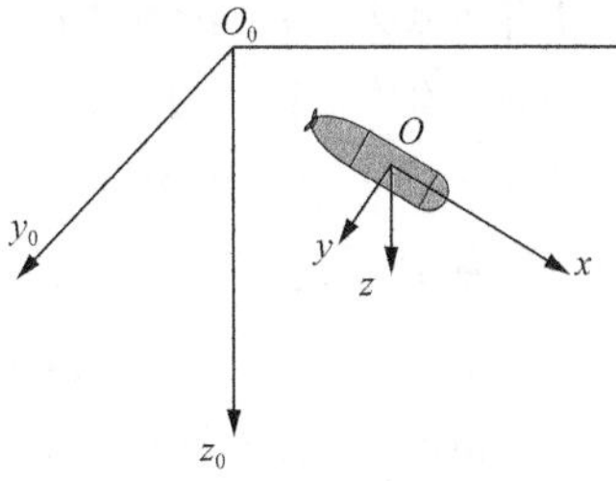

图 2-1　大地坐标系与载体坐标系

2. 坐标变换

动系 $Oxyz$ 和定系 $O_0x_0y_0z_0$ 变换如图 2-2 所示（曲星儒，2018）。首先，绕轴 O_0z_0 旋转艏向角 $\varPsi$ ，实现变换 $O_0x_0 \to O_0x_1$ ， $O_0y_0 \to O_0y_1$ ；然后，绕轴 O_0y_1 旋转纵倾角 θ ，实现变换 $O_0x_1 \to O_0x$ ， $O_0z_0 \to O_0z_1$ ；最后，绕轴 O_0x 旋转横倾角 ϕ ，实现变换 $O_0y_1 \to O_0y$ ， $O_0z_1 \to O_0z$ 。具体步骤如下：

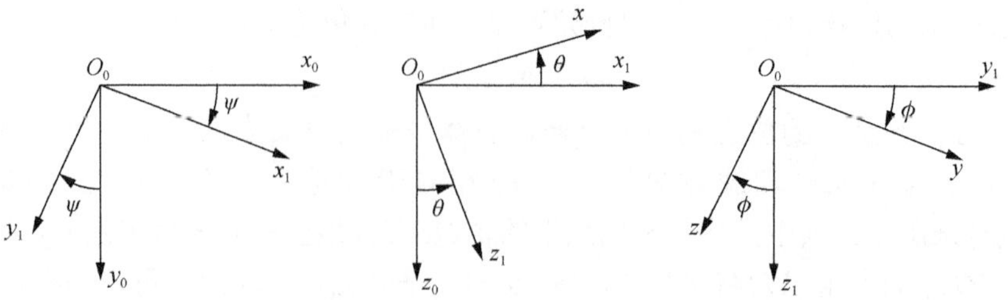

图 2-2　坐标变换示意图

第一步：绕轴 O_0z_0 旋转艏向角 ψ 得

$$\begin{bmatrix} x_0 \\ y_0 \\ z_0 \end{bmatrix} = \begin{bmatrix} \cos\psi & -\sin\psi & 0 \\ \sin\psi & \cos\psi & 0 \\ 0 & 0 & 1 \end{bmatrix} \begin{bmatrix} x_1 \\ y_1 \\ z_0 \end{bmatrix} \tag{2-3}$$

第二步：绕轴 O_0y_1 旋转纵倾角 θ 得

$$\begin{bmatrix} x_1 \\ y_1 \\ z_0 \end{bmatrix} = \begin{bmatrix} \cos\theta & 0 & \sin\theta \\ 0 & 1 & 0 \\ -\sin\theta & 0 & \cos\theta \end{bmatrix} \begin{bmatrix} x \\ y_1 \\ z_1 \end{bmatrix} \tag{2-4}$$

第三步：绕轴 O_0x 旋转横倾角 ϕ 得

$$\begin{bmatrix} x \\ y_1 \\ z_1 \end{bmatrix} = \begin{bmatrix} 1 & 0 & 0 \\ 0 & \cos\phi & -\sin\phi \\ 0 & \sin\phi & \cos\phi \end{bmatrix} \begin{bmatrix} x \\ y \\ z \end{bmatrix} \tag{2-5}$$

通过上述三步变换，定系到动系的转换关系可表示为

$$\begin{bmatrix} x_0 \\ y_0 \\ z_0 \end{bmatrix} = \begin{bmatrix} \cos\psi & -\sin\psi & 0 \\ \sin\psi & \cos\psi & 0 \\ 0 & 0 & 1 \end{bmatrix} \begin{bmatrix} \cos\theta & 0 & \sin\theta \\ 0 & 1 & 0 \\ -\sin\theta & 0 & \cos\theta \end{bmatrix} \begin{bmatrix} 1 & 0 & 0 \\ 0 & \cos\phi & -\sin\phi \\ 0 & \sin\phi & \cos\phi \end{bmatrix} \begin{bmatrix} x \\ y \\ z \end{bmatrix} \tag{2-6}$$

令 $\boldsymbol{R}_x(\phi)$、$\boldsymbol{R}_y(\theta)$ 和 $\boldsymbol{R}_z(\psi)$ 分别表示绕坐标轴旋转的矩阵，则有

$$\boldsymbol{R}_x(\phi) = \begin{bmatrix} 1 & 0 & 0 \\ 0 & \cos\phi & \sin\phi \\ 0 & -\sin\phi & \cos\phi \end{bmatrix}, \quad \boldsymbol{R}_y(\theta) = \begin{bmatrix} \cos\theta & 0 & -\sin\theta \\ 0 & 1 & 0 \\ \sin\theta & 0 & \cos\theta \end{bmatrix}$$

$$\boldsymbol{R}_z(\psi) = \begin{bmatrix} \cos\psi & \sin\psi & 0 \\ -\sin\psi & \cos\psi & 0 \\ 0 & 0 & 1 \end{bmatrix}$$

进一步，坐标旋转矩阵 $\boldsymbol{R}_{\mathrm{n}}^{\mathrm{b}}$ 可表示为

$$\boldsymbol{R}_{\mathrm{n}}^{\mathrm{b}}(\phi,\theta,\psi) = \boldsymbol{R}_x(\phi)\boldsymbol{R}_y(\theta)\boldsymbol{R}_z(\psi) \tag{2-7}$$

因此，动系到定系的转换矩阵可表示为 $\boldsymbol{R}_{\mathrm{b}}^{\mathrm{n}}=\left(\boldsymbol{R}_{\mathrm{n}}^{\mathrm{b}}\right)^{\mathrm{T}}$，其具体形式为

$$\boldsymbol{R}_{\mathrm{b}}^{\mathrm{n}}(\phi,\theta,\psi)=$$
$$\begin{bmatrix}\cos\theta\cos\psi & -\cos\phi\sin\psi+\sin\phi\sin\theta\cos\psi & \sin\phi\sin\psi+\cos\phi\sin\theta\cos\psi\\ \cos\theta\sin\psi & \cos\phi\cos\psi+\sin\phi\sin\theta\sin\psi & -\sin\phi\cos\psi+\cos\phi\sin\theta\sin\psi\\ -\sin\theta & \cos\theta\sin\phi & \cos\phi\cos\theta\end{bmatrix}$$

对于旋转矩阵 $\boldsymbol{R}_{\mathrm{b}}^{\mathrm{n}}$ 的导数，满足

$$\dot{\boldsymbol{R}}_{\mathrm{b}}^{\mathrm{n}}=\boldsymbol{R}_{\mathrm{n}}^{\mathrm{b}}\boldsymbol{S}(\boldsymbol{\chi}) \tag{2-8}$$

式中，$\boldsymbol{S}(\boldsymbol{\chi})$ 为斜对称矩阵算子，由向量运算 $\boldsymbol{S}(\boldsymbol{a})\boldsymbol{b}\triangleq\boldsymbol{a}\times\boldsymbol{b}$ 来定义。

$$\boldsymbol{S}(\boldsymbol{a})=\begin{bmatrix}0 & -a_3 & a_2\\ a_3 & 0 & -a_1\\ -a_2 & a_1 & 0\end{bmatrix} \tag{2-9}$$

将动系下的航行器速度投影到定系下，可以得到

$$\begin{bmatrix}\dot{x}\\ \dot{y}\\ \dot{z}\end{bmatrix}=\boldsymbol{R}_{\mathrm{b}}^{\mathrm{n}}\begin{bmatrix}u\\ v\\ w\end{bmatrix} \tag{2-10}$$

将角速度向量投影到动系下，有

$$\begin{bmatrix}p\\ q\\ r\end{bmatrix}=\boldsymbol{R}_x(\phi)\boldsymbol{R}_y(\theta)\begin{bmatrix}0\\ 0\\ \dot{\psi}\end{bmatrix}+\boldsymbol{R}_x(\phi)\begin{bmatrix}0\\ \dot{\theta}\\ 0\end{bmatrix}+\begin{bmatrix}\dot{\phi}\\ 0\\ 0\end{bmatrix} \tag{2-11}$$

欧拉角的一阶导数用角速度向量 $\boldsymbol{v}_2=[p,q,r]^{\mathrm{T}}$ 表示为

$$\begin{bmatrix}\dot{\phi}\\ \dot{\theta}\\ \dot{\psi}\end{bmatrix}=\boldsymbol{T}_{\Theta}(\phi,\theta,\psi)\begin{bmatrix}p\\ q\\ r\end{bmatrix} \tag{2-12}$$

式中，$\boldsymbol{T}_{\Theta}(\phi,\theta,\psi)=\begin{bmatrix}1 & \sin\phi\tan\theta & \cos\phi\tan\theta\\ 0 & \cos\phi & -\sin\phi\\ 0 & \sin\phi\sec\theta & \cos\phi\sec\theta\end{bmatrix}$。

结合式（2-10）与式（2-12），得到航行器向量形式的运动学方程为

$$\dot{\boldsymbol{\eta}}=\boldsymbol{J}(\boldsymbol{\eta})\boldsymbol{v} \tag{2-13}$$

式中，$\boldsymbol{J}(\boldsymbol{\eta})=\begin{bmatrix}\boldsymbol{R}_{\mathrm{b}}^{\mathrm{n}} & \boldsymbol{0}_{3\times3}\\ \boldsymbol{0}_{3\times3} & \boldsymbol{T}_{\Theta}\end{bmatrix};\boldsymbol{\eta}=[x,y,z,\phi,\theta,\psi]^{\mathrm{T}};\boldsymbol{v}=[u,v,w,p,q,r]^{\mathrm{T}}$。

注 2-1　当纵倾角 $\theta=\pm\dfrac{\pi}{2}$ 时，矩阵 $\boldsymbol{T}_{\Theta}(\phi,\theta,\psi)$ 是奇异的。所以，仿真实验中

纵倾角取值范围为$-\frac{\pi}{2}<\theta<\frac{\pi}{2}$。

2.2　动力学模型

2.2.1　六自由度模型

动力学模型主要研究力与自身运动的关系，描述了控制力（矩）作用下航行器的运动状态（李殿璞，2008）。航行器在水下航行时，不考虑由风、浪、流等引起的外作用力，其受到的外力有静力（重力和浮力）、艇体水动力（流体惯性力和流体黏性力）、舵力（水平舵和垂直舵）以及推进器的推力（螺旋桨）（陈子印，2013）。

1. 理想流体力

根据势流理论理想流体力可以用水动力附加质量矩阵以及附加科里奥利力和向心力矩阵表示：

$$\boldsymbol{\tau}_{\mathrm{AM}}=-\boldsymbol{M}_{\mathrm{AM}}\dot{\boldsymbol{v}}-\boldsymbol{C}_{\mathrm{AM}}(\boldsymbol{v})\boldsymbol{v} \tag{2-14}$$

式中，附加质量矩阵$\boldsymbol{M}_{\mathrm{AM}}$为

$$\boldsymbol{M}_{\mathrm{AM}}=-\begin{bmatrix} X_{\dot{u}} & X_{\dot{v}} & X_{\dot{w}} & X_{\dot{p}} & X_{\dot{q}} & X_{\dot{r}} \\ Y_{\dot{u}} & Y_{\dot{v}} & Y_{\dot{w}} & Y_{\dot{p}} & Y_{\dot{q}} & Y_{\dot{r}} \\ Z_{\dot{u}} & Z_{\dot{v}} & Z_{\dot{w}} & Z_{\dot{p}} & Z_{\dot{q}} & Z_{\dot{r}} \\ K_{\dot{u}} & K_{\dot{v}} & K_{\dot{w}} & K_{\dot{p}} & K_{\dot{q}} & K_{\dot{r}} \\ M_{\dot{u}} & M_{\dot{v}} & M_{\dot{w}} & M_{\dot{p}} & M_{\dot{q}} & M_{\dot{r}} \\ N_{\dot{u}} & N_{\dot{v}} & N_{\dot{w}} & N_{\dot{p}} & N_{\dot{q}} & N_{\dot{r}} \end{bmatrix} \tag{2-15}$$

若航行器完全水下作业时，则$\boldsymbol{M}_{\mathrm{AM}}$为常值矩阵，满足$\boldsymbol{M}_{\mathrm{AM}}=\boldsymbol{M}_{\mathrm{AM}}^{\mathrm{T}}$。

若航行器分别关于面Oxy、面Oxz和面Oyz成结构对称，则$\boldsymbol{M}_{\mathrm{AM}}$可进一步简化为

$$\boldsymbol{M}_{\mathrm{AM}}=-\begin{bmatrix} X_{\dot{u}} & 0 & 0 & 0 & 0 & 0 \\ 0 & Y_{\dot{v}} & 0 & 0 & 0 & 0 \\ 0 & 0 & Z_{\dot{w}} & 0 & 0 & 0 \\ 0 & 0 & 0 & K_{\dot{p}} & 0 & 0 \\ 0 & 0 & 0 & 0 & M_{\dot{q}} & 0 \\ 0 & 0 & 0 & 0 & 0 & N_{\dot{r}} \end{bmatrix} \tag{2-16}$$

附加科里奥利力和向心力矩阵$\boldsymbol{C}_{\mathrm{AM}}(\boldsymbol{v})$为

$$
\boldsymbol{C}_{\mathrm{AM}}(\boldsymbol{v})=\begin{bmatrix} 0 & 0 & 0 & 0 & -a_3 & a_2 \\ 0 & 0 & 0 & a_3 & 0 & -a_1 \\ 0 & 0 & 0 & -a_2 & a_1 & 0 \\ 0 & -a_3 & a_2 & 0 & -b_3 & b_2 \\ a_3 & 0 & -a_1 & b_3 & 0 & -b_1 \\ -a_2 & a_1 & 0 & -b_2 & b_1 & 0 \end{bmatrix} \tag{2-17}
$$

式中，$a_1 = X_{\dot{u}}u + X_{\dot{v}}v + X_{\dot{w}}w + X_{\dot{p}}p + X_{\dot{q}}q + X_{\dot{r}}r$；$a_2 = X_{\dot{v}}u + Y_{\dot{v}}v + Y_{\dot{w}}w + Y_{\dot{p}}p + Y_{\dot{q}}q + Y_{\dot{r}}r$；$a_3 = X_{\dot{w}}u + Y_{\dot{w}}v + Z_{\dot{w}}w + Z_{\dot{p}}p + Z_{\dot{q}}q + Z_{\dot{r}}r$；$b_1 = X_{\dot{p}}u + Y_{\dot{p}}v + Z_{\dot{p}}w + K_{\dot{p}}p + K_{\dot{q}}q + K_{\dot{r}}r$；$b_2 = X_{\dot{q}}u + Y_{\dot{q}}v + Z_{\dot{q}}w + K_{\dot{q}}p + M_{\dot{q}}q + M_{\dot{r}}r$；$b_3 = X_{\dot{r}}u + Y_{\dot{r}}v + Z_{\dot{r}}w + K_{\dot{r}}p + M_{\dot{r}}q + N_{\dot{r}}r$。

2. 流体阻尼力

航行器在实际流体中运动时，黏性阻力是最基本的阻力。黏性阻力包括与边界层有关的线性摩擦力、与紊流层有关的二次摩擦力，以及与涡流有关的二次阻力。另外，航行器在水下以一定的攻角和侧滑角运动时，会产生一定的升力以及升力矩。升力可以分解为体升力和操纵舵面升力两部分。将舵面升力看成是控制力，这里仅考虑体升力。黏性流体阻尼力和升力为

$$
\boldsymbol{\tau}_{\mathrm{E}} = -\boldsymbol{D}(\boldsymbol{v})\boldsymbol{v} \tag{2-18}
$$

式中，$\boldsymbol{D}(\boldsymbol{v})$ 表示阻尼矩阵。

航行器做低速行驶时可以忽略阻尼矩阵的非对角耦合项，则有

$$
\begin{aligned}
\boldsymbol{D}(\boldsymbol{v}) = &-\operatorname{diag}\left\{X_u, Y_v, Z_w, K_p, M_q, N_r\right\} \\
&-\operatorname{diag}\left\{X_{u|u|}|u|, Y_{v|v|}|v|, Z_{w|w|}|w|, K_{p|p|}|p|, M_{q|q|}|q|, N_{r|r|}|r|\right\}
\end{aligned} \tag{2-19}
$$

3. 刚体力和力矩

假定航行器为刚体，且质量 m 不随时间变化，忽略地球的转动，根据非惯性坐标系中的牛顿运动定律，得到动系下的航行器动量（矩）方程（窦刚，2019）：

$$
\begin{cases} m\left(\dot{\boldsymbol{v}}_1 + \boldsymbol{v}_2 \times \boldsymbol{v}_1 + \dot{\boldsymbol{v}}_2 \times \boldsymbol{r}_{\mathrm{G}} + \boldsymbol{v}_2 \times \left(\boldsymbol{v}_2 \times \boldsymbol{r}_{\mathrm{G}}\right)\right) = \boldsymbol{\tau}_1 \\ \boldsymbol{I}\dot{\boldsymbol{v}}_2 + \boldsymbol{v}_2 \times \left(\boldsymbol{I}\boldsymbol{v}_2\right) + m\boldsymbol{r}_{\mathrm{G}} \times \left(\dot{\boldsymbol{v}}_1 + \boldsymbol{v}_2 \times \boldsymbol{v}_1\right) = \boldsymbol{\tau}_2 \end{cases} \tag{2-20}
$$

式中，$\boldsymbol{r}_{\mathrm{G}} = \left[x_{\mathrm{G}}, y_{\mathrm{G}}, z_{\mathrm{G}}\right]^{\mathrm{T}}$ 为航行器重心在动系下的坐标；$\boldsymbol{I}$ 为航行器相对于动系原点的转动惯量矩阵。

六自由度刚体力和力矩的向量形式为（曲星儒，2018）

$$
\boldsymbol{M}_{\mathrm{RB}}\dot{\boldsymbol{v}} + \boldsymbol{C}_{\mathrm{RB}}(\boldsymbol{v})\boldsymbol{v} = \boldsymbol{\tau}_{\mathrm{RB}} \tag{2-21}
$$

式中，刚体质量矩阵 $\boldsymbol{M}_{\mathrm{RB}}$ 为

$$\boldsymbol{M}_{\mathrm{RB}}=\begin{bmatrix} m & 0 & 0 & 0 & mz_{\mathrm{G}} & -my_{\mathrm{G}} \\ 0 & m & 0 & -mz_{\mathrm{G}} & 0 & mx_{\mathrm{G}} \\ 0 & 0 & m & my_{\mathrm{G}} & -mx_{\mathrm{G}} & 0 \\ 0 & -mz_{\mathrm{G}} & my_{\mathrm{G}} & I_x & -I_{xy} & -I_{xz} \\ mz_{\mathrm{G}} & 0 & -mx_{\mathrm{G}} & -I_{yx} & I_y & -I_{yz} \\ -my_{\mathrm{G}} & mx_{\mathrm{G}} & 0 & -I_{zx} & -I_{zy} & I_z \end{bmatrix} \tag{2-22}$$

刚体科里奥利力和向心力矩阵 $\boldsymbol{C}_{\mathrm{RB}}(\boldsymbol{v})$ 为

$$\boldsymbol{C}_{\mathrm{RB}}(\boldsymbol{v})=\begin{bmatrix} 0 & 0 & 0 & m(y_{\mathrm{G}}q+z_{\mathrm{G}}r) & -m(x_{\mathrm{G}}q-w) & -m(x_{\mathrm{G}}r+v) \\ 0 & 0 & 0 & -m(y_{\mathrm{G}}p+w) & m(z_{\mathrm{G}}r+x_{\mathrm{G}}p) & -m(y_{\mathrm{G}}-u) \\ 0 & 0 & 0 & -m(z_{\mathrm{G}}p-v) & -m(z_{\mathrm{G}}q+u) & m(x_{\mathrm{G}}p+y_{\mathrm{G}}q) \\ -m(y_{\mathrm{G}}q+z_{\mathrm{G}}r) & m(y_{\mathrm{G}}p+w) & m(z_{\mathrm{G}}p-v) & 0 & -I_{yz}q-I_{xz}p+I_z r & I_{yz}r+I_{xy}p-I_y q \\ m(x_{\mathrm{G}}q-w) & -m(z_{\mathrm{G}}+x_{\mathrm{G}}p) & m(z_{\mathrm{G}}q+u) & I_{yz}q+I_{xz}p-I_z r & 0 & -I_{xz}r-I_{xy}q+I_x p \\ m(x_{\mathrm{G}}r+v) & m(y_{\mathrm{G}}r-u) & -m(x_{\mathrm{G}}p+y_{\mathrm{G}}q) & -I_{yz}r-I_{xy}p+I_y q & I_{xz}y+I_{xy}q-I_x p & 0 \end{bmatrix} \tag{2-23}$$

m 为航行器质量；$\boldsymbol{M}_{\mathrm{RB}}$ 为刚体质量矩阵，满足 $\boldsymbol{M}_{\mathrm{RB}}=\boldsymbol{M}_{\mathrm{RB}}^{\mathrm{T}}>0$ 且 $\dot{\boldsymbol{M}}_{\mathrm{RB}}=\boldsymbol{0}_{6\times6}$；$\boldsymbol{C}_{\mathrm{RB}}(\boldsymbol{v})$ 为刚体科里奥利力和向心力矩阵，满足 $\boldsymbol{C}_{\mathrm{RB}}(\boldsymbol{v})=-\boldsymbol{C}_{\mathrm{RB}}^{\mathrm{T}}(\boldsymbol{v})$；$\boldsymbol{\tau}_{\mathrm{RB}}$ 为水动力、干扰力和控制力。

航行器在水下运动时，其所受到的外力（矩）可以分解为

$$\boldsymbol{\tau}_{\mathrm{RB}}=\boldsymbol{\tau}_{\mathrm{AM}}+\boldsymbol{\tau}_{\mathrm{D}}+\boldsymbol{\tau}_{\mathrm{E}}+\boldsymbol{\tau}_{\mathrm{G}}+\boldsymbol{\tau} \tag{2-24}$$

式中，$\boldsymbol{\tau}_{\mathrm{AM}}$ 为理想流体力；$\boldsymbol{\tau}_{\mathrm{D}}$ 为外界或系统不确定性产生的干扰力；$\boldsymbol{\tau}_{\mathrm{E}}$ 为黏性流体阻尼力和升力；$\boldsymbol{\tau}_{\mathrm{G}}$ 为重力和浮力产生的恢复力；$\boldsymbol{\tau}$ 为控制输入。

4. 恢复力及力矩

航行器恢复力（矩）是由其自身的重力和浮力产生的，且分别作用在重力和浮力的中心位置，重力定义为 $W=mg$，浮力 $B=\rho g\varDelta$ 将重力和浮力产生的力（矩）投影到动系中。在此背景下，恢复力可表示为

$$\begin{cases} \boldsymbol{f}_{\mathrm{G}} = \left(\boldsymbol{R}_{\mathrm{b}}^{\mathrm{n}}\right)^{-1}\left[0,0,W\right]^{\mathrm{T}} \\ \boldsymbol{f}_{\mathrm{B}} = -\left(\boldsymbol{R}_{\mathrm{b}}^{\mathrm{n}}\right)^{-1}\left[0,0,B\right]^{\mathrm{T}} \end{cases} \tag{2-25}$$

则载体坐标系下的恢复力和恢复力矩向量 $\boldsymbol{g}(\boldsymbol{\eta})$ 为

$$\boldsymbol{g}(\boldsymbol{\eta}) = -\begin{bmatrix} \boldsymbol{f}_{\mathrm{G}} + \boldsymbol{f}_{\mathrm{B}} \\ \boldsymbol{r}_{\mathrm{G}} \times \boldsymbol{f}_{\mathrm{G}} + \boldsymbol{r}_{\mathrm{B}} \times \boldsymbol{f}_{\mathrm{B}} \end{bmatrix} \tag{2-26}$$

式中，$\boldsymbol{r}_{\mathrm{B}} = \left[x_{\mathrm{B}}, y_{\mathrm{B}}, z_{\mathrm{B}}\right]^{\mathrm{T}} = -\left[0,0,0.1\right]^{\mathrm{T}}$ 为浮心位置坐标。

展开式（2-26），可得

$$\begin{aligned} \boldsymbol{\tau}_{\mathrm{G}} &= \boldsymbol{g}(\boldsymbol{\eta}) \\ &= \begin{bmatrix} (W-B)\sin\theta \\ -(W-B)\sin\phi\cos\theta \\ -(W-B)\cos\phi\cos\theta \\ -(y_{\mathrm{G}}W - y_{\mathrm{B}}B)\cos\phi\cos\theta + (z_{\mathrm{G}}W - z_{\mathrm{B}}B)\sin\phi\cos\theta \\ (z_{\mathrm{G}}W - z_{\mathrm{B}}B)\sin\theta + (x_{\mathrm{G}}W - x_{\mathrm{B}}B)\cos\phi\cos\theta \\ -(x_{\mathrm{G}}W - x_{\mathrm{B}}B)\sin\phi\cos\theta - (y_{\mathrm{G}}W - y_{\mathrm{B}}B)\sin\theta \end{bmatrix} \end{aligned} \tag{2-27}$$

当重力和浮力满足 $W = B$ 时，重心和浮心向量 $\overrightarrow{BG} = \left[BG_x,\ BG_y,\ BG_z\right]^{\mathrm{T}} = \left[x_{\mathrm{G}} - x_{\mathrm{B}}, y_{\mathrm{G}} - y_{\mathrm{B}}, z_{\mathrm{G}} - z_{\mathrm{B}}\right]^{\mathrm{T}}$，则恢复力和恢复力矩 $\boldsymbol{g}(\boldsymbol{\eta})$ 为

$$\boldsymbol{g}(\boldsymbol{\eta}) = W\begin{bmatrix} 0 \\ 0 \\ 0 \\ -BG_y\cos\phi\cos\theta + BG_z\sin\phi\cos\theta \\ BG_z\sin\theta + BG_x\cos\phi\cos\theta \\ -BG_y\sin\phi\cos\theta - BG_y\sin\theta \end{bmatrix} \tag{2-28}$$

根据刚体在流体中的牛顿-欧拉运动方程，水下航行器的六自由度动力学模型可表示为

$$\boldsymbol{M}_{\mathrm{RB}}\dot{\boldsymbol{v}} + \boldsymbol{M}_{\mathrm{AM}}\dot{\boldsymbol{v}} = -\boldsymbol{C}_{\mathrm{RB}}(\boldsymbol{v})\boldsymbol{v} - \boldsymbol{C}_{\mathrm{AM}}(\boldsymbol{v})\boldsymbol{v} - \boldsymbol{D}(\boldsymbol{v})\boldsymbol{v} - \boldsymbol{g}(\boldsymbol{\eta}) - \boldsymbol{\tau} \tag{2-29}$$

或表示为

$$\boldsymbol{M}\dot{\boldsymbol{v}} = -\boldsymbol{C}(\boldsymbol{v})\boldsymbol{v} - \boldsymbol{D}(\boldsymbol{v})\boldsymbol{v} - \boldsymbol{g}(\boldsymbol{\eta}) - \boldsymbol{\tau} \tag{2-30}$$

式中，$\boldsymbol{M} = \mathrm{diag}\left\{m_{11}, m_{22}, m_{33}, m_{44}, m_{55}, m_{66}\right\}$ 表示惯性矩阵，其中 $m_{11} = m - X_{\dot{u}}$，$m_{22} = m - Y_{\dot{v}}$，$m_{33} = m - Z_{\dot{w}}$，$m_{44} = I_x - K_{\dot{p}}$，$m_{55} = I_y - M_{\dot{q}}$，$m_{66} = I_z - N_{\dot{r}}$；$\boldsymbol{\tau} = \left[\tau_u, 0,0,0, \tau_q, \tau_r\right]^{\mathrm{T}}$ 表示控制输入；$\boldsymbol{D}(\boldsymbol{v}) = -\mathrm{diag}\left\{X_u, Y_v, Z_w, K_p, M_q, N_r\right\} - \mathrm{diag}\left\{X_{u|u|}|u|, Y_{v|v|}|v|, Z_{w|w|}|w|, K_{p|p|}|p|, M_{q|q|}|q|, N_{r|r|}|r|\right\}$ 表示阻尼矩阵；$\boldsymbol{C}(\boldsymbol{v})$ 表示科里奥利力矩阵，其形式如下：

$$C(\nu)=\begin{bmatrix} 0 & 0 & 0 & 0 & m_{33}w & -m_{22}v \\ 0 & 0 & 0 & -m_{33}w & 0 & m_{11}u \\ 0 & 0 & 0 & m_{22}v & -m_{11}u & 0 \\ 0 & m_{33}w & -m_{22}v & 0 & m_{66}r & -m_{55}q \\ -m_{33}w & 0 & m_{11}u & -m_{66}r & 0 & m_{44}p \\ m_{22}v & -m_{11}u & 0 & m_{55}q & -m_{44}p & 0 \end{bmatrix}$$

2.2.2 三自由度模型

根据上述分析过程可知航行器的六自由度模型比较复杂，致使制导及控制律的设计变得困难。因此，可将航行器的六自由度模型解耦分别得到水平面和垂直面的三自由度模型。

1. 水平面运动模型

欠驱动水下航行器水平面运动学方程为

$$\begin{cases} \dot{x}=u\cos\psi-v\sin\psi \\ \dot{y}=u\sin\psi+v\cos\psi \\ \dot{\psi}=r \end{cases} \tag{2-31}$$

动力学方程为

$$\begin{cases} (m-X_{\dot{u}})\dot{u}=(m-Y_{\dot{v}})vr+\left(X_u+X_{u|u|}|u|\right)u+\tau_u \\ (m-Y_{\dot{v}})\dot{v}=-(m-X_{\dot{u}})ur+\left(Y_v+Y_{v|v|}|v|\right)v \\ (I_z-N_{\dot{r}})\dot{r}=-(X_{\dot{u}}-Y_{\dot{v}})uv+\left(N_r+N_{r|r|}|r|\right)r+\tau_r \end{cases} \tag{2-32}$$

2. 垂直面运动模型

欠驱动水下航行器垂直面运动学方程为

$$\begin{cases} \dot{x}=u\cos\theta+w\sin\theta \\ \dot{z}=-u\sin\theta+w\cos\theta \\ \dot{\theta}=q \end{cases} \tag{2-33}$$

动力学方程为

$$\begin{cases} (m-X_{\dot{u}})\dot{u}=-(m-Z_{\dot{w}})uw+\left(X_u+X_{u|u|}|u|\right)u-(W-B)\sin\theta+\tau_u \\ (m-Z_{\dot{w}})\dot{w}=Z_{\dot{q}}\dot{q}+(m-X_{\dot{u}})uw+\left(Z_w+Z_{w|w|}|w|\right)w+(W-B)\cos\theta \\ (I_y-M_{\dot{q}})\dot{q}=M_{\dot{w}}\dot{w}+(X_{\dot{u}}-Z_{\dot{w}})uw+\left(M_q+M_{q|q|}|q|\right)q+z_{\mathrm{B}}\sin\theta+\tau_q \end{cases} \tag{2-34}$$

2.2.3 控制特性分析

航行器一般为欠驱动系统，即控制输入少于系统自由度的一类系统。针对此类系统，本节在上述运动模型的基础上运用微分几何理论对控制系统的主要特性和控制难点进行分析，为后续章节非线性控制器的设计提供理论基础（Skjetne et al.，2001）。

1. 本质非线性

欠驱动水下航行器的运动具有很强的耦合性和高度非线性，是一个十分复杂的多输入多输出系统（Cai et al.，2016；Aguiar，2002）。航行器运动过程中，压力、流体密度变化会导致系统质心、浮心发生变化进而影响静力作用。从运动模型的不确定性、推进系统受力的复杂性以及各个自由度运动的强耦合性等考虑，很难建立精确的欠驱动航行器运动模型。因此，航行器控制系统的设计必须考虑非线性问题。

依据式（2-13）和式（2-30），欠驱动航行器运动模型可描述为

$$\begin{cases} \boldsymbol{M}\dot{\boldsymbol{v}} = -\boldsymbol{C}(\boldsymbol{v})\boldsymbol{v} - \boldsymbol{D}(\boldsymbol{v})\boldsymbol{v} - \boldsymbol{g}(\boldsymbol{\eta}) - \begin{bmatrix} \boldsymbol{\tau} \\ \boldsymbol{0} \end{bmatrix} \\ \dot{\boldsymbol{\eta}} = \boldsymbol{J}(\boldsymbol{\eta})\boldsymbol{v} \end{cases} \tag{2-35}$$

式中，$\boldsymbol{\eta} \in \mathbf{R}^n$ 为广义坐标向量；$\boldsymbol{v} \in \mathbf{R}^n$ 为广义速度向量；$\boldsymbol{\tau} \in \mathbf{R}^m$ 为输入向量，且 $m < n$；$\boldsymbol{M}$ 和 $\boldsymbol{J}$ 为非奇异矩阵，且 $\dot{\boldsymbol{M}} = \boldsymbol{0}$。

在自由度上存在动力学关系

$$\boldsymbol{M}_{\mathrm{u}}\dot{\boldsymbol{v}} = -\boldsymbol{C}_{\mathrm{u}}(\boldsymbol{v})\boldsymbol{v} - \boldsymbol{D}_{\mathrm{u}}(\boldsymbol{v})\boldsymbol{v} - \boldsymbol{g}_{\mathrm{u}}(\boldsymbol{\eta}) \tag{2-36}$$

式中，矩阵 $\boldsymbol{M}_{\mathrm{u}}$、$\boldsymbol{C}_{\mathrm{u}}(\boldsymbol{v})$ 及 $\boldsymbol{D}_{\mathrm{u}}(\boldsymbol{v})$ 分别由质量矩阵 $\boldsymbol{M}$、$\boldsymbol{C}(\boldsymbol{v})$ 及 $\boldsymbol{D}(\boldsymbol{v})$ 的最后 $(n-m)$ 行组成；矩阵 $\boldsymbol{g}_{\mathrm{u}}(\boldsymbol{\eta})$ 由 $\boldsymbol{g}(\boldsymbol{\eta})$ 的最后 $(n-m)$ 个元素组成。

结合式（2-35）和式（2-36），可得

$$\begin{cases} \boldsymbol{M}_{\mathrm{a}}\dot{\boldsymbol{v}} = -\boldsymbol{C}_{\mathrm{a}}(\boldsymbol{v})\boldsymbol{v} - \boldsymbol{D}_{\mathrm{a}}(\boldsymbol{v})\boldsymbol{v} - \boldsymbol{g}_{\mathrm{a}}(\boldsymbol{\eta}) - \boldsymbol{\tau} \\ \boldsymbol{M}_{\mathrm{u}}\dot{\boldsymbol{v}} = -\boldsymbol{C}_{\mathrm{u}}(\boldsymbol{v})\boldsymbol{v} - \boldsymbol{D}_{\mathrm{u}}(\boldsymbol{v})\boldsymbol{v} - \boldsymbol{g}_{\mathrm{u}}(\boldsymbol{\eta}) \\ \dot{\boldsymbol{\eta}} = \boldsymbol{J}(\boldsymbol{\eta})\boldsymbol{v} \end{cases} \tag{2-37}$$

式中，下标 a 表示受驱动的动力学模型。

2. 非完整特性

微分几何理论为非完整约束的可积性分析提供了重要理论依据。Wichlund 将 Oriolo 和 Nakamura 的研究结果扩展到一类运载器（包括水下航行器和水面无人

船），给出了部分可积和完全可积的充要条件，证明了重力（浮力）在动态中的分量为零时，该航行器不能通过连续可微函数渐近稳定到独立平衡点（Oriolo et al.，1991；Sussmann，1987）。

引理2-1　当且仅当$\boldsymbol{g}_{\mathrm{u}}(\boldsymbol{\eta})$是常值矩阵，$\boldsymbol{C}_{\mathrm{u}}(\boldsymbol{v})+\boldsymbol{D}_{\mathrm{u}}(\boldsymbol{v})$是常值矩阵，且$\ker\left[\left(\boldsymbol{C}_{\mathrm{u}}(\boldsymbol{v})+\boldsymbol{D}_{\mathrm{u}}(\boldsymbol{v})\right)\boldsymbol{J}^{-1}(\boldsymbol{\eta})\right]$是部分可积的，则约束式（2-36）是部分可积。

引理 2-2　当且仅当式(2-36)部分可积，$\boldsymbol{C}_{\mathrm{u}}(\boldsymbol{v})+\boldsymbol{D}_{\mathrm{u}}(\boldsymbol{v})=0$，且$\ker\left[\boldsymbol{M}_{\mathrm{u}}\boldsymbol{J}^{-1}(\boldsymbol{\eta})\right]$是完全可积的，则约束式（2-36）是完全可积。

针对式（2-35），下面给出定理 2-1 来证明系统部分可积和完全可积的充要条件（高剑，2016；Wichlund et al.，1995）。

定理 2-1　式（2-35）描述的欠驱动水下航行器是二阶非完整系统。

证明：在航行器加速度约束式（2-36）中，$\boldsymbol{C}_{\mathrm{u}}(\boldsymbol{v})+\boldsymbol{D}_{\mathrm{u}}(\boldsymbol{v})$的所有元素均包含广义速度，不是常值矩阵。根据引理 2-2 可知该约束不是部分可积的，不满足完全可积条件，故式（2-35）描述的系统为二阶非完整约束。

至此，定理 2-1 证毕。

3. 可控性

系统可控性反映了控制输入驾驭状态的能力。目前针对可控性分析研究一般采用 Sussmann 提出的小时间局部可控性的充分条件（吴琪，2013）。进行可控性分析时，运动模型表示为

$$\dot{\boldsymbol{x}}=\boldsymbol{f}(\boldsymbol{x})+\boldsymbol{g}(\boldsymbol{x})\boldsymbol{u} \tag{2-38}$$

式中，$\boldsymbol{f}(\boldsymbol{x})$为非线性系统的漂移向量场；$\boldsymbol{g}(\boldsymbol{x})$为控制向量场；$\boldsymbol{u}$为控制输入。

定理 2-2　系统（2-38）在平衡点$(\boldsymbol{\eta},\boldsymbol{v})=(0,0)$处是小时间局部可控的。

证明：定义映射为

$$\boldsymbol{f}(\boldsymbol{\eta},\boldsymbol{v})=\begin{bmatrix}\boldsymbol{M}^{-1}\left(\boldsymbol{C}(\boldsymbol{v})\boldsymbol{v}+\boldsymbol{D}(\boldsymbol{v})\boldsymbol{v}+\boldsymbol{g}(\boldsymbol{\eta})\right)\\ \boldsymbol{J}(\boldsymbol{\eta})\boldsymbol{v}\end{bmatrix} \tag{2-39}$$

定义向量

$$\begin{aligned}\boldsymbol{g}&=\left[\boldsymbol{g}_1,\boldsymbol{g}_2,\cdots,\boldsymbol{g}_6,\boldsymbol{g}_7,\boldsymbol{g}_8,\cdots,\boldsymbol{g}_{12}\right]^{\mathrm{T}}\\&=\operatorname{diag}\left\{0,0,\cdots,0,\frac{1}{m_{11}},\frac{1}{m_{22}},\cdots,\frac{1}{m_{66}}\right\}\end{aligned} \tag{2-40}$$

在此背景下，式（2-39）可写成

$$\begin{bmatrix}\dot{\boldsymbol{\eta}}\\ \dot{\boldsymbol{v}}\end{bmatrix}=\boldsymbol{f}(\boldsymbol{\eta},\boldsymbol{v})+\boldsymbol{g\tau}+\boldsymbol{f}(\boldsymbol{\eta},\boldsymbol{v})+\boldsymbol{g}_7\tau_1+\boldsymbol{g}_{11}\tau_5+\boldsymbol{g}_{12}\tau_6 \tag{2-41}$$

式中，$\boldsymbol{g}_7$、$\boldsymbol{g}_{11}$和$\boldsymbol{g}_{12}$的定义见式（2-42）；$\boldsymbol{f}(\boldsymbol{\eta},\boldsymbol{v})$的定义参考航行器运动模型，

且令 $\boldsymbol{f}(\boldsymbol{\eta},\boldsymbol{v})=\boldsymbol{g}_0$ 以及 $\tau_0=1$。

$$\begin{cases}\boldsymbol{g}_7=\left[0,0,0,0,0,0,\dfrac{1}{m_{11}},0,0,0,0,0\right]^{\mathrm{T}}\\ \boldsymbol{g}_{11}=\left[0,0,0,0,0,0,0,0,0,0,\dfrac{1}{m_{55}},0\right]^{\mathrm{T}}\\ \boldsymbol{g}_{12}=\left[0,0,0,0,0,0,0,0,0,0,0,\dfrac{1}{m_{66}}\right]^{\mathrm{T}}\end{cases} \tag{2-42}$$

则向量 $\boldsymbol{g}_0$、$\boldsymbol{g}_7$、$\boldsymbol{g}_{11}$ 和 $\boldsymbol{g}_{12}$ 扩展的向量场依次为

$$\begin{aligned}[\boldsymbol{g}_0,\boldsymbol{g}_7]=-\frac{1}{m_{11}}\Big[&\cos\varphi\cos\theta,\sin\varphi\cos\theta,-\sin\theta,0,0,0,\\ &-\frac{X}{m_{11}},\frac{m_{11}}{m_{22}}r,-\frac{m_{11}}{m_{33}}q,0,\frac{m_{11}-m_{33}}{m_{55}}w,\frac{m_{22}-m_{11}}{m_{66}}v\Big]^{\mathrm{T}}\end{aligned} \tag{2-43}$$

$$\begin{aligned}[\boldsymbol{g}_0,\boldsymbol{g}_{11}]=-\frac{1}{m_{55}}\Big[&0,0,0,\sin\psi\tan\theta,\cos\psi,\frac{\sin\psi}{\cos\theta},\\ &\frac{m_{33}}{m_{11}}w,0,-\frac{m_{11}}{m_{33}}u,\frac{m_{66}-m_{55}}{m_{44}}r,-\frac{M}{m_{55}},\frac{m_{55}-m_{44}}{m_{66}}p\Big]^{\mathrm{T}}\end{aligned} \tag{2-44}$$

$$\begin{aligned}[\boldsymbol{g}_0,\boldsymbol{g}_{12}]=-\frac{1}{m_{66}}\Big[&0,0,0,\cos\psi\tan\theta,-\sin\psi,\frac{\cos\psi}{\cos\theta},\\ &-\frac{m_{22}}{m_{11}}v,\frac{m_{11}}{m_{22}}u,0,\frac{m_{66}-m_{55}}{m_{44}}q,\frac{m_{44}-m_{66}}{m_{55}}p,-\frac{N}{m_{66}}r\Big]^{\mathrm{T}}\end{aligned} \tag{2-45}$$

$$[\boldsymbol{g}_7,\boldsymbol{g}_{11}]=0,\ [\boldsymbol{g}_7,\boldsymbol{g}_{12}]=0,\ [\boldsymbol{g}_{11},\boldsymbol{g}_{12}]=0,\cdots \tag{2-46}$$

通过计算扩展向量场中的李括号可知，$\boldsymbol{g}$ 的扩展向量场维数为

$$\dim\{\boldsymbol{g}_0,\boldsymbol{g}_7,\boldsymbol{g}_{11},\boldsymbol{g}_{12},[\boldsymbol{g}_0,\boldsymbol{g}_7],[\boldsymbol{g}_0,\boldsymbol{g}_{11}],[\boldsymbol{g}_0,\boldsymbol{g}_{12}],[\boldsymbol{g}_7,\boldsymbol{g}_{11}],\cdots\}=12 \tag{2-47}$$

表明对任意 $(\boldsymbol{\eta},\boldsymbol{v})\in\mathbf{R}^6$，上述向量的扩展空间满足李代数可控秩的条件，根据小时间局部可控性定理可知，航行器的六自由度运动方程在平衡点处是小时间局部可控的。

至此，定理 2-2 证毕。

4. 系统稳定性

引理 2-3　设系统 $\dot{\boldsymbol{x}}=\boldsymbol{f}(\boldsymbol{x},\boldsymbol{u})$ 满足 $f(0,0)=0$，$\boldsymbol{f}(\boldsymbol{x},\boldsymbol{u})$ 在 $(0,0)$ 的一个邻域内连续可微，则存在连续可微函数 $\boldsymbol{g}(\boldsymbol{x})$ 使得系统 $\dot{\boldsymbol{x}}=\boldsymbol{f}(\boldsymbol{x},\boldsymbol{g}(\boldsymbol{x}))$ 的原点 $(0,0)$ 在李雅普诺夫意义下渐近稳定的必要条件是：函数 $\boldsymbol{f}(\boldsymbol{x},\boldsymbol{u})$ 的映像必须包含原点的一个开

邻域（Brockett，1983）。

结合运动模型（2-35）与可控形式（2-38），可以得到

$$\boldsymbol{f}(\boldsymbol{\eta},\boldsymbol{v})=\begin{bmatrix}\boldsymbol{M}^{-1}\begin{bmatrix}\boldsymbol{\tau}\\ \boldsymbol{0}\end{bmatrix}-\boldsymbol{C}(\boldsymbol{v})\boldsymbol{v}-\boldsymbol{D}(\boldsymbol{v})\boldsymbol{v}-\boldsymbol{g}(\boldsymbol{\eta})\\ \boldsymbol{J}(\boldsymbol{\eta})\boldsymbol{v}\end{bmatrix} \tag{2-48}$$

假设点 $\boldsymbol{\varepsilon}=\begin{bmatrix}\boldsymbol{M}^{-1}\begin{bmatrix}\boldsymbol{\alpha}\\ \boldsymbol{\beta}\end{bmatrix}\\ \boldsymbol{0}\end{bmatrix}$，其中 $\boldsymbol{\alpha}$ 为任意向量；$\boldsymbol{\beta}$ 为非零向量。则存在控制律使得系统渐近稳定与平衡点，满足方程 $\boldsymbol{f}(\boldsymbol{x},\boldsymbol{u})=\boldsymbol{\varepsilon}$ 的解，即

$$\begin{bmatrix}\boldsymbol{M}^{-1}\begin{bmatrix}\boldsymbol{\tau}\\ \boldsymbol{0}\end{bmatrix}-\boldsymbol{C}(\boldsymbol{v})\boldsymbol{v}-\boldsymbol{D}(\boldsymbol{v})\boldsymbol{v}-\boldsymbol{g}(\boldsymbol{\eta})\\ \boldsymbol{J}(\boldsymbol{\eta})\boldsymbol{v}\end{bmatrix}=\begin{bmatrix}\boldsymbol{M}^{-1}\begin{bmatrix}\boldsymbol{\alpha}\\ \boldsymbol{\beta}\end{bmatrix}\\ \boldsymbol{0}\end{bmatrix} \tag{2-49}$$

由非奇异矩阵 $\boldsymbol{J}(\boldsymbol{\eta})$ 知 $\boldsymbol{v}=\boldsymbol{0}$，且有

$$\begin{bmatrix}\boldsymbol{\tau}\\ \boldsymbol{0}\end{bmatrix}-\begin{bmatrix}\boldsymbol{g}_1(\boldsymbol{\eta})\\ \boldsymbol{g}_{\mathrm{u}}(\boldsymbol{\eta})\end{bmatrix}=\begin{bmatrix}\boldsymbol{\alpha}\\ \boldsymbol{\beta}\end{bmatrix} \tag{2-50}$$

式中，$\boldsymbol{g}(\boldsymbol{\eta})=\begin{bmatrix}\boldsymbol{g}_1(\boldsymbol{\eta})\\ \boldsymbol{g}_{\mathrm{u}}(\boldsymbol{\eta})\end{bmatrix}$。

因为 $\boldsymbol{\beta}$ 为非零向量，则式（2-50）无解，不满足引理 2-3 的条件。因此对于欠驱动系统，当恢复力 $\boldsymbol{g}_{\mathrm{u}}(\boldsymbol{\eta})=\boldsymbol{0}$ 时，不存在使系统稳定至平衡点的光滑反馈控制律。

2.3　操纵性仿真

为验证上述运动模型的有效性，本节利用 MATLAB 编写程序进行操纵性仿真实验验证。考虑三自由度运动模型，分别进行水平面操纵性仿真实验和垂直面操纵性仿真实验；进一步，考虑六自由度运动模型，选择实际工程中最典型的三维螺旋线进行操纵性仿真验证。值得一提的是，欠驱动无人水下航行器控制输入仅包括纵向推力、转艏力矩和纵倾力矩，其中，纵向推力由螺旋桨产生，与其转速相关；转艏力矩和纵倾力矩分别由垂直舵和水平舵产生。

注 2-2　本书中的仿真实验均利用 MATLAB 中的 Simulink 编写程序，其中制导律、控制律和被控对象等微分方程采用 S 函数描述。

注 2-3　仿真系统搭建步骤一般如下：首先创建 S 函数源文件，创建 Simulink 动态系统图；然后在 Simulink 模型框图中添加 S-Function 功能模块；最后在

Simulink 模型框图中按照定义好的功能连接输入输出端口。

注 2-4　本书中的研究对象均选择哈尔滨工程大学研制的欠驱动无人水下航行器“WL-Ⅱ”，如图 2-3 所示。模型参数已通过实验求得，详细见表 2-2，其中物理量均采用国际单位制。

图 2-3　WL-Ⅱ

表 2-2　航行器模型参数

参数	值	参数	值	参数	值
m	45.00kg	L	1.46m	$X_{u\|u\|}$	–6.44kg/m
I_z	8.07kg·m^2	I_y	8.09kg·m^2	$Y_{v\|v\|}$	–194.77kg/m
X_u	–13.50kg/s	$X_{\dot{u}}$	–2.52kg	$Z_{w\|w\|}$	–141.66kg/m
Y_v	–44.96kg/s	$Y_{\dot{v}}$	–49.05kg	$M_{q\|q\|}$	–3.89kg·m^2/rad^2
Z_w	–46.67kg/s	$Z_{\dot{w}}$	–49.12kg	$N_{r\|r\|}$	–4.90kg·m^2/rad^2
M_q	–23.76kg·m^2/(s·rad)	$M_{\dot{q}}$	–5.43kg·m^2	W	441.00N
N_r	–27.20kg·m^2/(s·rad)	$N_{\dot{r}}$	–5.31kg·m^2	z_B	–0.02m

2.3.1　二维操纵性仿真

为验证纵向速度模型的有效性，可令水平舵角为零，观察航行器从静止开始在某一螺旋桨转速下的运动行为，以此得出螺旋桨转速与纵向速度的关系。仿真实验中，设置螺旋桨转速分别为 300r/min、600r/min 和 1200r/min。

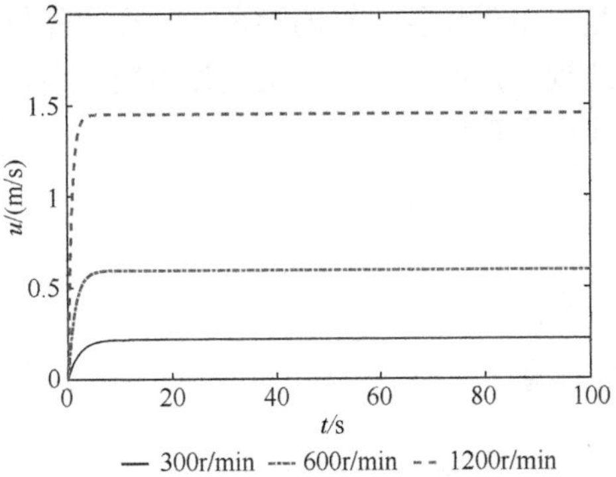

图 2-4　纵向速度演化曲线

图 2-4 给出了航行器纵向速度演化曲线，可以看出航行器纵向速度随着螺旋桨转速的增加而增大，最终稳定在某个固定值。此外，在纵向推力的作用下，航行器初始加速度也随着螺旋桨转速增加而增大，因此很好地验证了纵向速度动力学模型的有效性。

为探究垂直舵角与航行器回转性能的关系，可在固定航速下（即使螺旋桨转速保持为某一定值）设置不同的舵角大小，令航行器做回转运动。仿真实验中，固定螺旋桨转速为 600r/min，垂直舵角分别设置为 5°、10° 及 20°，观察航行器的运动行为。

图 2-5 给出了回转运动行为曲线，图 2-6 给出了转艏角速度演化曲线。从图中可以看出，航行器能够在固定螺旋桨转速和固定舵角的情况下实现回转运动，

且运动行为相对平稳，最终回转直径保持不变。另外，转艏角速度随着舵角的增大而增大，且在螺旋桨转速不变的情况下，回转直径减小；由于转艏角速度的增加，航行器能够更早地进入回转过程，因此验证了转艏角速度动力学模型的有效性。

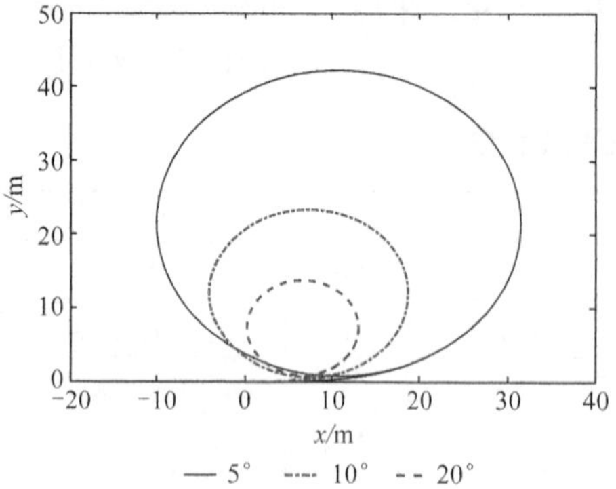

图 2-5　回转运动行为曲线

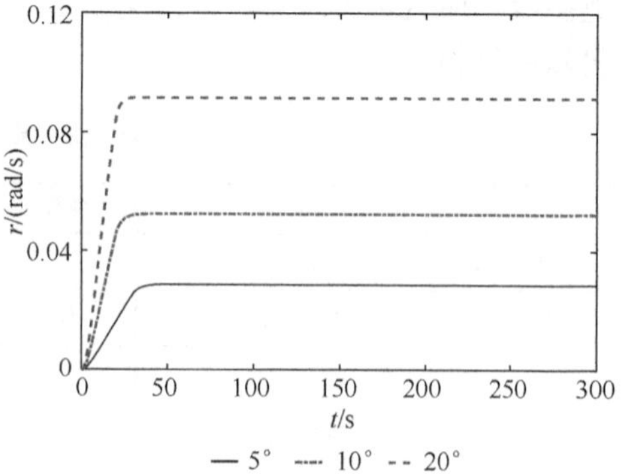

图 2-6　转艏角速度演化曲线

除水平面回转运动外，航行器还需潜入深海进行作业，因此还需考虑其垂直面的纵倾运动。为验证模型垂向纵倾运动的有效性，即在一定的螺旋桨转速下，通过改变水平舵角，观察下潜曲线是否符合实际。仿真实验中，螺旋桨转速为600r/min，水平舵角分别为5°、8°和10°。

图 2-7 给出了航行器下潜时的垂直面运动行为曲线，图 2-8 给出了纵倾角速度演化曲线，图 2-9 给出了纵倾角演化曲线。从图中可以看出，航行器能够在固定螺旋桨转速和固定水平舵角的情况下平稳下潜，随着水平舵角的增大，纵倾角变化更快也更大。与水平面内运动不同的是，由于恢复力矩的存在，同样在保持固定舵角情况下，没有进行回转运动，当达到一定纵倾角后，所受外力矩平衡，角速度减小为零，纵倾角保持不变，航行器可沿直线下潜。

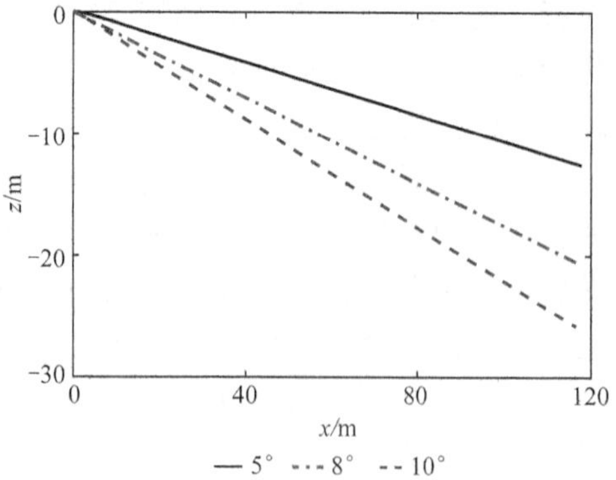

图 2-7　垂直面运动行为曲线

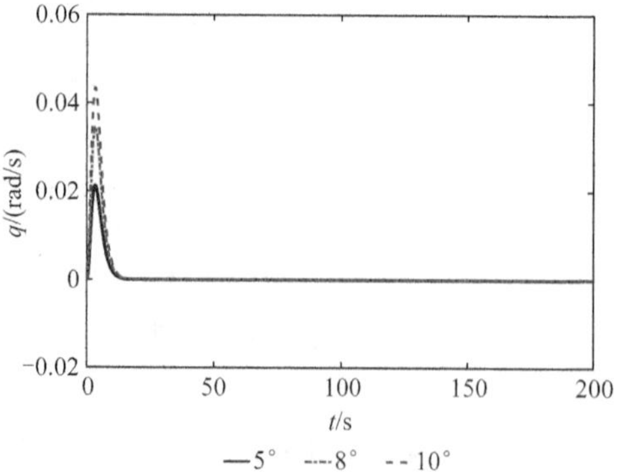

图 2-8　纵倾角速度演化曲线

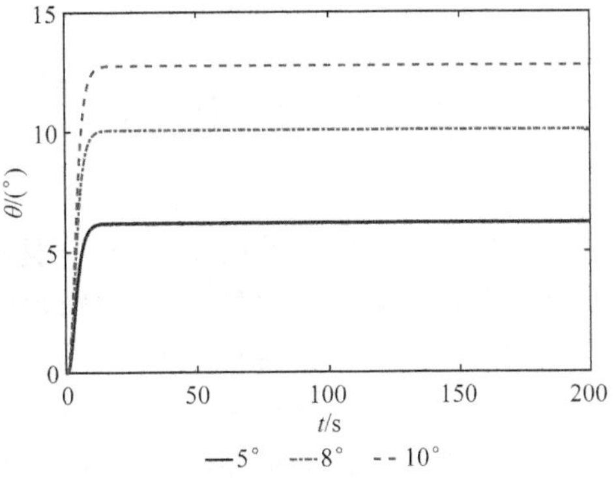

图 2-9　纵倾角演化曲线

2.3.2　三维操纵性仿真

航行器三维运动比二维运动有着更强的耦合性，其输入与输出关系更为复杂。下面以三维螺旋线仿真为例，将螺旋桨转速设置为 600r/min，垂直舵角为 10°，水平舵角为 8°，用来验证建立三维运动模型的合理性。

图 2-10 给出了三维螺旋运动行为曲线，图 2-11 给出了水平面运动行为曲线，图 2-12 给出了垂直面运动行为曲线。从图中可以看出，航行器以螺旋线方式进行下潜，运动行为曲线相对光滑；在水平面和垂直面内的投影曲线符合实际运动规律，即水平面内做圆运动且垂直面内做正弦运动。

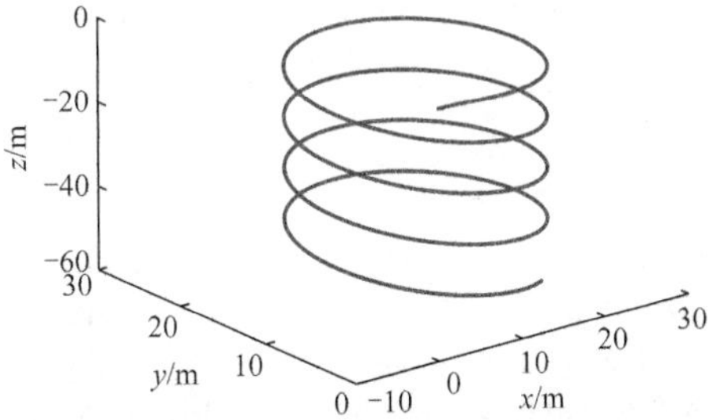

图 2-10　三维螺旋运动行为曲线

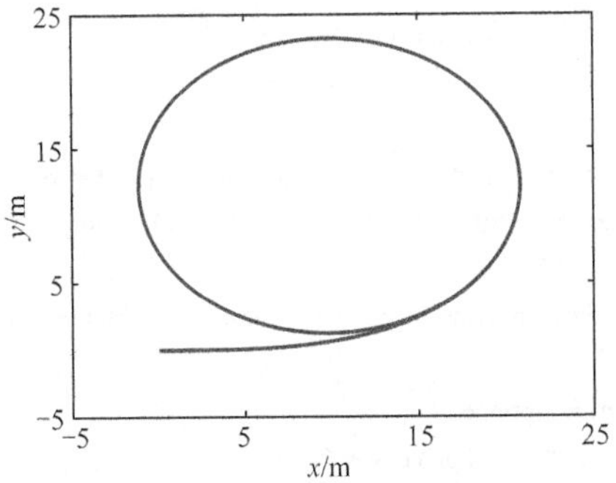

图 2-11　水平面运动行为曲线

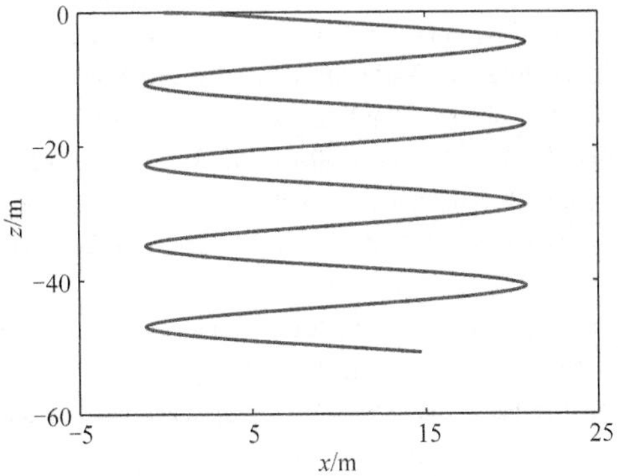

图 2-12　垂直面运动行为曲线

2.4 本章小结

本章结合实际给出了欠驱动水下航行器的六自由度运动模型，以及解耦后的水平面和垂直面运动模型，并详细介绍了模型中各个变量代表的物理意义。结合其受力特点分析了动力学本质非线性、系统稳定性、非完整稳性以及可控性等控制特性，为后续章节的优良控制器设计及系统稳定性分析奠定基础。本章进行了二维水平面和垂直面操纵性仿真实验，采用控制变量法，通过设置零舵角分析转速分别为 300r/min、600r/min 和 1200r/min 时的纵向速度；设置螺旋桨转速为 600r/min，垂直舵角为 10°，水平舵角为 8°，进行了三维操纵性仿真实验。

从控制系统角度来说，欠驱动水下航行器运动模型具有以下特点：

第一，各自由度间存在强非线性耦合，致使后续观测器、控制器设计及稳定性分析具有一定挑战性。

第二，模型参数很难精确测量，尤其是流体阻尼系数，同时复杂环境下模型参数摄动和干扰未知。在此背景下，设计具有抗干扰的鲁棒控制器具有重要意义。

参考文献

陈子印，2013．欠驱动无人水下航行器三维路径跟踪反步控制方法研究．哈尔滨：哈尔滨工程大学．

窦刚，2019．AUV 动力定位控制技术研究．镇江：江苏科技大学．

高剑，2016．AUV 自适应非线性控制技术．西安：西北工业大学出版社．

贾鹤鸣，2012．基于反步法的欠驱动 UUV 空间目标跟踪非线性控制方法研究．哈尔滨：哈尔滨工程大学．

李殿璞，2008．船舶运动与建模．北京：国防工业出版社．

马聘，连琏，2009．水下运载器操纵控制及模拟仿真技术．北京：国防工业出版社．

曲星儒，2018．海流干扰下欠驱动 AUV 航迹跟踪控制研究．大连：大连海事大学．

王芳，万磊，李晔，等，2010．欠驱动 AUV 的运动控制技术综述．中国造船，51（2）：227-241．

吴琪，2013．欠驱动智能水下机器人的三维轨迹跟踪控制方法研究．哈尔滨：哈尔滨工程大学．

向先波，2010．二阶非完整性水下机器人的路径跟踪与协调控制研究．武汉：华中科技大学．

张显库，贾欣乐，2006．船舶运动控制．北京：国防工业出版社．

Aguiar A P, 2002. Nonlinear motion control of nonholonomic and underactuated systems. Proto: University of Proto.

Brockett R W, 1983. Asymptotic stability and feedback stabilization. Differential Geometric Control Theory, 27(1): 181-191.

Cai P P, Song D, Fu J L, 2016. Noether's theorem of nonholonomic systems in optimal control. Acta Mathematicae Applicatae Sinica, 32(4): 875-882.

Do K D, Pan J, 2009. Control of ships and underwater vehicles. Berlin: Springer.

Fossen T I, 1994. Guidance and control of ocean vehicles. New York, USA: John Wiley & Sons.

Fossen T I, 2002. Marine control systems: guidance, navigation and control of ships, rigs and underwater vehicles. Trondheim, Norway: Marine Cybernetics.

Fossen T I, 2011. Handbook of marine craft hydrodynamics and motion control. New Jersey: Wiley.

Oriolo G, Nakamura Y, 1991. Control of mechanical systems with second-order nonholonomic constraints: underactuated mainpulators. Brighton, UK: Proceedings of the 30th IEEE Conference on Decision and Control: 2398-2403.

Skjetne R, Fossen T I, 2001. Nonlinear maneuvering and control of ships. Honolulu, USA: MTS/IEEE Oceans 2001: 1808-1815.

Sussmann H J, 1987. A general theorem on local controllability. SIAM Journal on Control and Optimization, 25(1):158-194.

Wichlund K Y, Sordalen O J, Egeland O, 1995. Control properties of underactuated vehicles. Nagoya, Japan: Proceedings of 1995 IEEE International Conference on Robotics and Automation: 2009-2014.

第 3 章　欠驱动水下航行器轨迹跟踪控制

轨迹跟踪是指在控制输入作用下航行器能够从任意初始位置出发并沿着给定的参考轨迹航行，航行器以给定的速度跟踪空间中一条与时间有关的几何曲线，同时角速度和线速度也是关于时间的函数。优良的轨迹跟踪性能可以很大程度地确保任务的精准完成（Aguiar et al.，2007）。考虑成本、能源消耗和推进效率等问题，大多航行器为欠驱动系统（崔士鹏，2013；胡跃明，2001），导致其控制系统存在较强的非线性以及强耦合性，其次航行器水动力系数很难精确求得，也很容易受到外界干扰影响，致使轨迹跟踪控制器的设计具有很大挑战性。同时，目前对于轨迹跟踪的研究大都是基于反步法设计的，而反步法存在某些固有缺陷，如对虚拟控制量多次求导而致使控制器结构复杂（孙红英，2007）。

本章首先基于反步法设计二维和三维基础控制器，用来验证控制器的有效性。其次考虑二维轨迹跟踪控制问题，基于动态面设计航行器速度控制器和转艏控制器，克服了传统反步设计过程中的微分爆炸问题，并简化了控制器设计（张乾，2019）。再次针对三维轨迹跟踪控制问题，通过引入虚拟航行器解决了传统轨迹跟踪控制策略上因摄入大量的轨迹信息致使控制器设计复杂等问题，设计自适应动态面动力学控制器，并用李雅普诺夫稳定性理论证明了系统稳定性。最后考虑外界干扰和模型不确定，分别基于神经网络和模糊逻辑系统设计干扰逼近器（张乾，2019），补偿外界干扰及模型不确定性，结合动态面和干扰逼近器设计速度控制器、转艏控制器以及纵倾控制器，保证航行器在复杂海洋环境下精准跟踪上参考轨迹，仿真结果证明了上述控制方法能够实现对已知参考轨迹的精确跟踪控制。

3.1　基于反步法的基础控制

基础运动控制是研究轨迹跟踪及路径跟踪的前提，旨在验证控制器的可行性及有效性。本节基于反步法分别设计航行器二维及三维基础控制器，并通过仿真实验进行验证（尹强，2016）。

3.1.1　二维基础控制

为验证第 2 章运动模型及控制器的有效性，本节基于反步法研究水平面基础控制，主要包括定速控制器设计与仿真、定向控制器设计与仿真及定深控制器设计与仿真，具体如下。

1. 定速控制器设计与仿真

图 3-1 为定速控制算法框架。基于跟定的速度信号和模型速度输出，设计纵向速度控制器，实现对期望速度信号的跟踪。

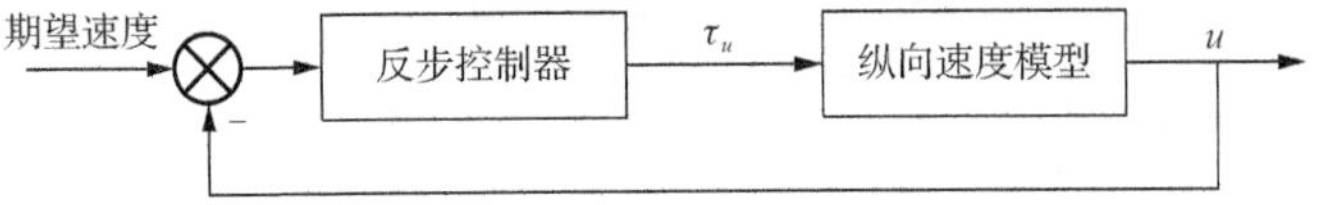

图 3-1　定速控制算法框架

参考第 2 章给出的水平面运动模型，航行器速度动力学模型为

$$\dot{u}=\frac{m-Y_{\dot{v}}}{m-X_{\dot{u}}}vr+\frac{X_u+X_{u|u|}|u|}{m-X_{\dot{u}}}u+\frac{\tau_u}{m-X_{\dot{u}}} \tag{3-1}$$

定义纵向速度误差为

$$u_{\mathrm{e}}=u-u_{\mathrm{d}} \tag{3-2}$$

式中，u_{d} 为期望速度。

根据反步控制设计步骤，设计纵向速度控制器为

$$\tau_u=-(m-Y_{\dot{v}})vr-\left(X_u-X_{u|u|}|u|\right)u+\left(-k_u u_{\mathrm{e}}+\dot{u}_{\mathrm{d}}\right)\left(m-X_{\dot{u}}\right) \tag{3-3}$$

式中，$k_u>0$ 为设计常数。

下面通过 MATLAB 中的 Simulink 搭建仿真程序，用来验证定速控制器的有效性。仿真实验中，期望速度分别为 $u_{\mathrm{d}}=1\mathrm{m/s}$ 和 $u_{\mathrm{d}}=1.5\mathrm{m/s}$；控制参数为 $k_u=0.2$。

图 3-2 给出了航行器速度演化曲线，图中可见纵向速度从零开始逐渐增加最后稳定在期望值，验证了所设计控制器的有效性。图 3-3 给出了纵向推力曲线，开始时由于存在速度误差，所以导致初始推力不为零；然后随着推力不断增加直到速度稳定在期望值后保持稳定，整个推力过程变化相对平稳。

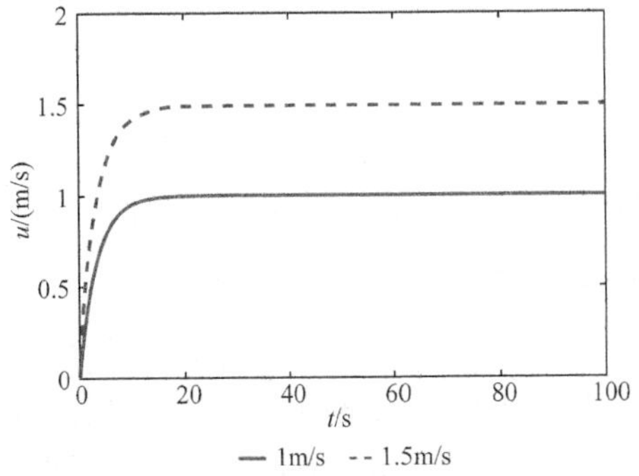

图 3-2　速度演化曲线

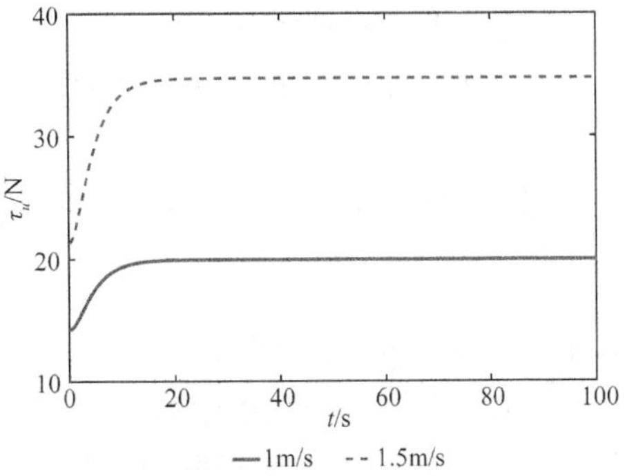

图 3-3　纵向推力曲线

2. 定向控制器设计与仿真

定向控制是指航行器能够在控制器的作用下向着指定方向前行，且能够保持期望的艏向角运动。图 3-4 为定向控制算法框架，根据跟定的速度信号和艏向角信号，基于反步法设计速度控制器和转艏控制器，实现航行器定向控制。

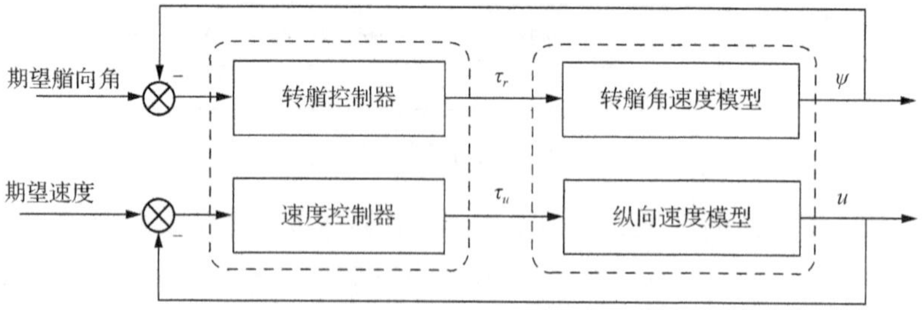

图 3-4　定向控制算法框架

参考定速控制器设计过程，速度控制器为

$$\tau_u = -\left(m - Y_{\dot{v}}\right)vr - \left(X_u - X_{u|u|}\left|u\right|\right)u + \left(-k_u\left(u - u_{\mathrm{d}}\right) + \dot{u}_{\mathrm{d}}\right)\left(m - X_{\dot{u}}\right) \tag{3-4}$$

根据第 2 章航行器水平面运动模型，转艏动力学模型为

$$\begin{cases} \dot{\psi} = r \\ \dot{r} = -\dfrac{X_{\dot{u}} - Y_{\dot{v}}}{I_z - N_{\dot{r}}}uv + \dfrac{N_r + N_{r|r|}\left|r\right|}{I_z - N_{\dot{r}}}r + \dfrac{\tau_r}{I_z - N_{\dot{r}}} \end{cases} \tag{3-5}$$

定义艏向角跟踪误差为

$$z_1 = \psi - \psi_{\mathrm{d}} \tag{3-6}$$

式中，ψ_{d} 为期望艏向角。

考虑到转艏动力学模型为二阶系统，设计中间虚拟控制量为

$$\alpha = -k_r z_1 + \dot{\psi}_{\mathrm{d}} \tag{3-7}$$

式中，$k_r > 0$ 为设计常数。

进一步，定义转艏角速度误差为

$$z_2 = r - \alpha \tag{3-8}$$

基于动力学模型式（3-5），结合式（3-6）和式（3-8），设计转艏控制器为

$$\tau_r = \left(-k_\alpha z_2 - z_1 + \dot{\alpha}\right)\left(I_z - N_{\dot{r}}\right) + \left(X_{\dot{u}} - Y_{\dot{v}}\right)uv - \left(N_r - N_{r|r|}\left|r\right|\right)r \tag{3-9}$$

式中，$k_\alpha > 0$ 为设计常数。

下面通过 MATLAB 中的 Simulink 搭建仿真程序，用来验证定向控制器的有效性。仿真实验中，航行器初始状态为 $x_0 = 0$，$y_0 = 0$，$u_0 = 0$，$\psi_0 = 0$；期望速度为 $u_{\mathrm{d}} = 1\mathrm{m/s}$；期望艏向角分别为 $\psi_{\mathrm{d}} = 15°$ 和 $\psi_{\mathrm{d}} = 25°$。

控制参数设计为$k_u=0.3$，$k_r=0.1$，$k_\alpha=5$。

图 3-5 给出了水平面定向控制的运动行为曲线，可以看出，航行器能够在不同的期望艏向角下驶入期望方向并保持直线航行，验证了所设计的定向控制器的有效性。图 3-6 给出了艏向角演化曲线，艏向角逐渐增加至期望角度并保持稳定。图 3-7 给出了速度演化曲线，在两个期望角度情况下的纵向速度变化趋势相同。这里，横向速度先增大后减小，当驶入期望方向后横向速度减小为零；由于航行器没有横向推力机构，所以横向速度很小，符合实际。图 3-8 给出了控制输入曲线，包括纵向推力和转艏力矩，可以看出，开始时艏向角误差最大，之后随着误差的减小逐渐减小，达到期望角度后稳定在零；期望角度增大时，力矩变化相对较快，但整个过程变化平稳，验证了所设计定向控制器的有效性。

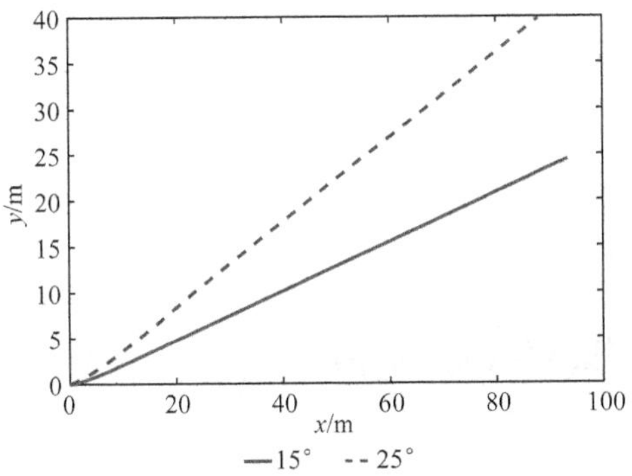

图 3-5　定向运动行为曲线

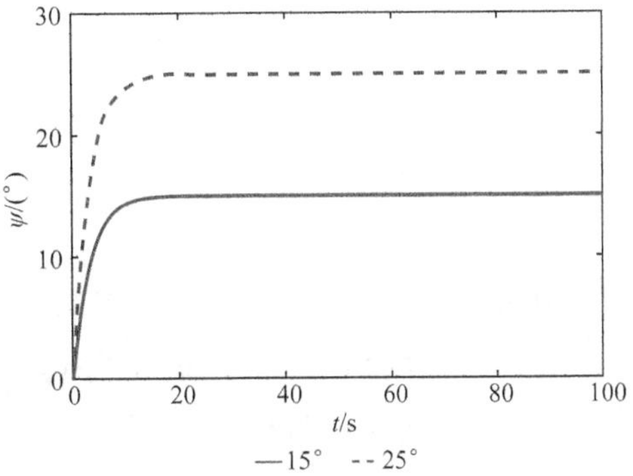

图 3-6　艏向角演化曲线

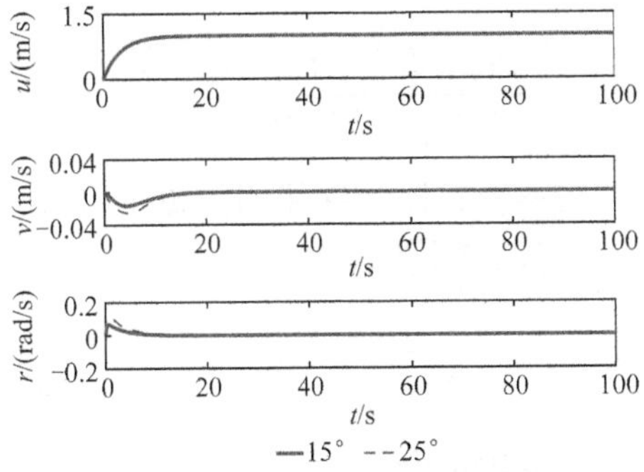

图 3-7　速度演化曲线

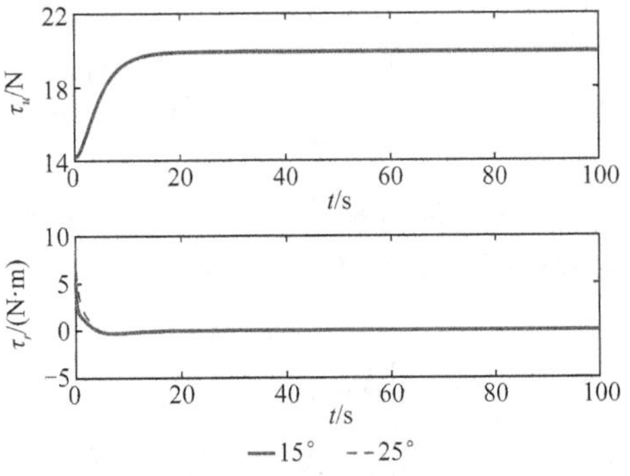

图 3-8　控制输入曲线

3. 定深控制器设计与仿真

图 3-9 为垂直面内航行器的定深运动控制算法框架，包括速度控制和纵倾控制。根据期望的速度信号和纵倾角信号，基于反步法设计速度控制器和纵倾控制器，

实现航行器定深运动。

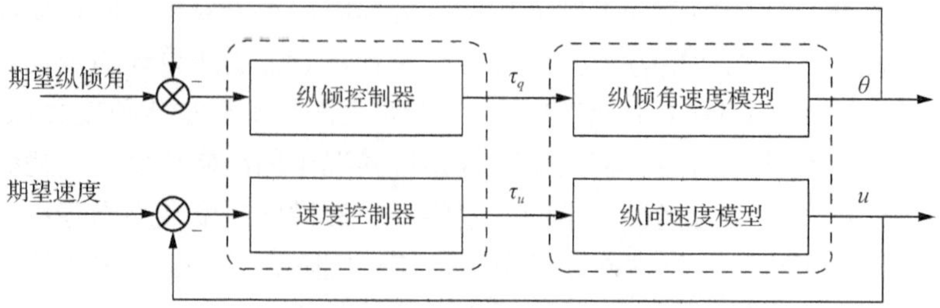

图 3-9 定深控制算法框架

参考第 2 章垂直面运动模型，航行器垂直面纵向速度模型为

$$\dot{u}=-\frac{m-Z_{\dot{w}}}{m-X_{\dot{u}}}wq+\frac{X_u+X_{u|u|}|u|}{m-X_{\dot{u}}}u+\frac{\tau_u}{m-X_{\dot{u}}} \tag{3-10}$$

定义速度跟踪误差为

$$u_{\mathrm{e}}=u-u_{\mathrm{d}} \tag{3-11}$$

式中，u_{d} 为期望速度。

在此背景下，设计速度控制器为

$$\tau_u=(m-Z_{\dot{w}})wq-\left(X_u+X_{u|u|}|u|\right)u+\left(-k_u u_{\mathrm{e}}+\dot{u}_{\mathrm{d}}\right)(m-X_{\dot{u}}) \tag{3-12}$$

式中，$k_u>0$ 为设计常数。

考虑如下垂直面动力学方程：

$$\begin{cases}\dot{\zeta}=-u\sin\theta+w\cos\theta\\ \dot{\theta}=q\\ \dot{q}=\dfrac{X_{\dot{u}}-Z_{\dot{w}}}{I_y-M_{\dot{q}}}uw+\dfrac{M_q+M_{q|q|}|q|}{I_y-M_{\dot{q}}}q+\dfrac{z_{\mathrm{B}}B\sin\theta}{I_y-M_{\dot{q}}}+\dfrac{\tau_q}{I_y-M_{\dot{q}}}\end{cases} \tag{3-13}$$

注意到航行器下潜运动时纵倾角较小，在不影响控制性能的前提下可假设 $\sin\theta\approx\theta$ 和 $\cos\theta\approx 1$。在此背景下，式（3-13）可以简化为

$$\begin{cases}\dot{\zeta}=-u\theta+w\\ \dot{\theta}=q\\ \dot{q}=\dfrac{X_{\dot{u}}-Z_{\dot{w}}}{I_y-M_{\dot{q}}}uw+\dfrac{M_q+M_{q|q|}|q|}{I_y-M_{\dot{q}}}q+\dfrac{z_{\mathrm{B}}B\sin\theta}{I_y-M_{\dot{q}}}+\dfrac{\tau_q}{I_y-M_{\dot{q}}}\end{cases} \tag{3-14}$$

定义深度跟踪误差为

$$z_1=\zeta-\zeta_{\mathrm{d}} \tag{3-15}$$

式中，ζ_{d} 为期望下潜深度。

选择如下形式的李雅普诺夫函数：

$$V_1 = \frac{1}{2u} z_1^2 \tag{3-16}$$

对式（3-16）两边求导，可得

$$\begin{aligned}\dot{V}_1 &= \frac{1}{u} z_1 \left(\dot{\zeta}_{\mathrm{d}} - \dot{\zeta}\right) \\ &= \frac{1}{u} z_1 \left(\dot{\zeta}_{\mathrm{d}} + u\theta - w\right) \\ &= z_1 \left(\frac{\dot{\zeta}_{\mathrm{d}}}{u} + \theta - \frac{w}{u}\right)\end{aligned} \tag{3-17}$$

定义虚拟控制变量为

$$\alpha_1 = -k_1 z_1 + \frac{w}{u} - \frac{\dot{\zeta}_{\mathrm{d}}}{u} \tag{3-18}$$

式中，$k_1 > 0$ 为设计常数。

根据式（3-18），定义误差如下：

$$z_2 = \theta - \alpha_1 \tag{3-19}$$

将式（3-18）和式（3-19）代入式（3-17），得到

$$\dot{V}_1 = -k_1 z_1^2 + z_1 z_2 \tag{3-20}$$

为设计控制输入，定义虚拟控制量为

$$\alpha_2 = -k_2 z_2 + \dot{\alpha}_1 - z_1 \tag{3-21}$$

式中，$k_2 > 0$ 为设计常数。

相应地，虚拟控制量误差为

$$z_3 = q - \alpha_2 \tag{3-22}$$

设计纵倾控制器为

$$\begin{aligned}\tau_q = &-\left(X_{\dot{u}} - Z_{\dot{w}}\right) uw - \left(M_q + M_{q|q|} |q|\right) q - z_{\mathrm{B}} B \sin(\theta) \\ &+ \left(-k_3 z_3 - z_2 + \dot{\alpha}_2\right)\left(I_y - M_{\dot{q}}\right)\end{aligned} \tag{3-23}$$

式中，$k_3 > 0$ 为设计常数。

下面通过 MATLAB 中的 Simulink 搭建仿真程序，用来验证定深控制器的有效性。航行器初始状态为 $x_0 = 0$，$z_0 = 0$，$u_0 = 0$，$\theta_0 = 0$；期望速度为 $u_{\mathrm{d}} = 1\mathrm{m/s}$；期望下潜深度分别为 $\zeta_{\mathrm{d}} = 5\mathrm{m}$ 和 $\zeta_{\mathrm{d}} = 8\mathrm{m}$。

控制器参数为 $k = 0.3$，$k_1 = 0.05$，$k_2 = 5$，$k_3 = 0.1$。

图 3-10 给出了垂直面定深运动曲线，可以看出航行器能够在所设计的纵向推力和纵倾力矩的作用下平稳下潜并最终保持在期望深度直线航行，验证了所设计定深控制器的有效性。图 3-11 给出了速度演化曲线，可以看出纵向速度逐渐增大，

最终稳定在期望速度；垂向速度先增大后减小，达到期望深度后稳定在零，这是该航行器没有垂向推力机构造成的。图 3-12 给出了纵倾角演化曲线，可以看出纵倾角先增大后减小最终稳定值为零，且随着期望深度的增加纵倾角的峰值会增加；在整个过程中绝大部分时的纵倾角较小，因此该运动模型是合理的。图 3-13 给出了控制输入曲线，包括纵向推力和转艏力矩，可以看出在整个下潜过程中控制输入变化相对平稳。

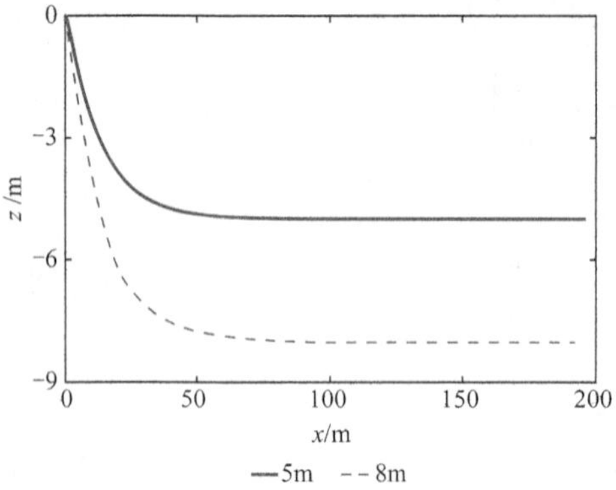

图 3-10　垂直面定深运动曲线

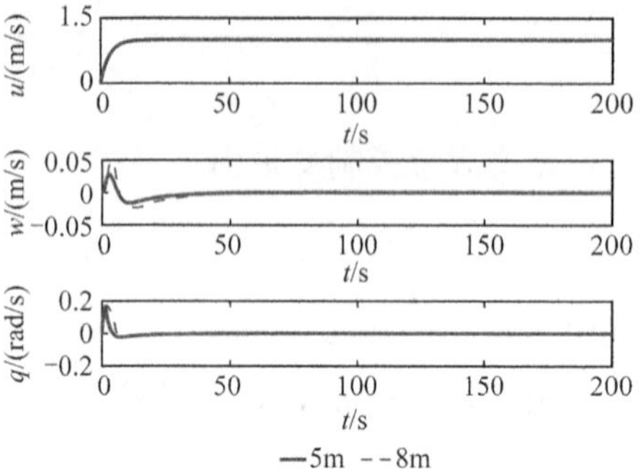

图 3-11　速度演化曲线

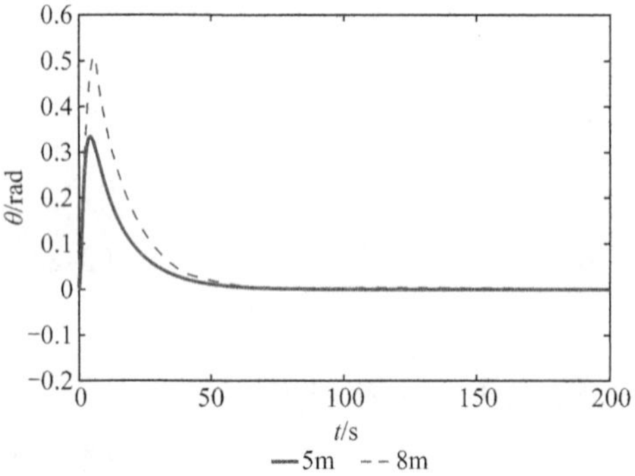

图 3-12　纵倾角演化曲线

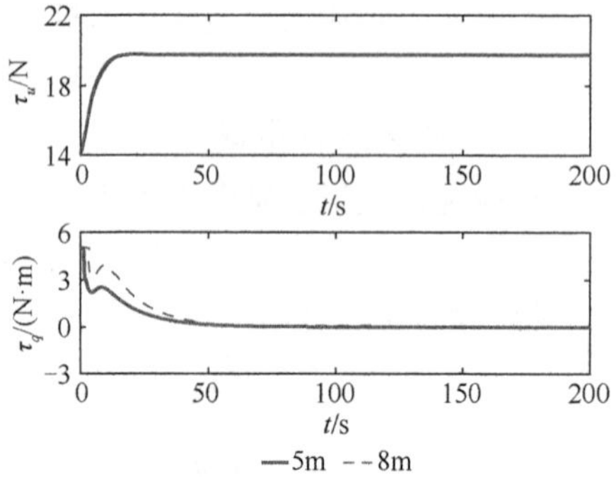

图 3-13　控制输入曲线

3.1.2　三维基础控制

在二维基础运动控制基础上，下面研究欠驱动水下航行器的三维基础运动控制。图 3-14 为三维基础运动控制算法框架，根据期望的速度信号、纵倾角信号和艏向角信号，基于反步法设计速度控制器、纵倾控制器和转艏控制器，实现航行器的三维基础运动控制。

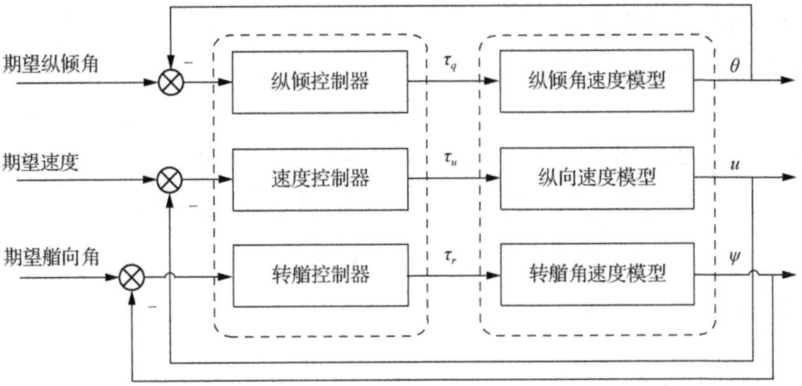

图 3-14 三维基础运动控制算法框架

1. 速度控制器设计

根据第 2 章六自由度运动模型，航行器纵向速度动力学模型可表示为

$$\dot{u} = \frac{m - Y_{\dot{v}}}{m - X_{\dot{u}}} vr - \frac{m - Z_{\dot{w}}}{m - X_{\dot{u}}} wq + \frac{X_u + X_{u|u|}|u|}{m - X_{\dot{u}}} u + \frac{\tau_u}{m - X_{\dot{u}}} \tag{3-24}$$

定义纵向速度误差为

$$z = u - u_{\mathrm{d}} \tag{3-25}$$

式中，u_{d} 为期望速度。

根据反步法设计步骤，设计纵向速度控制器为

$$\begin{aligned}\tau_u = &-(m - Y_{\dot{v}}) vr + (m - Z_{\dot{w}}) wq - \left(X_u + X_{u|u|}|u|\right) u \\ &+ (-k_0 z + \dot{u}_{\mathrm{d}})(m - X_{\dot{u}})\end{aligned} \tag{3-26}$$

式中，$k_0 > 0$ 为设计常数。

2. 纵倾控制器设计

航行器纵倾角动力学模型可表示为

$$\begin{cases} \dot{\theta} = q \\ \dot{q} = \dfrac{X_{\dot{u}} - Z_{\dot{w}}}{I_y - M_{\dot{q}}} uw + \dfrac{M_q + M_{q|q|}|q|}{I_y - M_{\dot{q}}} q + \dfrac{z_{\mathrm{B}} B \sin\theta}{I_y - M_{\dot{q}}} + \dfrac{\tau_q}{I_y - M_{\dot{q}}} \end{cases} \tag{3-27}$$

定义纵倾角误差为

$$z_1 = \theta - \theta_{\mathrm{d}} \tag{3-28}$$

式中，θ_{d} 为期望纵倾角。

设计虚拟控制量为

$$\alpha = -k_1 z_1 + \dot{\theta}_{\mathrm{d}} \tag{3-29}$$

式中，$k_1 > 0$ 为设计常数。

相应地，可得纵倾角速度误差为

$$z_2 = q - \alpha \tag{3-30}$$

根据式（3-27）及反步设计步骤，设计纵倾控制器为

$$\begin{aligned}\tau_q = &-\left(X_{\dot{u}} - Z_{\dot{w}}\right)uw - \left(M_q + M_{q|q|}|q|\right)q - z_{\mathrm{B}}B\sin\theta \\ &+\left(-k_2 z_2 - z_1 + \dot{\alpha}\right)\left(I_y - M_{\dot{q}}\right)\end{aligned} \tag{3-31}$$

式中，$k_2 > 0$ 为设计常数。

3. 转艏控制器设计

航行器艏向角动力学模型可表示为

$$\begin{cases}\dot{\psi} = \dfrac{r}{\cos\theta} \\ \dot{r} = -\dfrac{X_{\dot{u}} - Y_{\dot{v}}}{I_z - N_{\dot{r}}}uv + \dfrac{N_r + N_{r|r|}|r|}{I_z - N_{\dot{r}}}r + \dfrac{\tau_r}{I_z - N_{\dot{r}}}\end{cases} \tag{3-32}$$

设计如下形式的李雅普诺夫函数：

$$V = \frac{1}{2}z_3^2\cos\theta \tag{3-33}$$

式中，$z_3 = \psi - \psi_{\mathrm{d}}$ 为纵倾角误差；ψ_{d} 为期望的转艏角。

注 3-1　航行器在整个运动过程中纵倾角满足 $-\dfrac{\pi}{2} < \theta < \dfrac{\pi}{2}$，致使 $\cos\theta > 0$，则上述所设计的李雅普诺夫函数 $V \geqslant 0$。

对式（3-33）求导，可得

$$\begin{aligned}\dot{V} &= z_3\dot{z}_3\cos\theta \\ &= z_3\left(r - \dot{\psi}_{\mathrm{d}}\cos\theta\right)\end{aligned} \tag{3-34}$$

设计虚拟控制量为

$$\alpha_1 = -k_3 z_3 + \dot{\psi}_{\mathrm{d}}\cos\theta \tag{3-35}$$

式中，$k_3 > 0$ 为设计常数。

相应地，转艏角速度误差为

$$z_4 = r - \alpha_1 \tag{3-36}$$

将式（3-35）和式（3-36）代入式（3-34），得到

$$\dot{V} = -k_3 z_3^2 + z_3 z_4 \tag{3-37}$$

在此背景下，设计转艏控制器为

$$\tau_r = \left(X_{\dot{u}} - Y_{\dot{v}}\right)uv - \left(N_r + N_{r|r|}|r|\right)r + \left(-k_4 z_4 - z_3 + \dot{\alpha}_1\right)\left(I_z - N_{\dot{r}}\right) \tag{3-38}$$

式中，$k_4>0$ 为设计常数。

下面通过 MATLAB 搭建仿真程序，用来验证三维控制器的有效性。航行器初始状态为 $x_0=0$，$y_0=0$，$z_0=0$，$\psi_0=0$，$\theta_0=0$；期望速度为 $u_{\mathrm{d}}=1\mathrm{m/s}$；期望纵倾角为 $\theta_{\mathrm{d}}=8°$；期望艏向角为 $\psi_{\mathrm{d}}=25°$。

控制器参数为 $k_0=0.3$，$k_1=0.1$，$k_2=1$，$k_3=0.2$，$k_4=5$。

图 3-15 给出了航行器三维运动行为曲线，可以看出航行器能够在所设计控制器作用下较快达到期望航向，并保持直线航行，整个过程运动曲线相对平滑。图 3-16 为速度演化曲线，可以看出纵向速度较快达到期望速度并保持稳定；横向速度和垂向速度在初始阶段先增大后减小，最终稳定值为零。图 3-17 为纵倾角速度和转艏角速度演化曲线，可以看出角速度能够较快地做出响应并达到期望值。图 3-18 为纵倾角和转艏角演化曲线，可以看出纵倾角和艏向角能够较快地达到期望角度。由于存在纵倾恢复力矩，纵倾角达到期望速度存在超调，但是变化范围较小，符合工程实际要求。图 3-19 给出了控制输入曲线，包括纵向推力、转艏力矩和纵倾力矩，由于开始时存在跟踪误差，所以控制输入初始值不为零；纵向推力不断增加，达到期望速度后保持稳定；纵倾力矩随着纵倾角误差减小而减小，达到期望纵倾角后，纵倾力矩稳定值与恢复力矩相等；转艏力矩随着艏向角误差的减小而减小，最终减小为零，保证航向稳定。从图中可以看出，整个过程中航行器控制输入变化相对平稳，没有超过驱动机构的最大执行力。

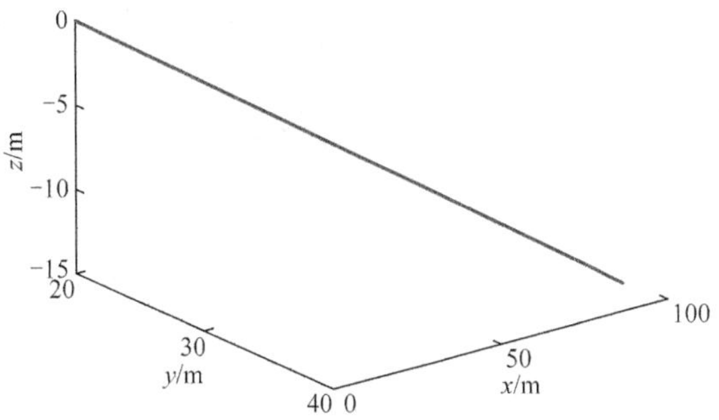

图 3-15　三维运动行为曲线

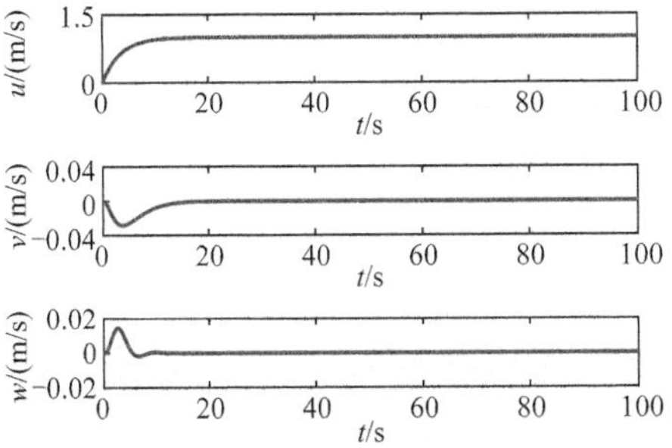

图 3-16　速度演化曲线

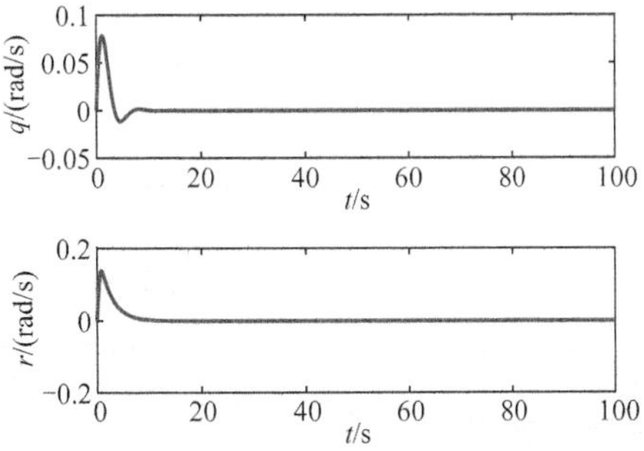

图 3-17　角速度演化曲线

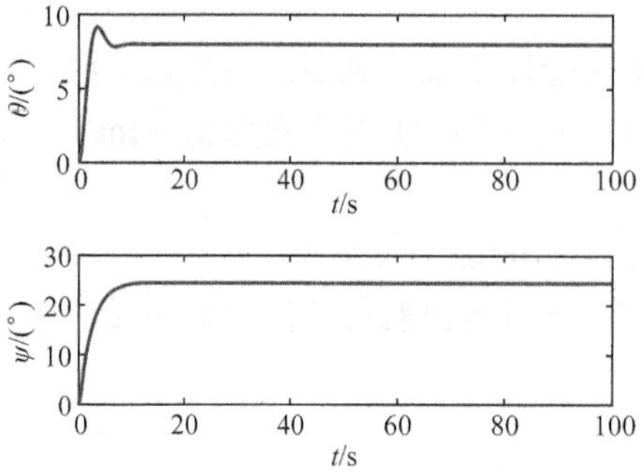

图 3-18　角度演化曲线

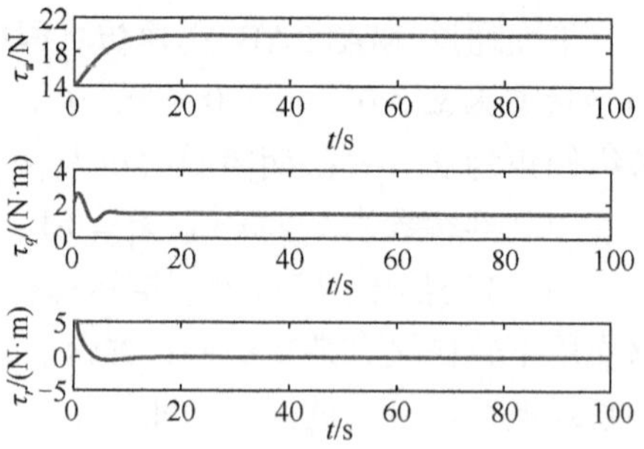

图 3-19　控制输入曲线

3.2　基于动态面的二维轨迹跟踪控制

3.2.1　问题描述

轨迹跟踪控制要求航行器在指定时间到达指定位置，水平面轨迹跟踪示意图如图 3-20 所示，其中参考轨迹可结合海洋环境及任务需求进行预先设计。

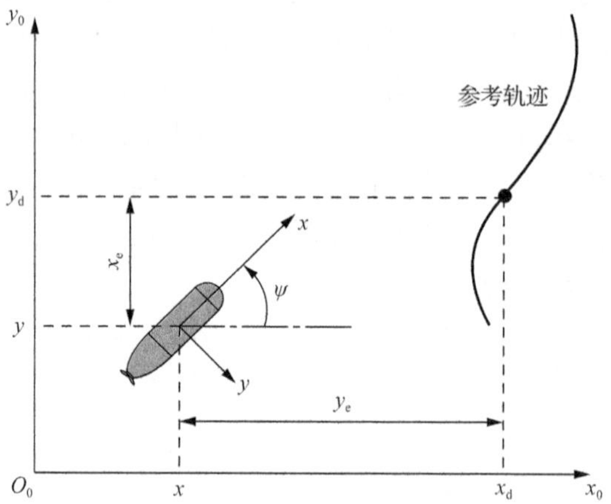

图 3-20　水平面轨迹跟踪示意图

考虑参考轨迹上任一点与航行器当前位置，轨迹跟踪位置误差 x_e、y_e 和艏向角误差 ψ_e 可表示为

$$\begin{bmatrix} x_e \\ y_e \\ \psi_e \end{bmatrix} = \boldsymbol{R}(\boldsymbol{\eta}) \begin{bmatrix} x - x_d \\ y - y_d \\ \psi - \psi_d \end{bmatrix} \tag{3-39}$$

式中，x_{d} 和 y_{d} 分别表示参考轨迹上任一点的纵向位置和横向位置；ψ_{d} 表示参考艏向角；$\boldsymbol{R}(\boldsymbol{\eta})$ 表示动系和定系之间的转换矩阵，其形式为

$$\boldsymbol{R}(\boldsymbol{\eta})=\begin{bmatrix}\cos\psi & \sin\psi & 0\\ -\sin\psi & \cos\psi & 0\\ 0 & 0 & 1\end{bmatrix} \tag{3-40}$$

对于水平面轨迹跟踪控制问题，既要保证航行器能跟踪上期望轨迹点外，还要满足航行器速度向量与轨迹曲线的切线方向一致。观察式（3-39）可知，当航行器实际位置收敛至参考位置并沿着该参考轨迹运动时，轨迹跟踪误差趋近于零，即有

$$\begin{cases}x(t)-x_{\mathrm{d}}(t)=0\\ y(t)-y_{\mathrm{d}}(t)=0\\ \psi(t)-\psi_{\mathrm{d}}(t)=0\end{cases} \Leftrightarrow \begin{cases}x_{\mathrm{e}}(t)=0\\ y_{\mathrm{e}}(t)=0\\ \psi_{\mathrm{e}}(t)=0\end{cases} \tag{3-41}$$

本节研究目标为：考虑参考轨迹由虚拟航行器产生，即每一时刻都会产生一组速度信息和位姿信息，设计基于自适应动态面的轨迹跟踪控制器，建立如图 3-21 所示的二维轨迹跟踪控制算法框架，使被控航行器速度信息和姿态信息与虚拟航行器保持一致。

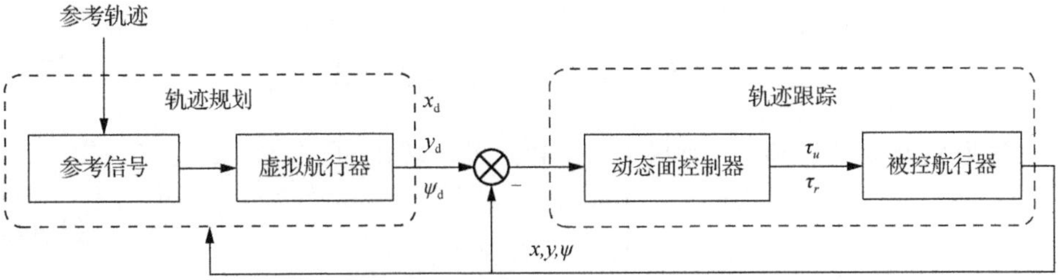

图 3-21　二维轨迹跟踪控制算法框架

3.2.2　速度转艏控制器设计

整理式（3-39），化简可得

$$\begin{cases}x_{\mathrm{e}}=\cos\psi(x-x_{\mathrm{d}})+\sin\psi(y-y_{\mathrm{d}})\\ y_{\mathrm{e}}=-\sin\psi(x-x_{\mathrm{d}})+\cos\psi(y-y_{\mathrm{d}})\end{cases} \tag{3-42}$$

将式（3-42）对时间求导，可得

$$\begin{cases}\dot{x}_{\mathrm{e}}=-u+u_{\mathrm{R}}\cos\psi_{\mathrm{e}}+ry_{\mathrm{e}}\\ \dot{y}_{\mathrm{e}}=-v+u_{\mathrm{R}}\sin\psi_{\mathrm{e}}-rx_{\mathrm{e}}\end{cases} \tag{3-43}$$

式中，$u_{\mathrm{R}}=\sqrt{\dot{x}_{\mathrm{d}}^{2}+\dot{y}_{\mathrm{d}}^{2}}$ 表示航行器参考速度。

选择如下形式的李雅普诺夫函数：

$$V_1=\frac{1}{2}\left(x_{\mathrm{e}}^2+y_{\mathrm{e}}^2\right)+k_1\left(1-\cos\psi_{\mathrm{e}}\right) \tag{3-44}$$

式中，$k_1>0$ 为设计常数。

对其求导得到

$$\begin{aligned}\dot{V}_1&=x_{\mathrm{e}}\dot{x}_{\mathrm{e}}+y_{\mathrm{e}}\dot{y}_{\mathrm{e}}+k_1r_{\mathrm{e}}\sin\psi_{\mathrm{e}}\\&=x_{\mathrm{e}}\left(-u+u_{\mathrm{R}}\cos\psi_{\mathrm{e}}\right)+\left(k_2r_{\mathrm{R}}-k_2r+u_{\mathrm{R}}y_{\mathrm{e}}\right)\sin\psi_{\mathrm{e}}-vy_{\mathrm{e}}\end{aligned} \tag{3-45}$$

设计航行器期望速度为（毕凤阳，2010）

$$u_{\mathrm{d}}=u_{\mathrm{R}}\cos\psi_{\mathrm{e}}+k_2x_{\mathrm{e}} \tag{3-46}$$

和期望角速度为

$$r_{\mathrm{d}}=r_{\mathrm{R}}+\frac{u_{\mathrm{R}}y_{\mathrm{e}}}{k_3}+u_{\mathrm{R}}k_3\sin\psi_{\mathrm{e}} \tag{3-47}$$

式中，$r_{\mathrm{R}}=\dfrac{\dot{x}_{\mathrm{d}}\ddot{y}_{\mathrm{d}}-\dot{y}_{\mathrm{d}}\ddot{x}_{\mathrm{d}}}{\dot{x}_{\mathrm{d}}^2+\dot{y}_{\mathrm{d}}^2}$；$k_2>0$ 和 $k_3>0$ 为设计常数。

1. 转艏控制

航行器在水平面内的转艏角速度动力学模型可表示为

$$\begin{cases}\dot{\psi}=r\\\dot{r}=-\dfrac{1}{m_{66}}\left(\left(X_{\dot{u}}-Y_{\dot{v}}\right)uv-\left(N_r+N_{rr}|r|\right)r+\tau_r\right)\end{cases} \tag{3-48}$$

选取状态变量 ψ 和 r，则模型（3-48）可以转化为

$$\begin{cases}\dot{\psi}=r\\\dot{r}=c-\theta_1r+b\tau_r\end{cases} \tag{3-49}$$

式中，$c=-\dfrac{1}{m_{66}}\left(X_{\dot{u}}-Y_{\dot{v}}\right)uv$；$\theta_1=-\dfrac{1}{m_{66}}\left(N_r+N_{rr}|r|\right)$；$b=-\dfrac{1}{m_{66}}$。

第一步：定义跟踪误差为

$$z_1=\psi-\psi_{\mathrm{d}} \tag{3-50}$$

式中，ψ_{d} 为参考艏向角。

对 z_1 求导，可得

$$\dot{z}_1=r-\dot{\psi}_{\mathrm{d}} \tag{3-51}$$

选择虚拟控制为 $\bar{r}$ 使 $z_1\to 0$，并令 $\bar{r}$ 通过一阶滤波器（孔庆新等，2016），则有

$$\xi\dot{r}_{\mathrm{d}}+r_{\mathrm{d}}=\bar{r} \tag{3-52}$$

式中，r_{d} 为滤波器输出；ξ 为设计常数；初始值满足 $r_{\mathrm{d}}(0)=\bar{r}(0)$。

定义滤波器输出误差 $y_2=r_{\mathrm{d}}-\bar{r}$，则根据式（3-52）通过变换可以得到

$$\dot{r}_{\mathrm{d}}=\frac{\overline{r}-r_{\mathrm{d}}}{\xi}=-\frac{y_2}{\xi} \tag{3-53}$$

选取如下形式的李雅普诺夫函数：

$$V_1=\frac{1}{2}z_1^2+\frac{1}{2}y_2^2 \tag{3-54}$$

可以得到V_1的导数为

$$\begin{aligned}\dot{V}_1&=z_1\left(r-\dot{\psi}_{\mathrm{d}}\right)+y_2\dot{y}_2\\&=z_1\left(z_2+r_{\mathrm{d}}-\dot{\psi}_{\mathrm{d}}\right)+y_2\dot{y}_2\\&=z_1\left(z_2+y_2+\overline{r}-\dot{\psi}_{\mathrm{d}}\right)+y_2\dot{y}_2\end{aligned} \tag{3-55}$$

选取虚拟控制量为

$$\overline{r}=-k_4z_1+\dot{\psi}_{\mathrm{d}} \tag{3-56}$$

式中，$k_4>0$为设计常数。

利用不等关系$z_1^2+\frac{1}{4}z_2^2\geqslant z_1z_2$和$z_1^2+\frac{1}{4}y_2^2\geqslant z_1y_2$，式（3-55）可处理为

$$\dot{V}_1\leqslant 2z_1^2+\frac{1}{4}z_2^2+\frac{1}{4}y_2^2-k_4z_1^2+y_2\dot{y}_2 \tag{3-57}$$

将式（3-53）代入式（3-57），可得

$$\begin{aligned}\dot{V}_1&\leqslant 2z_1^2+\frac{1}{4}z_2^2+\frac{1}{4}y_2^2-k_4z_1^2+y_2\left(-\frac{y_2}{\xi}+k_4\dot{z}_1-\ddot{\psi}_{\mathrm{d}}\right)\\&=2z_1^2+\frac{1}{4}z_2^2+\frac{1}{4}y_2^2-k_4z_1^2+y_2\left(-\frac{y_2}{\xi}+B\left(z_1,\dot{\psi}_{\mathrm{d}}\right)\right)\end{aligned} \tag{3-58}$$

令$k_4=2+a$，则有

$$\dot{V}_1\leqslant -az_1^2+\frac{1}{4}z_2^2+\frac{1}{4}y_2^2-\frac{y_2^2}{\xi}+\left|y_2B\right| \tag{3-59}$$

第二步：定义第二个动态面为

$$z_2=r-r_{\mathrm{d}} \tag{3-60}$$

对式（3-60）两边求导，可得

$$\dot{z}_2=c-\theta_1r+b\tau_r-\dot{r}_{\mathrm{d}} \tag{3-61}$$

选取如下形式的李雅普诺夫函数：

$$V_2=V_1+\frac{1}{2}z_2^2+\frac{1}{2\rho_1}\tilde{\theta}_1^2+\frac{|b|}{2\rho}\tilde{\beta}^2 \tag{3-62}$$

式中，$\tilde{\beta}=\beta-\hat{\beta}$，且$\hat{\beta}$是$\frac{1}{b}$的估计值；$\rho>0$和$\rho_1>0$为设计常数。

对李雅普诺夫函数V_2求导，且考虑$\tilde{\beta}\left|\hat{\beta}\right|=\mathrm{sgn}\left(\beta\right)=\mathrm{sgn}\left(b\right)$，则有

$$
\begin{aligned}
\dot{V}_2 &= \dot{V}_1 + z_2\left(c-\theta_1 r + b\tau_r - \dot{r}_\mathrm{d}\right) - \frac{1}{\rho_1}\tilde{\theta}_1\dot{\hat{\theta}}_1 - \frac{|b|}{\rho}\tilde{\beta}\dot{\hat{\beta}} \\
&= \dot{V}_1 + z_2\left(c-\left(\tilde{\theta}_1-\hat{\theta}_1\right)r + \left(\tilde{b}+\hat{b}\right)\tau_r - \dot{r}_\mathrm{d}\right) - \frac{1}{\rho_1}\left(\tilde{\theta}_1\dot{\hat{\theta}}_1 - |b|\tilde{\beta}\dot{\hat{\beta}}\right) \\
&= \dot{V}_1 - \frac{1}{\rho_1}\tilde{\theta}_1\left(\dot{\hat{\theta}} + \rho_1 z_2 r\right) + z_2\frac{1}{\hat{\beta}}\left(\tau_r - \hat{\beta}\left(-c+\hat{\theta}_1 r + \dot{r}_\mathrm{d}\right)\right) \\
&\quad - \frac{1}{\rho_1|\beta|}\left(\dot{\hat{\beta}} + \frac{1}{\rho_1}\mathrm{sgn}(b) z_2 N\right)\tilde{\beta}
\end{aligned} \tag{3-63}
$$

设计参数自适应律为

$$
\begin{cases}
\dot{\hat{\theta}}_1 = \rho_1 z_2 r \\
\dot{\hat{\beta}} = -\rho\,\mathrm{sgn}(b) z_2 \psi_\mathrm{d}
\end{cases} \tag{3-64}
$$

基于自适应律（3-64），设计艏向角控制器为

$$
\tau_r = \hat{\beta}\left(-k_5 z_2 - \hat{\theta}_1 r + \frac{X_{\dot{u}} - Y_{\dot{v}}}{m_{66}} uv + \dot{r}_\mathrm{d}\right) \tag{3-65}
$$

式中，$k_5 > 0$ 为设计常数。

将式（3-65）代入式（3-63），得到

$$
\dot{V}_2 \leqslant -\gamma z_1^2 + \frac{1}{4}z_2^2 + \frac{1}{4}y_2^2 - \frac{y_2^2}{\xi_2} + |y_2 B| - k_5 z_2^2 \tag{3-66}
$$

令 $k_5 = \frac{1}{4} + \gamma$ 及 $\frac{1}{\xi_2} = \frac{1}{4} + \frac{M_2^2}{2\varepsilon} + \gamma$，对于任意给定的非负数 ε，有

$$
\frac{y_2^2 B^2}{2\varepsilon} + \frac{\varepsilon}{2} \geqslant |y_2 B| \tag{3-67}
$$

由 $V\left(z_1,\cdots,z_n,y_1,\cdots,y_n,\tilde{\theta}_1,\cdots,\tilde{\theta}_n\right) = p$，$|B| < M_2$ 定义的集合中，可得

$$
\dot{V} \leqslant -2\gamma V + \frac{\varepsilon}{2} \tag{3-68}
$$

2. 速度控制

航行器纵向速度动力学模型为

$$
\dot{u} = -\frac{1}{m_{11}}\left(-\left(m - Y_{\dot{v}}\right)vr - \left(X_u + X_{uu}|u|\right)u + \tau_u\right) \tag{3-69}
$$

定义速度误差为

$$
z_1 = u - u_\mathrm{d} \tag{3-70}
$$

式中，u_d 为参考速度。

在此背景下，设计速度控制器为

$$\tau_u=\left(m-X_{\dot{u}}\right)\left(u_{\mathrm{d}}-k_6 z_1\right)-\left(m-Y_{\dot{v}}\right)vr-\left(X_u+X_{uu}|u|u\right)u \tag{3-71}$$

式中，$k_6>0$ 为设计常数。

3.2.3 稳定性分析

定理 3-1　考虑非线性不确定系统和控制参数 $k_1,k_2,\cdots,k_6$，利用所设计的控制器式（3-65）和式（3-71）能使闭环系统误差半全局渐近稳定，并保证航行器跟踪上参考轨迹。

证明：定义滤波器误差为

$$y_i=x_{i\mathrm{d}}-\overline{\chi}_i \tag{3-72}$$

参数估计误差为

$$\tilde{\lambda}_i=\lambda_i-\hat{\lambda}_i \tag{3-73}$$

在此背景下，动态面误差微分方程可计算为

$$\begin{aligned}\dot{z}_i&=x_{i+1}+f_i\left(x_i\right)+\lambda_i\zeta\left(x_i\right)+d_i-\dot{x}_{i\mathrm{d}}\\&=z_{i+1}+x_{(i+1)\mathrm{d}}+f_i\left(x_i\right)+\lambda_i\zeta\left(x_i\right)+d_i-\dot{x}_{i\mathrm{d}}\\&=z_{i+1}+y_{i+1}-k_i z_i+\tilde{\lambda}_i\zeta\left(x_i\right)-\frac{a_i^2 z_i}{2\varepsilon}+d_i\end{aligned} \tag{3-74}$$

且边界层微分方程为

$$\dot{y}_i=-\frac{y_i}{\xi_i}-\overline{\chi}_i \tag{3-75}$$

考虑到

$$x_{i+1}=z_{i+1}+y_{i+1}-k_i z_i+\tilde{\lambda}_i\zeta\left(x_i\right)-\frac{a_i^2 z_i}{2\varepsilon}-\frac{y_i}{\xi_i} \tag{3-76}$$

对于所有 $i\geqslant 2$，可得

$$x_{i+1}=B_i\left(z_1,\cdots,z_{i+1},y_2,\cdots,y_{i+1},\hat{\lambda}_1,\cdots,\hat{\lambda}_i,\xi_2,\cdots,\xi_i,k_1,\cdots,k_i,x_{1\mathrm{d}},\dot{x}_{i\mathrm{d}}\right) \tag{3-77}$$

利用式（3-75）和式（3-77）可得

$$\begin{aligned}\dot{z}_i=&z_{i+1}+y_{i+1}-k_i z_i+\tilde{\lambda}B_i\left(z_i+x_{1\mathrm{d}},B_1,B_2,\cdots,B_{i-1}\right)\\&-\frac{1}{2\varepsilon}a_i^2 z_i\left(z_i+x_{1\mathrm{d}},B_1,B_2,\cdots,B_{i-1}\right)+d_i\end{aligned} \tag{3-78}$$

假设 $\dot{z}_i$ 存在上界 M_i，则有

$$\left|\dot{z}_i\right|\leqslant M_i\left(z_1,\cdots,z_{i+1},y_2,\cdots,y_{i+1},\hat{\lambda}_1,\cdots,\hat{\lambda}_i,\xi_2,\cdots,\xi_i,k_1,\cdots,k_i,x_{1\mathrm{d}},\dot{x}_{i\mathrm{d}}\right) \tag{3-79}$$

令 $\boldsymbol{O}=\left[z_1,\cdots,z_{i+1},y_2,\cdots,y_{i+1},\hat{\lambda}_1,\cdots,\hat{\lambda}_i,\xi_2,\cdots,\xi_i,k_1,\cdots,k_i,x_{1\mathrm{d}},\dot{x}_{i\mathrm{d}}\right]^{\mathrm{T}}$，可求得

$$\left|\frac{\mathrm{d}\zeta_i}{\mathrm{d}t}\right| \leqslant B_i(\boldsymbol{O}) \tag{3-80}$$

以及

$$\left|\frac{\mathrm{d}f_i}{\mathrm{d}t}\right| \leqslant \eta_i(\boldsymbol{O}) \tag{3-81}$$

另外，根据 f_1、 p_1 和 ζ_1 均为 C^1 类函数，可得

$$\begin{aligned}\dot{\chi}_2 = & -k_1\dot{z}_1 + \ddot{x}_{1\mathrm{d}} - \hat{\lambda}_1\zeta_1(x_1) - \hat{\lambda}\frac{\partial \zeta_1}{\partial x_1}\dot{x}_1 \\ & -\frac{a_1^2 z_1}{2\varepsilon} - \frac{a_1^2 z_1 \dot{x}_1}{2\varepsilon} - \frac{\partial f_1}{\partial x_1}\dot{x}_1\end{aligned} \tag{3-82}$$

结合式（3-79）～式（3-82）可知，可选择一个连续函数 γ_2 使得

$$|\dot{\chi}_2| \leqslant \gamma_2\left(z_1, z_2, y_2, \hat{\lambda}_1, k_1, x_{1\mathrm{d}}, \dot{x}_{1\mathrm{d}}, \ddot{x}_{1\mathrm{d}}\right) \tag{3-83}$$

进一步可推导出

$$|\dot{\chi}_{i+1}| \leqslant \gamma_{i+1}(\boldsymbol{O}, \ddot{x}_{1\mathrm{d}}) \tag{3-84}$$

定义如下形式的李雅普诺夫函数：

$$\begin{aligned}V &= \frac{1}{2}\sum_{i=1}^{n} V_{i\mathrm{s}}^2 + \frac{1}{2}\sum_{i=1}^{n-1} V_{i(y+1)}^2 + \sum_{i=1}^{n} V_{i\lambda}^2 + \frac{|b|}{2c}\tilde{\beta}^2 \\ &= \frac{1}{2}\sum_{i=1}^{n} z_i^2 + \frac{1}{2}\sum_{i=1}^{n-1} y_{i+1}^2 + \frac{1}{2c_i}\sum_{i=1}^{n}\tilde{\lambda}_i^2 + \frac{|b|}{2c}\tilde{\beta}^2\end{aligned} \tag{3-85}$$

对式（3-85）求导，且利用不等式$|z_i||d_i| \leqslant \dfrac{a_i^2 z_i^2}{2\varepsilon} + \dfrac{\varepsilon}{2}$，可得 $V_{i\mathrm{s}}$ 的导数为

$$\begin{aligned}\dot{V}_{i\mathrm{s}} &= z_i\left(z_{i+1} + y_{i+1} - k_i z_i + \tilde{\lambda}_i\zeta(x_i) - \frac{a_i^2 z_i}{2\varepsilon} + d_i\right) \\ &\leqslant -k_i z_i^2 + |z_i|\left(|z_{i+1}| + |y_{i+1}|\right) + z_i\tilde{\lambda}_i\zeta_i + \frac{\varepsilon}{2}\end{aligned} \tag{3-86}$$

V_{ns} 的导数为

$$\dot{V}_{ns} \leqslant -k_n z_n^2 + z_n\tilde{\lambda}_n\zeta_n + \frac{\varepsilon}{2} \tag{3-87}$$

$V_{i\lambda}$ 的导数为

$$\dot{V}_{i\lambda} = -z_i\tilde{\lambda}_i\zeta_i \tag{3-88}$$

$V_{i(y+1)}$ 的导数为

$$\dot{V}_{i(y+1)} \leqslant \frac{y_{i+1}^2}{\xi_{i+1}} + |y_{i+1}|\gamma_{i+1}(\boldsymbol{O}, \ddot{x}_{1\mathrm{d}}) \tag{3-89}$$

式中， $i = 1, 2, \cdots, n$ 。

根据式（3-86）～式（3-89），有

$$\begin{aligned}\dot{V} &\leqslant -\sum_{i=1}^{n}k_i z_i^2+\left|y_{i+1}\gamma_{i+1}\right|+\frac{n\varepsilon}{2}-\frac{|b|}{c}\tilde{\beta}\dot{\hat{\beta}}+\sum_{i=1}^{n-1}\left(|z_i|\left(|z_{i+1}|+|y_{i+1}|\right)-\frac{y_{i+1}^2}{\xi_{i+1}}\right)\\ &\leqslant -\sum_{i=1}^{n}k_i z_i^2+\left|y_{i+1}\gamma_{i+1}\right|+\frac{n\varepsilon}{2}-|b|\tilde{\beta}\operatorname{sgn}(b)V_n\hat{\beta}u\\ &\quad+\sum_{i=1}^{n-1}\left(|z_i|\left(|z_{i+1}|+|y_{i+1}|\right)-\frac{y_{i+1}^2}{\xi_{i+1}}\right)\end{aligned}\tag{3-90}$$

进而有

$$\begin{aligned}\dot{V} &\leqslant -\sum_{i=1}^{n}k_i z_i^2+\left|y_{i+1}\gamma_{i+1}\right|+\frac{n\varepsilon}{2}+z_n\left(\dot{z}_n-\tilde{\beta}\lambda_n\right)\\ &\quad+\sum_{i=1}^{n-1}\left(|z_i|\left(|z_{i+1}|+|y_{i+1}|\right)-\frac{y_{i+1}^2}{\xi_{i+1}}\right)\\ &\leqslant -\sum_{i=1}^{n}k_i z_i^2+\left|y_{i+1}\gamma_{i+1}\right|-k_n z_n^2+\frac{n+2}{2}\varepsilon\\ &\quad+\sum_{i=1}^{n-1}\left(|z_i|\left(|z_{i+1}|+|y_{i+1}|\right)-\frac{y_{i+1}^2}{\xi_{i+1}}\right)\end{aligned}\tag{3-91}$$

令 $k_i=2+p$ 和 $\dfrac{1}{\xi_{i+1}}=1+\dfrac{\alpha_{i+1}^2}{2\varepsilon}+p$，其中 $p>0$，则式（3-91）可处理为

$$\begin{aligned}\dot{V} &=-(2+p)\sum_{i=1}^{n}z_i^2+\sum_{i=1}^{n-1}\left(z_{i+1}^2+\frac{y_{i+1}^2}{2}+z_i^2-\left(1+p+\frac{\alpha_{i+1}^2}{2\varepsilon}\right)y_{i+1}^2\right.\\ &\quad\left.+\frac{y_{i+1}^2\gamma_{i+1}^2}{2\varepsilon}\right)+(n+2)\varepsilon\\ &\leqslant -p\sum_{i=1}^{n}\left(z_i^2+y_{i+1}^2\right)+(n+2)\varepsilon-\sum_{i=1}^{n-1}\left(1-\frac{\gamma_{i+1}^2}{\alpha_{i+1}^2}\right)\frac{\alpha_{i+1}^2y_{i+1}^2}{2\varepsilon}\end{aligned}\tag{3-92}$$

根据式（3-92）可知，通过选取控制器参数可使 $\dot{V}\leqslant 0$，说明系统是半全局渐近稳定的，即当 $t\to 0$，系统误差 z_i 和 $\tilde{\lambda}_i$ 趋近于零。

至此，定理 3-1 证毕。

3.2.4 仿真实验

下面给出仿真实验来验证所提出的轨迹跟踪控制方法的有效性。仿真中，参考轨迹设置为 $x_{\mathrm{d}}=A\sin(\omega t)$，$y_{\mathrm{d}}=A\cos(\omega t)$，这里 $A=20$，$\omega=0.05$。航行器初始位置为 $(x,y)=(0,10)$，初始线速度和角速度为 $(u,v,r)=(0,0,0)$。

控制器参数为 $k_1=0.5$，$k_2=0.3$，$k_3=5$，$k_4=0.3$，$k_5=0.4$，$k_6=3$，$\rho_1=0.05$，$\rho=50$。考虑模型不确定性及外界干扰，不失一般性地引入白噪声干扰。

图 3-22 给出了轨迹跟踪行为曲线，其中虚线表示参考轨迹，实线表示航行器的实际轨迹。从图中可以看出，在所设计的控制器作用下，航行器能够较平滑地由给定起始位置跟踪上时变参考轨迹。图 3-23 给出了横向跟踪曲线和纵向跟踪曲线，可较清晰地看出航行器经过一个短暂的调整过程后，实际轨迹均较好地跟踪上参考轨迹，并沿着参考轨迹移动。

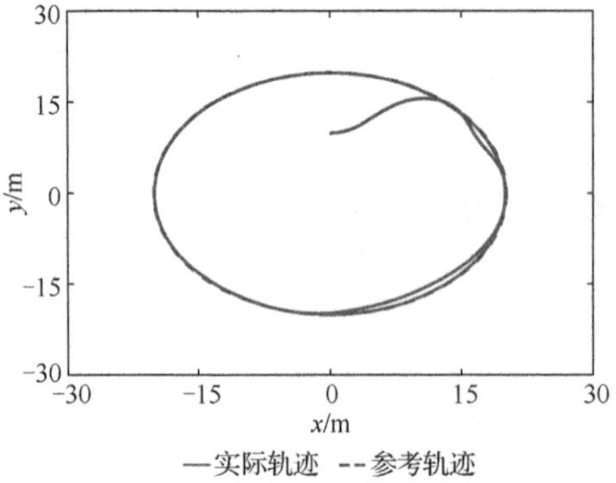

图 3-22　轨迹跟踪行为曲线

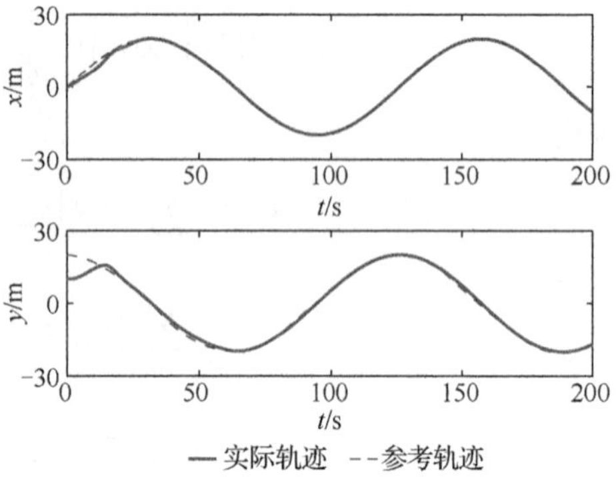

图 3-23　纵向和横向跟踪曲线

图 3-24 给出了轨迹跟踪误差曲线，包括纵向跟踪误差、横向跟踪误差和转艏角误差。从图中可见，跟踪误差均能收敛到零附近的很小邻域内，证明了所设计的轨迹跟踪控制方法是有效的。图 3-25 给出了速度和角速度演化曲线，可以看到所设计的参考信号均能被精准追踪，且速度没有随外界干扰出现较大的波动，控制性能良好。图 3-26 给出了控制输入曲线，包括纵向推力和转艏力矩。从图中可以看出，在初始阶段需要较大的控制输入来驱动航行器跟踪上参考轨迹，随后控制输入稳定在一定范围内。仿真结果表明，所设计的动态面控制器可以实现模型不确定和外界干扰下的航行器轨迹跟踪控制。

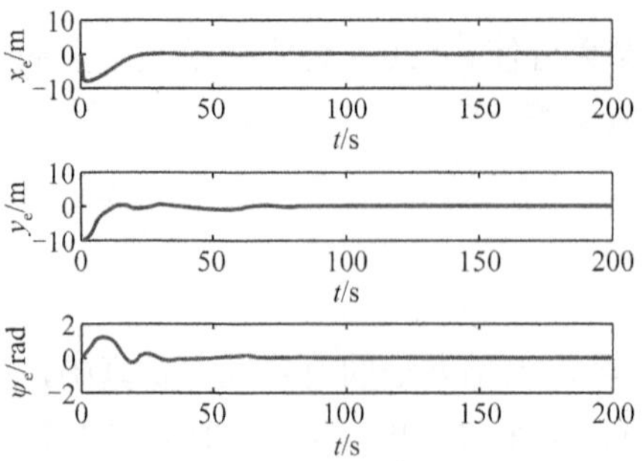

图 3-24　轨迹跟踪误差曲线

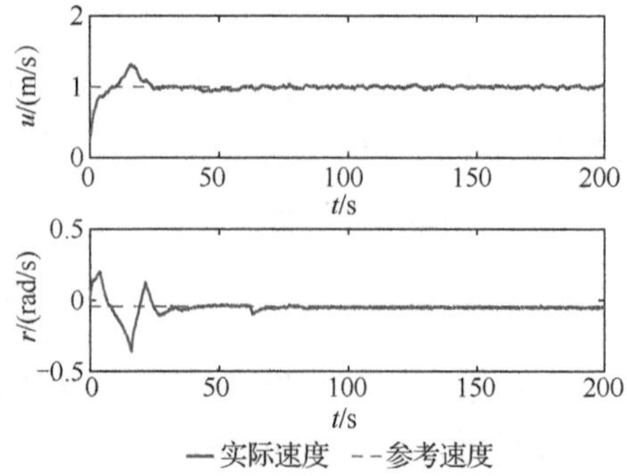

图 3-25　速度和角速度演化曲线

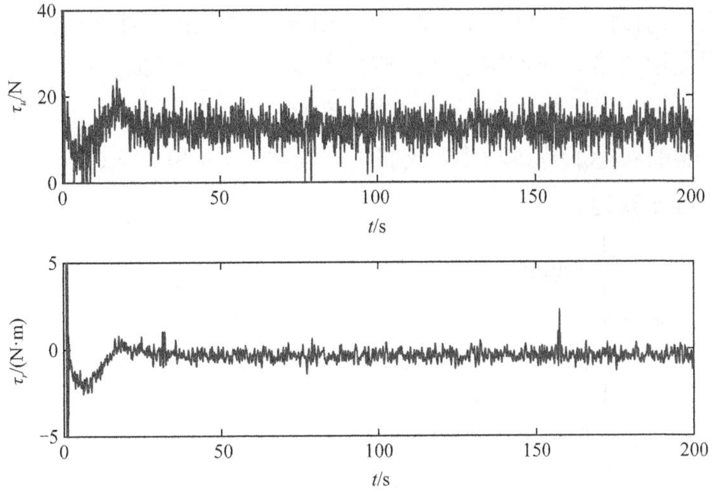

图 3-26　控制输入曲线

3.3　基于自适应动态面的三维轨迹跟踪控制

基于二维轨迹跟踪控制研究，本节研究欠驱动水下航行器的三维轨迹跟踪控制问题。构建如图 3-27 所示的三维轨迹跟踪控制算法框架，主要包括轨迹规划和轨迹跟踪两部分。其中，轨迹规划是根据给定参考轨迹设计虚拟航行器状态，其速度和姿态信息作为被控航行器参考信息，降低控制器的设计难度；轨迹跟踪是指基于自适应动态面方法设计动力学控制器，具体包括速度、转艏和纵倾控制器，实现三维轨迹的精准跟踪。

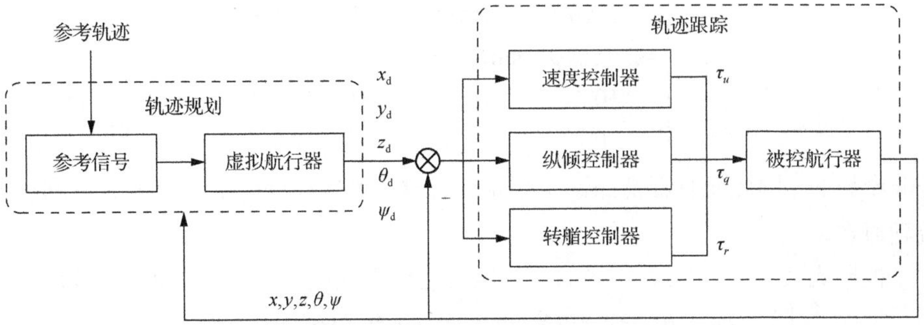

图 3-27　三维轨迹跟踪控制算法框架

3.3.1　问题描述

在二维轨迹跟踪基础上考虑垂向方向上的运动，可以得到一个定系下的与时

间相关的函数 $x_{\mathrm{d}}(t)$、$y_{\mathrm{d}}(t)$ 和 $z_{\mathrm{d}}(t)$，且该曲线连续光滑。同样为了方便描述，后续下标时间变量省略。在此背景下，航行器参考速度为（曲星儒，2018）

$$v_p(t)=\sqrt{\dot{x}_{\mathrm{d}}^2(t)+\dot{y}_{\mathrm{d}}^2(t)+\dot{z}_{\mathrm{d}}^2(t)} \tag{3-93}$$

在航行器的实际航行过程中，我们可以假设 $v_{\mathrm{d}}=0$ 和 $w_{\mathrm{d}}=0$，则参考艏向角和参考纵倾角可计算为

$$\psi_{\mathrm{d}}=\begin{cases}\arctan\left(\dfrac{\dot{y}_{\mathrm{d}}}{\dot{x}_{\mathrm{d}}}\right), & \dot{x}_{\mathrm{d}}\geqslant 0\\ \pi+\arctan\left(\dfrac{\dot{y}_{\mathrm{d}}}{\dot{x}_{\mathrm{d}}}\right), & \dot{x}_{\mathrm{d}}<0\end{cases},\quad \theta_{\mathrm{d}}=-\arctan\left(\frac{\dot{z}_{\mathrm{d}}}{\sqrt{\dot{x}_{\mathrm{d}}^2+\dot{y}_{\mathrm{d}}^2}}\right) \tag{3-94}$$

由式（3-94）可得参考艏向和纵倾角速度分别为

$$r_{\mathrm{d}}=\dot{\psi}_{\mathrm{d}}=\frac{\dot{x}_{\mathrm{d}}\ddot{y}_{\mathrm{d}}-\dot{y}_{\mathrm{d}}\ddot{x}_{\mathrm{d}}}{\dot{x}_{\mathrm{d}}^2+\dot{y}_{\mathrm{d}}^2},\quad q_{\mathrm{d}}=\dot{\theta}_{\mathrm{d}} \tag{3-95}$$

为方便控制器设计，利用坐标变换得到航行器轨迹跟踪误差模型，其位置和角度误差可描述为

$$\begin{bmatrix}x_{\mathrm{e}}\\ y_{\mathrm{e}}\\ z_{\mathrm{e}}\\ \theta_{\mathrm{e}}\\ \psi_{\mathrm{e}}\end{bmatrix}=\begin{bmatrix}\cos\psi\cos\theta & \sin\psi\cos\theta & -\sin\theta & 0 & 0\\ -\sin\theta & \cos\psi & 0 & 0 & 0\\ \sin\theta\cos\psi & \sin\theta\sin\psi & \cos\theta & 0 & 0\\ 0 & 0 & 0 & 1 & 0\\ 0 & 0 & 0 & 0 & 1\end{bmatrix}\begin{bmatrix}x-x_{\mathrm{d}}\\ y-y_{\mathrm{d}}\\ z-z_{\mathrm{d}}\\ \theta-\theta_{\mathrm{d}}\\ \psi-\psi_{\mathrm{d}}\end{bmatrix} \tag{3-96}$$

式中，x_{d}、y_{d}、z_{d}、θ_{d} 和 ψ_{d} 为定系下的参考轨迹；x_{e}、y_{e}、z_{e}、θ_{e} 和 ψ_{e} 为动系下的位姿误差。由线性代数相关理论知识可知，对于任意的 $(\psi,\theta)\in\mathbf{R}^2$，矩阵

$$\begin{bmatrix}\cos\psi\cos\theta & \sin\psi\cos\theta & -\sin\theta & 0 & 0\\ -\sin\theta & \cos\psi & 0 & 0 & 0\\ \sin\theta\cos\psi & \sin\theta\sin\psi & \cos\theta & 0 & 0\\ 0 & 0 & 0 & 1 & 0\\ 0 & 0 & 0 & 0 & 1\end{bmatrix}$$

是非奇异的，因此航行器能跟踪上虚拟航行器，致使误差 x_{e}、y_{e}、z_{e}、θ_{e} 和 ψ_{e} 收敛到原点。

根据式（3-93）～式（3-96），三维轨迹跟踪误差动力学方程可计算为

$$\begin{cases}\dot{x}_{\mathrm{e}}=ry_{\mathrm{e}}-qz_{\mathrm{e}}-v_p\sin\theta_{\mathrm{d}}\sin\theta-v_p\cos\theta_{\mathrm{d}}\cos\theta\cos\psi_{\mathrm{e}}+u\\ \dot{y}_{\mathrm{e}}=-rx_{\mathrm{e}}-z_{\mathrm{e}}r\tan\theta+v_p\cos\theta_{\mathrm{d}}\sin\psi_{\mathrm{e}}+v\\ \dot{z}_{\mathrm{e}}=qx_{\mathrm{e}}+y_{\mathrm{e}}r\tan\theta+v_p\sin\theta_{\mathrm{d}}\cos\theta-v_p\cos\theta_{\mathrm{d}}\sin\theta\cos\psi_{\mathrm{e}}+w\end{cases} \tag{3-97}$$

3.3.2　速度转艏纵倾控制器设计

1. 速度转艏控制

纵向推力 τ_u 和转艏力矩 τ_r 的设计过程可参考 3.2 节，这里直接给出速度和转艏控制结果，其中纵向推力为

$$\tau_u = (m - X_{\dot{u}})(u_{\rm d} - k_1 u_{\rm e}) - (m - Y_{\dot{v}})vr - (X_u + X_{uu}u|u|)u \tag{3-98}$$

转艏力矩为

$$\tau_r = \hat{\beta}_1\left(-k_6 z_2 - \hat{\theta}_1 r + \frac{X_{\dot{u}} - Y_{\dot{v}}}{m_{66}}uv + \dot{r}_{\rm d}\right) \tag{3-99}$$

式中，$k_1 > 0$ 和 $k_6 > 0$ 为设计常数。

设计自适应律为（贾鹤鸣等，2012）

$$\begin{cases}\dot{\hat{\theta}}_1 = \rho_1 z_2 r \\ \dot{\hat{\beta}}_1 = -\rho\,\mathrm{sgn}(b_1) z_2 \psi_{\rm d}\end{cases} \tag{3-100}$$

2. 纵倾控制

航行器在水下做三维运动时，纵倾角速度动力学模型可表示为

$$\begin{cases}\dot{\theta} = q \\ \dot{q} = -\dfrac{1}{m_{55}}\left((Z_{\dot{w}} - X_{\dot{u}})wu + (-M_q - M_{qq}|q|)q + \tau_q\right)\end{cases} \tag{3-101}$$

为方便计算，含有未知常参数的纵倾角模型可转化为

$$\begin{cases}\dot{\theta} = q \\ \dot{q} = c - \varepsilon_1 q + b\tau_q \\ \eta = \theta\end{cases} \tag{3-102}$$

式中，$c = -\dfrac{Z_{\dot{w}} - X_{\dot{u}}}{m_{55}}wu$；$\varepsilon_1 = -\dfrac{M_q + M_{qq}|q|}{m_{55}}$；$b = -\dfrac{1}{m_{55}}$。

第一步：定义纵倾角误差为

$$z_1 = \theta - \theta_{\rm d} \tag{3-103}$$

式中，$\theta_{\rm d}$ 为期望纵倾角。

对 z_1 求导，可得

$$\dot{z}_1 = q - \dot{\theta}_{\rm d} \tag{3-104}$$

选择虚拟控制为 $\bar{q}$ 使 $z_1 \to 0$。令 $\bar{q}$ 通过一阶滤波器，则有 $\xi\dot{q}_{\rm d}+q_{\rm d}=\bar{q}$，且 $q_{\rm d}(0) = \bar{q}(0)$，这里 $q_{\rm d}$ 表示滤波器输出；ξ 为设计常数。

在此背景下，滤波器输出误差为 $y_2 = q_{\rm d} - \bar{q}$，且有（Wang et al.，2014）

$$\dot{q}_{\mathrm{d}}=\frac{\overline{q}-q_{\mathrm{d}}}{\xi}=-\frac{y_2}{\xi} \tag{3-105}$$

选取如下形式的李雅普诺夫函数：

$$V_1=\frac{1}{2}z_1^2+\frac{1}{2}y_2^2 \tag{3-106}$$

将式（3-106）对时间求导，可得

$$\begin{aligned}V_1&=z_1\left(q-\dot{\theta}_{\mathrm{d}}\right)+y_2\dot{y}_2\\&=z_1\left(z_2+q_{\mathrm{d}}-\dot{\theta}_{\mathrm{d}}\right)+y_2\dot{y}_2\\&=z_1\left(z_2+y_2+\overline{q}-\dot{\theta}_{\mathrm{d}}\right)+y_2\dot{y}_2\end{aligned} \tag{3-107}$$

选取虚拟控制量

$$\overline{q}=-k_7z_1+\dot{\theta}_{\mathrm{d}} \tag{3-108}$$

式中，$k_7>0$ 为设计常数。

利用不等关系式

$$\begin{cases}z_1^2+\dfrac{1}{4}z_2^2\geqslant z_1z_2\\[2mm] z_1^2+\dfrac{1}{4}y_2^2\geqslant z_1y_2\end{cases} \tag{3-109}$$

则式（3-107）可计算为

$$\dot{V}_1\leqslant 2z_1^2+\frac{1}{4}z_2^2+\frac{1}{4}y_2^2-k_7z_1^2+y_2\dot{y}_2 \tag{3-110}$$

将误差 y_2 和式（3-108）代入式（3-110），可得

$$\begin{aligned}\dot{V}_1&\leqslant 2z_1^2+\frac{1}{4}z_2^2+\frac{1}{4}y_2^2-k_7z_1^2+y_2\left(-\frac{y_2}{\xi}+k_7\dot{z}_1-\ddot{\theta}_{\mathrm{d}}\right)\\&=2z_1^2+\frac{1}{4}z_2^2+\frac{1}{4}y_2^2-k_7z_1^2+y_2\left(-\frac{y_2}{\xi}+B\left(z_1,\dot{\theta}_{\mathrm{d}}\right)\right)\end{aligned} \tag{3-111}$$

令 $k_7=2+a$，则有

$$\dot{V}_1\leqslant -az_1^2+\frac{1}{4}z_2^2+\frac{1}{4}y_2^2-\frac{y_2^2}{\xi}+\left|y_2B\right| \tag{3-112}$$

第二步：定义动态面 $z_2=q-q_{\mathrm{d}}$，其导数为

$$\dot{z}_2=c-\varepsilon_1q+b\tau_{\mathrm{q}}-\dot{q}_{\mathrm{d}} \tag{3-113}$$

选取如下形式的李雅普诺夫函数：

$$V_2=V_1+\frac{1}{2}z_2^2+\frac{1}{2\rho_3}\varepsilon_1^2+\frac{|b|}{2\rho_4}\tilde{\beta}_2^2 \tag{3-114}$$

式中，$\tilde{\beta}_2=\beta_2-\hat{\beta}_2$，且 $\hat{\beta}_2$ 是 $\dfrac{1}{b}$ 的估计值；$\rho_3>0$ 和 $\rho_4>0$ 为设计常数。

将式（3-114）对时间求导，可得

$$\begin{aligned}\dot{V}_2&=\dot{V}_1+z_2\left(c-\varepsilon_1 q+b\tau_q-\dot{q}_{\mathrm{d}}\right)-\frac{1}{\rho_3}\tilde{\varepsilon}_1\dot{\hat{\varepsilon}}_1-\frac{|b|}{\rho_4}\tilde{\beta}_2\dot{\hat{\beta}}_2\\&=\dot{V}_1+z_2\left(c-\left(\tilde{\varepsilon}_1+\hat{\varepsilon}_1\right)q+\left(\tilde{b}+\hat{b}\right)\tau_q-\dot{q}_{\mathrm{d}}\right)-\frac{1}{\rho_3}\tilde{\varepsilon}_1\dot{\hat{\varepsilon}}_1-\frac{1}{\rho_4}|b|\tilde{\beta}_2\dot{\hat{\beta}}_2\\&=\dot{V}_1-\frac{1}{\rho_3}\tilde{\varepsilon}\left(\dot{\hat{\varepsilon}}+\rho_3 z_2 q\right)+z_2\frac{1}{\hat{\beta}_2}\left(\tau_q-\hat{\beta}_2\left(-c+\varepsilon_1 q+\dot{q}_{\mathrm{d}}\right)\right)\\&\quad-\frac{1}{\rho_4|\beta_2|}\tilde{\beta}_2\dot{\hat{\beta}}_2-z_2\tau_q\frac{\tilde{\beta}_2}{\beta_2\hat{\beta}_2}\end{aligned}\tag{3-115}$$

考虑到 $\hat{\beta}_2\left|\hat{\beta}_2\right|^{-1}=\operatorname{sgn}\left(\beta_2\right)=\operatorname{sgn}(b)$，进而有

$$\begin{aligned}\dot{V}_2&=\dot{V}_1-\frac{1}{\rho_3}\tilde{\varepsilon}\left(\dot{\hat{\varepsilon}}+\rho_3 z_2 q\right)+z_2\frac{1}{\hat{\beta}_2}\left(\tau_q-\hat{\beta}_2\left(-c+\varepsilon_1 q+\dot{q}_{\mathrm{d}}\right)\right)\\&\quad-\frac{1}{\rho_4|\beta_2|}\left(\dot{\hat{\beta}}_2+\frac{1}{\rho_4}\operatorname{sgn}(b)z_2\tau_q\right)\tilde{\beta}_2\end{aligned}\tag{3-116}$$

设计参数更新律为

$$\begin{cases}\dot{\hat{\varepsilon}}_1=\rho_3 z_2 q\\\dot{\hat{\beta}}_2=-\rho_4\operatorname{sgn}\left(b_2\right)z_2\theta_{\mathrm{d}}\end{cases}\tag{3-117}$$

基于更新律（3-117），设计纵倾力矩为

$$\tau_q=\hat{\beta}_2\left(-k_8 z_2-\hat{\varepsilon}_1 q+\frac{Z_{\dot{w}}-X_{\dot{u}}}{m_{55}}wu+\dot{q}_{\mathrm{d}}\right)\tag{3-118}$$

式中，$k_8>0$ 为设计常数。

将纵倾力矩（3-118）代入式（3-116），得到

$$\dot{V}_2\leqslant-\gamma z_1^2+\frac{1}{4}z_2^2+\frac{1}{4}y_2^2-\frac{y_2^2}{\xi}+\left|y_2 B\right|-k_9 z_2^2\tag{3-119}$$

令 $k_8=0.25+\gamma$ 和 $\dfrac{1}{\xi_2}=\dfrac{1}{4}+\dfrac{M_2^2}{2\varepsilon}+\gamma$，则对于任意给定的非负数 λ，有

$$\frac{y_2^2B^2}{2\lambda}+\frac{\lambda}{2}\geqslant\left|y_2 B\right|\tag{3-120}$$

由 $V\left(z_1,\cdots,z_n,y_1,\cdots,y_n,\tilde{\theta}_1,\cdots,\tilde{\theta}_n\right)=p$，可得

$$\dot{V}\leqslant-2\gamma V+\frac{\lambda}{2}\tag{3-121}$$

选择$\lambda \geqslant \frac{\lambda}{4p}$，则当$V=p$时有$\dot{V} \leqslant 0$，说明闭环系统为半全局稳定。

3.3.3 稳定性分析

定理 3-2 对于任意给定参考轨迹，基于三维动力学模型和三维轨迹跟踪误差动力学方程，利用所设计的自适应动态面控制器，能够保证轨迹跟踪误差收敛到零附近。

证明：构建如下李雅普诺夫函数：

$$\begin{aligned}\dot{V}_1 = &-\left(k_1x_{\mathrm{e}}^2 + k_2y_{\mathrm{e}}^3 + k_3z_{\mathrm{e}}^2\right) - k_4u_{\mathrm{e}}^2 - k_5\alpha_{1\mathrm{e}}^2 - k_6r_{\mathrm{e}}^2 - k_7\alpha_{2\mathrm{e}}^2 - k_8q_{\mathrm{e}}^2 \\ &+\frac{v_t\alpha_{1\mathrm{e}}}{\cos\theta}\left(r_{\mathrm{d}} - \dot{\psi}_{\mathrm{R}}\cos\theta\right)\left(\cos\psi_{\mathrm{e}} - 1\right) + \alpha_{2\mathrm{e}}v_p\left(q_{\mathrm{d}} - \dot{\theta}_{\mathrm{R}}\right)\left(\cos\theta_{\mathrm{e}} - 1\right) \\ &+\left(u - u_{\mathrm{d}}\right)\tilde{\tau}_1 + \left(q - q_{\mathrm{d}}\right)\tilde{\tau}_2 + \left(r - r_{\mathrm{d}}\right)\tilde{\tau}_3\end{aligned} \tag{3-122}$$

式中，$\tilde{\tau}_i = \tau_i - \hat{\tau}_i$ 表示干扰估计值，且$i = 1,2,3$。

当海流干扰为非零且有界时，选取李雅普诺夫函数

$$V_2 = V_1 + \frac{1}{2k_{11}}\tilde{\tau}_1^2 + \frac{1}{2k_{22}}\tilde{\tau}_2^2 + \frac{1}{2k_{33}}\tilde{\tau}_3^2 \tag{3-123}$$

式中，$k_{11} > 0$，$k_{22} > 0$和$k_{33} > 0$均为设计常数。

将式（3-123）对时间求导，可得

$$\begin{aligned}\dot{V}_2 &= \dot{V}_1 + \frac{1}{k_{11}}\dot{\tilde{\tau}}_1\tilde{\tau}_1 + \frac{1}{k_{22}}\dot{\tilde{\tau}}_2\tilde{\tau}_2 + \frac{1}{k_{33}}\dot{\tilde{\tau}}_3\tilde{\tau}_3 \\ &= -\left(k_1x_{\mathrm{e}}^2 + k_2y_{\mathrm{e}}^3 + k_3z_{\mathrm{e}}^2\right) - k_4u_{\mathrm{e}}^2 - k_5\alpha_{1\mathrm{e}}^2 - k_6r_{\mathrm{e}}^2 - k_7\alpha_{2\mathrm{e}}^2 - k_8q_{\mathrm{e}}^2 \\ &\quad +\frac{v_t\alpha_{1\mathrm{e}}}{\cos\theta}\left(r_{\mathrm{d}} - \dot{\psi}_{\mathrm{R}}\cos\theta\right)\left(\cos\psi_{\mathrm{e}} - 1\right) + \alpha_{2\mathrm{e}}v_p\left(q_{\mathrm{d}} - \dot{\theta}_{\mathrm{R}}\right)\left(\cos\theta_{\mathrm{e}} - 1\right) \\ &\quad +\tilde{\tau}_1\left(q_{\mathrm{e}} + \frac{1}{k_{11}}\dot{\tilde{\tau}}_1\right) + \tilde{\tau}_2\left(r_{\mathrm{e}} + \frac{1}{k_{22}}\dot{\tilde{\tau}}_2\right) + \tilde{\tau}_3\left(u_{\mathrm{e}} + \frac{1}{k_{33}}\dot{\tilde{\tau}}_3\right)\end{aligned} \tag{3-124}$$

设计自适应律为

$$\begin{cases}\dot{\hat{\tau}}_1 = -k_{11}q_{\mathrm{e}} + \tilde{\tau}_1 \\ \dot{\hat{\tau}}_2 = -k_{22}r_{\mathrm{e}} + \tilde{\tau}_2 \\ \dot{\hat{\tau}}_3 = -k_{33}u_{\mathrm{e}} + \tilde{\tau}_3\end{cases} \tag{3-125}$$

将式（3-125）代入式（3-124），得到

$$\dot{V}_2 = -\left(k_1 x_e^2 + k_2 y_e^3 + k_3 z_e^2\right) - k_4 u_e^2 - k_5 \alpha_{1e}^2 - k_6 r_e^2 - k_7 \alpha_{2e}^2 - k_8 q_e^2$$
$$+\frac{v_t \alpha_{1e}}{\cos\theta}\left(r_d - \dot{\psi}_R \cos\theta\right)\left(\cos\psi_e - 1\right) + \alpha_{2e} v_p \left(q_d - \dot{\theta}_R\right)\left(\cos\theta_e - 1\right)$$
$$-\frac{1}{k_{11}}\tilde{\tau}_1^2 - \frac{1}{k_{22}}\tilde{\tau}_2^2 - \frac{1}{k_{33}}\tilde{\tau}_3^2 \tag{3-126}$$

根据参考轨迹的不同，通过选取合适控制参数 $k_1, k_2, \cdots, k_8$，并定义变量 $\boldsymbol{\Omega} = \left[x_e, y_e, z_e, \alpha_{1e}, \alpha_{2e}, u_e, q_e, r_e, \frac{\tilde{\tau}_1}{\sqrt{k_{11}}}, \frac{\tilde{\tau}_2}{\sqrt{k_{22}}}, \frac{\tilde{\tau}_3}{\sqrt{k_{33}}}\right]$，式（3-126）可处理为

$$\dot{V}_2 \leqslant -2\gamma V_2 \tag{3-127}$$

式中，$\gamma = \min\left\{\lambda_1, \lambda_2, \lambda_3, \lambda_4, \lambda_5, \lambda_6, \lambda_7, \lambda_8, 1, 1, 1\right\}$；通过调整 γ 可以使跟踪误差收敛到零附近，即保证航行器能跟踪上给定参考轨迹。

至此，定理 3-2 证毕。

3.3.4　仿真实验

下面给出仿真实验，用来验证所设计的三维轨迹跟踪控制方法的有效性。仿真中，参考轨迹设置为 $x_d = A\sin(\omega t)$，$y_d = A\cos(\omega t)$，$z_d = Bt$，这里 $A=10$，$\omega = 0.1$，$B=-0.1$；航行器初始位置和姿态为 $(x, y, z, \theta, \psi) = (0, 10, 0, 0, 0)$；初始速度和角速度为 $(u, v, w, q, r) = (0, 0, 0, 0, 0)$。

控制器参数设置为 $k_1 = 0.5$，$k_2 = 0.3$，$k_3 = 5$，$k_4 = 0.3$，$k_5 = 0.4$，$k_6 = 3$，$k_7 = 8$，$k_8 = 6$，$\rho_1 = 0.5$，$\rho_2 = 8$，$\rho_3 = 2$，$\rho_4 = 15$。考虑模型不确定性及外界干扰，不失一般性地引入白噪声模型，纵向幅值为 1，艏向幅值为 0.05，垂向幅值为 0.01，采样时间为 0.1。

图 3-28 给出了航行器的三维轨迹跟踪行为曲线，其中虚线表示给定参考轨迹，实线表示航行器的实际轨迹。从图中可以看出，在自适应动态面控制作用下，航行器能够较好地跟踪上给定参考轨迹。图 3-29 给出了纵向、横向与垂向跟踪曲线，其跟踪误差和角度跟踪误差分别对应于图 3-30 和图 3-31。可以看出，跟踪误差能够较快地稳定到零，证明了所设计的控制方法的有效性。

图 3-32 给出了速度与角速度演化曲线，可以看出航行器的速度在自适应动态面控制器作用下能够较快地跟踪上参考信号。图 3-33 给出了控制输入曲线，包括纵向推力、纵倾力矩及转艏力矩，仿真前 30s 内出现较大的波动主要是由于初始阶段跟踪误差较大引起的，航行器需要较大的控制输入来跟踪上参考轨迹。

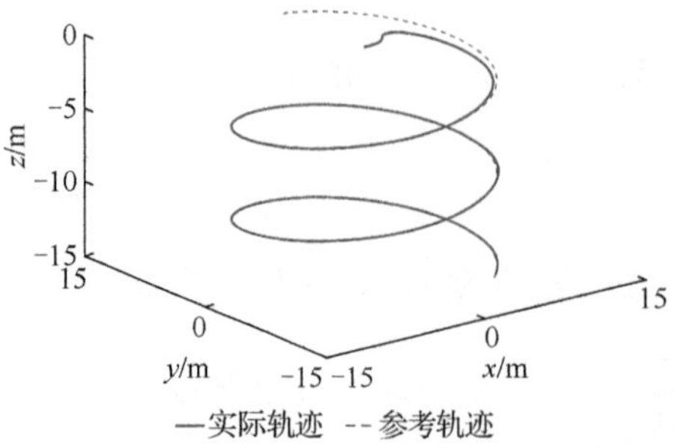

图 3-28 三维轨迹跟踪行为曲线

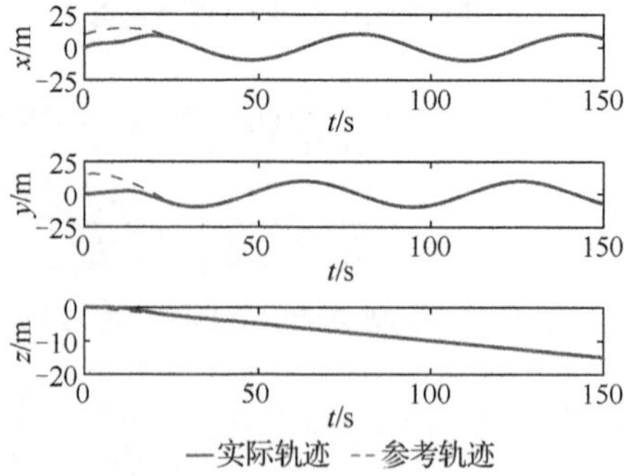

图 3-29 纵向、横向与垂向跟踪曲线

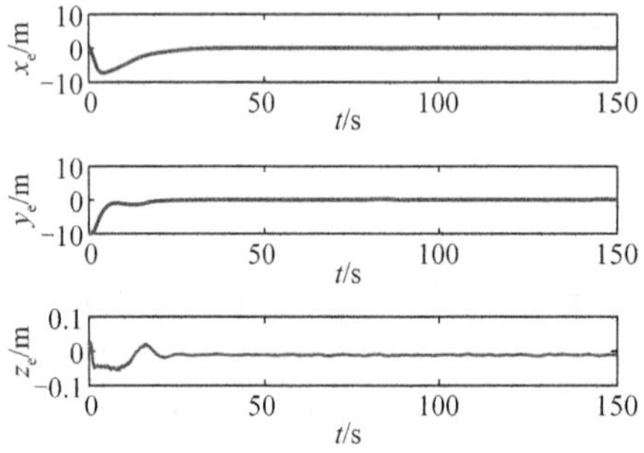

图 3-30 纵向、横向和垂向跟踪误差曲线

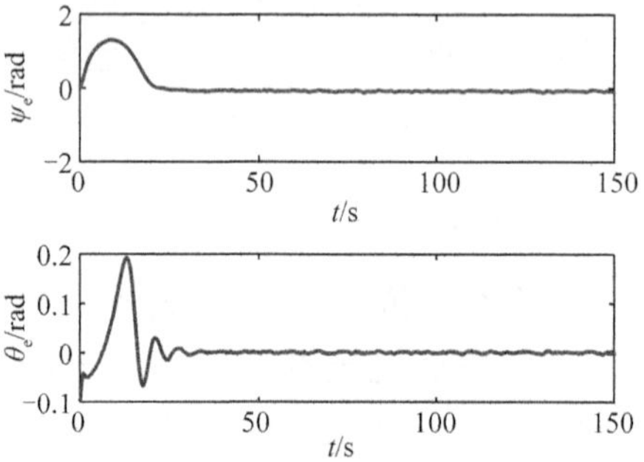

图 3-31 艏向角与纵倾角误差曲线

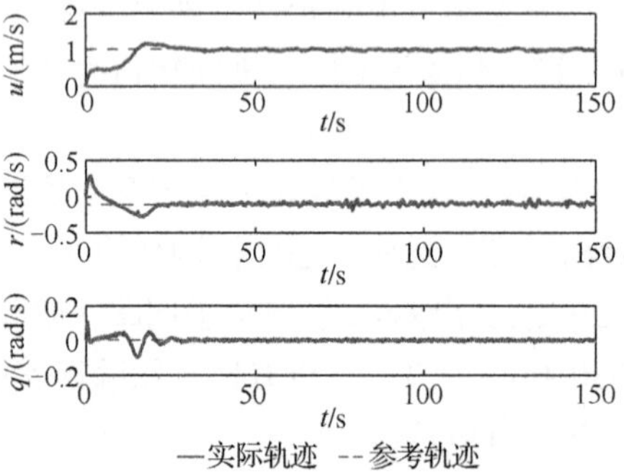

图 3-32 速度与角速度演化曲线

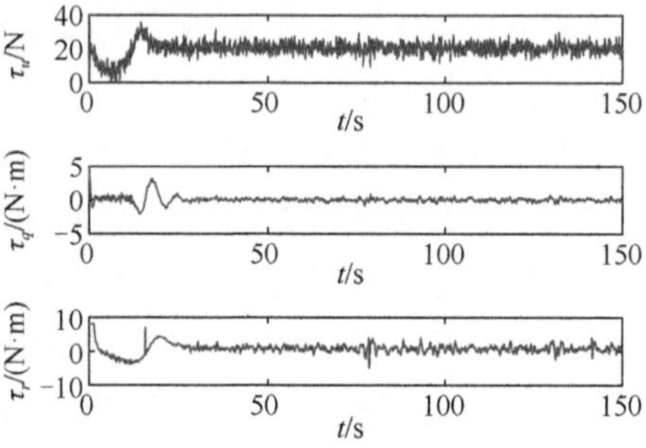

图 3-33 控制输入曲线

3.4　基于神经网络逼近的轨迹跟踪控制

3.4.1　问题描述

当航行器水下作业时，在运动中会受到系统自身的未知参数以及外界环境干扰等影响。近几年，非线性控制理论在不确定非线性系统领域的研究中取得很多成果，具有代表性的控制理论有神经网络（刘金琨，2014；Wang et al.，2005）和模糊逻辑系统（Deng et al.，2019；Wang et al.，2017；刘厶源等，2016），主要利用其对非线性函数的逼近能力。在此背景下，本节利用神经网络补偿位置参数及外界环境干扰，设计抗干扰轨迹跟踪控制器。

基于神经网络逼近的轨迹跟踪控制算法框架如图 3-34 所示。考虑系统模型不确定性，在动态面控制基础上用径向基函数（radial basis function，RBF）神经网络的输出逼近系统中的不确定项，设计基于神经网络动态面的二维动力学控制器，保证航行器跟踪上参考轨迹。进一步，将二维研究结果拓展到三维，设计速度转艏和纵倾控制器，并基于李雅普诺夫稳定性理论分析闭环系统的稳定性。

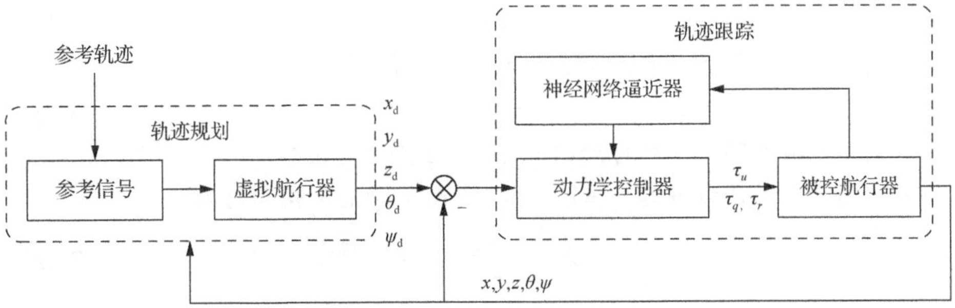

图 3-34　基于神经网络逼近的轨迹跟踪控制算法框架

3.4.2　控制器设计及稳定性分析

自适应动态面在解决水平面轨迹跟踪时需要将参数线性化，因而无法解决模型中的不确定性问题。在此背景下，RBF 神经网络因其具有良好的逼近和拟合非线性函数的能力得到国内外众多研究学者的青睐。为满足线性参数化条件，本节用 RBF 神经网络拟合系统的非线性函数，神经网络权值以及系统控制输出可由自适应动态面控制得到。

1. 水平面轨迹跟踪控制

考虑模型不确定性，航行器动力学模型可表示为

$$\begin{cases} \dot{u} = f_u + \dfrac{\tau_u}{m_{11}} \\ \dot{v} = f_v \\ \dot{r} = f_r + \dfrac{\tau_r}{m_{33}} \end{cases} \tag{3-128}$$

式中，$f_u = m_{11}^{-1}\left(m_{22}vr - d_{11}u + \tau_{wu}\right)$，$f_v = m_{22}^{-1}\left(-m_{11}ur - d_{22}v + \tau_{wv}\right)$和$f_r = m_{33}^{-1}\left(\left(m_{11} - m_{22}\right)uv - d_{33}r + \tau_{wr}\right)$分别表示航行器在纵向、横向和转艏方向上的模型不确定项，其中，τ_{wu}、τ_{wv}和τ_{wr}为作用在航行器上的低频环境干扰。

1）转艏控制

考虑动力学模型

$$\begin{cases} \dot{\psi} = r \\ \dot{r} = f_r + \dfrac{\tau_r}{m_{33}} \end{cases} \tag{3-129}$$

第一步：定义艏向角跟踪误差为

$$z_1 = \psi - \psi_{\mathrm{d}} \tag{3-130}$$

对跟踪误差z_1求导，可得

$$\dot{z}_1 = r - \dot{\psi}_{\mathrm{d}} \tag{3-131}$$

选择虚拟控制量为$\bar{r}$使$z_1 \to 0$，并令$\bar{r}$通过一阶滤波器，则有

$$\xi \dot{r}_{\mathrm{d}} + r_{\mathrm{d}} = \bar{r} \tag{3-132}$$

式中，r_{d}为滤波器输出，且有$r_{\mathrm{d}}(0) = \bar{r}(0)$；$\xi$为设计常数。

定义滤波器输出误差为$y_2 = r_{\mathrm{d}} - \bar{r}$，则式（3-132）可重写为

$$\dot{r}_{\mathrm{d}} = \frac{\bar{r} - r_{\mathrm{d}}}{\xi} = -\frac{y_2}{\xi} \tag{3-133}$$

构造李雅普诺夫函数$V_1 = \dfrac{1}{2}z_1^2 + \dfrac{1}{2}y_2^2$，求导得

$$\begin{aligned} \dot{V}_1 &= z_1\left(r - \dot{\psi}_{\mathrm{d}}\right) + y_2\dot{y}_2 \\ &= z_1\left(z_2 + y_2 + \bar{r} - \dot{\psi}_{\mathrm{d}}\right) + y_2\dot{y}_2 \end{aligned} \tag{3-134}$$

选取虚拟控制量$\bar{r} = -k_4 z_1 + \dot{\psi}_{\mathrm{d}}$，这里$k_4 > 0$为设计常数。在此背景下，式(3-134)化简为

$$\dot{V}_1 \leqslant 2z_1^2 + \frac{1}{4}z_2^2 + \frac{1}{4}y_2^2 - k_1 z_1^2 + y_2\dot{y}_2 \tag{3-135}$$

将误差y_2和虚拟控制量$\bar{r}$代入式（3-135），得

$$\begin{aligned}\dot{V}_1 &\leqslant 2z_1^2+\frac{1}{4}z_2^2+\frac{1}{4}y_2^2-k_1z_1^2+y_2\left(-\frac{y_2}{\xi}+k_1\dot{z}_1-\ddot{\psi}_{\mathrm{d}}\right)\\&=2z_1^2+\frac{1}{4}z_2^2+\frac{1}{4}y_2^2-k_1z_1^2+y_2\left(-\frac{y_2}{\xi}+B\left(z_1,\dot{\psi}_{\mathrm{d}}\right)\right)\end{aligned} \tag{3-136}$$

令 $k_1=2+a$，则有

$$\dot{V}_1\leqslant -az_1^2+\frac{1}{4}z_2^2+\frac{1}{4}y_2^2-\frac{y_2}{\xi}+\left|y_2B\right| \tag{3-137}$$

第二步：定义动态面 $z_2=r-r_{\mathrm{d}}$，其关于时间导数为

$$\dot{z}_2=f_r+\frac{\tau_r}{m_{66}}-\dot{r}_{\mathrm{d}} \tag{3-138}$$

式中，f_r 为未知非线性函数。

考虑 f_r 不可直接测得，故选用 RBF 神经网络进行逼近，则有 $f_r=\boldsymbol{W}_r^{\mathrm{T}}\xi(\boldsymbol{v})+e_r^*$，这里 $\boldsymbol{v}=[u,v,r]^{\mathrm{T}}$ 为网络输入向量；$\xi(\boldsymbol{v})$ 为神经网络径向基函数，具体形式为

$$\xi_h(x)=\exp\left(-\frac{\left\|x-c_h\right\|^2}{2\sigma_h^2}\right),\ h=1,2,\cdots,n \tag{3-139}$$

式中，$\sigma_h>0$ 为基函数的宽度；h 为神经网络隐含层的第 h 个节点；c_h 为中心向量值，且与输入向量的维度相同；e_r^* 为神经网络的逼近误差且 $\left|e_r^*\right|\leqslant e_{\mathrm{Mr}}$（$e_{\mathrm{Mr}}$ 为正常数）；$\boldsymbol{W}_r^{\mathrm{T}}$ 为神经网络的权值向量。在工程应用中，理想权值是无法直接得到的，因此需要设计自适应律 $\hat{\boldsymbol{W}}_r$ 进行估计。

选择如下形式的李雅普诺夫函数：

$$V_2=V_1+\frac{1}{2}z_2^2+\frac{1}{2}\tilde{\boldsymbol{W}}_r^{\mathrm{T}}\Gamma_1^{-1}\hat{\boldsymbol{W}}_r \tag{3-140}$$

式中，$\tilde{\boldsymbol{W}}_r=\boldsymbol{W}_r-\hat{\boldsymbol{W}}_r$ 为自适应估计误差；Γ_1 为正常数。

对式（3-140）求导，可得

$$\begin{aligned}\dot{V}_2&=\dot{V}_1+z_2\left(f_r+\frac{\tau_r}{m_{66}}-\dot{r}_{\mathrm{d}}\right)-\tilde{\boldsymbol{W}}_r^{\mathrm{T}}\Gamma_1^{-1}\dot{\hat{\boldsymbol{W}}}_r\\&=\dot{V}_1+z_2\left(\tilde{\boldsymbol{W}}_r^{\mathrm{T}}\xi(\boldsymbol{v})+\frac{\tau_r}{m_{66}}-\dot{r}_{\mathrm{d}}\right)-\tilde{\boldsymbol{W}}_r^{\mathrm{T}}\Gamma_1^{-1}\left(\dot{\hat{\boldsymbol{W}}}_r-\Gamma_1\xi(\boldsymbol{v})z_2\right)\end{aligned} \tag{3-141}$$

设计权重更新律为

$$\dot{\hat{\boldsymbol{W}}}_r=\Gamma_1\left(\xi(\boldsymbol{v})z_2-\rho_1\hat{\boldsymbol{W}}_r\right) \tag{3-142}$$

式中，$\Gamma_1=\Gamma_1^{\mathrm{T}}>0$ 和 $\rho_1>0$ 为设计常数。

基于神经网络权重更新律（3-142），设计转艏力矩为

$$\tau_r=m_{66}\left(-\dot{\hat{\boldsymbol{W}}}_r^{\mathrm{T}}\xi(\boldsymbol{v})-k_5z_2+\dot{r}_{\mathrm{d}}\right) \tag{3-143}$$

式中，$k_5>0$ 为设计常数。

利用控制律（3-143），式（3-141）可处理为

$$\dot{V}_2 \leqslant -\gamma z_1^2+\frac{1}{4}z_2^2+\frac{1}{4}y_2^2-\frac{y_2^2}{\xi_2}+\left|y_2B\right|-k_5z_2-\eta\tilde{\boldsymbol{W}}_r^{\mathrm{T}}\tilde{\boldsymbol{W}}_r^{\mathrm{T}} \tag{3-144}$$

令 $k_5=\dfrac{1}{4}+\gamma$，则式（3-144）可计算为

$$\begin{aligned}\dot{V}_2 &\leqslant -\gamma z_1^2+\frac{1}{4}z_2^2+\frac{1}{4}y_2^2-\frac{y_2^2}{\xi_2}+\left|y_2B\right|-\frac{\eta}{2}\left(\left\|\tilde{\boldsymbol{W}}_r^{\mathrm{T}}\right\|^2-\left\|\hat{\boldsymbol{W}}_r\right\|^2\right)\\ &\leqslant -\gamma\left(z_1^2+z_2^2\right)+\frac{1}{4}y_2^2-\frac{y_2^2}{\xi_2}+\left|y_2B\right|-\frac{\eta}{2\lambda_{\max}\left(\Gamma_1^{-1}\right)}\tilde{\boldsymbol{W}}_r^{\mathrm{T}}\Gamma^{-1}\tilde{\boldsymbol{W}}_r\end{aligned} \tag{3-145}$$

进一步，令 $\dfrac{\eta}{2\lambda_{\max}\left(\Gamma_1^{-1}\right)}=\gamma$ 和 $\dfrac{1}{\xi_2}=\dfrac{1}{4}\dfrac{M_2^2}{2\sigma}+\gamma$，则对于任意给定的 $\sigma>0$，有

$$\frac{y_2^2B_2^2}{2\sigma}+\frac{\sigma}{2}\geqslant\left|y_2B\right| \tag{3-146}$$

定义 $V\left(z_1,\cdots,z_n,y_1,\cdots,y_n,\tilde{\theta}_1,\cdots,\tilde{\theta}_n\right)=p$ 和 $|B|<M$，得到

$$\dot{V}\leqslant -2\gamma V+\sigma \tag{3-147}$$

2）速度控制

定义动态面 $z_1=u-u_{\mathrm{d}}$，其关于时间的导数为

$$\dot{z}_1=f_u+\frac{\tau_u}{m_{11}}-\dot{u}_{\mathrm{d}} \tag{3-148}$$

式中，f_u 为未知非线性函数。

利用 RBF 神经网络，则有

$$f_u=\boldsymbol{W}_u^{\mathrm{T}}\xi\left(\boldsymbol{v}\right)+e_u^* \tag{3-149}$$

这里，$\boldsymbol{v}=\left[u,v,r\right]^{\mathrm{T}}$ 为神经网络的输入向量；$\xi\left(\boldsymbol{v}\right)$ 为径向基函数，其形式为

$$\xi_h\left(x\right)=\exp\left(-\frac{\left\|x-c_h\right\|^2}{2\sigma_h^2}\right) \tag{3-150}$$

选取如下形式的李雅普诺夫函数：

$$V_1=\frac{1}{2}z_1^2+\frac{1}{2}\tilde{\boldsymbol{W}}_u^{\mathrm{T}}\Gamma_2^{-1}\hat{\boldsymbol{W}}_u \tag{3-151}$$

式中，$\tilde{\boldsymbol{W}}_u^{\mathrm{T}}=\boldsymbol{W}_u^{\mathrm{T}}-\hat{\boldsymbol{W}}_u^{\mathrm{T}}$ 为权重估计误差；$\hat{\boldsymbol{W}}_u^{\mathrm{T}}$ 为 $\boldsymbol{W}_u^{\mathrm{T}}$ 的估计值。

对式（3-151）求导，可得

$$\begin{aligned}\dot{V}_1 &= z_1\left(f_u+\frac{\tau_u}{m_{11}}-\dot{u}_{\mathrm{d}}\right)-\tilde{\boldsymbol{W}}_u^{\mathrm{T}}\Gamma_2^{-1}\dot{\hat{\boldsymbol{W}}}_u^{\mathrm{T}} \\ &= z_1\left(\left(\tilde{\boldsymbol{W}}_u^{\mathrm{T}}+\hat{\boldsymbol{W}}^{\mathrm{T}}\right)\xi(\boldsymbol{v})+\frac{\tau_u}{m_{11}}-\dot{u}_{\mathrm{d}}\right)-\tilde{\boldsymbol{W}}_{\mathrm{u}}^{\mathrm{T}}\Gamma_2^{-1}\left(\dot{\hat{\boldsymbol{W}}}_u^{\mathrm{T}}-\Gamma_2\xi(\boldsymbol{v})z_1\right)\end{aligned} \tag{3-152}$$

设计权重更新律为

$$\dot{\hat{\boldsymbol{W}}}_u^{\mathrm{T}}=\Gamma_2\left(\xi(\boldsymbol{v})z_1-\rho_2\hat{\boldsymbol{W}}_u^{\mathrm{T}}\right) \tag{3-153}$$

式中，$\Gamma_2=\Gamma_2^{\mathrm{T}}>0$ 和 $\rho_2>0$ 为设计常数。

在此背景下，设计纵向推力为

$$\tau_u=m_{11}\left(-\hat{\boldsymbol{W}}_u^{\mathrm{T}}\xi(\boldsymbol{v})-k_6z_1+\dot{u}_{\mathrm{d}}\right) \tag{3-154}$$

式中，$k_6>0$ 为设计常数。

为进行稳定性分析，考虑如下系统：

$$\begin{cases}\dot{x}_i=\dot{x}_{i+1}+f_i\left(x_1,\cdots,x_i\right)\\ x_n=f_n(x)+bu\\ \eta=x_1\end{cases} \tag{3-155}$$

式中，$x\in\mathbf{R}$ 为系统状态变量；$u\in\mathbf{R}$ 和 $\eta\in\mathbf{R}$ 分别为系统输入和输出；$b\neq0$ 为未知常参数；$f_i\left(x_1,\cdots,x_i\right)$ 为未知的光滑非线性函数且满足初始条件 $f_i(0,\cdots,0)=0$，$i=1,2,\cdots,n$；对于系统期望信号 $x_{i\mathrm{d}}$，$x_{1\mathrm{d}}$、$\dot{x}_{1\mathrm{d}}$ 和 $x_{1\mathrm{d}}^{(2)}$ 均有界且已知。

神经网络权重估计误差为

$$\tilde{\boldsymbol{W}}_i=\boldsymbol{W}_i-\boldsymbol{W}_i^{*} \tag{3-156}$$

边界层误差为

$$\begin{aligned}y_{i+1}&=x_{(i+1)\mathrm{d}}-\overline{x}_{i+1}\\ &=\hat{\boldsymbol{W}}_i^{\mathrm{T}}\xi_i\left(x_1,\cdots,x_i\right)+k_iz_i+x_{(i+1)\mathrm{d}}+\frac{y_i}{\xi_i}\end{aligned} \tag{3-157}$$

动态面误差的微分方程可表示为

$$\begin{cases}\dot{z}_1=z_2-k_1z_1-\tilde{\boldsymbol{W}}_1^{\mathrm{T}}\xi_1\left(x_1\right)+e_1^{*}+y_2\\ \dot{z}_i=z_{i+1}-k_iz_i-\tilde{\boldsymbol{W}}_i^{\mathrm{T}}\xi_i\left(x_1,\cdots,x_i\right)+e_1^{*}+y_{i+1}\\ \dot{z}_n=-k_nz_n-\hat{\boldsymbol{W}}_n^{\mathrm{T}}\xi_n\left(x_1,\cdots,x_n\right)+e_n^{*}\end{cases} \tag{3-158}$$

将第 i 个虚拟量通过一阶滤波器，则有

$$\xi_{i+1}\dot{x}_{(i+1)\mathrm{d}}=-x_{i+1}+\overline{x}_{i+1} \tag{3-159}$$

式中，$i=1,2,\cdots,n-1$。

通过式（3-156）～式（3-159），可得

$$\dot{x}_{1\mathrm{d}}=\frac{\overline{\chi}_i-x_{i\mathrm{d}}}{\xi_i}=-\frac{y_i}{\xi_i} \tag{3-160}$$

进而有

$$\begin{aligned}\dot{y}_2&=\dot{x}_{2\mathrm{d}}+\dot{\hat{\boldsymbol{W}}}_1^{\mathrm{T}}\xi_1\left(x_1\right)+\hat{\boldsymbol{W}}_1^{\mathrm{T}}\frac{\partial\xi_1}{\partial x_1}\dot{x}_1+k_1\dot{z}_1-\ddot{x}_{1\mathrm{d}}\\&=-\frac{y_2}{\xi_2}+\dot{\hat{\boldsymbol{W}}}_1^{\mathrm{T}}\xi_1\left(x_1\right)+\dot{\hat{\boldsymbol{W}}}_1^{\mathrm{T}}\frac{\partial\xi_1}{\partial x_1}\dot{x}_1+k_1\dot{z}_1-\ddot{x}_{1\mathrm{d}}\\&=-\frac{y_2}{\xi_2}+B_2\left(z_1,z_2,y_2,\dot{\hat{\boldsymbol{W}}}_1^{\mathrm{T}},x_{1\mathrm{d}},\dot{x}_{1\mathrm{d}},\ddot{x}_{1\mathrm{d}}\right)\end{aligned} \tag{3-161}$$

这里，B_2表示为

$$B_2\left(z_1,z_2,y_2,\dot{\hat{\boldsymbol{W}}}_1^{\mathrm{T}},x_{1\mathrm{d}},\dot{x}_{1\mathrm{d}},\ddot{x}_{1\mathrm{d}}\right)=\dot{\hat{\boldsymbol{W}}}_1^{\mathrm{T}}\xi_1\left(x_1\right)+\dot{\hat{\boldsymbol{W}}}_1^{\mathrm{T}}\frac{\partial\xi_1}{\partial x_1}\dot{x}_1+k_1\dot{z}_1-\ddot{x}_{1\mathrm{d}} \tag{3-162}$$

在此背景下，可得

$$\begin{aligned}\dot{y}_{i+1}&=-\frac{y_{i+1}}{\xi_{i+1}}+\tilde{\boldsymbol{W}}_i^{\mathrm{T}}\xi_i\left(x_1,\cdots,x_i\right)+\hat{\boldsymbol{W}}_i^{\mathrm{T}}\frac{\partial\xi_i}{\partial\left(x_1,\cdots,x_i\right)}\dot{x}_i+k_i\dot{z}_i-\frac{\dot{y}_i}{\xi_i}\\&=B_{i+1}\left(z_1,\cdots,z_{i+1},y_2,\cdots,y_i,\hat{\boldsymbol{W}}_1^{\mathrm{T}},\cdots,\hat{\boldsymbol{W}}_i^{\mathrm{T}},x_{1\mathrm{d}},\dot{x}_{1\mathrm{d}},\ddot{x}_{1\mathrm{d}}\right)-\frac{y_{i+1}}{\xi_{i+1}}\end{aligned} \tag{3-163}$$

选择如下形式的李雅普诺夫函数：

$$V=\frac{1}{2}\sum_{i=1}^{n}\left(z_i^2+\tilde{\boldsymbol{W}}_i^{\mathrm{T}}\varGamma_i^{-1}\tilde{\boldsymbol{W}}_i\right)+\frac{1}{2}\sum_{i=1}^{n-1}y_{i+1}^2+\frac{|b|}{2\rho}\tilde{\beta}^2 \tag{3-164}$$

对式（3-164）两边求导，可得

$$\begin{aligned}\dot{V}&=\sum_{i=1}^{n}\left(z_i\dot{z}_i+\tilde{\boldsymbol{W}}_i^{\mathrm{T}}\varGamma_i^{-1}\dot{\hat{\boldsymbol{W}}}_i\right)+\sum_{i=1}^{n-1}y_{i+1}\dot{y}_{i+1}-\frac{1}{\rho|\beta|}\tilde{\beta}\dot{\hat{\beta}}\\&\leqslant\sum_{i=1}^{n-1}\left(-k_iz_i^2+z_iz_{i+1}+z_iy_{i+1}+z_ie_i^*\right)+\sum_{i=1}^{n}\left(-\tilde{\boldsymbol{W}}_i^{\mathrm{T}}\xi_i\left(x_1,\cdots,x_i\right)z_i+\tilde{\boldsymbol{W}}_i^{\mathrm{T}}\varGamma_i^{-1}\dot{\hat{\boldsymbol{W}}}_i\right)\\&\quad+z_i\left(\left(\hat{b}+b\right)u+\dot{x}_{n\mathrm{d}}\right)+\sum_{i=1}^{n-1}\left(-\frac{y_{i+1}^2}{\xi_{i+1}}+\left|y_{i+1}B_{i+1}\right|\right)-\frac{1}{\rho|\beta|}\tilde{\beta}\dot{\hat{\beta}}\\&\leqslant\sum_{i=1}^{n-1}\left(-k_iz_i^2+z_iz_{i+1}+z_iy_{i+1}+z_ie_i^*\right)+\sum_{i=1}^{n}\left(-\tilde{\boldsymbol{W}}_i^{\mathrm{T}}\xi_i\left(x_1,\cdots,x_i\right)z_i-\varGamma_i^{-1}\dot{\hat{\boldsymbol{W}}}_i\right)\\&\quad+z_ie_i^*-k_iz_i^2+\sum_{i=1}^{n-1}\left(-\frac{y_{i+1}^2}{\xi_{i+1}}+\left|y_{i+1}B_{i+1}\right|\right)\end{aligned} \tag{3-165}$$

将$\dot{\hat{\boldsymbol{W}}}=\varGamma_i\left(\xi_i\left(x_1,\cdots,x_i\right)z_i-\eta\hat{\boldsymbol{W}}_i\right)$代入式（3-165），可得

$$\dot{V} \leqslant \sum_{i=1}^{n-1}\left(-k_i z_i^2 + z_i z_{i+1} + z_i y_{i+1} + z_i e_i^*\right) + z_i e_i^* - k_i z_i^2 \sum_{i=1}^{n}\left(-\eta \hat{\boldsymbol{W}}_i^{\mathrm{T}} \hat{\boldsymbol{W}}_i\right) + \sum_{i=1}^{n-1}\left(-\frac{y^2{}_{i+1}}{\xi_{i+1}} + \left|y_{i+1} B_{i+1}\right|\right) \tag{3-166}$$

利用不等关系 $z_i^2 + \frac{1}{4} z_{i+1}^2 \geqslant z_i z_{i+1}$， $z_i^2 + \frac{1}{4} y_{i+1}^2 \geqslant z_i y_{i+1}$ 和 $z_i^2 + \frac{1}{4} e_i^2 \geqslant z_i e_i$ ，则有

$$\dot{V} \leqslant \sum_{i=1}^{n-1}\left(-k_i z_i^2 + 3 z_i^2 + \frac{1}{4} z_{i+1}^2 + \frac{1}{4} y_{i+1}^2 + \frac{1}{4} e_i^{*2}\right) + z_i^2 + \frac{1}{4} e_i^{*2} - k_i z_i^2 + \sum_{i=1}^{n}\left(-\eta \hat{\boldsymbol{W}}_i^{\mathrm{T}} \hat{\boldsymbol{W}}_i\right) + \sum_{i=1}^{n-1}\left(-\frac{y^2{}_{i+1}}{\xi_{i+1}} + \left|y_{i+1} B_{i+1}\right|\right) \tag{3-167}$$

结合不等式 $2\tilde{\boldsymbol{W}}_i^{\mathrm{T}} \tilde{\boldsymbol{W}} \geqslant \left\|\tilde{\boldsymbol{W}}_i\right\|^2 - \left\|\boldsymbol{W}_i^*\right\|^2$，式（3-167）可处理为

$$\dot{V} \leqslant \sum_{i=1}^{n-1}\left(-a z_i^2 - \frac{\eta}{2}\left(\tilde{\boldsymbol{W}}\left\|\tilde{\boldsymbol{W}}_i\right\|^2 - \left\|\boldsymbol{W}_i^*\right\|^2\right) + \frac{1}{4} e_i^{*2}\right) + \sum_{i=1}^{n-1}\left(-\frac{y^2{}_{i+1}}{\xi_{i+1}} + \left|y_{i+1} B_{i+1}\right|\right) \tag{3-168}$$

令 $\frac{\eta}{2\lambda_{\max}\left(\Gamma_i^{-1}\right)} = a$ 和 $\frac{1}{4} e_i^{*2} + \frac{\eta}{2}\left\|\boldsymbol{W}_i^*\right\|^2 = b_i$，则有 $b_i \leqslant \frac{1}{4} e_{\mathrm{m}}^2 + \frac{\eta}{2} \boldsymbol{W}_{\mathrm{m}}^2 = b_{\mathrm{m}}$，$\left\|\boldsymbol{W}_i^*\right\| \leqslant \theta_{\mathrm{m}}$ 以及 $\left|e_i^*\right| \leqslant e_{\mathrm{m}}$，这里 b_{m}、θ_{m}、e_{m} 和 $\boldsymbol{W}_{\mathrm{m}}$ 分别表示对应量的最小值。在此背景下，可得

$$\dot{V} \leqslant \sum_{i=1}^{n-1}\left(-a\left(z_i^2 + \tilde{\boldsymbol{W}}_i^{\mathrm{T}} \Gamma_i^{-1} \tilde{\boldsymbol{W}}_i^{\mathrm{T}}\right)\right) + n b_{\mathrm{m}} + \sum_{i=1}^{n-1}\left(\frac{1}{4} y_{i+1}^2 - \frac{y^2{}_{i+1}}{\xi_{i+1}} + \left|y_{i+1} B_{i+1}\right|\right) \tag{3-169}$$

令 $\frac{1}{\xi_{i+1}} = \frac{1}{4} + \frac{M_{i+1}^2}{2\sigma} + a$，对于任意给定的 $\sigma > 0$，有

$$\frac{y_{i+1}^2 B_{i+1}^2}{2\sigma} + \frac{\sigma}{2} \geqslant \left|y_{i+1} B_{i+1}\right| \tag{3-170}$$

定义 $V\left(z_1, \cdots, z_n, y_2, \cdots, y_n, \tilde{\boldsymbol{W}}_1, \cdots, \tilde{\boldsymbol{W}}_n\right) = p$ 及 $\left|B_{i+1}\right| < \left|M_{i+1}\right|$，可得

$$\dot{V} \leqslant -2aV + n b_{\mathrm{m}} + \frac{n-1}{2} \sigma \tag{3-171}$$

若 $a > \frac{1}{2p}\left(n b_{\mathrm{m}} + \frac{n-1}{2} \sigma\right)$，那么当 V=p 时有 $\dot{V} \leqslant 0$，说明闭环状态量 $z_i(t)$、$\tilde{W}$ 以及 $y_i \beta$ 始终有界。进一步，当 a 的值增加且 $\lambda_{\max}(\Gamma)$ 和 τ_i 较小时，系统误差可以趋近于任意较小值。

2. 三维轨迹跟踪控制

基于水平面轨迹跟踪控制，下面研究欠驱动水下航行器的三维轨迹跟踪控制。

考虑动力学模型不确定性，设计基于 RBF 神经网络逼近的速度、转艏和纵倾控制器，提高控制系统鲁棒性。

注 3-2 纵向推力 τ_u 和转艏力矩 τ_r 设计过程可参考水平面轨迹跟踪控制，这里重点给出纵倾控制设计过程。

在此背景下，纵倾角速度动力学模型可表示为

$$\begin{cases}\dot{\theta}=q\\ \dot{q}=f_q+\dfrac{\tau_q}{m_{55}}\end{cases} \tag{3-172}$$

第一步：定义动态面 $z_1=\theta-\theta_{\mathrm{d}}$，并对其求导可得

$$\dot{z}_1=q-\dot{\theta}_{\mathrm{d}} \tag{3-173}$$

式中，θ_{d} 为参考纵倾角。

选择虚拟控制为 $\bar{q}$ 使 $z_1\to 0$，并令 $\bar{q}$ 通过一阶滤波器，则有

$$\xi\dot{q}_{\mathrm{d}}+q_{\mathrm{d}}=\bar{q} \tag{3-174}$$

式中，q_{d} 为滤波器输出；ξ 为设计常数。

滤波器输出误差为 $y_2=q_{\mathrm{d}}-\bar{q}$，且通过变换式（3-174）可以得到

$$\dot{q}_{\mathrm{d}}=\frac{\bar{q}-q_{\mathrm{d}}}{\xi}=-\frac{y_2}{\xi} \tag{3-175}$$

构造李雅普诺夫函数 $V_1=\frac{1}{2}z_1^2+\frac{1}{2}y_2^2$，其关于时间的导数为

$$\begin{aligned}\dot{V}_1&=z_1\left(r-\dot{\psi}_{\mathrm{d}}\right)+y_2\dot{y}_2\\&=z_1\left(z_2+r_{\mathrm{d}}-\dot{\psi}_{\mathrm{d}}\right)+y_2\dot{y}_2\\&=z_1\left(z_2+y_2+\bar{r}-\dot{\psi}_{\mathrm{d}}\right)+y_2\dot{y}_2\end{aligned} \tag{3-176}$$

选取虚拟控制量

$$\bar{q}=-k_7z_1+\dot{\theta}_{\mathrm{d}} \tag{3-177}$$

式中，$k_7>0$ 为设计常数。

在此背景下，式（3-176）可处理为

$$\dot{V}_1\leqslant 2z_1^2+\frac{1}{4}z_2^2+\frac{1}{4}y_2^2-k_7z_1^2+y_2\dot{y}_2 \tag{3-178}$$

将误差 y_2 代入式（3-178），并令 $k_7=2+\varsigma$（ς 为正常数），可得

$$\begin{aligned}\dot{V}_1&\leqslant 2z_1^2+\frac{1}{4}z_2^2+\frac{1}{4}y_2^2-k_7z_1^2+y_2\left(-\frac{y_2}{\xi}+k_7\dot{z}_1-\ddot{\psi}_{\mathrm{d}}\right)\\&=2z_1^2+\frac{1}{4}z_2^2+\frac{1}{4}y_2^2-k_7z_1^2+y_2\left(-\frac{y_2}{\xi}+B\left(z_1,\dot{\psi}_{\mathrm{d}}\right)\right)\\&\leqslant-\varsigma z_1^2+\frac{1}{4}z_2^2+\frac{1}{4}y_2^2-\frac{y_2}{\xi}+\left|y_2B\right|\end{aligned} \tag{3-179}$$

第二步：定义第二个动态面 $z_2 = q - q_{\mathrm{d}}$，其关于时间的导数为

$$\dot{z}_2 = f_q + \frac{\tau_q}{m_{55}} - \dot{q}_{\mathrm{d}} \tag{3-180}$$

式中，f_q 为未知非线性函数。

基于 RBF 神经网络逼近定理有 $f_q = \boldsymbol{W}_q^{\mathrm{T}}\xi(\boldsymbol{v}) + e_q^*$，这里 $\boldsymbol{v} = [u,v,w,q,r]^{\mathrm{T}}$ 为神经网络输入向量；$\xi(\boldsymbol{v})$ 为径向基函数，具体形式为

$$\xi_h(x) = \exp\left(-\frac{\|x - c_h\|^2}{2\sigma_h^2}\right) \tag{3-181}$$

式中，$\sigma_h > 0$ 为基函数的宽度；$h = 1,2,\cdots,n$ 为神经网络隐含层节点；c_h 为中心向量值，且与输入向量维度相同；e_q^* 为神经网络的逼近误差且 $|e_q^*| \leqslant e_{\mathrm{Mq}}$（$e_{\mathrm{Mq}}$ 为正常数）。

选取如下形式的李雅普诺夫函数：

$$V_2 = V_1 + \frac{1}{2}z_2^2 + \frac{1}{2}\tilde{\boldsymbol{W}}_q^{\mathrm{T}}\varGamma_3^{-1}\boldsymbol{W}_q \tag{3-182}$$

式中，$\tilde{\boldsymbol{W}}_q^{\mathrm{T}} = \boldsymbol{W}_q^{\mathrm{T}} - \hat{\boldsymbol{W}}_q^{\mathrm{T}}$ 为权重估计误差；$\hat{\boldsymbol{W}}_q^{\mathrm{T}}$ 为 $\boldsymbol{W}_q^{\mathrm{T}}$ 的估计值。

对式（3-182）求导，可得

$$\begin{aligned}
\dot{V}_2 &= \dot{V}_1 + z_2\left(f_q + \frac{\tau_q}{m_{55}} - \dot{q}_{\mathrm{d}}\right) - \tilde{\boldsymbol{W}}_q^{\mathrm{T}}\varGamma_3^{-1}\dot{\hat{\boldsymbol{W}}}_q \\
&= \dot{V}_1 + z_2\left(\left(\tilde{\boldsymbol{W}}_q^{\mathrm{T}} + \hat{\boldsymbol{W}}_q^{\mathrm{T}}\right)\xi(\boldsymbol{v}) + \frac{\tau_q}{m_{55}} - \dot{q}_{\mathrm{d}}\right) - \tilde{\boldsymbol{W}}_q^{\mathrm{T}}\varGamma_3^{-1}\dot{\hat{\boldsymbol{W}}}_q \\
&= \dot{V}_1 + z_2\left(\hat{\boldsymbol{W}}_q^{\mathrm{T}}\xi(\boldsymbol{v}) + \frac{\tau_q}{m_{55}} - \dot{q}_{\mathrm{d}}\right) - \tilde{\boldsymbol{W}}_q^{\mathrm{T}}\varGamma_3^{-1}\left(\dot{\hat{\boldsymbol{W}}}_q - \varGamma_3\xi(\boldsymbol{v})z_2\right)
\end{aligned} \tag{3-183}$$

设计权重更新律为

$$\dot{\hat{\boldsymbol{W}}}_q = \varGamma_3\left(\xi(\boldsymbol{v})z_2 - \rho_5\hat{\boldsymbol{W}}_q\right) \tag{3-184}$$

式中，$\varGamma_3 = \varGamma_3^{\mathrm{T}} > 0$ 和 $\rho_5 > 0$ 为设计常数。

设计纵倾力矩为

$$\tau_q = m_{55}\left(-\hat{\boldsymbol{W}}_q\xi(\boldsymbol{v}) - k_8 z_2 + \dot{q}_{\mathrm{d}}\right) \tag{3-185}$$

式中，$k_8 > 0$ 为设计常数。

将控制律（3-185）代入式（3-183），可得

$$\dot{V}_2 \leqslant -\gamma z_1^2 + \frac{1}{4}z_2^2 + \frac{1}{4}y_2^2 - \frac{y_2^2}{\xi_2} + |y_2 B| - k_8 z_2 - \eta\tilde{\boldsymbol{W}}_q^{\mathrm{T}}\hat{\boldsymbol{W}}_q^{\mathrm{T}} \tag{3-186}$$

令 $k_8 = \dfrac{1}{4} + \sigma$，且考虑不等式 $2\tilde{\boldsymbol{W}}_q^{\mathrm{T}}\hat{\boldsymbol{W}}_q^{\mathrm{T}} \geqslant \|\tilde{\boldsymbol{W}}_q^{\mathrm{T}}\|^2 - \|\hat{\boldsymbol{W}}_q^{\mathrm{T}}\|^2$，则有

$$\dot{V}_2 \leqslant -\sigma z_1^2 + \frac{1}{4}z_2^2 + \frac{1}{4}y_2^2 - \frac{y_2^2}{\xi_2} + |y_2 B| - \frac{\eta}{2}\left(\left\|\tilde{\boldsymbol{W}}_q^{\mathrm{T}}\right\|^2 - \left\|\hat{\boldsymbol{W}}_q^{\mathrm{T}}\right\|^2\right)$$
$$\leqslant -\sigma\left(z_1^2+z_2^2\right) + \frac{1}{4}y_2^2 - \frac{y_2^2}{\xi_2} + |y_2 B| - \frac{\eta}{2\lambda_{\max}\left(\Gamma_3^{-1}\right)}\tilde{\boldsymbol{W}}_q^{\mathrm{T}}\Gamma_3^{-1}\hat{\boldsymbol{W}}_q \tag{3-187}$$

令 $\frac{\eta}{2\lambda_{\max}\left(\Gamma_3^{-1}\right)} = \sigma$ 及 $\frac{1}{\xi_2} = \frac{1}{4} + \frac{M_2^2}{2\sigma} + \sigma$，则对于任意给定的 $\kappa > 0$，有

$$\frac{y_2^2 B^2}{2\kappa} \geqslant |y_2 B| \tag{3-188}$$

定义 $V\left(z_1,\cdots,z_n,y_2,\cdots,y_n,\tilde{\theta}_1,\cdots,\tilde{\theta}_n\right) = p$ 及 $|B| < M$，可得

$$\dot{V} \leqslant -2\sigma V + \kappa \tag{3-189}$$

式（3-189）结果表明系统误差是一致最终有界的。

3.4.3 仿真实验

1. 水平面轨迹跟踪仿真实验

下面给出仿真实验，用来验证基于 RBF 的自适应动态面控制方法的有效性和优越性。仿真实验中，参考轨迹为 $x_{\mathrm{d}} = A\sin(\omega t)$， $y_{\mathrm{d}} = A\cos(\omega t)$，这里 $A = 20$，$\omega = 0.05$；航行器初始位置为 $(x,y) = (0,10)$，初始速度为 $(u,v,r) = (0,0,0)$。

控制器参数设置为 $k_1 = 0.2$，$k_2 = 0.8$，$k_3 = 5$，$k_4 = 0.3$，$k_5 = 0.3$，$k_6 = 5$，$\rho_1 = 5$，$\rho_2 = 20$；RBF 神经网络节点数为 5，高斯函数宽度为 1，中心值均匀分布在 $[-10,10]$；考虑模型不确定性及外界干扰，不失一般性地引入白噪声模型。

图 3-35 给出了航行器的轨迹跟踪行为曲线，其中虚线表示参考轨迹，实线表示自适应动态面控制行为，点划线表示基于神经网络的自适应动态面控制行为。从图中可以看出，在两种控制方法下航行器均能跟踪上给定参考轨迹，但与没有神经网络的自适应动态面控制方法相比，本节提出的神经网络动态面控制方法能够保证航行器较快地跟踪性能。图 3-36 给出了纵向和横向跟踪曲线，其轨迹跟踪误差如图 3-37 所示，可以看出基于神经网络的自适应动态面控制中的轨迹误差可以平滑地收敛到零，且响应时间较短；而不考虑神经网络逼近的轨迹跟踪误差会随外界干扰及模型不确定性出现小范围波动，且不能收敛到零，因此验证了本节所提出控制方法的优越性。

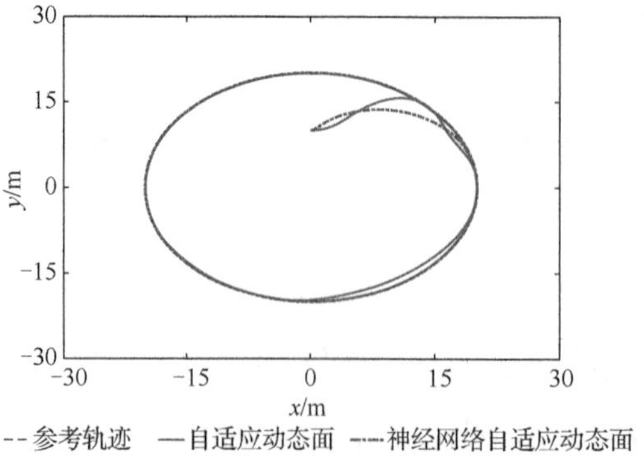

图 3-35　轨迹跟踪行为曲线

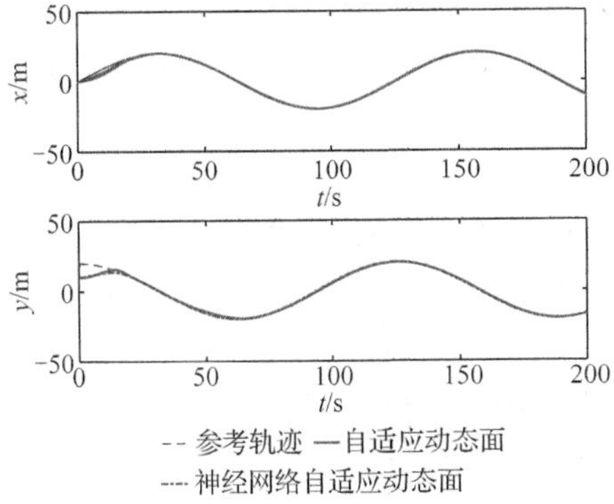

图 3-36　纵向和横向跟踪曲线

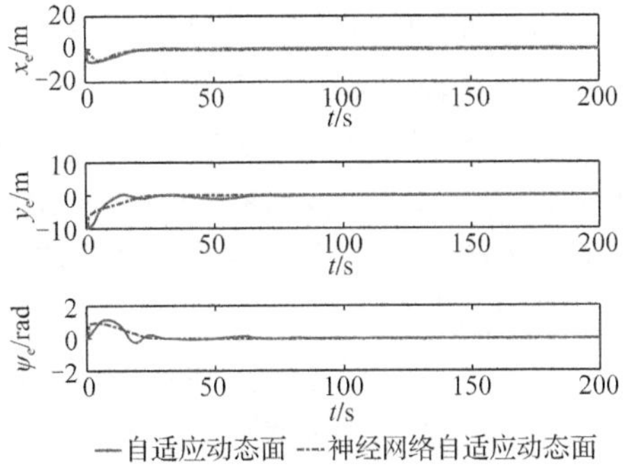

图 3-37　轨迹跟踪误差曲线

图 3-38 给出了速度与角速度演化曲线，基于神经网络的自适应动态面控制可使航行器的速度能够较快收敛到参考信号，而自适应动态面控制中的航行器速度出现较大波动。图 3-39 给出了控制输入曲线，可以看出本节所提出的控制方法中控制输入较为平滑。图 3-40 给出了神经网络逼近行为曲线，其中实线表示模型和干扰不确定性，点划线表示不确定性估计。从图中可以看出，所设计的神经网络逼近器能较精准地估计出系统不确定性，进而保证了航行器实际输出状态能够精确地追踪到参考信号。

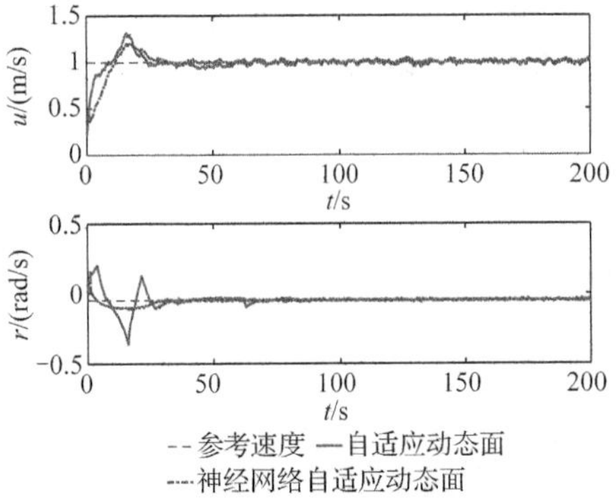

图 3-38　速度与角速度演化曲线

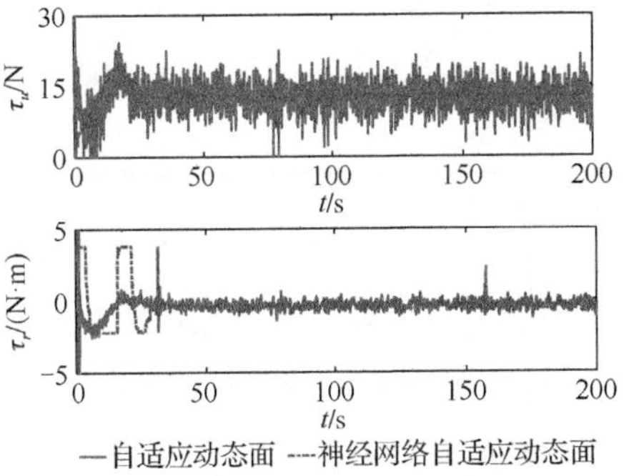

图 3-39　控制输入曲线

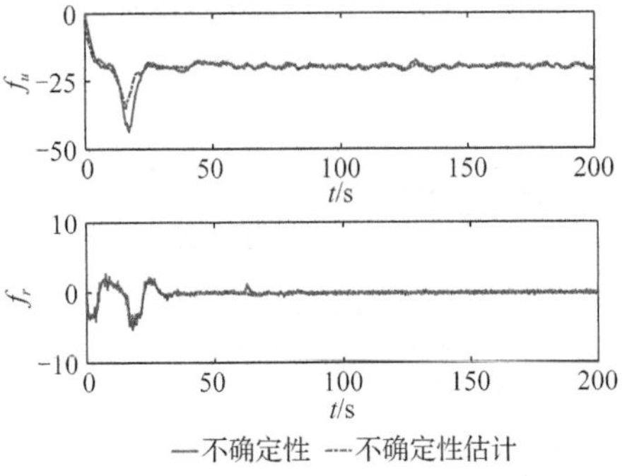

图 3-40　神经网络逼近行为曲线

2. 三维轨迹跟踪仿真实验

下面给出三维轨迹跟踪仿真实验，用来验证所提出的控制方法的有效性和优越性。仿真实验中，参考轨迹为$x_d = A\sin(\omega t)$，$y_d = A\cos(\omega t)$，$z_d = \varpi t$，这里$A=10$，$\omega=0.1$，$\varpi=-0.1$；航行器初始位置为$(x,y,z)=(0,10,0)$；初始速度为$(u,v,r)=(0,0,0)$；初始角度为$(\phi,\theta,\psi)=(0,0,0)$。

控制器参数为$k_1=0.3$，$k_2=1.5$，$k_3=0.5$，$k_4=4$，$k_5=4$，$k_6=0.4$，$k_7=0.5$，$k_8=5$，$\rho_1=0.5$，$\rho_2=8$，$\rho_3=2$。RBF 神经网络节点数为 5，高斯函数宽度为 1，中心值均匀分布在$[-10,10]$。考虑模型不确定性及外界干扰，不失一般性地引入白噪声模型。

图 3-41 给出了航行器的三维轨迹跟踪行为曲线，其中虚线表示参考轨迹，实线表示自适应动态面控制，点划线表示基于神经网络的自适应动态面控制。从图中可以看出，基于神经网络的自适应动态面控制的三维轨迹跟踪效果更好，能够使航行器更快地跟踪上参考轨迹。图 3-42 给出了纵向、横向和垂向的跟踪曲线，图 3-43 和图 3-44 分别给出了位置误差曲线和角度误差曲线。可以看出利用神经网络逼近器可以使航行器的响应速度更快且鲁棒性更强，且跟踪误差收敛后能够保持稳定，进而体现了该方法的优越性。

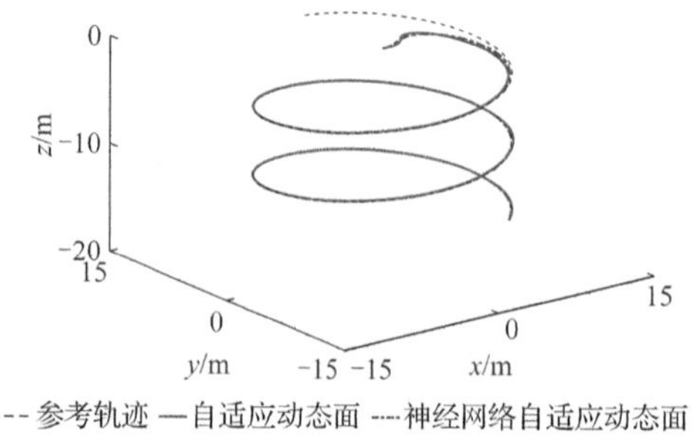

图 3-41　三维轨迹跟踪行为曲线

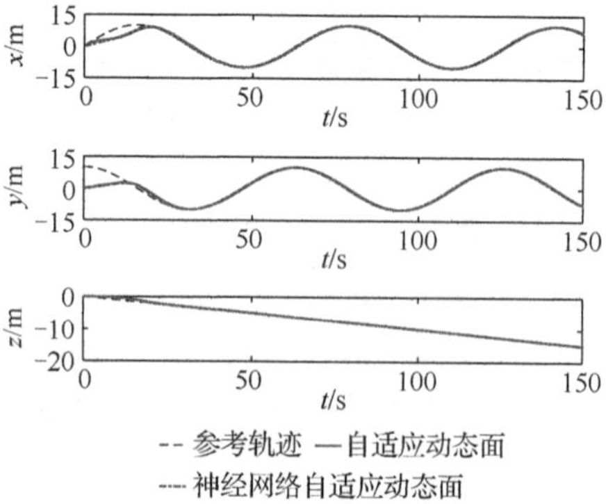

图 3-42　纵向、横向和垂向跟踪曲线

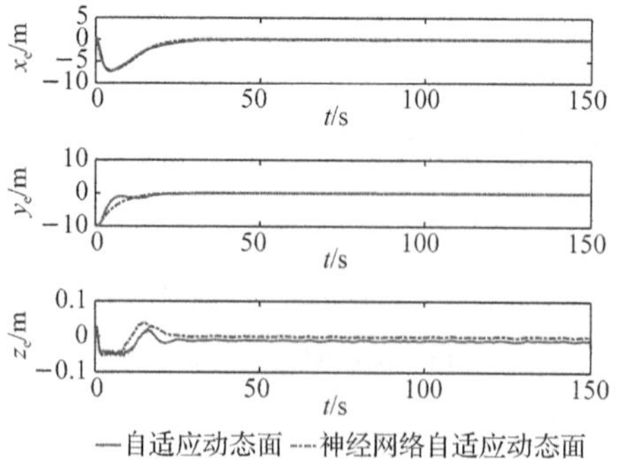

图 3-43　纵向、横向和垂向跟踪误差曲线

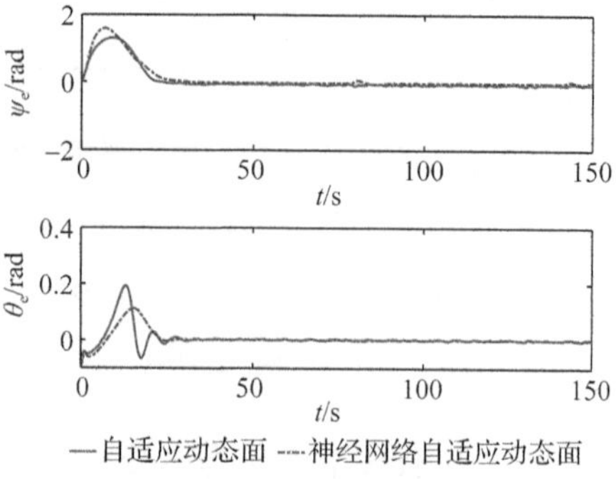

图 3-44　艏向角和纵倾角跟踪误差曲线

图3-45对比了两种控制方法下航行器的速度与角速度演化曲线。从图中可见，利用基于神经网络逼近的自适应动态面控制方法，航行器的速度能够较快地收敛至参考速度并保持稳定，且超调量小；而不考虑干扰逼近的航行器控制效果较差。图 3-46 给出了控制输入曲线，包括纵向推力、转艏力矩和纵倾力矩。从图中可以看出，在外界干扰和不确定条件下，利用神经网络自适应动态面保证航行器控制输入波动较小，有助于减少机构磨损和能耗。

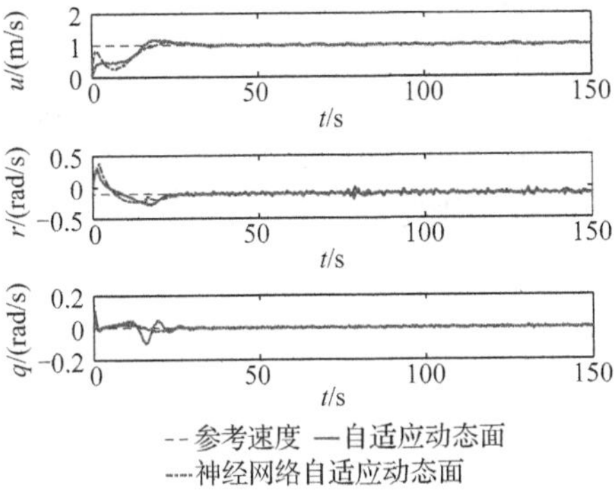

图 3-45　速度与角速度演化曲线

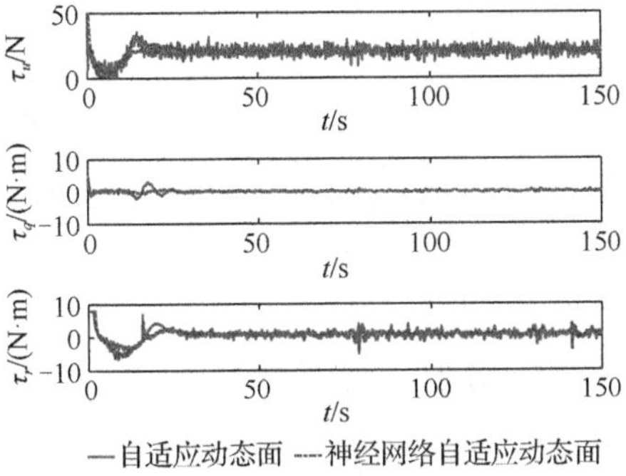

图 3-46　控制输入曲线

图 3-47 给出了神经网络逼近行为曲线，其中实线为模型和干扰不确定性，虚线为不确定性估计。从图中可以看出，所设计的神经网络逼近器能够较好地估计不确定性，致使控制精度更高和轨迹跟踪效果更好。

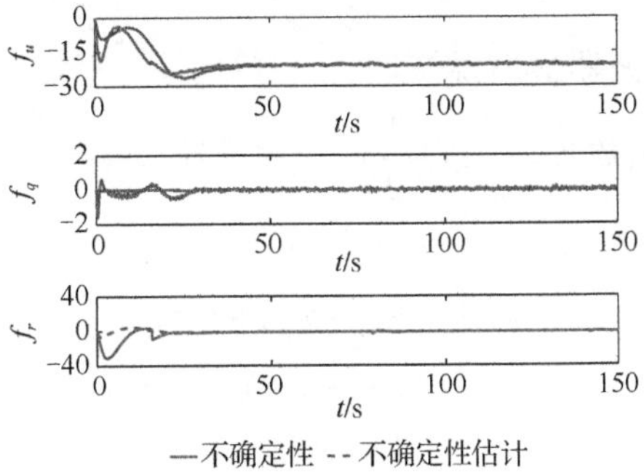

图 3-47　神经网络逼近行为曲线

3.5　基于模糊逼近的轨迹跟踪控制

基于神经网络逼近的轨迹跟踪控制结果，本节研究基于模糊逻辑系统的欠驱动水下航行器轨迹跟踪控制（Liang et al.，2019）。考虑模型不确定性和外界干扰，结合动态面控制和模糊逻辑系统，分别设计水平面和三维轨迹跟踪控制器，保证航行器在不确定干扰下能够精确跟踪上给定参考轨迹。

3.5.1 控制器设计及稳定性分析

1. 水平面轨迹跟踪控制

1）转艏控制

考虑转艏角速度动力学模型

$$\begin{cases}\dot{\psi}=r\\ \dot{r}=f_r+bt_r\end{cases} \tag{3-190}$$

式中，$f_r=m_{66}^{-1}\left(\left(m_{11}-m_{22}\right)uv-d_{66}r+\tau_{wr}\right)$表示模型不确定性；$b=m_{66}^{-1}$为模型参数。

第一步：定义动态面为

$$z_1=\psi-\psi_{\mathrm{d}} \tag{3-191}$$

对 z_1 求导，可得

$$\dot{z}_1=r-\dot{\psi}_{\mathrm{d}} \tag{3-192}$$

选择虚拟控制为$\overline{r}$ 使 $z_1\to 0$，并令$\overline{r}$ 通过一阶滤波器，则有

$$\xi\dot{r}_{\mathrm{d}}+r_{\mathrm{d}}=\overline{r} \tag{3-193}$$

式中，r_{d}为滤波器输出；ξ 为设计常数。

通过变换式（3-193）可以得到

$$\dot{r}_{\mathrm{d}}=\frac{\overline{r}-r_{\mathrm{d}}}{\xi}=-\frac{y_2}{\xi} \tag{3-194}$$

式中，$y_2=r_{\mathrm{d}}-\overline{r}$ 为滤波器输出误差。

构造李雅普诺夫函数$V_1=\frac{1}{2}z_1^2+\frac{1}{2}y_2^2$，并求导得

$$\begin{aligned}V_1&=z_1\left(r-\dot{\psi}_{\mathrm{d}}\right)+y_2\dot{y}_2\\&=z_1\left(z_2+r_{\mathrm{d}}-\dot{\psi}_{\mathrm{d}}\right)+y_2\dot{y}_2\\&=z_1\left(z_2+y_2+\overline{r}-\dot{\psi}_{\mathrm{d}}\right)+y_2\dot{y}_2\end{aligned} \tag{3-195}$$

设计虚拟控制量

$$\overline{r}=-k_4z_1+\dot{\psi}_{\mathrm{d}} \tag{3-196}$$

式中，$k_4>0$为设计常数。

利用不等关系$z_1^2+\frac{1}{4}z_2^2\geqslant z_1z_2$和$z_1^2+\frac{1}{4}y_2^2\geqslant z_1y_2$，式（3-195）可处理为

$$\dot{V}_1\leqslant 2z_1^2+\frac{1}{4}z_2^2+\frac{1}{4}y_2^2-k_4z_1^2+y_2\dot{y}_2 \tag{3-197}$$

将误差y_2和式（3-196）代入式（3-197），并令$k_4=2+a$，得到

$$\begin{aligned}\dot{V}_1 &\leqslant 2z_1^2+\frac{1}{4}z_2^2+\frac{1}{4}y_2^2-k_4z_1^2+y_2\left(-\frac{y_2}{\xi}+k_1\dot{z}_1-\ddot{\psi}_{\mathrm{d}}\right)\\ &=2z_1^2+\frac{1}{4}z_2^2+\frac{1}{4}y_2^2-k_1z_1^2+y_2\left(-\frac{y_2}{\xi}+B\left(z_1,\dot{\psi}_{\mathrm{d}}\right)\right)\\ &\leqslant -az_1^2+\frac{1}{4}z_2^2+\frac{1}{4}y_2^2-\frac{y_2^2}{\xi}+\left|y_2B\right|\end{aligned} \tag{3-198}$$

第二步：定义动态面 $z_2=r-r_{\mathrm{d}}$，其关于时间的导数为

$$\dot{z}_2=f_r+b\tau_r-\dot{r}_{\mathrm{d}} \tag{3-199}$$

引理 3-1　对于任意定义在致密集合 $U\in\mathrm{R}^n$ 上的连续函数 $f(x)$ 和任意大于零的常数 ε，一定存在模糊系统 $g(x)$ 使得 $\sup\limits_{x\in U}\left|g(x)-f(x)\right|<\varepsilon$ 成立，即 $g(x)$ 可以逼近上在定义域上任意的连续函数（Patre et al.，2015；Ho et al.，2009）。

利用引理 3-1，式（3-199）可以改写为

$$\dot{z}_2=g_r+b\tau_r-\dot{r}_{\mathrm{d}} \tag{3-200}$$

选取如下形式的李雅普诺夫函数：

$$V_2=V_1+\frac{1}{2}z_2^2+\frac{|b|}{2\rho_1}\tilde{\beta}^2 \tag{3-201}$$

式中，$\tilde{\beta}=\beta-\hat{\beta}$ 表示估计误差，且 $\hat{\beta}$ 表示 $\dfrac{1}{b}$ 的估计值；$\rho_1>0$ 为设计常数。

对式（3-201）求导，可得

$$\begin{aligned}\dot{V}_2 &=\dot{V}_1+z_2\left(g_r+b\tau_r-\dot{r}_{\mathrm{d}}\right)-\frac{|b|}{\rho_1}\tilde{\beta}\dot{\hat{\beta}}\\ &=\dot{V}_1+z_2\left(g_r+\left(\tilde{b}+\hat{b}\right)\tau_r-\dot{r}_{\mathrm{d}}\right)-\rho_1^{-1}|b|\tilde{\beta}\dot{\hat{\beta}}\\ &=\dot{V}_1+z_2\hat{\beta}^{-1}\left(\tau_r-\hat{\beta}\left(-g_r+\dot{r}_{\mathrm{d}}\right)\right)-\rho_1^{-1}|b|\tilde{\beta}\dot{\hat{\beta}}-z_2\xi\frac{\tilde{\beta}}{\beta\hat{\beta}}\end{aligned} \tag{3-202}$$

考虑 $\hat{\beta}\left|\hat{\beta}\right|^{-1}=\mathrm{sgn}(\beta)=\mathrm{sgn}(b)$，则有

$$\dot{V}_2=\dot{V}_1+z_2\hat{\beta}^{-1}\left(\tau_r-\hat{\beta}\left(g_r+\dot{r}_{\mathrm{d}}\right)\right)-\rho_1^{-1}|\beta|^{-1}\left(\dot{\hat{\beta}}+\rho_1^{-1}\mathrm{sgn}(b)z_2\xi\right)\tilde{\beta} \tag{3-203}$$

设计自适应律为

$$\dot{\hat{\beta}}=-\rho_1\,\mathrm{sgn}(b)z_2\psi_{\mathrm{d}} \tag{3-204}$$

及转艏力矩为

$$\tau_r=\hat{\beta}\left(-k_5z_2-g_r+\dot{r}_{\mathrm{d}}\right) \tag{3-205}$$

2）速度控制

定义动态面 $z_1 = u - u_d$，其关于时间的导数为

$$\dot{u} = f_u + b_1\tau_u \tag{3-206}$$

参考上述转艏控制设计过程，参数估计值满足自适应律

$$\dot{\hat{\beta}}_1 = -\rho_2 \operatorname{sgn}(b_1) z_1 u_d \tag{3-207}$$

在此背景下，设计纵向推力为

$$\tau_u = m_{11}(-g_u - k_6 z_1 + \dot{u}_d) \tag{3-208}$$

式中，$\rho_2 > 0$ 和 $k_6 > 0$ 为设计常数。

3）模糊逻辑系统设计

（1）输入量和论域的选择。

对二维水平面而言，航行器运动状态涉及纵向速度和艏向角速度，因此选择速度和转艏角速度的偏差 E 和其偏差变化率 EC 为输入量，U 为输出量，其论域可以表示（Jiang et al.，2018；孙玉山等，2005）如下：

纵向速度：$E=[-6, 6]$，EC$=[-6, 6]$，$U=[-7, 7]$。

艏向角速度：$E=[-1, 1]$，EC$=[-0.1, 0.1]$，$U=[-1, 1]$。

上述论域为实数域上的区间，因此对输入量实行模糊化手段转换到内部论域 $[-1,1]$ 上，则可得到量化因子 K_e、$K_{\dot{e}}$ 与 K_u。

（2）模糊语言变量。

在实际应用中模糊语言变量多，对状态的描述也越多，因此对规则和推理也越来越难。一般情况下，选择七个语言变量最佳（康强，2009），即正大（positive big，PB）、正中（positive middle，PM）、正小（positive small，PS）、零（zero，ZE）、负小（negative small，NS）、负中（negative middle，NM）、负大（negative big，NB）。

（3）隶属度函数。

隶属度函数选用三角形分布隶属度函数（李平，2009），如图 3-48 所示。

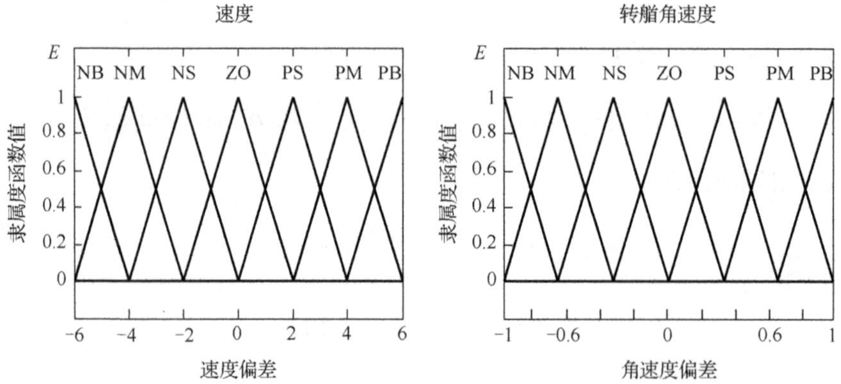

（a）以偏差为输入

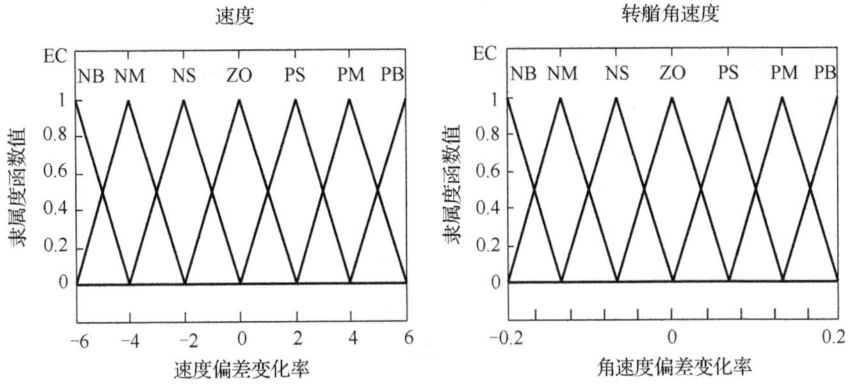

（b）以偏差变化率为输入

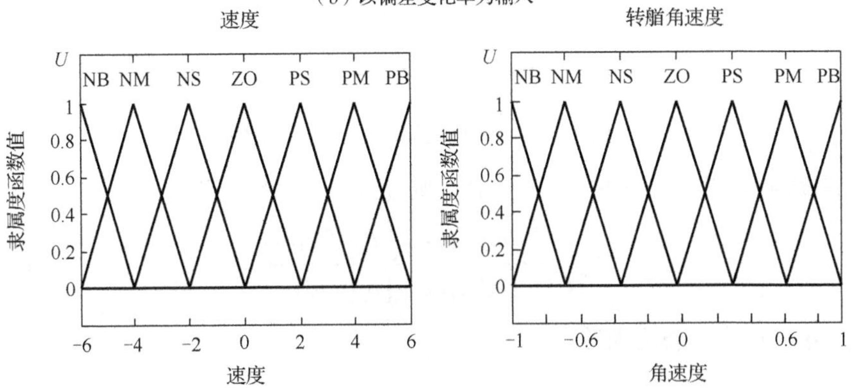

（c）输出

图 3-48　三角形隶属函数

（4）模糊规则。

对于输入纵向速度、艏向角速度误差以及误差的变化率，建立表 3-1 所示的模糊规则表（Yu et al.，2016）。

表 3-1　模糊规则控制器

EC	*E*						
	NB	NM	NS	ZO	PS	PM	PB
NB	NB	ZO	PS	PB	PB	PB	PB
NM	NB	NS	ZO	PM	PM	PB	PB
NS	NB	NS	NS	PS	PM	PM	PB
ZO	NB	NM	NS	ZO	PS	PM	PB
PS	NB	NM	NM	NS	PS	PS	PB
PM	NB	NB	NM	NM	ZO	PS	PB
PB	NB	NB	NB	NB	NS	ZO	PB

（5）解模糊。

常用的解模糊方法包括加权平均法、重心法和最大隶属度平均法。本节采用加权平均法，如图 3-49 所示。

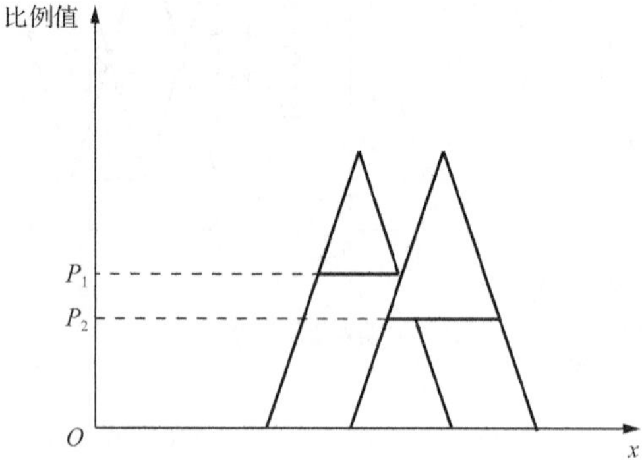

图 3-49　解模糊化加权平均法示意图

假设输出信号为 $P_1 \times \text{PM} + P_2 \times \text{PB}$，则连续系统的输出为

$$y = \frac{\int P_1 b_1(x)\mathrm{d}x + \int P_2 b_2(x)\mathrm{d}x}{\int b_1(x)\mathrm{d}x + \int b_2(x)\mathrm{d}x} \tag{3-209}$$

式中，b_1、b_2 为隶属度函数。

2. 三维轨迹跟踪控制

相比航行器水平面运动模型，其六自由度运动模型具有更强的耦合性和非线性，致使控制器设计具有挑战性。三维轨迹跟踪控制主要包括轨迹规划和控制器设计两部分，其中轨迹规划可参考 3.4 节，控制器设计过程如下。

注 3-3　纵向推力 τ_u 和转艏力矩 τ_r 的设计过程可参考 3.2 节，这里主要给出基于模糊逼近的纵倾控制设计过程。

第一步：定义动态面

$$z_1 = \theta - \theta_\mathrm{d} \tag{3-210}$$

对误差 z_1 求导，可得

$$\dot{z}_1 = q - \dot{\theta}_\mathrm{d} \tag{3-211}$$

选择虚拟控制为 $\overline{q}$ 使 $z_1 \to 0$，并令 $\overline{q}$ 通过一阶滤波器，则有

$$\xi \dot{q}_\mathrm{d} + q_\mathrm{d} = \overline{q} \tag{3-212}$$

式中，q_d 为输出；ξ 为设计常数。

通过变换式（3-212）可以得到

$$\dot{q}_\mathrm{d} = \frac{\overline{q} - q_\mathrm{d}}{\xi} = -\frac{y_2}{\xi} \tag{3-213}$$

式中，$y_2 = q_d - \bar{q}$ 为滤波器输出误差。

构造如下形式的李雅普诺夫函数：

$$V_1 = \frac{1}{2}z_1^2 + \frac{1}{2}y_2^2 \tag{3-214}$$

求导得

$$\begin{aligned}\dot{V}_1 &= z_1\left(r - \dot{\psi}_d\right) + y_2\dot{y}_2 \\ &= z_1\left(z_2 + r_d - \dot{\psi}_d\right) + y_2\dot{y}_2 \\ &= z_1\left(z_2 + y_2 + \bar{r} - \dot{\psi}_d\right) + y_2\dot{y}_2\end{aligned} \tag{3-215}$$

设计虚拟控制量 $\bar{q} = -k_7 z_1 + \dot{\theta}_d$，这里 $k_7 > 0$。考虑不等关系 $z_1^2 + \frac{1}{4}z_2^2 \geqslant z_1 z_2$，$z_1^2 + \frac{1}{4}y_2^2 \geqslant z_1 y_2$，式（3-215）可化简为

$$\dot{V}_1 \leqslant 2z_1^2 + \frac{1}{4}z_2^2 + \frac{1}{4}y_2^2 - k_7 z_1^2 + y_2\dot{y}_2 \tag{3-216}$$

将误差 y_2 代入式（3-216），可得

$$\begin{aligned}\dot{V}_1 &\leqslant 2z_1^2 + \frac{1}{4}z_2^2 + \frac{1}{4}y_2^2 - k_7 z_1^2 + y_2\left(-\frac{y_2}{\xi} + k_7\dot{z}_1 - \ddot{\psi}_d\right) \\ &= 2z_1^2 + \frac{1}{4}z_2^2 + \frac{1}{4}y_2^2 - k_7 z_1^2 + y_2\left(-\frac{y_2}{\xi} + B\left(z_1, \dot{\psi}_d\right)\right)\end{aligned} \tag{3-217}$$

令 $k_7 = 2 + \varsigma$，得到

$$\dot{V}_1 \leqslant -\varsigma z_1^2 + \frac{1}{4}z_2^2 + \frac{1}{4}y_2^2 - \frac{y_2}{\xi} + \left|y_2 B\right| \tag{3-218}$$

第二步：定义动态面 $z_2 = q - q_d$，其关于时间的导数为

$$\dot{z}_2 = f_q + \frac{\tau_q}{m_{55}} - \dot{q}_d \tag{3-219}$$

基于引理 3-1，用模糊高斯基函数输出 g_u、g_v 和 g_r 来逼近系统中非线性不确定项。在此背景下，式（3-219）改写为

$$\dot{z}_2 = g_r + b\tau_r - \dot{r}_d \tag{3-220}$$

构造如下形式的李雅普诺夫函数：

$$V_2 = V_1 + \frac{1}{2}z_2^2 + \frac{|b|}{2\varpi}\tilde{\beta}_2^2 \tag{3-221}$$

式中，$\tilde{\beta}_2 = \beta_2 - \hat{\beta}_2$ 为估计误差，且 $\hat{\beta}_2$ 是 $\frac{1}{b}$ 的估计值；$\varpi > 0$ 为设计常数。

对式（3-221）求导，可得

$$\begin{aligned}\dot{V}_2&=\dot{V}_1+z_2\left(g_r+b\tau_q-\dot{q}_{\mathrm{d}}\right)-\frac{|b|}{\varpi}\tilde{\beta}_2\dot{\hat{\beta}}_2\\&=\dot{V}_1+z_2\left(g_r+\left(\tilde{b}+\hat{b}\right)\tau_q-\dot{q}_{\mathrm{d}}\right)-\frac{1}{\varpi}|b|\tilde{\beta}_2\dot{\hat{\beta}}_2\\&=\dot{V}_1+z_2\frac{1}{\hat{\beta}_2}\left(\tau_q-\tilde{\beta}_2\left(-g_q+\dot{q}_{\mathrm{d}}\right)\right)-\frac{1}{\varpi|\beta_2|}\tilde{\beta}_2\dot{\hat{\beta}}_2-z_2\tau_q\frac{\tilde{\beta}_2}{\beta_2\hat{\beta}_2}\end{aligned}\tag{3-222}$$

由于 $\hat{\beta}\left|\hat{\beta}_2\right|^{-1}=\operatorname{sgn}\left(\beta_2\right)=\operatorname{sgn}\left(b\right)$，则有

$$\dot{V}_2=\dot{V}_1+z_2\frac{1}{\hat{\beta}_2}\left(\tau_q-\tilde{\beta}_2\left(-g_q+\dot{r}_d\right)\right)-\frac{1}{\varpi|\beta_2|}\left(\dot{\hat{\beta}}+\frac{1}{\varpi}\operatorname{sgn}\left(b\right)z_2\tau_q\right)\tilde{\beta}_2\tag{3-223}$$

考虑式（3-223），设计自适应律为

$$\dot{\hat{\beta}}_2=-\rho_3\operatorname{sgn}\left(b\right)z_2\theta_{\mathrm{d}}\tag{3-224}$$

及纵倾力矩为

$$\tau_q=\hat{\beta}_2\left(-k_8z_2-g_q+\dot{q}_{\mathrm{d}}\right)\tag{3-225}$$

式中，$\rho_3>0$ 和 $k_8>0$ 为设计常数。

3.5.2　仿真实验

1. 水平面轨迹跟踪仿真实验

下面给出仿真实验，用来验证基于模糊逼近的自适应动态面轨迹跟踪方法的有效性和优越性。仿真实验中，参考轨迹为 $x_{\mathrm{d}}=20\sin\left(0.05t\right)$，$y_{\mathrm{d}}=20\cos\left(0.05t\right)$；航行器初始位置为 $\left(x,y\right)=\left(0,10\right)$；初始速度为 $\left(u,v,r\right)=\left(0,0,0\right)$，初始角度为 $\psi=0$。

控制参数为 $k_1=0.3$，$k_2=0.4$，$k_3=0.3$，$k_4=5$，$k_5=4$，$k_6=0.4$，$\rho_1=5$，$\rho_2=20$。考虑模型不确定性及外界干扰，不失一般性地引入白噪声模型。

图 3-50 给出了水平面轨迹跟踪行为曲线，其中虚线表示参考轨迹，实线表示自适应动态面控制行为，点划线表示自适应模糊动态面控制行为。从图中可以看出，两种控制方法均能够实现航行器的水平面轨迹跟踪，但比较可知利用自适应模糊动态面能够使航行器更快地跟踪上参考轨迹，且运动轨迹更为平滑。

图 3-51 给出了纵向和横向跟踪行为曲线，图 3-52 给出了轨迹跟踪误差曲线。从图中可见，考虑模糊逻辑系统的控制方法缩短了轨迹跟踪初始阶段的响应时间，减少了初期冗余运动轨迹，跟踪误差更快地收敛到零且保持稳定，因此证明了自适应模糊动态面控制的优越性。

图 3-53 给出了航行器的速度和角速度演化曲线。从图中可以看出，在自适应模糊动态面控制作用下，航行器的速度和角速度变化比较平缓，没有出现剧烈振荡且能够更快收敛于参考速度。图 3-54 给出了控制输入曲线，包括纵向推力和转

艏力矩。从图中可以看出，基于自适应动态面的控制器在外界干扰下出现波动，而基于自适应模糊动态面的控制器波动较小，其主要原因是模糊逼近器对外界干扰的补偿作用。

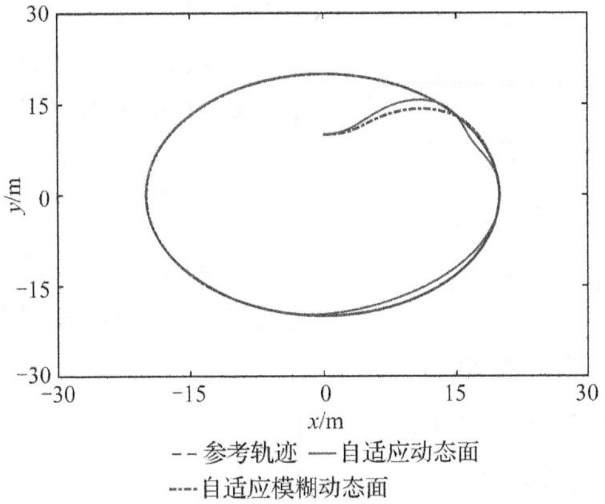

图 3-50　水平面轨迹跟踪行为曲线

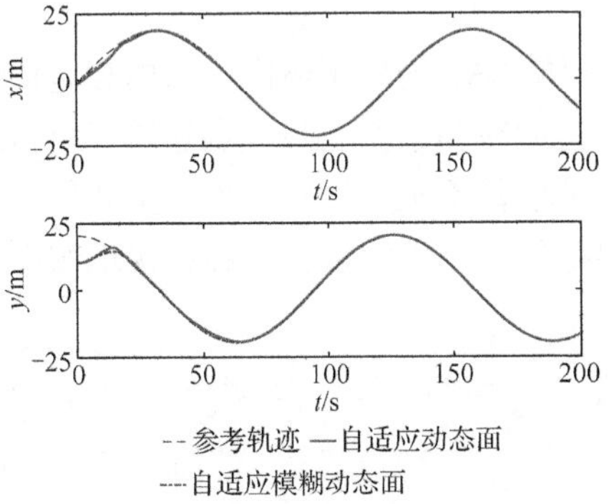

图 3-51　纵向和横向跟踪行为曲线

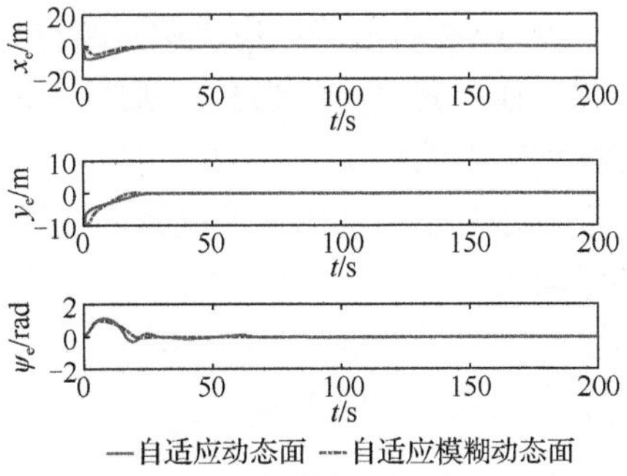

图 3-52　轨迹跟踪误差曲线

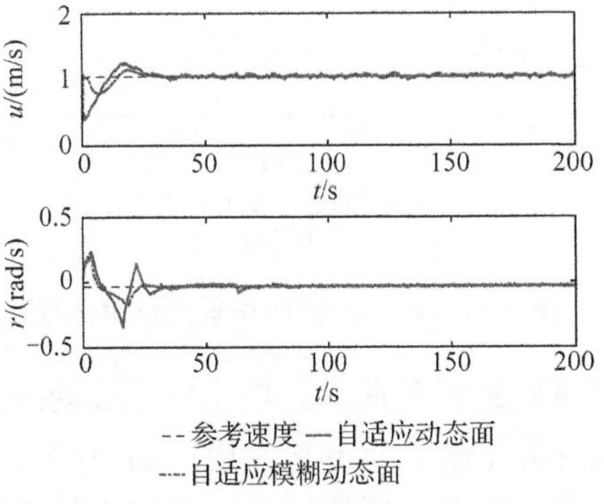

图 3-53　速度与角速度演化曲线

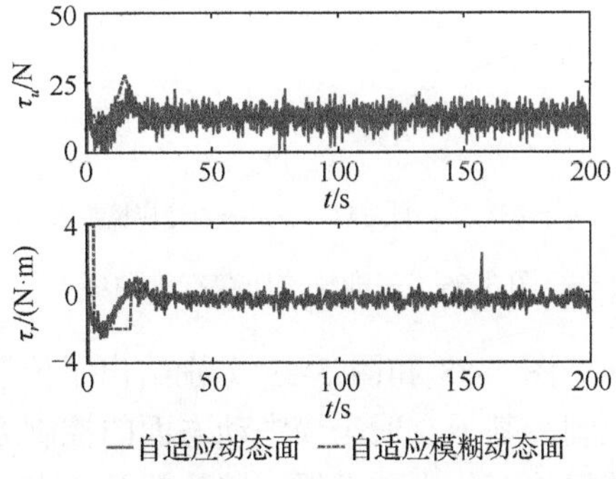

图 3-54　控制输入曲线

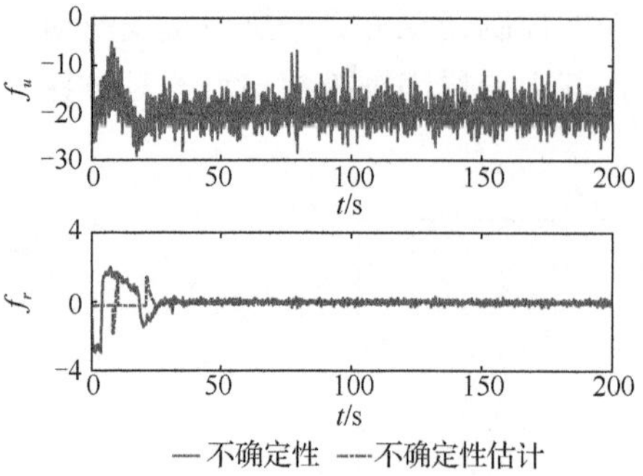

图 3-55　模糊逼近行为曲线

图 3-55 给出了模糊逼近行为曲线，其中实线表示模型和干扰不确定性，点划线表示模糊系统输出。可以看出，所设计的模糊逻辑系统可以很好地估计出系统和干扰不确定性，进而保证了航行器在外界干扰下具有较好的跟踪行为。

2. 三维轨迹跟踪仿真实验

下面给出三维轨迹跟踪仿真实验，用来验证基于模糊自适应动态面控制方法的有效性和优越性。仿真实验中，参考轨迹为 $x_{\mathrm{d}}=10\sin(0.1t)$，$y_{\mathrm{d}}=10\cos(0.1t)$，$z_{\mathrm{d}}=-0.1t$；航行器初始位置为 $(x,y,z)=(0,10,0)$；初始速度为 $(u,v,r)=(0,0,0)$；初始角度为 $(\phi,\theta,\psi)=(0,0,0)$。

控制器参数为 $k_1=0.3$，$k_2=1.5$，$k_3=0.5$，$k_4=15$，$k_5=4$，$k_6=0.2$，$k_7=0.5$，$k_8=5$，$\rho_1=0.5$，$\rho_2=8$，$\rho_3=2$。引入白噪声模型代替模型不确定性和外界干扰，详细干扰设置可参考 3.3 节。

图 3-56 给出了三维轨迹跟踪行为曲线，图 3-57 给出了纵向、横向和垂向的跟踪曲线，其中虚线为参考轨迹，实线表示自适应动态面控制，点划线表示自适应模糊动态面控制。从图中可以看出，在模型参数不确定性和外界干扰条件下，基于自适应模糊动态面控制器的三维轨迹跟踪行为更平滑，且能够更快地跟踪上参考轨迹。

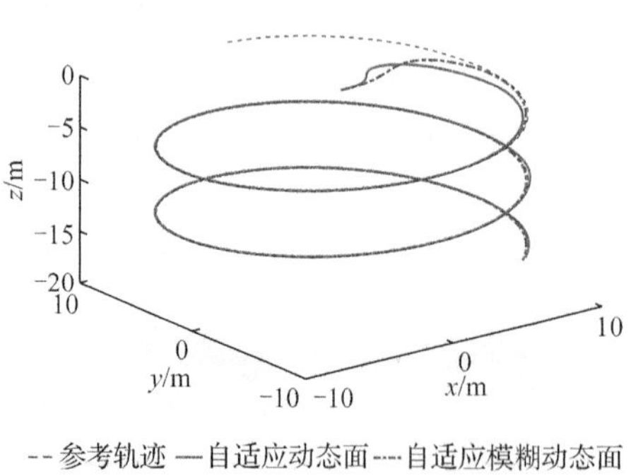

图 3-56　三维轨迹跟踪行为曲线

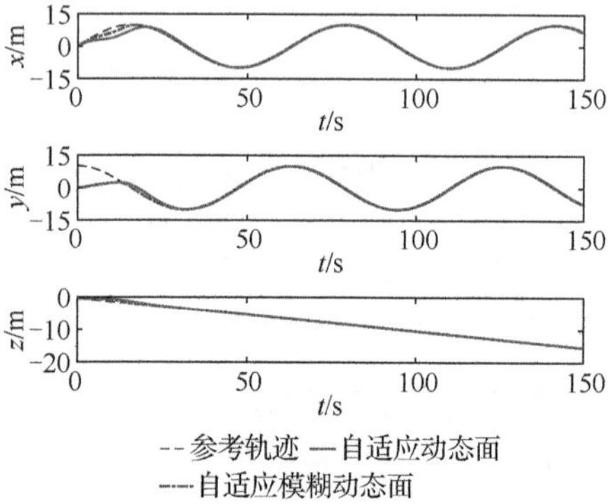

图 3-57　纵向、横向和垂向跟踪曲线

图 3-58 和图 3-59 分别给出了位置和速度跟踪误差曲线。相比自适应动态面控制，基于自适应模糊动态面的控制方法对外界干扰具有补偿作用，因而跟踪误差幅值变化小且平缓，其位置及姿态误差平稳地收敛到零附近的一个很小的邻域

内，体现了该控制方法的优越性。

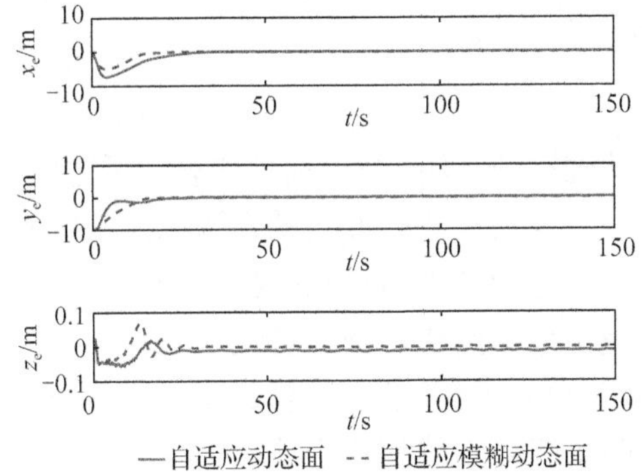

图 3-58　纵向、横向和垂向跟踪误差曲线

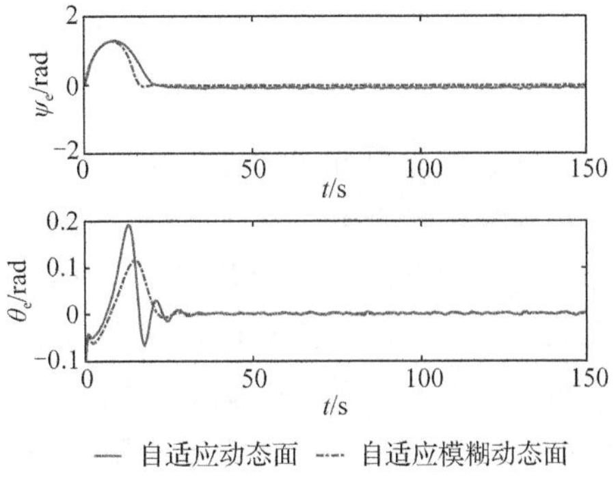

图 3-59　艏向角和纵倾角跟踪误差曲线

图 3-60 给出了两种控制方法下的航行器速度和角速度演化曲线。从图中可以看出，结合模糊逻辑系统和自适应动态面控制，航行器速度无剧烈的抖振情况且系统稳定时收敛于参考值。图 3-61 给出了控制输入曲线，包括纵向推力、转艏力矩和纵倾力矩曲线。可以看出，基于模糊逼近的自适应动态面控制下的控制输入波动较小，且在执行机构允许范围内，符合实际。图 3-62 为模糊逼近行为曲线，其中实线为系统不确定性，虚线为不确定性估计。从图中可以看出，所设计模糊逼近器能够较好地估计模型不确定性和外界干扰。

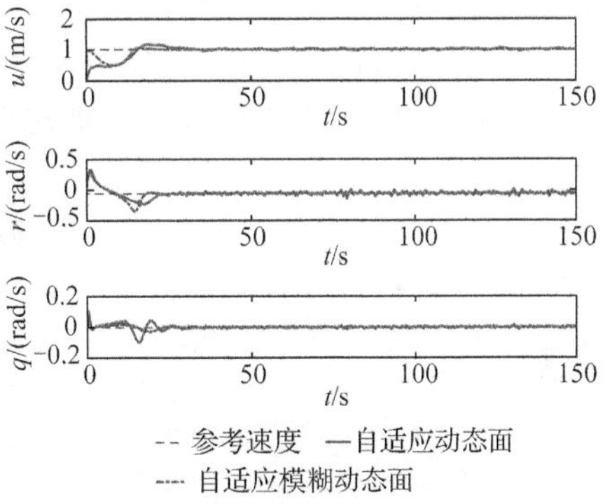

图 3-60　速度与角速度演化曲线

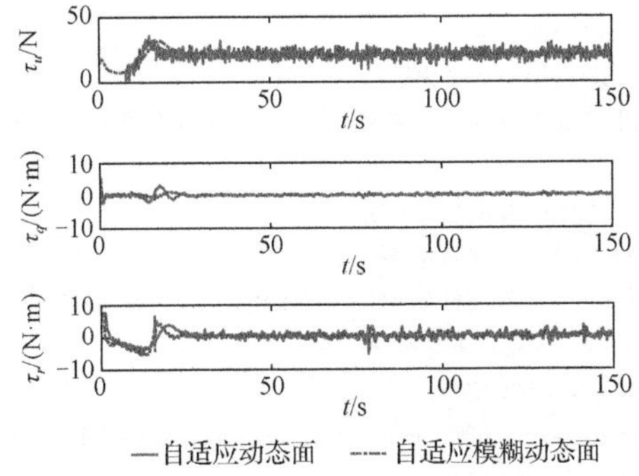

图 3-61　控制输入曲线

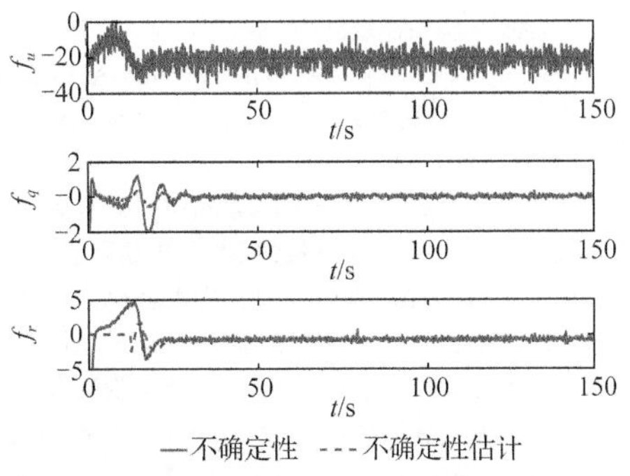

图 3-62　模糊逼近行为曲线

3.6 本章小结

本章首先研究了欠驱动水下航行器的基础控制问题，基于反步法设计了速度、转艏和纵倾控制器，实现了水平面内的定速、定向，垂直面内的定深以及三维基础控制，并在此基础上开展了欠驱动水下航行器的二维轨迹跟踪控制和三维轨迹跟踪控制；然后，为克服传统反步设计的微分爆炸问题，基于自适应动态面设计了速度控制器、转艏控制器及纵倾控制器，分别实现了水平面轨迹跟踪和三维轨迹跟踪，并利用李雅普诺夫稳定性理论证明了闭环系统的稳定性，仿真实验验证了所设计控制器的有效性；最后，针对航行器在二维轨迹跟踪和三维轨迹跟踪中的模型不确定性（系统的未知参数和外界的环境干扰）等问题，结合动态面和非线性逼近技术设计了基于干扰补偿的鲁棒控制器（其中，自适应动态面控制方法简化了控制器的设计过程，便于实际工程应用），并利用 RBF 神经网络和模糊逻辑系统逼近特性，设计了基于神经网络和模糊系统的自适应动态面控制器，仿真实验验证了所设计的控制器具有较高的跟踪精度和更强的鲁棒性。

参 考 文 献

毕凤阳，2010．欠驱动自主水下航行器的非线性鲁棒控制策略研究．哈尔滨：哈尔滨工业大学．

崔士鹏，2013．微小型水下机器人运动控制．哈尔滨：哈尔滨工程大学．

胡跃明，2001．非线性控制系统理论与应用．北京：国防工业出版社．

贾鹤鸣，程相勤，张利军，等，2012．基于自适应 Backstepping 的欠驱动 AUV 三维航迹跟踪控制．控制与决策，27（5）：652-657．

康强，2009．不确定非线性系统的自适应模糊控制．大连：大连理工大学．

孔庆新，李雨通，2016．自适应动态面控制方法设计简介．科学技术创新（4）：117-118．

李平，2009．非线性系统自适应模糊控制方法研究．沈阳：东北大学．

刘金琨，2014．RBF 神经网络自适应控制 MATLAB 仿真．北京：清华大学出版社．

刘厶源，刘彦呈，付俞鑫，等，2016．基于动态模糊神经趋近律的水下航行器航迹跟踪控制．大连海事大学学报，42（4）：1-6．

曲星儒，2018．海流干扰下欠驱动 AUV 航迹跟踪控制研究．大连：大连海事大学．

孙红英，2007．船舶航向非线性系统的鲁棒自适应动态面控制．大连：大连海事大学．

孙玉山，甘永，万磊，等，2005．堤坝检测水下机器人模糊自适应控制方法研究．海洋工程，23（4）：52-55．

尹强，2016．基于反演滑模的欠驱动 AUV 的路径跟踪控制研究．大连：大连海事大学．

张乾，2019．欠驱动 AUV 轨迹跟踪与编队控制研究．大连：大连海事大学．

Aguiar A P, Hespanha J P, 2007. Trajectory-tracking and path-following of underactuated autonomous vehicles with parametric modeling uncertainty. IEEE Transactions on Automatic Control, 52(8): 1362-1379.

Deng Y J, Zhang X K, Zhang G Q, et al., 2019. Parallel guidance and event-triggered robust fuzzy control for path following of autonomous wing-sailed catamaran. Ocean Engineering, 190:1-10.

Ho H F, Wong Y K, Rad A B, 2009. Adaptive fuzzy sliding mode control with chattering elimination for nonlinear SISO

systems. Simulation Modelling Practice and Theory, 17(7): 1199-1210.
Jiang B, Karimi H R, Kao Y G, et al., 2018. Adaptive control of nonlinear semi-markovian jump T-S fuzzy systems with immeasurable premise variables via sliding mode observer. IEEE Transactions on Cybernetics, 50(2): 810-820.
Liang X, Qu X R, Wang N, et al., 2019. Three-dimensional trajectory tracking of an underactuated AUV based on fuzzy dynamic surface control. IET Intelligent Transport Systems, 14(5): 364-370.
Patre B M, Londhe P S, Nagarale R M, 2015. Fuzzy sliding mode control for spatial control of large nuclear reactor. IEEE Transactions on Nuclear Science, 62(5): 2255-2265.
Wang D, Huang J, 2005. Neural network-based adaptive dynamic surface control for a class of uncertain nonlinear systems in strict-feedback form. IEEE Transactions on Neural Networks, 16(1): 195-202.
Wang H, Wang D, Peng Z H, 2014. Adaptive dynamic surface control for cooperative path following of marine surface vehicles with input saturation. Nonlinear Dynamics, 77(1-2): 107-117.
Wang N, Er M J, Sun J C, et al., 2017. Adaptive robust online constructive fuzzy control of a complex surface vehicle system. IEEE Transactions on Cybernetics, 46(7): 1511-1523.
Yu C Y, Xiang X B, Dai J R, 2016. 3D path following for under-actuated AUV via nonlinear fuzzy controller. Shanghai, China: Oceans 2016-Shanghai.

第 4 章　欠驱动水下航行器路径跟踪控制

优良的路径跟踪性能是航行器进行水文调查、海洋勘探、救助打捞作业的关键。然而航行器各个自由度之间耦合性强，受外界环境比如海风、海流等外界干扰，致使航行器系统具有较强的非线性、耦合性以及不确定性。因此，开展欠驱动水下航行器路径跟踪控制研究具有重要理论意义和实际价值（尹强，2016）。

路径跟踪是指航行器在控制输入驱动下，从任意的初始位置出发以期望速度跟踪上期望路径（高剑，2007）。实现路径跟踪控制设计，需要考虑如下因素：一是考虑欠驱动控制系统的非完整性与强耦合性，考虑到航行器的运动包括三个方向上的平动和三个方向上的转动，因此可以通过垂直舵、水平舵和纵向推进装置对其实施控制；然而任何一个操纵动作都会对航行器六个自由度上的运动产生影响，也就是说各个自由度之间具有较强耦合性（崔士鹏，2013）。二是欠驱动水下航行器模型具有非线性和时变性，即在航行器运动学和动力学方程中存在非线性项，同时水动力系数会随着航速等因素的变化而变化（张健，2013）。三是模型参数的不确定性和外界环境干扰，随着航行器工作海域和工作水深的变化，海洋环境中的海流、温度、盐度、波浪等因素也将随之变化，这些因素的变化影响航行器建模过程（张元涛，2011）。

本章首先研究路径规划问题，基于模糊改进传统人工势场法，克服传统人工势场法的目标不可达问题和最小极值点问题，并通过仿真实验验证所提方法的有效性。其次，考虑二维路径跟踪控制问题，借助虚拟向导坐标系描述路径跟踪误差及其动态模型，为描述航行器收敛至期望路径时的暂态行为，引入艏向角误差的趋近角，并基于自适应反步滑模理论设计动力学控制器。再次，考虑复杂环境干扰下的三维路径跟踪问题，基于阻尼反步法设计速度转艏纵倾控制器，并基于李雅普诺夫稳定性理论对系统进行稳定分析，仿真实验验证了所提控制器的有效性和优越性（Liang et al.，2017）。最后，针对未知海流干扰问题，基于李雅普诺夫稳定性理论设计海流干扰观测器进行在线观测，通过调整设计参数使观测器误差指数收敛，仿真实验对比分析了有无海流观测器的路径跟踪性能（Liang et al.，2018a）。

4.1　基于模糊势函数的路径规划

4.1.1　问题描述

水下航行器路径规划是在复杂海洋环境中搜索一条从初始位置到目标点的安全的、无碰撞的、相对平滑的最优或次优路径。采用人工势场法进行路径规划时，只需要根据当前位置和姿态以及周围障碍物信息确定下一步行动，算法反应速度快、计算量小，在路径规划研究中应用十分广泛。但人工势场法也存在一定的局限性，在障碍物多且分布复杂的环境中，容易出现目标不可达和陷入局部极小值问题。在此背景下，本节研究目标为利用模糊逻辑系统改进传统人工势场法，克服目标不可达和局部极小值问题，实现多障碍物环境下的全局路径规划，并通过仿真实验进行验证。

4.1.2　模糊势函数设计

1. 传统势函数

人工势场法的基本思想是在航行器的运动空间内构建一个虚拟的抽象势场，该虚拟势场由目标点产生的引力场和障碍物产生的斥力场组成。合势场的负梯度方向为航行器所受抽象力的方向，正是这种抽象力使得航行器能够避开障碍物，并向着目标点运动（周培培，2014；殷路等，2009；Khatib，1985）。

1）斥力势函数

障碍物对航行器表现为斥力，斥力大小与障碍物和航行器之间的欧几里得距离负相关，故斥力势函数U_{rep}可定义为

$$U_{\text{rep}}=\begin{cases}\dfrac{1}{2}\eta\left(\dfrac{1}{\rho(X,X_0)}-\dfrac{1}{\rho_0}\right)^2, & \rho(X,X_0)\leqslant\rho_0\\ 0, & \rho(X,X_0)>\rho_0\end{cases} \tag{4-1}$$

式中，η 表示斥力势场常量；X 表示航行器当前位置；X_0 表示障碍物位置；$\rho(X,X_0)$ 表示航行器和障碍物之间的欧几里得距离，即 $\rho=\|X-X_0\|$；ρ_0 表示斥力场的最大影响距离。

基于势函数（4-1），斥力可计算为

$$\begin{aligned}F_{\text{rep}}(X)&=-\text{grad}\left(U_{\text{rep}}\right)\\&=\begin{cases}\eta\left(\dfrac{1}{\rho(X,X_0)}-\dfrac{1}{\rho_0}\right)\dfrac{1}{\rho^2(X,X_0)}, & \rho(X,X_0)\leqslant\rho_0\\ 0, & \rho(X,X_0)\leqslant\rho_0\end{cases}\end{aligned} \tag{4-2}$$

从式（4-2）可以看出，当 $\rho\left(X,X_0\right)\to 0$ 时，有 $F_{\text{rep}}\left(X\right)\to\infty$，说明航行器距离障碍物越近时，受到的斥力越大。

2）引力势函数

航行器所受的引力大小与目标点和航行器之间的欧几里得距离呈正相关，故引力势函数 U_{att} 可表示为

$$U_{\text{att}}\left(X\right)=\frac{1}{2}k\rho\left(X,X_{\text{g}}\right) \tag{4-3}$$

式中，k 表示引力势场常量；X 和 X_{g} 分别表示航行器和目标点的位置；$\rho\left(X,X_{\text{g}}\right)=\left\|X_{\text{g}}-X\right\|$ 表示航行器与目标点之间的距离。

在此背景下，引力场产生的引力可计算为

$$\begin{aligned}F_{\text{att}}\left(X\right)&=-\text{grad}\left(U_{\text{att}}\right)\\&=-k\left(X-X_{\text{g}}\right)\end{aligned} \tag{4-4}$$

3）总势函数

航行器所受的总势场为斥力势场和引力势场的向量和，人工势场法原理示意图如图 4-1 所示。

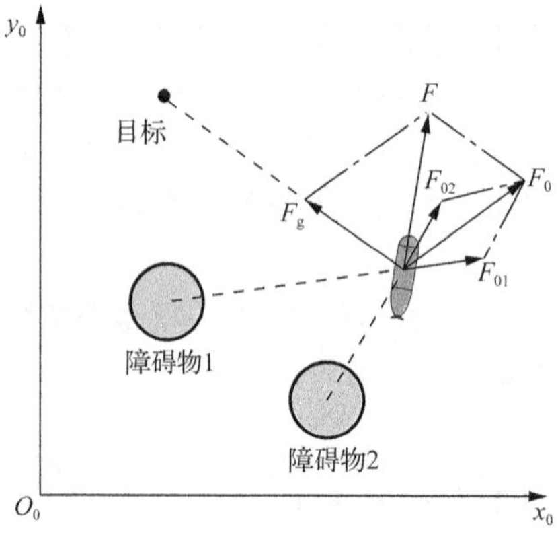

图 4-1　人工势场法原理示意图

根据势场叠加原理，总势场函数可表示为

$$U\left(X\right)=U_{\text{att}}\left(X\right)+\sum_{i=1}U_{\text{rep}}\left(X\right) \tag{4-5}$$

则航行器所受合力为

$$F\left(X\right)=F_{\text{att}}\left(X\right)+\sum_{i=1}F_{\text{rep}}\left(X\right) \tag{4-6}$$

值得一提的是，在路径规划过程中航行器可视为一个质点，可在总势场力的作用下开始运动直至到达目标点，该质点运动轨迹即为规划的路径。

注 4-1　航行器在环境中所受势场力的大小和方向与目标点和障碍物的分布有

着密切的关系。航行器在引力势场的作用下向目标点位置运动，当障碍物与目标点离得很近时，航行器所受到的障碍物的斥力会大于引力，航行器将无法继续向目标点方向运动，即为目标不可达问题（沈文君，2009）。

注 4-2　除了目标不可达问题，传统人工势函数会导致局部极小值问题。局部极小值问题是指在航行器移动的过程中，在某一点上斥力和引力刚好大小相等方向相反，致使航行器所受合力为零，不能继续移动。

2. 模糊势函数

针对传统势函数目标不可达问题，本节将航行器与目标点之间的相对距离加入到原来的斥力场函数中，令航行器在接近目标点时斥力场趋向于零，确保目标点为整个势场的全局最小点，从而使得航行器能够顺利到达目标点。

改进后的斥力场函数可表示为

$$U_{\mathrm{rep}}(X)=\begin{cases}\dfrac{1}{2}\eta\left(\dfrac{1}{\rho(X,X_0)}-\dfrac{1}{\rho_0}\right)^2(X-X_{\mathrm{g}})^n, & \rho(X,X_0)\leqslant\rho_0\\ 0, & \rho(X,X_0)>\rho_0\end{cases}\tag{4-7}$$

式中，$(X-X_{\mathrm{g}})^n=\left|(x-x_{\mathrm{g}})^n\right|+\left|(y-y_{\mathrm{g}})^n\right|$ 表示航行器与目标点的距离，且 $n>0$。

基于式（4-7），航行器所受斥力可计算为

$$F_{\mathrm{rep}}=-\mathrm{grad}(U_{\mathrm{rep}})\tag{4-8}$$

式中，F_{rep} 具体形式为

$$\begin{aligned}F_{\mathrm{rep}}&=\begin{cases}F_{\mathrm{rep1}}+F_{\mathrm{rep2}}, & \rho(X,X_0)\leqslant\rho_0\\ 0, & \rho(X,X_0)>\rho_0\end{cases}\\ &=\begin{cases}\|F_{\mathrm{rep1}}\|e_1+\|F_{\mathrm{rep2}}\|e_2, & \rho(X,X_0)\leqslant\rho_0\\ 0, & \rho(X,X_0)>\rho_0\end{cases}\end{aligned}\tag{4-9}$$

其中，F_{rep1} 表示为

$$F_{\mathrm{rep1}}=\eta\left(\frac{1}{\rho(X,X_0)}-\frac{1}{\rho_0}\right)^2\frac{1}{\rho(X,X_0)^2}(X-X_{\mathrm{g}})^n\tag{4-10}$$

F_{rep2} 表示为

$$F_{\mathrm{rep2}}=-\frac{n}{2}\eta\left(\frac{1}{\rho(X,X_0)}-\frac{1}{\rho_0}\right)^2(X-X_{\mathrm{g}})^{n-1}\tag{4-11}$$

$\|F_{\mathrm{rep1}}\|$ 和 $\|F_{\mathrm{rep2}}\|$ 分别为各自向量的模；F_{rep1} 和 F_{rep2} 的方向由单位向量 $\boldsymbol{e}_1$ 和 $\boldsymbol{e}_2$ 表示，这里 $\boldsymbol{e}_1$ 为从障碍物指向航行器的单位向量；$\boldsymbol{e}_2$ 为从航行器指向目标点的单位向量。

针对传统人工势函数的局部极小值问题，本节设计基于模糊逻辑系统的势函数，选择F_{rep}和F_{att}之间的夹角θ以及U_{att}和U_{rep}之间的合力差F作为模糊控制器的输入，航行器速度方向与合力方向之间的偏差角σ作为输出。

在此背景下，选择五个语言变量，即正中（PM）、正小（PS）、零（ZE）、负小（NS）以及负中（NM）；夹角θ取值范围为$[-\pi,\pi]$；U_{att}和U_{rep}之间的合力差F的论域为$[-1,1]$；经过模糊化后，航行器的速度方向与合力方向之间的偏差角σ的范围为$[-0.5\pi,0.5\pi]$；建立表 4-1 所示的模糊规则表。

表 4-1　模糊规则

F	θ				
	NM	NS	ZO	PS	PM
NM	NS	ZO	PM	PM	PB
NS	NS	NS	PS	PM	PM
ZO	NM	NS	ZO	PS	PM
PS	NM	NM	NS	PS	PS
PM	NB	NM	NM	ZO	PS

4.1.3　仿真实验

为验证模糊势函数的有效性和优越性，下面分别针对不同障碍物环境下的路径规划进行仿真实验。仿真结果如图 4-2 和图 4-3 所示，其中初始位置为（0，0），目标位置为（10，10），黑色区域为障碍物。

图 4-2 给出了单个障碍物环境下的路径规划行为曲线，其中图 4-2（a）为传统人工势函数路径规划结果，图 4-2（b）为改进后的人工势函数路径规划结果。从图中可以看出，通过引入模糊逻辑系统，在航行器陷入局部极小值时提供了打破平衡的力，使其平滑地避开障碍物，准确到达目标点。

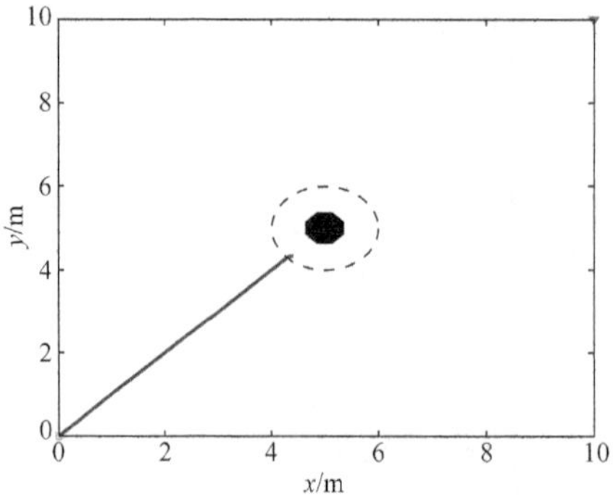

（a）传统人工势函数

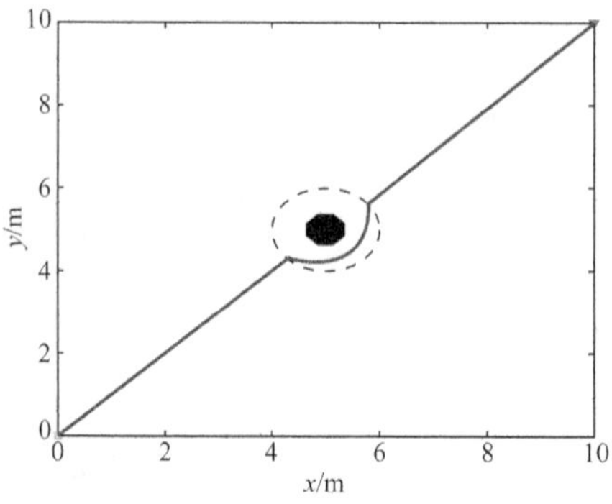

（b）模糊人工势函数

图 4-2　单个障碍物环境下的路径规划行为曲线

图 4-3 给出了多个障碍物环境下的路径规划行为曲线，在障碍物较多且环境更加复杂的条件下，采用传统势函数方法无法准确避开障碍物；而采用本节提出的模糊势函数方法可以实时、有效地控制航行器避开障碍物，准确到达目标点，且规划的路径比较平滑。上述两个仿真实验均实现了障碍物环境下的路径规划，进而验证了所提方法的有效性。

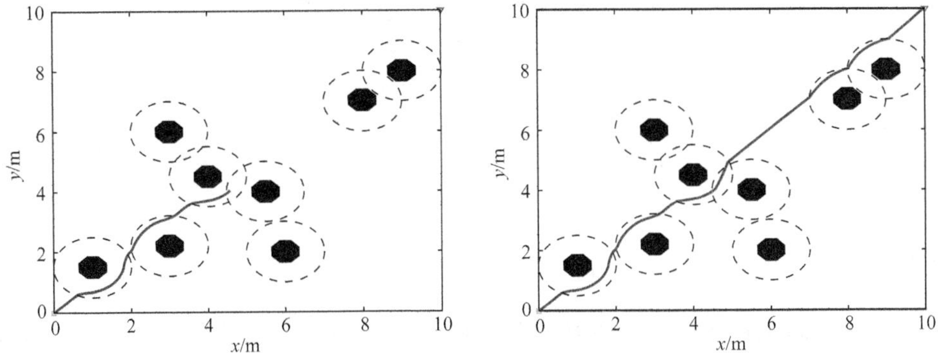

（a）传统人工势函数　　（b）模糊人工势函数

图 4-3　多障碍物环境下的路径规划行为曲线

4.2　基于自适应滑模的水平面路径跟踪控制

4.2.1　问题描述

已知水平面运动学方程为（毕凤阳，2010）

$$\begin{cases}\dot{x}=u\cos\psi-v\sin\psi\\ \dot{y}=u\sin\psi+v\cos\psi\\ \dot{\psi}=r\end{cases}\tag{4-12}$$

动力学方程为

$$\begin{cases}\left(m-X_{\dot{u}}\right)\dot{u}=\left(m-Y_{\dot{v}}\right)vr+\left(X_u+X_{u|u|}\left|u\right|\right)u+\tau_u\\ \left(m-Y_{\dot{v}}\right)\dot{v}=-\left(m-X_{\dot{u}}\right)ur+\left(Y_v+Y_{v|v|}\left|v\right|\right)v\\ \left(I_z-N_{\dot{r}}\right)\dot{r}=-\left(X_{\dot{u}}-Y_{\dot{v}}\right)uv+\left(N_r+N_{r|r|}\left|r\right|\right)r+\tau_r\end{cases}\tag{4-13}$$

航行器水平面路径跟踪示意图如图 4-4 所示，其中期望路径是由一个与时间无关的路径参数来描述的几何曲线。P 为路径上的任意参考点，以 P 为原点建立坐标系 $\{F\}$，其中，x_{F} 轴的方向为 P 点的切线方向，y_{F} 轴的方向为 P 点的法线方向（金鸿章等，2013）。ψ_F 为轴 x_F 与定系轴 x_0 的夹角；ψ 表示航行器艏向角；β 为漂角，其大小为 $\beta = \arctan(v/u)$。

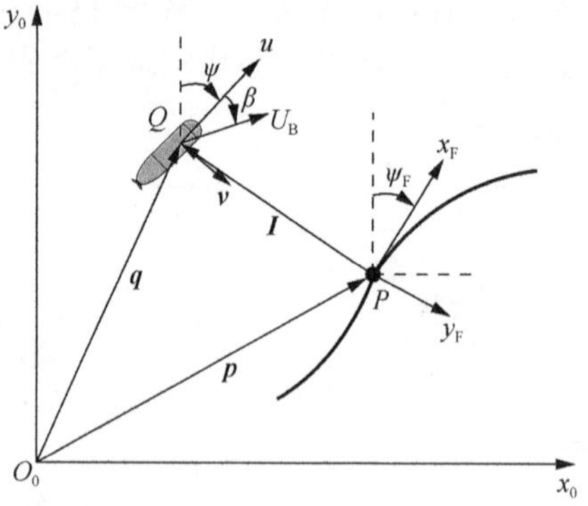

图 4-4　水平面路径跟踪示意图

定义 $c_1(s)$ 为期望路径的曲率，满足连续可导且有界，s 表示路径参数。航行器在坐标系 $\{F\}$ 中的角速度可表示为 $\boldsymbol{\omega}_F = (0, c_1(s)\dot{s})$。令 U_B 表示航行器速度，其大小为 $U_B = \sqrt{u^2 + v^2}$；令 U_P 表示参考点 P 的速度，其大小为 $U_P = \sqrt{x_F'^2(s) + y_F'^2(s)}\dot{s}$。在此背景下，$P$ 点在坐标系下 $\{F\}$ 的速度可表示为 $(\mathrm{d}\boldsymbol{p}/\mathrm{d}t)_F = [U_P, 0]^T$，则航行器在定系下的速度可表示为

$$\left(\frac{\mathrm{d}\boldsymbol{q}}{\mathrm{d}t}\right)_S = \left(\frac{\mathrm{d}\boldsymbol{p}}{\mathrm{d}t}\right)_S + \boldsymbol{R}_F^S\left(\frac{\mathrm{d}\boldsymbol{I}}{\mathrm{d}t}\right)_S + \boldsymbol{R}_F^S(\boldsymbol{\omega}_F \times I) \tag{4-14}$$

式中，$\boldsymbol{R}_F^S$ 表示坐标系 $\{F\}$ 到定系的转换矩阵，具体形式为

$$\boldsymbol{R}_F^S = \begin{bmatrix} \cos\psi_e & \sin\psi_e \\ -\sin\psi_e & \cos\psi_e \end{bmatrix} \tag{4-15}$$

这里，$\psi_e = \psi + \beta - \psi_F$ 表示艏向角误差。

式（4-15）两边同乘以 $(\boldsymbol{R}_F^S)^T$，可得

$$(\boldsymbol{R}_F^S)^T\left(\frac{\mathrm{d}\boldsymbol{q}}{\mathrm{d}t}\right)_S = \left(\frac{\mathrm{d}\boldsymbol{p}}{\mathrm{d}t}\right)_F + \left(\frac{\mathrm{d}\boldsymbol{I}}{\mathrm{d}t}\right)_F + (\boldsymbol{\omega}_F \times \boldsymbol{I}) \tag{4-16}$$

式中，$\left(\frac{\mathrm{d}\boldsymbol{I}}{\mathrm{d}t}\right)_F = [\dot{x}_e, \dot{y}_e]^T$；$(\boldsymbol{\omega}_F \times \boldsymbol{I}) = [0, c_1(s)\dot{s}]^T \times [x_e, y_e]^T$。

航行器在动系下的速度可表示为 $(\mathrm{d}\boldsymbol{q}/\mathrm{d}t)_S = [U_B, 0]^T$，则式（4-16）可进一步整理为

$$(\boldsymbol{R}_F^S)^T\begin{bmatrix} U_B \\ 0 \end{bmatrix} = \begin{bmatrix} U_P \\ 0 \end{bmatrix} + \begin{bmatrix} \dot{x}_e \\ \dot{y}_e \end{bmatrix} + \begin{bmatrix} 0 \\ c_1(s)\dot{s} \end{bmatrix} \times \begin{bmatrix} x_e \\ y_e \end{bmatrix} \tag{4-17}$$

展开式（4-17），可以得到误差模型为

$$\begin{cases}\dot{x}_{\mathrm{e}} = y_{\mathrm{e}}c_1(s)\dot{s} + U_{\mathrm{B}}\cos\psi_{\mathrm{e}} - U_{\mathrm{P}} \\ \dot{y}_{\mathrm{e}} = -x_{\mathrm{e}}c_1(s)\dot{s} + U_{\mathrm{B}}\sin\psi_{\mathrm{e}}\end{cases} \tag{4-18}$$

因此，水平面路径跟踪误差模型可表示为

$$\begin{cases}\dot{x}_{\mathrm{e}} = y_{\mathrm{e}}c_1(s)\dot{s} + U_{\mathrm{B}}\cos\psi_{\mathrm{e}} - U_{\mathrm{P}} \\ \dot{y}_{\mathrm{e}} = -x_{\mathrm{e}}c_1(s)\dot{s} + U_{\mathrm{B}}\sin\psi_{\mathrm{e}} \\ \dot{\psi}_{\mathrm{e}} = r + \dot{\beta} - c_1(s)\dot{s}\end{cases} \tag{4-19}$$

本节问题描述为：路径跟踪算法框架如图 4-5 所示，考虑航行器水平面路径跟踪运动学误差方程（4-19）和期望速度u_{d}，基于自适应滑模法设计航行器动力学控制器，保证航行器能够在纵向推力和转艏力矩的作用下跟踪上期望路径并能够沿着期望路径航行，即满足

$$\begin{cases}\lim\limits_{t\to\infty} x_{\mathrm{e}} = 0,\ \lim\limits_{t\to\infty} y_{\mathrm{e}} = 0 \\ \lim\limits_{t\to\infty} \psi_{\mathrm{e}} = 0,\ \lim\limits_{t\to\infty} u = u_{\mathrm{d}}\end{cases} \tag{4-20}$$

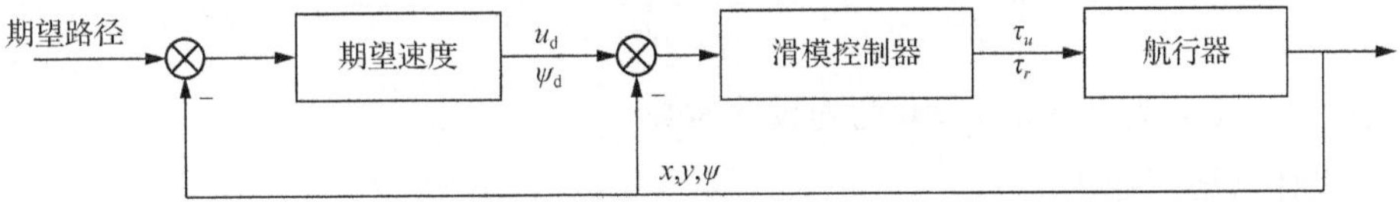

图 4-5　二维路径跟踪控制算法框架

4.2.2　自适应滑模控制器设计

1. 速度控制

水平面纵向速度模型可表示为

$$\dot{u} = \frac{m - Y_{\dot{v}}}{m - X_{\dot{u}}}vr + \frac{X_u + X_{u|u|}|u|}{m - X_{\dot{u}}}u + \frac{\tau_u}{m - X_{\dot{u}}} + \frac{f_u}{m - X_{\dot{u}}} \tag{4-21}$$

定义速度跟踪误差为

$$z_1 = u - u_{\mathrm{d}} \tag{4-22}$$

式中，u_{d}表示期望速度。

设计如下滑模面：

$$S_1 = k_1\tanh(k_2 z_1) \tag{4-23}$$

式中，$k_1 > 0$和$k_2 > 0$为设计常数。

根据式（4-21）和式（4-23），设计航行器纵向推力为

$$\tau_u = -(m - Y_{\dot{v}})vr - (X_u + X_{u|u|}|u|)u + (m - X_{\dot{u}})\dot{u}_{\mathrm{d}} - \hat{f}_u - (m - X_{\dot{u}})h_1 S_1 \tag{4-24}$$

式中，$h_1>0$ 为设计常数。

考虑干扰 $\hat{f}_u$ 未知，设计自适应律为（Krstic et al.，1995）

$$\dot{\hat{f}}_u=\gamma_1 z_1 \tag{4-25}$$

式中，$\gamma_1>0$ 为设计常数。

2. 转艏控制

转艏角速度模型可表示为

$$\begin{cases}\dot{\psi}=r\\ \dot{r}=-\dfrac{X_{\dot{u}}-Y_{\dot{v}}}{I_z-N_{\dot{r}}}uv+\dfrac{N_r+N_{r|r|}|r|}{I_z-N_{\dot{r}}}r+\dfrac{\tau_r}{I_z-N_{\dot{r}}}+\dfrac{f_r}{I_z-N_{\dot{r}}}\end{cases} \tag{4-26}$$

考虑期望角速度 r_{d}，定义角速度误差为

$$z_2=r-r_{\mathrm{d}} \tag{4-27}$$

设计滑模面 $S_2=k_3\tanh(k_4 z_2)$ 和转艏力矩

$$\tau_r=\left(I_z-N_{\dot{r}}\right)\left(\frac{X_{\dot{u}}-Y_{\dot{v}}}{I_z-N_{\dot{r}}}uv-\frac{N_r+N_{r|r|}|r|}{I_z-N_{\dot{r}}}r+\dot{r}_{\mathrm{d}}-\frac{1}{I_z-N_{\dot{r}}}\hat{f}_u-h_2 S_2\right) \tag{4-28}$$

式中，$k_3>0$，$k_4>0$ 和 $h_2>0$ 均为设计常数。

设计自适应律为

$$\dot{\hat{f}}_r=\gamma_2 z_2 \tag{4-29}$$

式中，$\gamma_2>0$ 为设计常数。

为描述航行器收敛于期望路径的暂态行为，下面引入水平面趋近角来表示艏向角误差的期望角度。设计水平面趋近角为

$$\begin{cases}\delta_\varphi=-\varphi_{\mathrm{a}}\dfrac{A}{B}\\ A=\mathrm{e}^{2k_\delta y_\mathrm{e}}-1\\ B=\mathrm{e}^{2k_\delta y_\mathrm{e}}+1\end{cases} \tag{4-30}$$

式中，$k_\delta>0$ 为设计常数；$0<\varphi_{\mathrm{a}}<\dfrac{\pi}{2}$，且对任意 y_e 均满足 $y_\mathrm{e}\delta_\varphi\leqslant 0$。

由式（4-30）可知，当横向误差 y_e 较大时，趋近角 δ_φ 也较大；当 y_e 逐渐递减时，趋近角 δ_φ 会减小。在此背景下，选取 δ_φ 作为艏向角误差的期望角度。

基于式（4-30），设计水平面路径跟踪运动学控制律为

$$\begin{cases}r_{\mathrm{d}}=-\dot{\beta}+c_1(s)\dot{s}+\dot{\delta}_\varphi-k_r\left(\psi_\mathrm{e}-\delta_\varphi\right)\\ \dot{s}=U_{\mathrm{B}}\cos\varphi+k_s x_\mathrm{e}\end{cases} \tag{4-31}$$

式中，$k_r>0$ 和 $k_s>0$ 为设计常数。

4.2.3 稳定性分析

定理 4-1　考虑航行器水平面模型（4-13）和自适应滑模控制器式（4-24）与式（4-28），通过选择合适的控制参数，可使闭环系统误差渐近收敛到零。

证明：选取李雅普诺夫函数

$$V_1=\frac{1}{2}\left(\psi_{\mathrm{e}}-\delta_{\varphi}\right)^2 \tag{4-32}$$

对式（4-32）两边求导，可得

$$\begin{aligned}\dot{V}_1&=\left(\psi_{\mathrm{e}}-\delta_{\varphi}\right)\left(\dot{\psi}_{\mathrm{e}}-\dot{\delta}_{\varphi}\right)\\&=\left(\psi_{\mathrm{e}}-\delta_{\varphi}\right)\left(r+\dot{\beta}-c_1(s)\dot{s}-\dot{\delta}_{\varphi}\right)\end{aligned} \tag{4-33}$$

进一步，对李雅普诺夫函数 V_1 求二阶导数，则有

$$\begin{aligned}\ddot{V}_1&=-2k_1\left(\psi_{\mathrm{e}}-\delta_{\varphi}\right)\left(\dot{\psi}_{\mathrm{e}}-\dot{\delta}_{\varphi}\right)\\&=-2k_1\dot{V}_1\end{aligned} \tag{4-34}$$

由 Barbalat 引理可知（胡跃明，2001；Esfandiari et al.，1991），$\dot{V}_1$ 为一致连续，且有 $\lim\limits_{t\to\infty}V_1=0$。

为使航行器能够跟踪上期望路径，即保证跟踪误差收敛到零，选取如下形式的李雅普诺夫函数：

$$V_2=\frac{1}{2}\left(x_{\mathrm{e}}+y_{\mathrm{e}}\right)^2 \tag{4-35}$$

沿着误差方程（4-19），对式（4-35）求导得

$$\begin{aligned}\dot{V}_2&=x_{\mathrm{e}}\dot{x}_{\mathrm{e}}+y_{\mathrm{e}}\dot{y}_{\mathrm{e}}\\&=x_{\mathrm{e}}\left(\dot{x}\cos\psi_{\mathrm{e}}-\dot{y}\sin\psi_{\mathrm{e}}-\dot{s}\left(1-c_1(s)y_{\mathrm{e}}\right)\right)\\&\quad+y_{\mathrm{e}}\left(\dot{x}\sin\psi_{\mathrm{e}}-\dot{y}\cos\psi_{\mathrm{e}}-c_1(s)x_{\mathrm{e}}\right)\\&=-x_{\mathrm{e}}\dot{s}+U_{\mathrm{B}}x_{\mathrm{e}}\cos\psi_{\mathrm{e}}-U_{\mathrm{B}}y_{\mathrm{e}}\sin\psi_{\mathrm{e}}\end{aligned} \tag{4-36}$$

将控制律（4-31）中的第二个等式代入式（4-36）可得 $\dot{V}_2\leqslant 0$，且 $\ddot{V}_2$ 有界，根据 Barbalat 引理可知

$$\lim_{t\to\infty}V_2=0 \tag{4-37}$$

因此，在所设计的运动学控制律（4-13）下，路径跟踪误差 x_{e}、y_{e} 和 ψ_{e} 能够渐近收敛到零。

至此，定理 4-1 证毕。

4.2.4 仿真实验

下面给出仿真实验，用来验证水平面路径跟踪控制方法的有效性，其中仿真 1

中的期望路径为圆曲线，仿真 2 中的期望路径为正弦曲线。

控制参数为 $k_{\mathrm{r}}=0.5$，$k_{\mathrm{s}}=3$，$k_1=-40$，$k_2=1.25$，$k_3=-40$，$k_4=1.25$，$h_1=5$，$h_2=10$，$k_{\delta}=2$，$\varphi_{\mathrm{a}}=0.25\pi$。

仿真 1：圆路径跟踪仿真实验。

期望路径为 $x_{\mathrm{d}}=20\cos(0.05s)$，$y_{\mathrm{d}}=20\sin(0.05s)$；期望速度为 $u_{\mathrm{d}}=1\mathrm{m/s}$；航行器初始位置为 $(x,y)=(15,5)$，初始速度和角速度为 $(u,v,r)=(0,0,0)$，初始艏向角为 $\psi=0.5\pi\mathrm{rad}$。

图 4-6 给出了圆路径跟踪行为曲线，其中实线表示航行器实际路径，虚线表示期望路径。图 4-7 给出了路径跟踪误差曲线，包括纵向位置误差、横向位置误差和艏向角误差。从图中可以看出，航行器从给定初始位置出发能够较快地跟踪上期望路径，验证了自适应滑模控制方法的有效性。

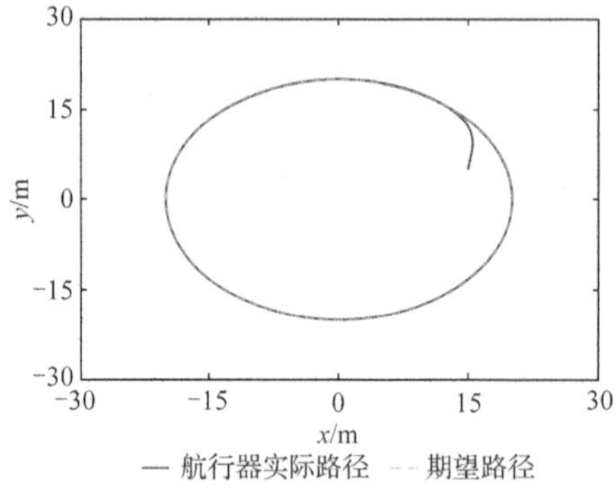

图 4-6　圆路径跟踪行为曲线

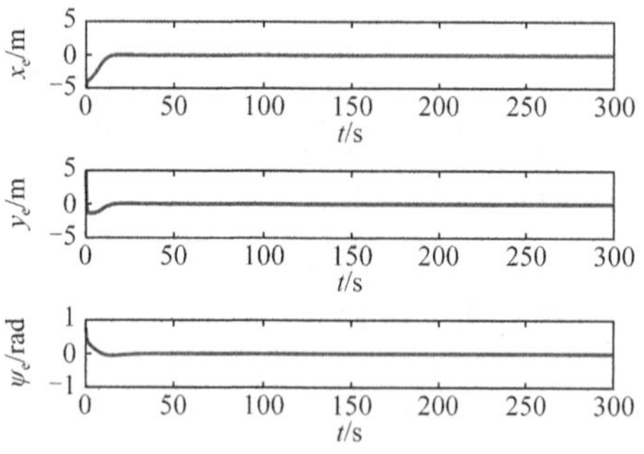

图 4-7　路径跟踪误差曲线

图 4-8 给出了速度和角速度演化曲线，具体包括纵向速度、横向速度和转艏角速度。从图中可以看出，纵向速度和转艏角速度能够较快地达到期望值保持稳定；由于航行器是欠驱动系统，故不存在横向控制，致使横向速度在初始阶段出现小范围波动。图 4-9 给出了艏向角演化曲线，可以看到艏向角呈周期性变化，符合航行器水平面内回转运动特性。图 4-10 给出了控制输入曲线，包括纵向推力和转艏力矩，在干扰存在的情况下，控制输入保持在驱动机构允许的范围内，符合实际要求。

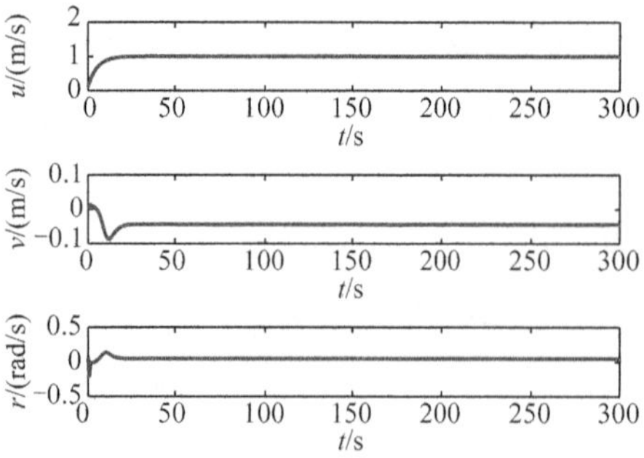

图 4-8　速度和角速度演化曲线

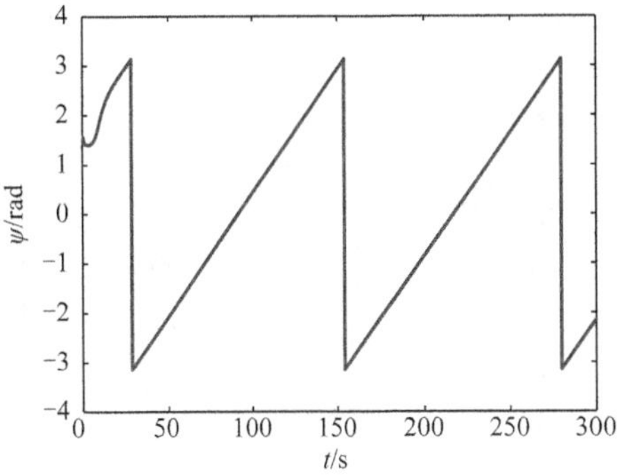

图 4-9　艏向角演化曲线

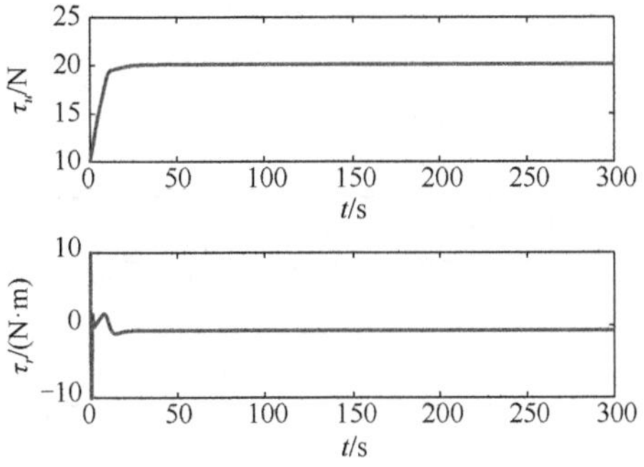

图 4-10　控制输入曲线

仿真 2：正弦路径跟踪仿真实验。

期望路径设置为 $x_{\mathrm{d}} = s$，$y_{\mathrm{d}} = 20\sin(0.05s)$；期望速度为 $u_{\mathrm{d}} = 1\mathrm{m/s}$；航行器初始位置为 $(x,y)=(10,0)$；初始速度为 $(u,v,r)=(0,0,0)$；初始角度为 $\psi = \pi/3\,\mathrm{rad}$。

图 4-11 给出了正弦路径跟踪行为曲线，其中实线表示航行器的实际路径，虚线为期望路径。图 4-12 给出了路径跟踪误差曲线，可以看出航行器能够较快地跟踪上正弦曲线，误差收敛到零，进而验证了所提控制方法的有效性。图 4-13 给出了纵向速度、横向速度和转艏角速度演化曲线，纵向速度能够较快地达到期望值保持稳定，结合图 4-14 中给出的艏向角演化曲线可知，航行器跟踪正弦路径时，其艏向角为非线性的周期变化，因此转艏角速度和横向速度也会随之发生周期性变化。图 4-15 给出了控制输入曲线，包括纵向推力和转艏力矩，可以看出该控制输入符合实际要求。

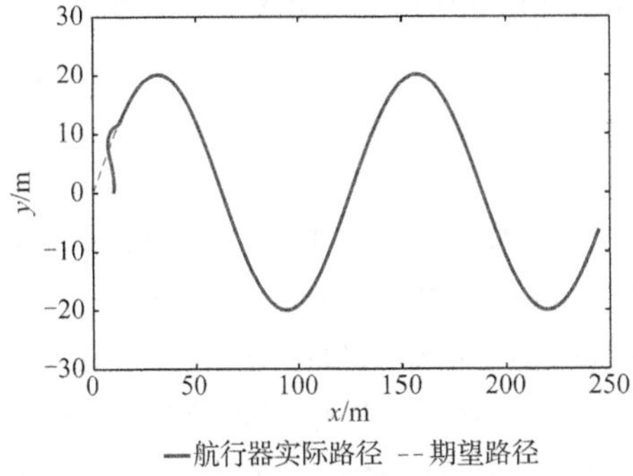

图 4-11　正弦路径跟踪行为曲线

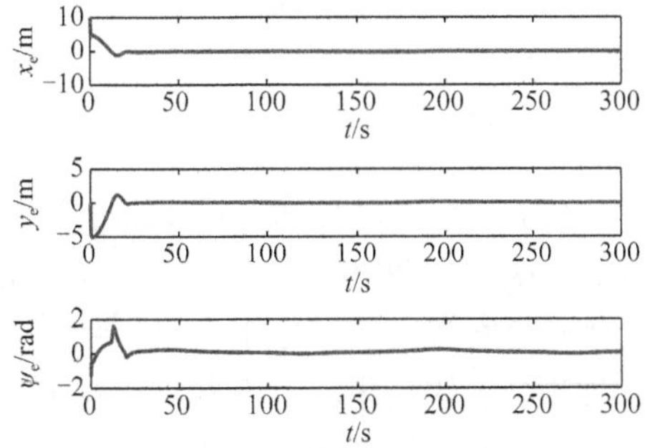

图 4-12　路径跟踪误差曲线

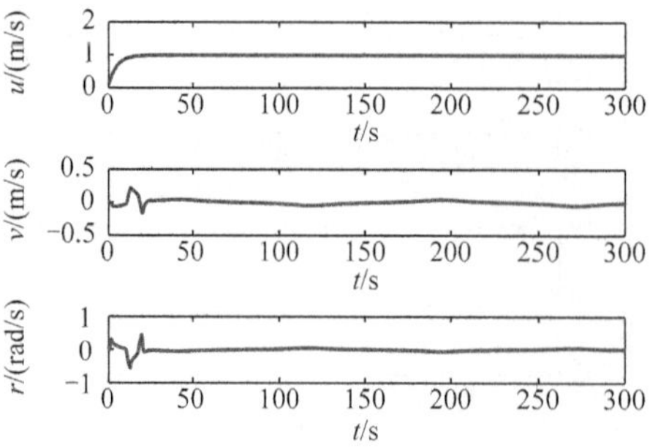

图 4-13　速度演化曲线

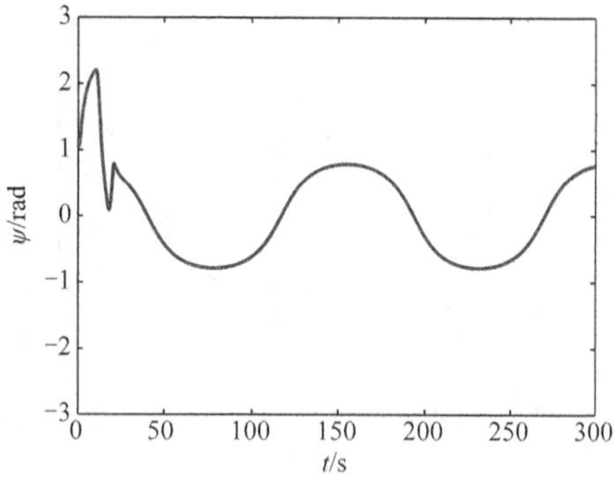

图 4-14　艏向角演化曲线

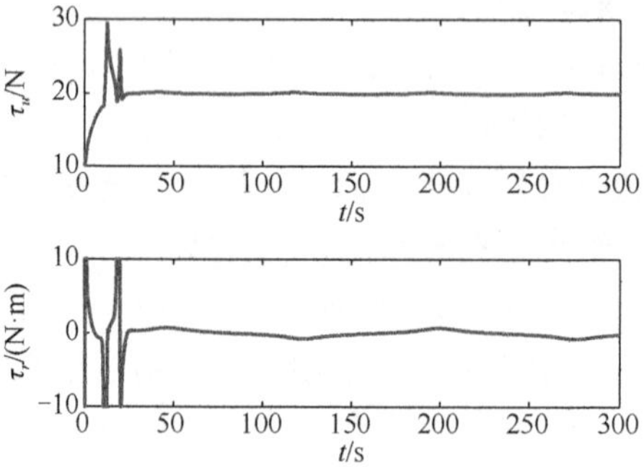

图 4-15　控制输入曲线

4.3　基于自适应滑模的垂直面路径跟踪控制

4.3.1　问题描述

水下航行器垂直面路径跟踪示意图如图 4-16 所示。在动系$\{B\}$中，θ_{B}表示纵倾角；α_{d}表示冲角。将动系$\{B\}$绕定系轴O_0y_0旋转角度α_{d}得到的一个新坐标系，其合成速度方向恰好位于该坐标系轴上，令$\psi_w=\theta_{\mathrm{B}}+\alpha_{\mathrm{d}}$，则$\psi_w$表示合成速度与定系轴$O_0x_0$的夹角。对于期望路径上任意一点，可以建立虚拟向导坐标系$\{F\}$，取P点处的曲线切线方向为轴P_x的方向，法线方向为轴P_y的方向，θ_{F}表示定系$\{U\}$与坐标系$\{F\}$的夹角。

在坐标系$\{F\}$下，航行器位置为$(x_{\mathrm{F}},0,y_{\mathrm{F}})$；在定系$\{U\}$中，航行器位置为$(\xi,\eta,\zeta)$，由以上分析可知航行器在垂直面路径跟踪控制问题可描述为：设计控制器使得航行器趋近于点P，即

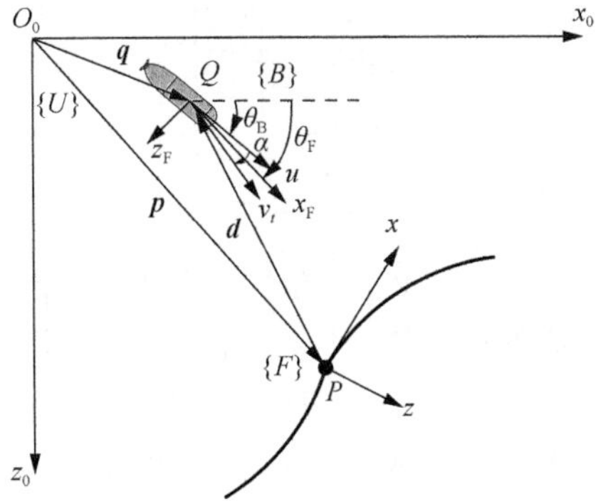

图 4-16　垂直面路径跟踪示意图

$$\begin{cases}\lim\limits_{t\to\infty} x_{\mathrm{F}}=0\\ \lim\limits_{t\to\infty} z_{\mathrm{F}}=0\\ \lim\limits_{t\to\infty}\left(\theta_w-\theta_{\mathrm{F}}\right)=0\end{cases} \tag{4-38}$$

从坐标系 $\{F\}$ 到定系 $\{U\}$ 可用旋转矩阵 $\boldsymbol{R}_{\mathrm{SF}}^{\mathrm{U}}$ 描述，矩阵 $\boldsymbol{R}_{\mathrm{SF}}^{\mathrm{U}}$ 形式为

$$\boldsymbol{R}_{\mathrm{SF}}^{\mathrm{U}}=\begin{bmatrix}\cos\theta_{\mathrm{F}} & 0 & \sin\theta_{\mathrm{F}}\\ 0 & 1 & 0\\ -\sin\theta_{\mathrm{F}} & 0 & \cos\theta_{\mathrm{F}}\end{bmatrix} \tag{4-39}$$

令 $q_{\mathrm{F}}=\dot{\theta}_{\mathrm{F}}$，其向量形式为 $\boldsymbol{q}_{\mathrm{F}}=\left[0,\ 0,\ q_{\mathrm{F}}\right]^{\mathrm{T}}$；$c_2(s)$ 表示曲线上任一点处的曲率，则有

$$q_{\mathrm{F}}=\dot{\theta}_{\mathrm{F}}=c_2(s)\dot{s} \tag{4-40}$$

假设曲线上的点 P 在定系中具有一定的速度，其在坐标系 $\{F\}$ 下可表示为

$$\left(\frac{\mathrm{d}\boldsymbol{p}}{\mathrm{d}t}\right)_{\mathrm{SF}}=\left[\dot{s},\ 0,\ 0\right]^{\mathrm{T}} \tag{4-41}$$

在此背景下，航行器在定系中的速度为

$$\left(\frac{\mathrm{d}\boldsymbol{q}}{\mathrm{d}t}\right)_{\mathrm{U}}=\left(\frac{\mathrm{d}\boldsymbol{p}}{\mathrm{d}t}\right)_{\mathrm{U}}+\boldsymbol{R}_{\mathrm{SF}}^{\mathrm{U}}\left(\frac{\mathrm{d}\boldsymbol{d}}{\mathrm{d}t}\right)_{\mathrm{SF}}+\boldsymbol{R}_{\mathrm{SF}}^{\mathrm{U}}\left(\boldsymbol{q}_{\mathrm{F}}\times\boldsymbol{d}\right) \tag{4-42}$$

式中，$\left(\frac{\mathrm{d}\boldsymbol{q}}{\mathrm{d}t}\right)_{\mathrm{U}}$ 的形式为

$$\left(\frac{\mathrm{d}\boldsymbol{q}}{\mathrm{d}t}\right)_{\mathrm{U}}=\begin{bmatrix}\dot{\xi}\\ 0\\ \dot{\zeta}\end{bmatrix}=\boldsymbol{R}_{\mathrm{B}}^{\mathrm{U}}(\theta)\begin{bmatrix}u\\ 0\\ w\end{bmatrix} \tag{4-43}$$

$\left(\frac{\mathrm{d}\boldsymbol{d}}{\mathrm{d}t}\right)_{\mathrm{SF}}$ 的形式为

$$\left(\frac{\mathrm{d}\boldsymbol{d}}{\mathrm{d}t}\right)_{\mathrm{SF}}=\begin{bmatrix}\dot{x}_{\mathrm{F}}\\0\\\dot{z}_{\mathrm{F}}\end{bmatrix} \tag{4-44}$$

且 $\boldsymbol{q}_{\mathrm{F}}\times\boldsymbol{d}$ 可计算为

$$\boldsymbol{q}_{\mathrm{F}}\times\boldsymbol{d}=\begin{bmatrix}0\\0\\q_{\mathrm{F}}\end{bmatrix}\times\begin{bmatrix}x_{\mathrm{F}}\\0\\z_{\mathrm{F}}\end{bmatrix}=\begin{bmatrix}c_2(s)\dot{s}x_{\mathrm{F}}\\0\\-c_2(s)\dot{s}z_{\mathrm{F}}\end{bmatrix} \tag{4-45}$$

将式（4-43）～式（4-45）代入式（4-42），可得

$$\begin{cases}\dot{x}_{\mathrm{F}}=\dot{\xi}\cos\theta_{\mathrm{F}}-\dot{\eta}\sin\varphi_{\mathrm{F}}-\dot{s}\left(1-c_2(s)z_{\mathrm{F}}\right)\\\dot{z}_{\mathrm{F}}=\dot{\xi}\sin\theta_{\mathrm{F}}+\dot{\eta}\cos\varphi_{\mathrm{F}}+c_2(s)\dot{s}x_{\mathrm{F}}\end{cases} \tag{4-46}$$

进一步，利用 $\dot{\theta}_w=q+\dot{\alpha}_{\mathrm{d}}$ 及 $\theta=\theta_w-\theta_{\mathrm{F}}$，垂直面路径误差方程可表示为

$$\begin{cases}\dot{x}_{\mathrm{F}}=v_t\cos\theta-\dot{s}\left(1-c_2(s)z_{\mathrm{F}}\right)\\\dot{y}_{\mathrm{F}}=v_t\sin\theta+c_1(s)x_{\mathrm{F}}\\\dot{\theta}=q+\dot{\alpha}-c_2(s)\dot{s}\end{cases} \tag{4-47}$$

4.3.2 自适应滑模控制器设计

1. 速度控制

垂直面纵向速度动力学模型可表示为

$$\dot{u}=\frac{1}{m-X_{\dot{u}}}\Big(-\left(m-Z_{\dot{w}}\right)uw+\left(X_u+X_{u|u|}|u|\right)u$$
$$-\left(W-B\right)\sin\theta+f_u+\tau_u\Big) \tag{4-48}$$

定义纵向速度跟踪误差为

$$z_1=u-u_{\mathrm{d}} \tag{4-49}$$

式中，u_{d} 表示期望速度。

设计如下滑模面：

$$S_1=k_1\tanh\left(k_2z_1\right) \tag{4-50}$$

式中，$k_1>0$ 和 $k_2>0$ 为设计常数。

根据式（4-48）和式（4-50），设计自适应滑模控制器为

$$\tau_u=\left(m-Z_{\dot{w}}\right)uw-\left(X_u+X_{u|u|}|u|\right)u+\left(W-B\right)\sin\theta$$
$$+\left(m-X_{\dot{u}}\right)\dot{u}_{\mathrm{d}}-\hat{f}_u-\left(m-X_{\dot{u}}\right)S_1 \tag{4-51}$$

这里，$\hat{f}_u$ 表示纵向不确定估计值。

在此背景下，设计自适应律为

$$\dot{\hat{f}}_u = \gamma_1 z_1 \tag{4-52}$$

式中，$\gamma_1 > 0$ 为设计常数。

2. 纵倾控制

对纵向速度控制的同时对纵倾角进行控制，考虑垂直面纵倾角速度动力学模型：

$$\begin{cases} \dot{\theta} = q \\ \dot{q} = \dfrac{M_{\dot{w}}\dot{w}}{I_y - M_{\dot{q}}} + \dfrac{X_{\dot{u}} - Z_{\dot{w}}}{I_y - M_{\dot{q}}}uw + \dfrac{M_q + M_{q|q|}|q|}{I_y - M_{\dot{q}}}q \\ \quad + \dfrac{z_{\mathrm{B}} B\sin\theta}{I_y - M_{\dot{q}}} + \dfrac{\tau_q + f_q}{I_y - M_{\dot{q}}} \end{cases} \tag{4-53}$$

定义纵倾角速度跟踪误差为

$$z_2 = q - q_{\mathrm{d}} \tag{4-54}$$

式中，q_{d} 为期望的纵倾角速度。

设计滑模面为：

$$S_2 = k_3 \tanh(k_4 z_2) \tag{4-55}$$

式中，$k_3 > 0$ 和 $k_4 > 0$ 为设计常数。

根据式（4-53）和式（4-55），设计基于自适应滑模的纵倾力矩为

$$\begin{aligned} \tau_q = & -M_{\dot{w}}\dot{w} - (X_{\dot{u}} - Z_{\dot{w}})uw - \left(M_q + M_{q|q|}|q|\right)q \\ & - \hat{f}_q - S_2(I_y - M_{\dot{q}}) \end{aligned} \tag{4-56}$$

这里，$\hat{f}_q$ 表示模型不确定估计值。

在此背景下，设计自适应律为

$$\dot{\hat{f}}_r = \gamma_2 z_2 \tag{4-57}$$

式中，$\gamma_2 > 0$ 为设计常数。

3. 稳定性分析

定理 4-2　考虑航行器垂直面路径误差模型（4-47），基于自适应滑模的速度控制器（4-51）和纵倾控制器（4-56）使路径跟踪误差渐近稳定。

证明：设计垂直面趋近角为

$$\begin{cases} \delta_\theta = \theta_{\mathrm{a}} \mathrm{e}^{\Gamma} - \dfrac{1}{\mathrm{e}^{\Gamma}} + 1 \\ \Gamma = 2k_\delta z_{\mathrm{F}} \end{cases} \tag{4-58}$$

式中，$k_\delta>0$ 为设计常数；$0<\theta_a<\pi/2$。

为使航行器纵倾角误差收敛于期望趋近角 δ_θ，设计运动学控制律为

$$\begin{cases} q_d=-\dot{\alpha}+c_2(s)\dot{s}+\dot{\delta}_\theta-k_1\left(\theta-\delta_\theta\right) \\ \dot{s}=v_t\cos\theta+k_2x_F \end{cases} \tag{4-59}$$

式中，$k_1>0$ 和 $k_2>0$ 为设计常数。

为进行系统稳定性分析，选取如下形式的李雅普诺夫函数：

$$V_1=\frac{1}{2}\left(\theta-\delta_\theta\right)^2 \tag{4-60}$$

对李雅普诺夫函数 V_1 求导，可得

$$\begin{aligned}\dot{V}_1&=\left(\theta-\delta_\theta\right)\left(\dot{\theta}-\dot{\delta}_\theta\right)\\&=\left(\theta-\delta_\theta\right)\left(q+\dot{\alpha}-c_2(s)\dot{s}-\dot{\delta}_\theta\right)\end{aligned} \tag{4-61}$$

为使 $\dot{V}_1\leqslant 0$，设计纵倾角速度控制量为

$$q_d=-\dot{\alpha}+c_2(s)\dot{s}+\dot{\delta}_\theta-k_1\left(\theta-\delta_\theta\right) \tag{4-62}$$

将式（4-62）代入式（4-61），可得

$$V_1=-k_1\left(\theta-\delta_\theta\right)^2\leqslant 0 \tag{4-63}$$

考虑 $\ddot{V}_1=-2k_1\left(\theta-\delta_\theta\right)\left(\dot{\theta}-\dot{\delta}_\theta\right)=-2k_1\dot{V}_1$ 为正定函数，所以 $\lim\limits_{t\to\infty}V_1\left(t\right)$ 存在且有界。由 Barbalat 引理可知 $\lim\limits_{t\to\infty}V_1=0$，因此趋近角误差是渐近稳定的。

选取如下形式的李雅普诺夫函数：

$$V_2=\frac{1}{2}\left(x_F+z_F\right)^2 \tag{4-64}$$

对式（4-64）两边求导，可得

$$\begin{aligned}\dot{V}_2=&x_F\left(\dot{\xi}\cos\theta_F-\dot{\eta}\sin\varphi_F-\dot{s}\left(1-c_2(s)z_F\right)\right)\\&+z_F\left(\dot{\xi}\sin\theta_F+\dot{\eta}\cos\varphi_F+c_2(s)\dot{s}x_F\right)\\=&x_F\dot{\xi}\cos\theta_F-x_F\dot{\eta}\sin\theta_F-x_F\dot{s}+x_Fc_2(s)z_F\\&+z_F\dot{\xi}\sin\theta_F+z_F\dot{\eta}\cos\theta_F+z_Fc_2(s)x_F\\=&-x_F\dot{s}+v_tx_F\cos\theta-v_tz_F\sin\theta\end{aligned} \tag{4-65}$$

令 $\dot{s}=v_t\cos\theta+k_2z_F$，代入式（4-64）可得 $\dot{V}_2=-k_2x_F^2-v_tz_F\sin\theta$。根据 Barbalat 引理可知 $\lim\limits_{t\to\infty}\dot{V}_2=0$，因此误差 x_F 和 z_F 是渐近稳定的。

至此，定理 4-2 证毕。

4.3.3 仿真实验

下面给出仿真实验，用来验证所提垂直面路径跟踪方法的有效性，其中仿真

1 中的期望路径为直线，仿真 2 中的期望路径为正弦曲线。

控制参数设置为$K=0.5$，$k_1=40$，$k_2=1.25$，$k_3=-40$，$k_4=1.25$，$\gamma_1=15$，$\gamma_2=20$，$\theta_{\rm a}=\pi/4$。

仿真 1：垂直下潜仿真实验。

期望路径设置为$x_{\rm d}=s$，$y_{\rm d}=-0.15s$；期望速度为$u_{\rm d}=1{\rm m/s}$；航行器初始位置为$(x,y)=(10,0)$；初始速度为$(u,v,r)=(0,0,0)$；初始纵倾角为θ=0。

图 4-17 给出了直线路径跟踪行为曲线，其中实线为航行器的实际路径，虚线为期望路径。图 4-18 给出了路径跟踪误差曲线，图中可见误差能较快地收敛到零。图 4-19 给出了速度和角速度演化曲线，可以看出航行器的速度能够较快地达到期望值保持稳定。图 4-20 给出了纵倾角演化曲线，可以看出航行器跟踪上期望路径后，纵倾角稳定在 0.15 左右。图 4-21 给出了控制输入曲线，注意的是，由于航行器受到垂向恢复力的作用，因此稳定后纵倾力矩不为零。

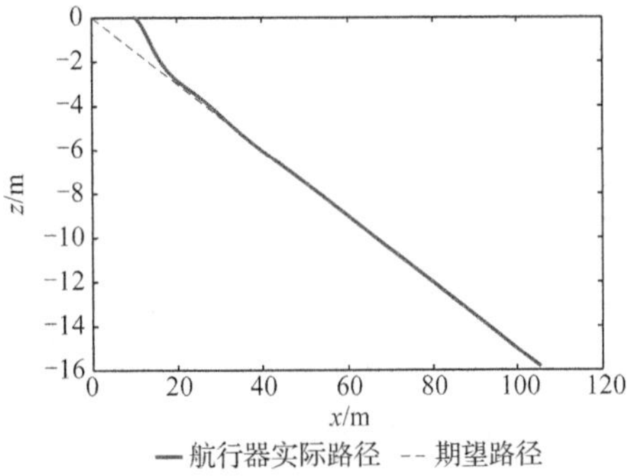

图 4-17　直线路径跟踪行为曲线

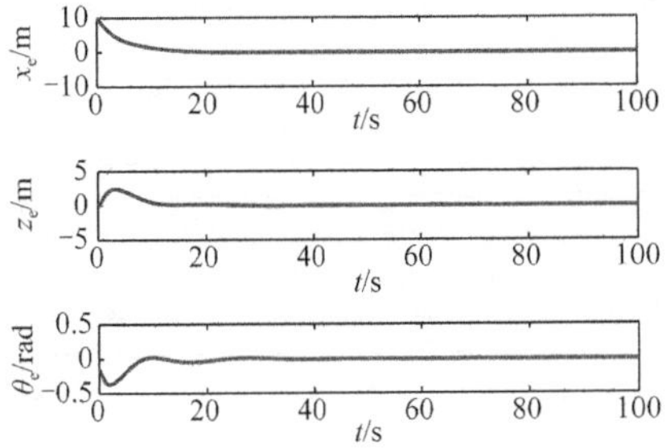

图 4-18　路径跟踪误差曲线

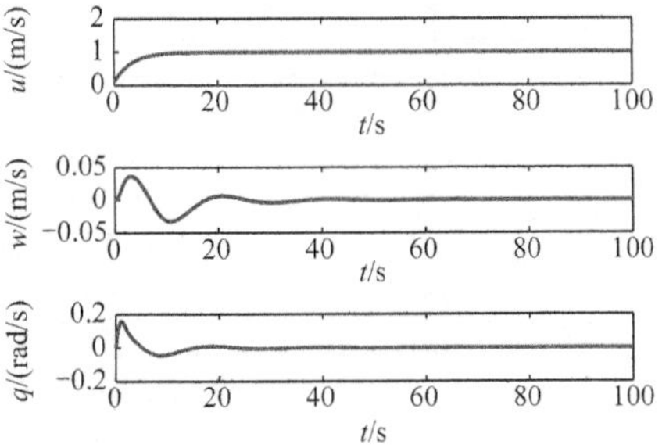

图 4-19　速度和角速度演化曲线

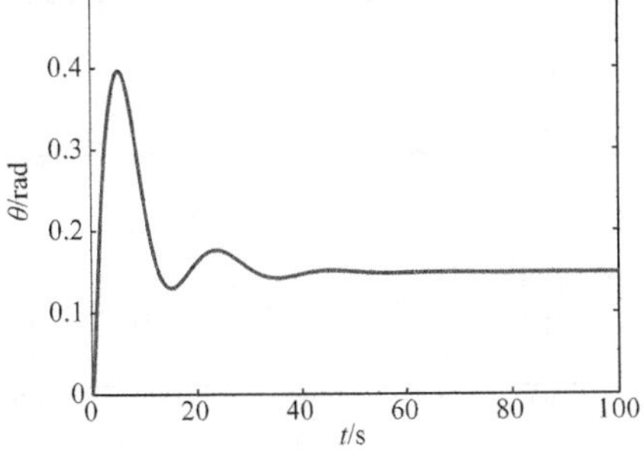

图 4-20　纵倾角演化曲线

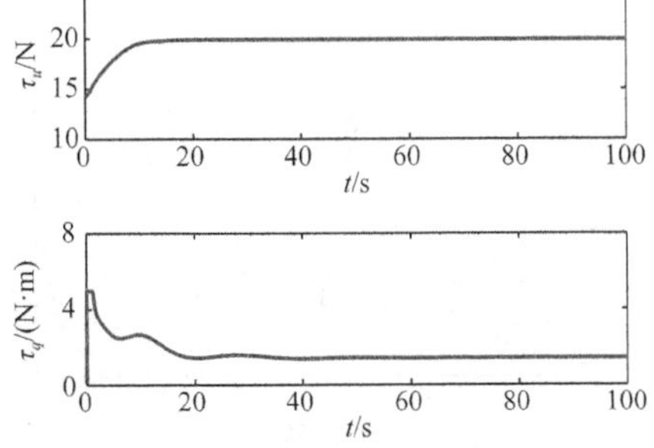

图 4-21　控制输入曲线

仿真 2：正弦跟踪仿真实验。

期望路径为 $x_{\mathrm{d}}=s$ ，$z_{\mathrm{d}}=10\sin(0.1s)-10$ ；期望纵向速度为 $u_{\mathrm{d}}=1\mathrm{m/s}$ ；航行器初始位置为 $(x,z)=(-10,-8)$ ；初始速度 $(u,v,r)=(0,0,0)$ ；初始纵倾角为 $\theta=0$ 。

图 4-22 给出了正弦路径跟踪行为曲线，其中实线表示航行器的实际路径，虚线为期望路径。从图中可以看到，航行器能够较快地调整自身姿态跟踪上期望路径，并沿着给定路径航行。图 4-23 给出了路径跟踪误差曲线，可以看出，跟踪误差收敛较快，且稳定在零附近的很小邻域内，说明航行器具有较好的跟踪性能。图 4-24 给出了航行器纵向速度、垂向速度和纵倾角速度演化曲线，可以看出，纵向速度较快地稳定在期望值，结合图 4-25 中给出的纵倾角曲线，纵倾角变化为非线性的，因此转艏角速度和横向速度也会不断变化。图 4-26 给出了控制输入曲线，包括纵向推力和纵倾力矩，由于垂直面存在恢复力，增加了路径跟踪的难度，致使控制输入波动较大；但整体上控制输入保持在驱动机构允许的范围内，符合实际要求。

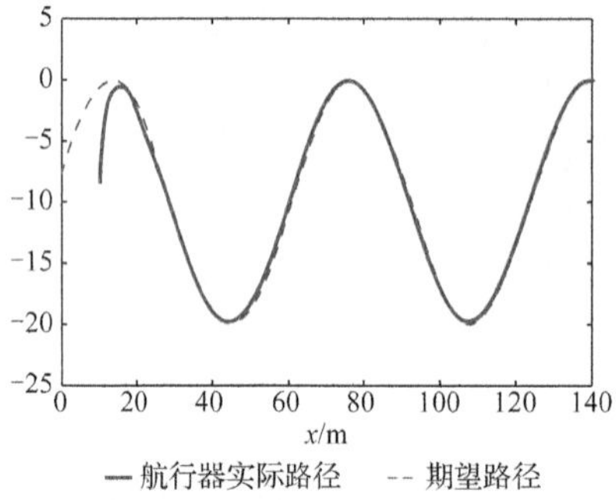

图 4-22　正弦路径跟踪行为曲线

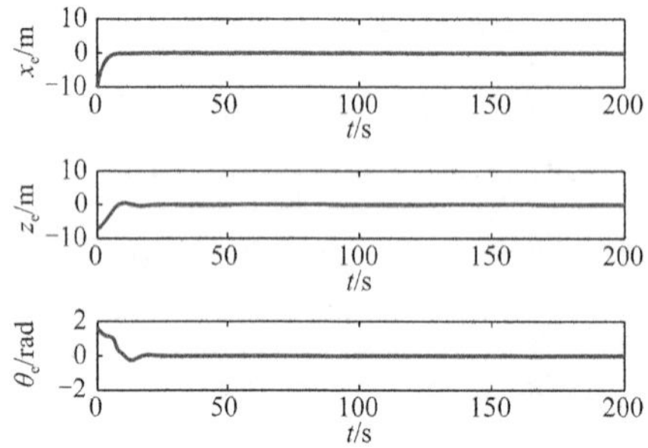

图 4-23　路径跟踪误差曲线

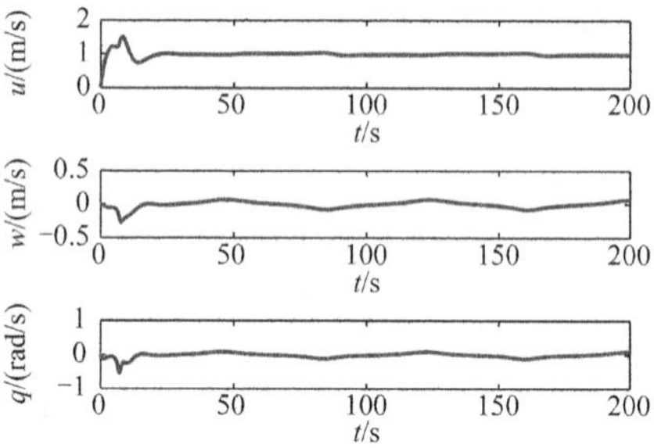

图 4-24　速度和角速度演化曲线

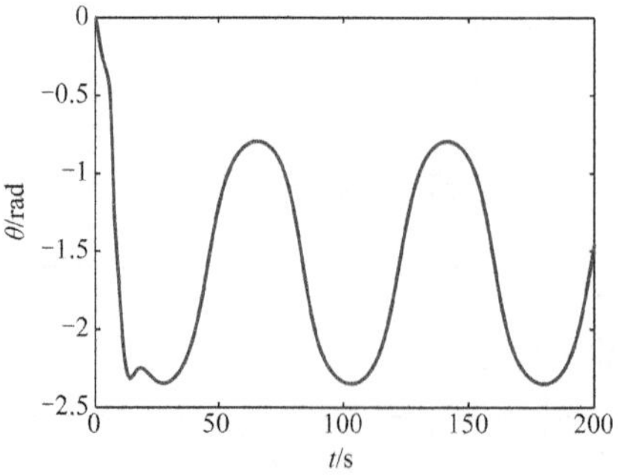

图 4-25　纵倾角演化曲线

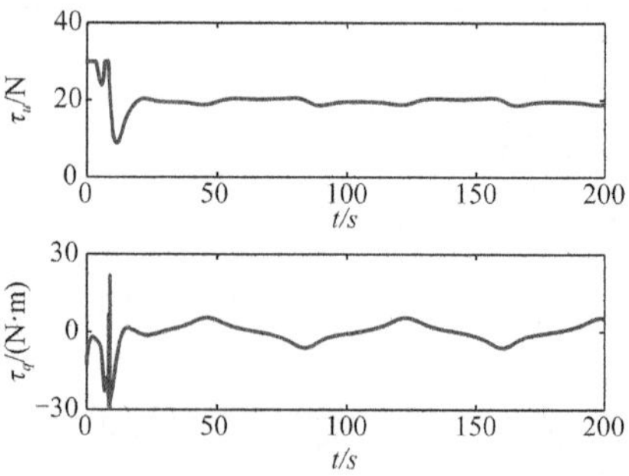

图 4-26　控制输入曲线

4.4　基于阻尼反步法的三维路径跟踪控制

4.4.1　问题描述

图 4-27 为航行器三维路径跟踪控制示意图，期望路径是由一条与时间无关的参数来描述的空间曲线。点 P 为期望路径上的虚拟向导参考点，以点 P 为原点的坐标系 $\{F\}$ 定义为将定系 $\{E\}$ 分别绕轴 O_0Z_0、轴 O_0Y_0 旋转 ψ_F、θ_F 角度，然后通过平移使得定系原点与点 P 重合。在此背景下，旋转角为

$$\begin{cases} \theta_F = \arctan\left(\dfrac{-z'_d}{\sqrt{(x'_d)^2 + (y'_d)^2}}\right) \\ \psi_F = \arctan\left(\dfrac{y'_d}{x'_d}\right) \end{cases} \tag{4-66}$$

式中，$x'_d = \dfrac{\partial x_d}{\partial s}$；$y'_d = \dfrac{\partial y_d}{\partial s}$；$z'_d = \dfrac{\partial z_d}{\partial s}$。

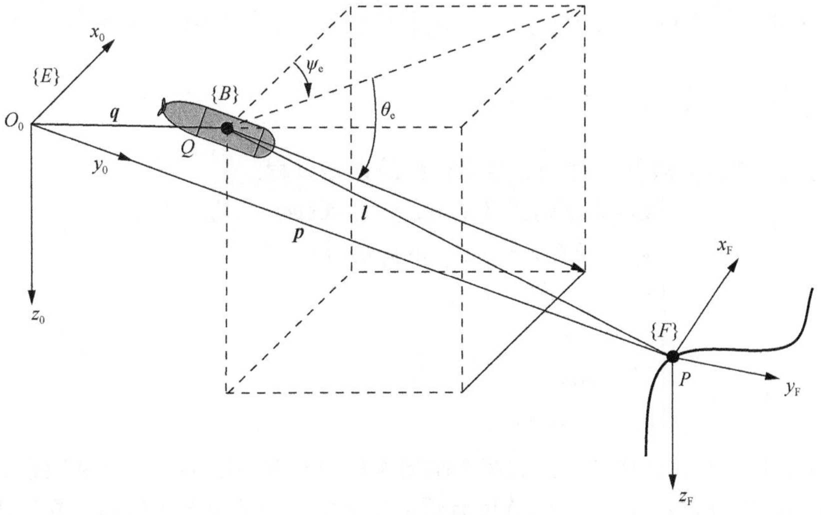

图 4-27　三维路径跟踪控制示意图

定义 $k_1(s)$ 和 $k_2(s)$ 分别为该曲线的曲率和挠率，满足在路径 s 上是连续可导且有界，航行器角速度在坐标系 $\{F\}$ 中可表示为

$$\boldsymbol{\omega}_F = [0, k_2(s)\dot{s}, k_1(s)\dot{s}]^T \tag{4-67}$$

位移 $\boldsymbol{p}$ 为虚拟向导点在定系下的坐标向量。在坐标系 $\{F\}$ 中，点 P 的速度可

以表示为

$$\left(\frac{\mathrm{d}\boldsymbol{p}}{\mathrm{d}t}\right)_{\mathrm{F}}=\left[U_{\mathrm{P}},0,0\right]^{\mathrm{T}} \tag{4-68}$$

式中，$\boldsymbol{p}$ 为当前航行器在定系下的位移；ψ_{e} 和 θ_{e} 分别为艏向角误差和纵倾角误差。

因此，航行器在定系下的速度可表示为

$$\left(\frac{\mathrm{d}\boldsymbol{q}}{\mathrm{d}t}\right)_{\mathrm{E}}=\left(\frac{\mathrm{d}\boldsymbol{p}}{\mathrm{d}t}\right)_{\mathrm{E}}+\boldsymbol{R}_{\mathrm{F}}^{\mathrm{E}}\left(\frac{\mathrm{d}\boldsymbol{l}}{\mathrm{d}t}\right)_{\mathrm{F}}+\boldsymbol{R}_{\mathrm{F}}^{\mathrm{E}}\left(\boldsymbol{\omega}_{\mathrm{F}}\times\boldsymbol{l}\right) \tag{4-69}$$

式中，旋转矩阵 $\boldsymbol{R}_{\mathrm{F}}^{\mathrm{E}}$ 为

$$\boldsymbol{R}_{\mathrm{F}}^{\mathrm{E}}=\begin{bmatrix}\cos\psi_{\mathrm{e}}\cos\theta_{\mathrm{e}} & \sin\psi_{\mathrm{e}}\cos\theta_{\mathrm{e}} & -\sin\theta_{\mathrm{e}}\\ -\sin\psi_{\mathrm{e}} & \cos\psi_{\mathrm{e}} & 0\\ \cos\psi_{\mathrm{e}}\sin\theta_{\mathrm{e}} & \sin\psi_{\mathrm{e}}\sin\theta_{\mathrm{e}} & \cos\theta_{\mathrm{e}}\end{bmatrix} \tag{4-70}$$

$\boldsymbol{l}=\left[x_{\mathrm{e}},y_{\mathrm{e}},z_{\mathrm{e}}\right]^{\mathrm{T}}$ 表示位置误差向量。

将航行器速度由定系转化到坐标系 $\{F\}$ 中，即将式(4-69)两边同时乘以 $\left(\boldsymbol{R}_{\mathrm{F}}^{\mathrm{E}}\right)^{\mathrm{T}}$，可得

$$\left(\boldsymbol{R}_{\mathrm{F}}^{\mathrm{E}}\right)^{\mathrm{T}}\left(\frac{\mathrm{d}\boldsymbol{q}}{\mathrm{d}t}\right)_{\mathrm{E}}=\left(\frac{\mathrm{d}\boldsymbol{p}}{\mathrm{d}t}\right)_{\mathrm{F}}+\left(\frac{\mathrm{d}\boldsymbol{l}}{\mathrm{d}t}\right)_{\mathrm{F}}+\boldsymbol{\omega}_{\mathrm{F}}\times\boldsymbol{l} \tag{4-71}$$

式中，$\boldsymbol{\omega}_{\mathrm{F}}\times\boldsymbol{l}=\left[0,k_2(s)\dot{s},k_1(s)\dot{s}\right]^{\mathrm{T}}\times\left[x_{\mathrm{e}},y_{\mathrm{e}},z_{\mathrm{e}}\right]^{\mathrm{T}}$；$\left(\frac{\mathrm{d}\boldsymbol{q}}{\mathrm{d}t}\right)_{\mathrm{F}}=\left[U_{\mathrm{B}},0,0\right]^{\mathrm{T}}$，$U_{\mathrm{B}}=\sqrt{u^2+v^2+w^2}$；

$\left(\frac{\mathrm{d}\boldsymbol{l}}{\mathrm{d}t}\right)_{\mathrm{F}}=\left[\dot{x}_{\mathrm{e}},\dot{y}_{\mathrm{e}},\dot{z}_{\mathrm{e}}\right]^{\mathrm{T}}$。

将式（4-71）展开，得到三维路径跟踪误差方程：

$$\begin{cases}\dot{x}_{\mathrm{e}}=k_1(s)\dot{s}y_{\mathrm{e}}-k_2(s)\dot{s}z_{\mathrm{e}}+U_{\mathrm{B}}\cos\psi_{\mathrm{e}}\cos\theta_{\mathrm{e}}-U_{\mathrm{P}}\\ \dot{y}_{\mathrm{e}}=-k_1(s)\dot{s}x_{\mathrm{e}}+U_{\mathrm{B}}\sin\psi_{\mathrm{e}}\cos\theta_{\mathrm{e}}\\ \dot{z}_{\mathrm{e}}=k_2(s)\dot{s}x_{\mathrm{e}}-U_{\mathrm{B}}\sin\theta_{\mathrm{e}}\\ \dot{\psi}_{\mathrm{e}}=\dfrac{r}{\cos\theta}+\dot{\beta}-k_1(s)\dot{s}\\ \dot{\theta}_{\mathrm{e}}=q+\dot{\alpha}-k_2(s)\dot{s}\end{cases} \tag{4-72}$$

海流干扰是航行器水下作业和控制器设计中需要考虑的一个重要因素（田超，2003）。通常，深海中海流是无旋度且缓慢变化的，因此定系下海流干扰可表示为 $\boldsymbol{\tau}_w=\left[\tau_{wx},\tau_{wy},\tau_{wz},0,0\right]^{\mathrm{T}}$。根据坐标转换，动系下的海流干扰为

$$\begin{bmatrix}\tau_{wu}\\ \tau_{wv}\\ \tau_{ww}\end{bmatrix}=\begin{bmatrix}\cos\psi\cos\theta & -\sin\psi & \cos\psi\sin\theta\\ \sin\psi\cos\theta & \cos\psi & \sin\psi\sin\theta\\ -\sin\theta & 0 & \cos\theta\end{bmatrix}^{\mathrm{T}}\begin{bmatrix}\tau_{wx}\\ \tau_{wy}\\ \tau_{wz}\end{bmatrix} \tag{4-73}$$

忽略横滚运动，海流干扰下的航行器动力学方程为

$$
\begin{cases}
(m - X_{\dot{u}})\dot{u} = \tau_u + \tau_{wu} + X_{uu}u^2 + X_{vv}v^2 + X_{ww}w^2 + X_{qq}q^2 \\
(m - Y_{\dot{v}})\dot{v} = \tau_{wv} - (m - Y_{ur})ur + Y_{uv}uv + Y_{v|v|}v|v| \\
(m - Z_{\dot{w}})\dot{w} = \tau_{ww} - (m - Z_{uq})uq + Z_{uw}uw + Z_{w|w|}w|w| + mz_G q^2 \\
(I_y - M_{\dot{q}})\dot{q} = \tau_q + M_{q|q|}q|q| - M_{uq}uq - M_{uw}uw \\
\qquad - (z_G W - z_B B)\sin\theta - mz_G(wq - vr) \\
(I_z - N_{\dot{r}})\dot{r} = \tau_r + N_{uv}uv + N_{v|v|}v|v| + N_{ur}ur
\end{cases}
\tag{4-74}
$$

运动学方程为

$$
\begin{cases}
\dot{x} = u\cos\psi\cos\theta - v\sin\psi + w\cos\psi\sin\theta \\
\dot{y} = u\sin\psi\cos\theta + v\cos\psi + w\sin\psi\sin\theta \\
\dot{z} = -u\sin\theta + w\cos\theta \\
\dot{\theta} = q \\
\dot{\psi} = \dfrac{r}{\cos\theta}
\end{cases}
\tag{4-75}
$$

本节问题描述如下：考虑海流干扰下的航行器运动模型，基于路径跟踪误差方程（4-70），根据给定的期望路径和期望速度，结合阻尼技术和反步法设计抗干扰控制律，使航行器纵向速度收敛于给定期望速度，且跟踪误差 x_e、y_e 和 z_e 渐近稳定到零。

4.4.2　阻尼反步控制器设计

构建基于阻尼反步法的三维路径跟踪控制算法框架，如图 4-28 所示。对于期望路径和虚拟向导点的移动，根据误差方程式（4-70）和动力学方程（4-72），结合反步法和阻尼控制分别设计纵向推力、转艏力矩和纵倾力矩控制器，使跟踪误差收敛至零。

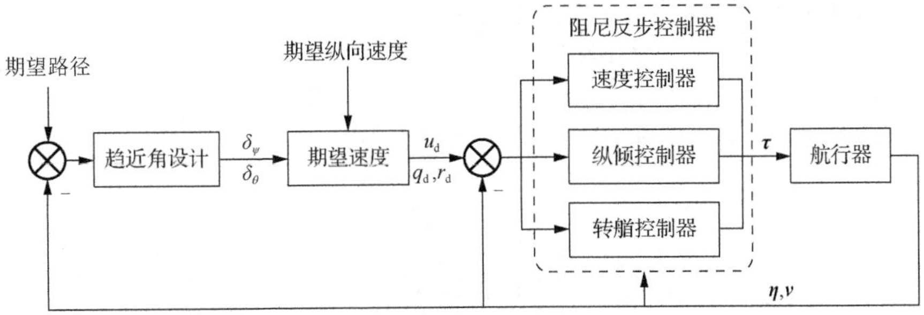

图 4-28　基于阻尼反步法的三维路径跟踪控制算法框架

为便于控制器设计与分析，这里分别给出关于积分反步法控制的引理 4-1 和关于非线性阻尼的引理 4-2（Kamarudin et al.，2013；杨俊华等，2002）。值得一提的是，对于受干扰的欠驱动水下航行器系统而言，引理 4-2 实际上是引理 4-1 的扩展。

引理 4-1　考虑非线性系统

$$\begin{cases}\dot{x}=f(x)+g(x)\varsigma \\ \dot{\varsigma}=u\end{cases} \tag{4-76}$$

假设存在连续反馈控制律 $\varsigma=\alpha(x)$ 且 $\alpha(0)=0$，同时存在光滑正定函数 $V:\mathbf{R}^n\to\mathbf{R}$，满足

$$\frac{\partial V}{\partial x}(x)\big(f(x)+g(x)\alpha(x)\big)\leqslant -W(x)\leqslant 0 \tag{4-77}$$

这里，半正定函数 $W:\mathbf{R}^n\to\mathbf{R}$，控制律 $\varsigma=\alpha(x)$ 保证了系统（4-76）的子系统 $x(t)$ 的全局有界（贾鹤鸣，2012），则整个系统李雅普诺夫函数为

$$V_{\mathrm{a}}(x,\varsigma)=V(x)+\frac{1}{2}\big(\varsigma-\alpha(x)\big)^2 \tag{4-78}$$

对于控制系统（4-76），存在反馈控制律 $u=\alpha(x,\varsigma)$ 满足系统稳定性

$$u=-c\big(\varsigma-\alpha(x)\big)+\frac{\partial\alpha}{\partial x}(x)\big(f(x)+g(x)\varsigma\big)-\frac{\partial V}{\partial x}(x)g(x) \tag{4-79}$$

引理 4-2　定义被控对象

$$\dot{x}=f(x,t)+g(x)\big(u+\varphi(x)\Delta(x,u,t)\big) \tag{4-80}$$

式中，$\Delta(x,u,t)$ 为系统不确定因素。若引理 4-1 中的正定函数 $W(x)$ 无界，则设计闭环系统稳定输入为（贾鹤鸣，2012）

$$u=\alpha(x)-k\frac{\partial V}{\partial x}(x)g(x)\left|\varphi(x)\right|^2 \tag{4-81}$$

式中，$k>0$ 为设计常数。

为描述航行器趋近于期望路径的瞬态运动，下面引入趋近角来表示艏向角误差和纵倾角误差的期望角度。

以垂直面路径跟踪控制为例，趋近角满足

$$\begin{cases}\delta_\theta(0)=0 \\ z_{\mathrm{e}}\sin\delta_\theta(z_{\mathrm{e}})\leqslant 0,\ \forall z_{\mathrm{e}}\in\mathbf{R}\end{cases} \tag{4-82}$$

在此背景下，设计水平面和垂直面趋近角为

$$\begin{cases}\delta_\psi=-\lambda_{\mathrm{a}}\dfrac{\mathrm{e}^{2my_{\mathrm{e}}}-1}{\mathrm{e}^{2my_{\mathrm{e}}}+1} \\ \delta_\theta=\lambda_{\mathrm{b}}\dfrac{\mathrm{e}^{2nz_{\mathrm{e}}}-1}{\mathrm{e}^{2nz_{\mathrm{e}}}+1}\end{cases} \tag{4-83}$$

式中，$0<\lambda_{\mathrm{a}}<\dfrac{\pi}{2}$，$0<\lambda_{\mathrm{b}}<\dfrac{\pi}{2}$；$m>0$ 和 $n>0$ 为设计常数。

从式（4-83）可以看出，当航行器与期望路径之间的垂向误差 z_{e} 较大时，会

产生较大的 δ_θ，则在控制律作用下航行器具有较大向期望路径运动的趋势。例如，当航行器在期望路径上方时，趋近角 δ_θ 将引导航行器向下转动，从而到达期望路径；当航行器运动到期望路径后，则有 $z_{\mathrm{e}}=0$。同时，垂直面趋近角也会相应减小为零，则有 $\delta_\theta(0)=0$。

定义角度跟踪误差

$$\boldsymbol{z}_1 \triangleq \begin{bmatrix} \tilde{\theta}_{\mathrm{e}} \\ \tilde{\psi}_{\mathrm{e}} \end{bmatrix} \triangleq \begin{bmatrix} \theta_{\mathrm{e}} \\ \psi_{\mathrm{e}} \end{bmatrix} - \begin{bmatrix} \delta_\theta \\ \delta_\psi \end{bmatrix} \tag{4-84}$$

式（4-84）对时间求导，并将误差方程式（4-70）代入可得

$$\begin{aligned} \dot{\boldsymbol{z}}_1 &= \begin{bmatrix} \dot{\theta}_{\mathrm{e}} \\ \dot{\psi}_{\mathrm{e}} \end{bmatrix} - \begin{bmatrix} \dot{\delta}_\theta \\ \dot{\delta}_\psi \end{bmatrix} \\ &= \begin{bmatrix} q+\dot{\alpha}-k_2(s)\dot{s} \\ \dfrac{r}{\cos\theta}+\dot{\beta}-k_1(s)\dot{s} \end{bmatrix} - \begin{bmatrix} \dot{\delta}_\theta \\ \dot{\delta}_\psi \end{bmatrix} \end{aligned} \tag{4-85}$$

将式（4-85）改写为

$$\dot{\boldsymbol{z}}_1 = \boldsymbol{A}(\theta)\begin{bmatrix} q \\ r \end{bmatrix} + \boldsymbol{\Phi}(s,\ \alpha,\ \beta,\ \delta_\theta,\ \delta_\psi) \tag{4-86}$$

则存在如下矩阵 $\boldsymbol{A}$ 和 $\boldsymbol{\Phi}$，满足式（4-86）：

$$\boldsymbol{A} = \begin{bmatrix} 1 & 0 \\ 0 & \cos\theta \end{bmatrix},\quad \boldsymbol{\Phi} = \begin{bmatrix} \dot{\alpha}-k_2(s)\dot{s}-\dot{\delta}_\theta \\ \dot{\beta}-k_1(s)\dot{s}-\dot{\delta}_\psi \end{bmatrix} \tag{4-87}$$

定义角速度跟踪误差

$$\boldsymbol{z}_2 \triangleq \begin{bmatrix} \tilde{q} \\ \tilde{r} \end{bmatrix} \triangleq \begin{bmatrix} q \\ r \end{bmatrix} - \begin{bmatrix} q_{\mathrm{d}} \\ r_{\mathrm{d}} \end{bmatrix} \tag{4-88}$$

式中，$\begin{bmatrix} q_{\mathrm{d}} \\ r_{\mathrm{d}} \end{bmatrix} \triangleq -\boldsymbol{A}^{-1}(\boldsymbol{\Phi}+\boldsymbol{C}_1\boldsymbol{z}_1)$；$\boldsymbol{\Phi} = -\boldsymbol{A}\begin{bmatrix} q_{\mathrm{d}} \\ r_{\mathrm{d}} \end{bmatrix} - \boldsymbol{C}_1\boldsymbol{z}_1$。

式（4-86）进一步整理得

$$\dot{\boldsymbol{z}}_1 = \boldsymbol{A}\boldsymbol{z}_2 - \boldsymbol{C}_1\boldsymbol{z}_1 \tag{4-89}$$

式中，$\boldsymbol{C}_1$ 为正定对称矩阵。

对角速度误差求导，结合动力学方程以及角度跟踪误差方程可得

$$\dot{\boldsymbol{z}}_2 = \begin{bmatrix} \dfrac{\tau_{\mathrm{q}}-d_{55}}{m_{55}} \\ \dfrac{\tau_{\mathrm{r}}-d_{66}}{m_{66}} \end{bmatrix} - \begin{bmatrix} \dot{q}_{\mathrm{d}} \\ \dot{r}_{\mathrm{d}} \end{bmatrix}$$

$$=\begin{bmatrix}\dfrac{1}{m_{55}} & 0\\ 0 & \dfrac{1}{m_{66}}\end{bmatrix}\begin{bmatrix}\tau_q\\ \tau_r\end{bmatrix}-\begin{bmatrix}\dfrac{d_{55}}{m_{55}}\\ \dfrac{d_{66}}{m_{66}}\end{bmatrix}-\begin{bmatrix}\dot{q}_{\mathrm{d}}\\ \dot{r}_{\mathrm{d}}\end{bmatrix} \tag{4-90}$$

式中，m_{55}、m_{66}、d_{55} 和 d_{66} 表达形式为

$$\begin{cases}m_{55}=I_y-M_{\dot{q}}\\ m_{66}=I_z-N_{\dot{r}}\\ d_{55}=-N_{uv}u_r v_r-N_{v|v|}v_r|v_r|-N_{ur}u_r r\\ d_{66}=-M_{q|q|}q|q|-M_{uq}u_r q-M_{uw}u_r w_r\\ \qquad +(z_{\mathrm{G}}W-z_{\mathrm{B}}B)\sin\theta+mz_{\mathrm{G}}(w_r q-v_r r)\end{cases} \tag{4-91}$$

在此背景下，以 q_{d} 和 r_{d} 为虚拟控制输入，设计纵倾力矩和转艏力矩为

$$\begin{bmatrix}\tau_q\\ \tau_r\end{bmatrix}=\begin{bmatrix}\dfrac{1}{m_{55}} & 0\\ 0 & \dfrac{1}{m_{66}}\end{bmatrix}^{\mathrm{T}}\left(\begin{bmatrix}\dot{q}_{\mathrm{d}}\\ \dot{r}_{\mathrm{d}}\end{bmatrix}+\begin{bmatrix}\dfrac{d_{55}}{m_{55}}\\ \dfrac{d_{66}}{m_{66}}\end{bmatrix}-\boldsymbol{A}^{\mathrm{T}}\boldsymbol{z}_1-\boldsymbol{C}_2\boldsymbol{z}_2\right) \tag{4-92}$$

式中，$\boldsymbol{C}_2$ 为正定对称矩阵。

结合式（4-85）与式（4-90）可得

$$\begin{bmatrix}\dot{\boldsymbol{z}}_1\\ \dot{\boldsymbol{z}}_2\end{bmatrix}=\begin{bmatrix}-\boldsymbol{C}_1 & \boldsymbol{A}\\ -\boldsymbol{A}^{\mathrm{T}} & -\boldsymbol{C}_2\end{bmatrix}\begin{bmatrix}\boldsymbol{z}_1\\ \boldsymbol{z}_2\end{bmatrix} \tag{4-93}$$

考虑阻尼技术在处理动力学模型不确定性和外界干扰的抗干扰优势，设计基于阻尼反步的动力学控制器，利用非线性阻尼技术来抵消不确定性的影响。在此背景下，控制器（4-91）可进一步设计为

$$\begin{bmatrix}\tau_q\\ \tau_r\end{bmatrix}=\begin{bmatrix}\dfrac{1}{m_{55}} & 0\\ 0 & \dfrac{1}{m_{66}}\end{bmatrix}^{\mathrm{T}}\left(\begin{bmatrix}\dot{q}_{\mathrm{d}}\\ \dot{r}_{\mathrm{d}}\end{bmatrix}+\begin{bmatrix}\dfrac{d_{55}}{m_{55}}\\ \dfrac{d_{66}}{m_{66}}\end{bmatrix}-\begin{bmatrix}P_1\beta_1^2(q-q_{\mathrm{d}})\\ P_2\beta_2^2(r-r_{\mathrm{d}})\end{bmatrix}-\boldsymbol{A}^{\mathrm{T}}\boldsymbol{z}_1-\boldsymbol{C}_2\boldsymbol{z}_2\right) \tag{4-94}$$

式中，$\beta_1=q-q_{\mathrm{d}}$ 和 $\beta_2=r-r_{\mathrm{d}}$ 为跟踪误差；$P_1>0$ 和 $P_2>0$ 为设计常数。

为设计航行器纵向推力，定义纵向速度误差为

$$z_3=u-u_{\mathrm{d}} \tag{4-95}$$

式中，u_{d} 表示期望速度。

为提高控制器的鲁棒性，引入非线性阻尼向 $-\left(P_3\beta_3{}^2(u-u_{\mathrm{d}})\right)$。基于阻尼反步控制，设计纵向推力为

$$\begin{aligned}\tau_u=&m_{11}\left(\dot{u}_{\mathrm{d}}-\lambda(u-u_{\mathrm{d}})\right)-X_{uu}u_r{}^2-X_{vv}v_r{}^2-X_{ww}w_r{}^2\\ &-X_{qq}qq^2-P_3\beta_3^2(u-u_{\mathrm{d}})\end{aligned} \tag{4-96}$$

式中，$\beta_3 = u - u_\mathrm{d}$ 为跟踪误差；$P_3 > 0$ 为设计常数。

4.4.3 稳定性分析

为保证航行器在常值海流干扰下三维路径跟踪的抗干扰性，下面在动力学模型中考虑海洋环境干扰，并基于李雅普诺夫稳定性理论证明系统在外界干扰下的稳定性（徐健等，2014）。这里，给出环境干扰下的动力学模型：

$$
\begin{cases}
\dot{q} = \dfrac{1}{m_{55}}\Big(\tau_q + M_{q|q|}q|q| + M_{uq}uq + M_{uw}uw \\
\qquad - mz_\mathrm{G}(wq - vr) + (z_\mathrm{G}W - z_\mathrm{B}B)\sin\theta\Big) + \tau_{wq} \\
\dot{r} = \dfrac{1}{m_{66}}\left(\tau_r + N_{uv}uv + N_{v|v|}v|v| + N_{\mathrm{ur}}ur\right) + \tau_{wr} \\
\dot{u} = \dfrac{1}{m_{11}}\left(\tau_u + X_{uu}u^2 + X_{vv}v^2 + X_{ww}w^2 + X_{qq}q^2\right) + \tau_{wu}
\end{cases}
\tag{4-97}
$$

式中，τ_{wq}、τ_{wr} 和 τ_{wu} 表示系统外界干扰。

为增强控制器鲁棒性，结合自适应技术和阻尼反步控制，设计速度转艏及纵倾控制器如下：

$$
\begin{cases}
\tau_q = m_{55}\left(-C_{21}(q - q_d) + \dot{q}_\mathrm{d} - \hat{\tau}_{wq}\right) - M_{q|q|}q|q| - M_{uq}uq - M_{uw}uw \\
\qquad + mz_g(wq - vr) + (z_\mathrm{G}W - z_\mathrm{B}G)\sin\theta - P_1\beta_1^2(q - q_\mathrm{d}) \\
\tau_r = m_{66}\left(-C_{24}(r - r_\mathrm{d}) + \dot{r}_\mathrm{d} - \hat{\tau}_{wr}\right) - N_{uv}uv - N_{v|v|}v|v| \\
\qquad - N_{ur}ur - P_2\beta_2^2(r - r_\mathrm{d}) \\
\tau_u = m_{11}\left(\dot{u}_\mathrm{d} - \lambda(u - u_\mathrm{d}) - \hat{\tau}_{wu}\right) - X_{uu}u^2 - X_{vv}v^2 \\
\qquad - X_{ww}w^2 - X_{qq}qq^2 - P_3\beta_3^2(u - u_\mathrm{d})
\end{cases}
\tag{4-98}
$$

式中，$\hat{\tau}_{wq}$、$\hat{\tau}_{wr}$ 和 $\hat{\tau}_{wu}$ 表示环境干扰估计值。

为验证控制器的稳定性，选取如下形式的李雅普诺夫函数：

$$
V_3 = V_1 + V_2 \tag{4-99}
$$

式中，$V_1 = \dfrac{\left\|z_1^2\right\|}{2} + \dfrac{\left\|z_2^2\right\|}{2}$；$V_2 = \dfrac{z_3^2}{2}$。

对式（4-99）求导得

$$
\begin{aligned}
\dot{V}_3 = {} & (u - u_\mathrm{d})(\dot{u} - \dot{u}_\mathrm{d}) + (u - u_\mathrm{d})\tilde{\tau}_{wu} + (q - q_\mathrm{d})\left(\frac{\tau_\mathrm{q} - d_\mathrm{q}}{m_{55}} - \dot{q}_\mathrm{d}\right) \\
& + (q - q_\mathrm{d})\tilde{\tau}_{wq} + (r - r_\mathrm{d})\left(\frac{\tau_r - d_r}{m_{66}} - \dot{r}_\mathrm{d}\right) + (r - r_\mathrm{d})\tilde{\tau}_{wr}
\end{aligned}
\tag{4-100}
$$

式中，$\tilde{\tau}_{wi}=\tau_{wi}-\hat{\tau}_{wi}$ 表示干扰误差，这里 $i=q,r,u$ 。

当不存在海流干扰时，即 $\tau_{wi}=\hat{\tau}_{wi}=0$ ，则有

$$\dot{V}_3=(u-u_{\mathrm{d}})(\dot{u}-\dot{u}_{\mathrm{d}})+(q-q_{\mathrm{d}})\left(\frac{\tau_q-d_q}{m_{55}}-\dot{q}_{\mathrm{d}}\right)+(r-r_{\mathrm{d}})\left(\frac{\tau_r-d_r}{m_{66}}-\dot{r}_{\mathrm{d}}\right) \tag{4-101}$$

当存在海流干扰时，继续选取如下形式的李雅普诺夫函数：

$$V_4=V_3+\frac{1}{2k_{11}}\tilde{\tau}_{wq}^2+\frac{1}{2k_{22}}\tilde{\tau}_{wr}^2+\frac{1}{2k_{33}}\tilde{\tau}_{wu}^2 \tag{4-102}$$

式中，$k_{11}>0$ ，$k_{22}>0$ 和 $k_{33}>0$ 均为设计常数。

式（4-102）对时间求导，可得

$$\begin{aligned}\dot{V}_4&=\dot{V}_3+\frac{1}{k_{11}}\dot{\tilde{\tau}}_1\tilde{\tau}_1+\frac{1}{k_{22}}\dot{\tilde{\tau}}_2\tilde{\tau}_2+\frac{1}{k_{33}}\dot{\tilde{\tau}}_3\tilde{\tau}_3\\&=u_{\mathrm{e}}(\dot{u}-\dot{u}_{\mathrm{d}})+q_{\mathrm{e}}\left(\frac{\tau_q-d_q}{m_{55}}-\dot{q}_{\mathrm{d}}\right)+r_{\mathrm{e}}\left(\frac{\tau_r-d_r}{m_{66}}-\dot{r}_{\mathrm{d}}\right)\\&\quad+\tilde{\tau}_{wq}\left(q_{\mathrm{e}}+\frac{1}{k_{11}}\dot{\hat{\tau}}_{wq}\right)+\tilde{\tau}_{wr}\left(r_{\mathrm{e}}+\frac{1}{k_{22}}\dot{\hat{\tau}}_{wr}\right)+\tilde{\tau}_{wu}\left(u_{\mathrm{e}}+\frac{1}{k_{33}}\dot{\hat{\tau}}_{wu}\right)\end{aligned} \tag{4-103}$$

在此背景下，设计自适应律为

$$\begin{cases}\dot{\hat{\tau}}_{wq}=-k_{11}q_{\mathrm{e}}+\tilde{\tau}_{wq}\\\dot{\hat{\tau}}_{wr}=-k_{22}r_{\mathrm{e}}+\tilde{\tau}_{wr}\\\dot{\hat{\tau}}_{wu}=-k_{33}u_{\mathrm{e}}+\tilde{\tau}_{wu}\end{cases} \tag{4-104}$$

结合控制器（4-98）以及自适应律（4-104），式（4-103）可处理为

$$\begin{aligned}\dot{V}_4&=-\lambda_1(u-u_{\mathrm{d}})^2-k_3(q-q_{\mathrm{d}})^2-P_1\beta_1^2(q-q_{\mathrm{d}})^2-\frac{1}{k_{11}}\tilde{\tau}_{wq}^2\\&\quad-k_4(r-r_{\mathrm{d}})^2-P_2\beta_2^2(r-r_{\mathrm{d}})^2-\frac{1}{k_{22}}\tilde{\tau}_{wr}^2-\frac{1}{k_{33}}\tilde{\tau}_{wu}^2\\&=-\lambda_1u_{\mathrm{e}}^2-(k_3+P_1\beta_1^2)q_{\mathrm{e}}^2-(k_4+P_2\beta_2^2)r_{\mathrm{e}}^2-\frac{1}{k_{11}}\tilde{\tau}_{wq}^2\\&\quad-\frac{1}{k_{22}}\tilde{\tau}_{wr}^2-\frac{1}{k_{33}}\tilde{\tau}_{wu}^2\end{aligned} \tag{4-105}$$

定义 $\boldsymbol{\Omega}=\left[u_{\mathrm{e}},q_{\mathrm{e}},r_{\mathrm{e}},\frac{\tilde{\tau}_{wq}}{\sqrt{k_{11}}},\frac{\tilde{\tau}_{wr}}{\sqrt{k_{22}}},\frac{\tilde{\tau}_{wu}}{\sqrt{k_{33}}}\right]^{\mathrm{T}}$ ，并令 $k_3+P_1\beta_1^2=\lambda_2$ 和 $k_4+P_2\beta_2^2=\lambda_3$ ，则有

$$2V_4 = \|\boldsymbol{\Omega}\|^2 \tag{4-106}$$

考虑式（4-105）和式（4-106），有

$$\dot{V}_4 \leqslant -2\gamma V_4 \tag{4-107}$$

式中，$\gamma = \min\{\lambda_1, \lambda_2, \lambda_3, 1, 1, 1\}$。式（4-107）结果表明闭环系统误差能够收敛到零附近一个很小邻域内。

4.4.4 仿真实验

下面给出仿真实验，用来验证基于阻尼反步控制器的有效性和优越性。仿真实验中，期望路径为 $x_{\mathrm{d}} = 20\cos(s\pi/24)$，$y_{\mathrm{d}} = 20\sin(s\pi/24)$，$z_{\mathrm{d}} = -s$；期望速度为 $u_{\mathrm{d}} = 1\mathrm{m/s}$；定系下的海流干扰为 $\boldsymbol{\tau}_w = [-3,4,0,0,0]^{\mathrm{T}}$；航行器初始位置为 $(x,y,z) = (10,-5,0)$；初始速度为 $(u,v,w) = (0,0,0)$；初始角度为 $(\psi,\theta) = (0,0)$。

控制参数为 $\lambda = 5$，$P_1 = P_2 = P_3 = 0.5$，$\lambda_{\mathrm{a}} = \pi/4$，$\lambda_{\mathrm{b}} = \pi/20$，$m = 0.2$，$n = 1.5$；虚拟向导点的移动速度为 $\dot{s} = U_{\mathrm{B}}\cos\psi_{\mathrm{e}}\cos\theta_{\mathrm{e}} + c_3 x_{\mathrm{e}}$，这里 $c_3 = 0.1$。

图 4-29 给出了三维路径跟踪行为曲线，图 4-30 给出了水平面路径跟踪行为曲线，图 4-31 给出了垂直面路径跟踪行为曲线，其中虚线表示期望路径，实线表示阻尼反步控制，点划线表示反步控制。从图中可以看出，航行器在所设计的控制器作用下，经过短时间的姿态调整后可以较快地跟踪上期望路径；且在海流干扰下，基于阻尼反步控制下的航行器路径跟踪精度较高，验证了所提控制方法的有效性和优越性。

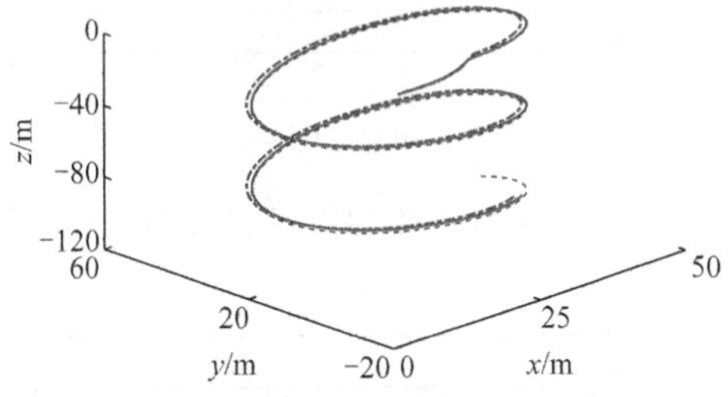

图 4-29　三维路径跟踪行为曲线

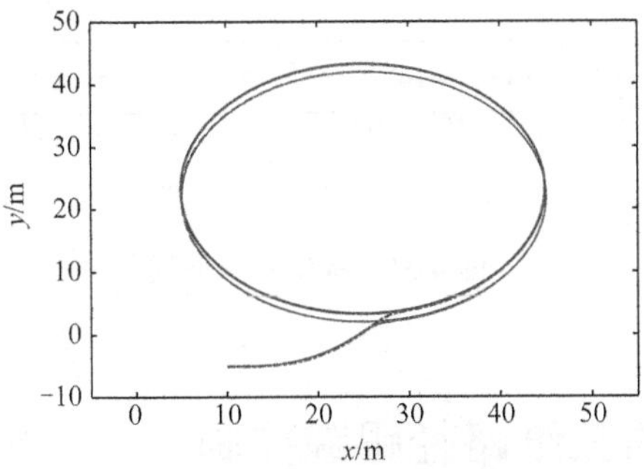

图 4-30　水平面路径跟踪行为曲线

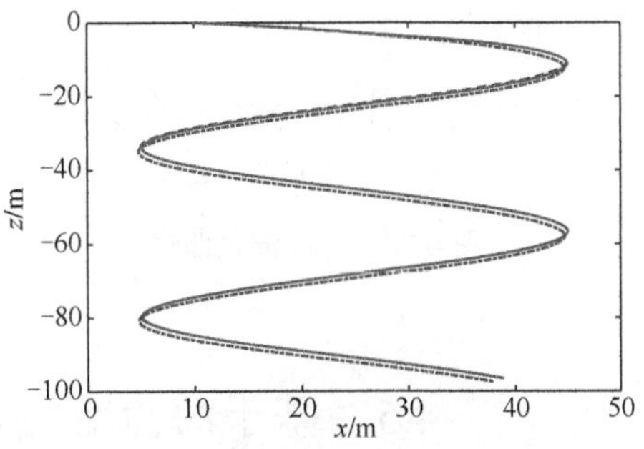

图 4-31　垂直面路径跟踪行为曲线

图 4-32 给出了路径跟踪误差曲线，包括纵向、横向以及垂向跟踪误差，可以

看到，基于阻尼反步控制的跟踪误差能够较快地收敛到零，并稳定在原点附近的很小邻域内；而基于反步控制的跟踪误差在原点附近波动且无法收敛到零。图 4-33 给出了速度演化曲线，可以看到，在阻尼反步控制器作用下，航行器的纵向速度能较快稳定在期望值；由于控制系统在横向和垂向上缺少控制输入，所以稳定后横向速度和垂向速度相比于纵向速度较小，并在有界区域内变化。图 4-34 给出了艏向角和纵倾角演化曲线，由于在水平面内，航行器跟踪路径是圆，因此艏向角发生周期性变化；纵倾角则较快保持稳定，符合螺旋下潜的情况。图 4-35 给出了控制输入曲线，包括纵向推力、转艏力矩和纵倾力矩曲线，可以看出基于阻尼反步的控制输入更加平稳。

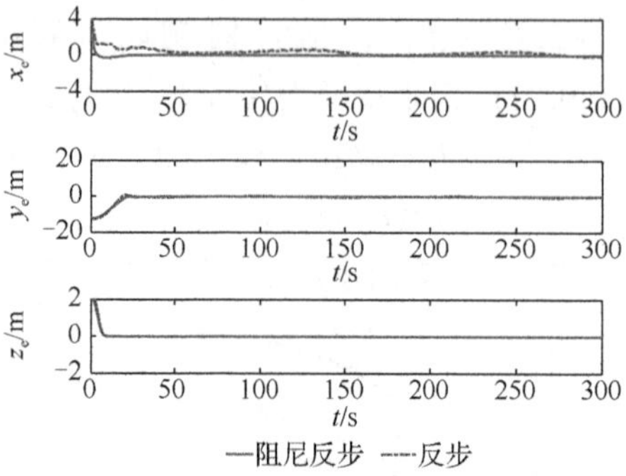

图 4-32　路径跟踪误差曲线

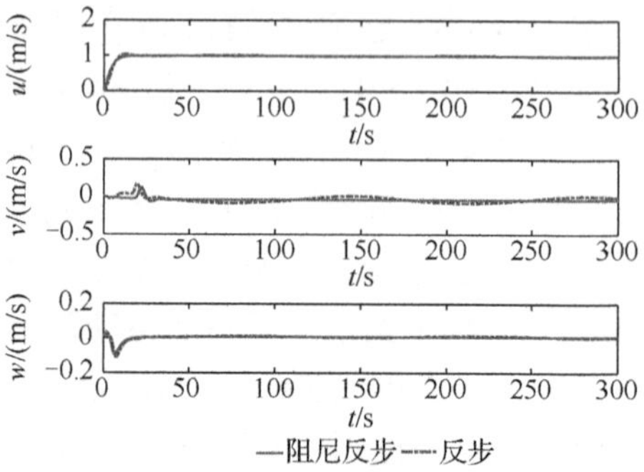

图 4-33　速度演化曲线

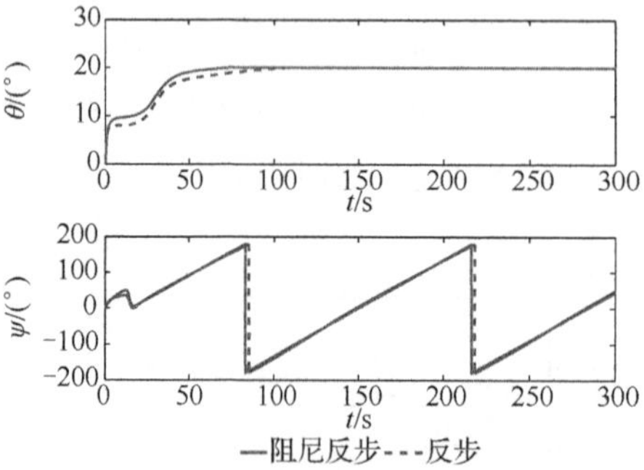

图 4-34　角度演化曲线

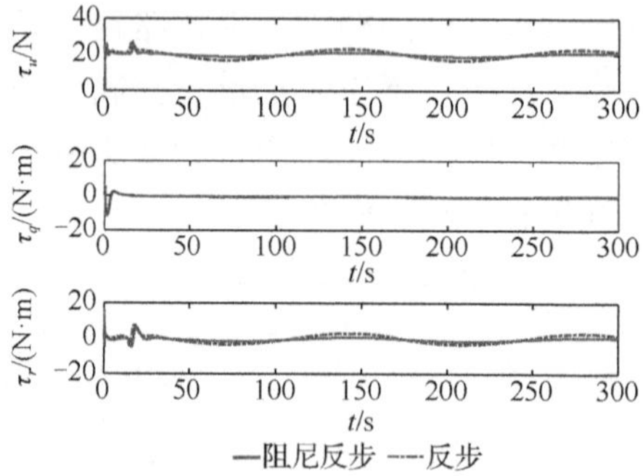

图 4-35　控制输入曲线

4.5　基于海流观测器的三维路径跟踪控制

海流一般分为潮流、定海流、风生流和余流，是海水大规模的相对稳定的周期性流动，随气候、地域和季节变化。航行器在水下航行时，由于下潜较深，海浪对其影响较小，所以海流是其主要外界干扰（侯恕萍等，2013）。另外，对于本书研究对象来说，由于其体积小、执行机构能力有限，海流干扰影响更为明显，增加了路径跟踪控制的难度。所以，有必要研究海流干扰下欠驱动航行器路径跟踪控制（王青山，2007）。

非线性滑模控制能够改善控制效果，使得控制系统对模型参数不确定性与海流干扰具有鲁棒性，保证系统满足指定的控制性能（Slotine et al.，1983）。4.4 节的运动方程是在静水条件下建立的，本节考虑未知海流干扰对欠驱动航行器路径跟踪控制的影响，研究基于海流观测器的欠驱动水下航行器三维路径跟踪。首先，结合现有研究文献，给出海流干扰下欠驱动航行器六自由度运动模型（杨莹等，2013）；对于未知常值海流，采用海流观测器进行在线观测，通过调整设计参数使观测器误差指数收敛。然后，针对引入海流观测器的控制系统采用反步滑模方法设计控制器，同时对比分析无海流观测器的反步滑模控制，并且通过仿真实验验证了控制器的鲁棒性。滑模控制律的设计保证了闭环系统的稳定性，且对模型参数变化及外界干扰等因素具有极好的鲁棒性，提高了欠驱动航行器路径跟踪控制的精确性。最后，仿真实验验证了该控制方法能够较好地观测和估计未知海流，实现了欠驱动航行器三维路径跟踪控制。

4.5.1　海流干扰分析

在有限的特定海域内，海流的流速和流向一般比较稳定，即海流变化是缓慢，且是无旋的，因此海流的运动可以简化为变化非常缓慢的定常流动，也就是对航行器的干扰可以简化为定常干扰。在海流干扰下，欠驱动航行器除了受到自身运动引起的艇体水动力和执行机构产生的推力之外，还有海流干扰力。通常采用如下两种方法处理海流干扰（王青山，2007）。

（1）利用理论公式计算出海流干扰力的大小。基于定常流假设只给出了用于计算海流对水面船舶的干扰力和力矩：

$$\begin{cases} X_{cd} = \dfrac{1}{2}\rho V_{cd}^2 C_{XC}\left(\mu_{cd}\right) A_{TC} \\ Y_{cd} = \dfrac{1}{2}\rho V_{cd}^2 C_{YC}\left(\mu_{cd}\right) A_{LC} \\ N_{cd} = \dfrac{1}{2}\rho V_{cd}^2 C_{NC}\left(\mu_{cd}\right) A_{LS} L \end{cases} \tag{4-108}$$

式中，X_{cd}、Y_{cd} 和 N_{cd} 分别为海流对航行器的纵荡力、横荡力和艏摇力矩；V_{cd} 和 μ_{cd} 分别为海流相对于航行器的速度和遭遇角；A_{TC} 和 A_{LC} 分别为航行器水下部分的横向截面和纵向截面；A_{LS} 为水线面；L 为航行器长度；$C_{XC}\left(\mu_{cd}\right)$、$C_{YC}\left(\mu_{cd}\right)$ 和 $C_{NC}\left(\mu_{cd}\right)$ 分别为海流的纵荡力系数、横荡力系数以及艏摇力系数。

（2）海流干扰实质是一种流体水动力，可以通过计算艇体水动力和海流干扰力的合力。以海流为惯性参考系，即认为海流是静止的（窦刚，2019）。根据相对运动的原理和艇体水动力系数的物理意义，此时航行器在海流中的艇体水动力就不是绝对速度u、v和w的函数，而是航行器相对于海流的相对速度u_r、v_r和w_r的函数。因此，用航行器相对于海流的相对速度u_r、v_r和w_r代替航行器在静水中的绝对速度u、v和w计算得出的就是航行器在海流中航行时的艇体水动力。

在第 2 章航行器运动模型基础上，假定海流干扰为无旋流，根据相对运动原理在航行器运动模型中考虑海流的作用，运动学方程为

$$\begin{bmatrix}\dot{x}\\ \dot{y}\\ \dot{z}\end{bmatrix}=\begin{bmatrix}\cos\psi\cos\theta & \sin\psi\cos\theta & -\sin\theta\\ -\sin\psi\cos\phi+\cos\psi\sin\theta\sin\phi & \cos\psi\cos\phi+\sin\psi\sin\theta\sin\phi & \sin\phi\cos\theta\\ \sin\psi\sin\phi+\cos\psi\sin\theta\cos\phi & -\cos\psi\sin\phi+\sin\psi\sin\theta\cos\phi & \cos\phi\cos\theta\end{bmatrix}^{\mathrm{T}}\begin{bmatrix}u_r\\ v_r\\ w_r\end{bmatrix}+\begin{bmatrix}u_c^e\\ v_c^e\\ w_c^e\end{bmatrix} \tag{4-109}$$

式中，$\boldsymbol{v}_c^e=\left[u_c^e,v_c^e,w_c^e\right]^{\mathrm{T}}$表示定系下海流速度；$\boldsymbol{v}_c=\left[u_c,v_c,w_c\right]^{\mathrm{T}}$表示动系下海流速度，且有$\dot{\boldsymbol{v}}_c=0$。

在此背景下，航行器相对于海流的速度为$u_r=u-u_c$，$v_r=v-v_c$和$w_r=w-w_c$，且二者转换关系为

$$\begin{bmatrix}u_c\\ v_c\\ w_c\end{bmatrix}=\begin{bmatrix}\cos\psi\cos\theta & \sin\psi\cos\theta & -\sin\theta\\ -\sin\psi & \cos\psi & 0\\ \cos\psi\sin\theta & \sin\psi\sin\theta & \cos\theta\end{bmatrix}^{\mathrm{T}}\begin{bmatrix}u_c^e\\ v_c^e\\ w_c^e\end{bmatrix} \tag{4-110}$$

进一步，式（4-109）可改写成

$$\dot{\boldsymbol{\eta}}=\boldsymbol{J}(\boldsymbol{\eta})\boldsymbol{v}_r+\boldsymbol{v}_c^e \tag{4-111}$$

式中，$\boldsymbol{v}_r=\left[u_r,v_r,w_r,p,q,r\right]^{\mathrm{T}}$为相对速度；$\boldsymbol{\eta}=\left[x,y,z,\varphi,\theta,\psi\right]^{\mathrm{T}}$为航行器位置和姿态。

将式（4.110）代入式（4.111），可得

$$\begin{aligned}\dot{\boldsymbol{\eta}}&=\boldsymbol{J}(\boldsymbol{\eta})\boldsymbol{v}_r+\boldsymbol{J}(\boldsymbol{\eta})\boldsymbol{v}_c\\ &=\boldsymbol{J}(\boldsymbol{\eta})(\boldsymbol{v}_r+\boldsymbol{v}_c)\\ &=\boldsymbol{J}(\boldsymbol{\eta})\boldsymbol{v}\end{aligned} \tag{4-112}$$

式中，$\boldsymbol{J}(\boldsymbol{\eta})=\begin{bmatrix}\boldsymbol{R}_b^n & \boldsymbol{0}_{3\times3}\\ \boldsymbol{0}_{3\times3} & \boldsymbol{T}_{\Theta}\end{bmatrix}$。

考虑海流干扰的影响，用航行器相对于海流的相对速度u_r、v_r和w_r代替其在静水中的绝对速度，改写航行器动力学模型为

$$\left(\boldsymbol{M}_{\mathrm{RB}}+\boldsymbol{M}_{\mathrm{A}}\right)\dot{\boldsymbol{v}}+\boldsymbol{C}_{\mathrm{RB}}(\boldsymbol{v})\boldsymbol{v}+\boldsymbol{C}_{\mathrm{A}}\left(\boldsymbol{v}_{\mathrm{r}}\right)\boldsymbol{v}_{\mathrm{r}}+\boldsymbol{D}\left(\boldsymbol{v}_{\mathrm{r}}\right)\boldsymbol{v}_{\mathrm{r}}+\boldsymbol{g}(\boldsymbol{\eta})=\boldsymbol{\tau} \tag{4-113}$$

式中，参数矩阵满足 $\boldsymbol{M}_{\mathrm{RB}}=\boldsymbol{M}_{\mathrm{RB}}^{\mathrm{T}}>0$ 及 $\boldsymbol{C}_{\mathrm{RB}}(\boldsymbol{v})=-\boldsymbol{C}_{\mathrm{RB}}^{\mathrm{T}}(\boldsymbol{v})$。

针对海流干扰下的航行器三维路径跟踪问题，本节研究目标可表述为：考虑航行器模型（4-113），建立如图 4-36 所示的基于海流观测器的三维路径跟踪控制算法框架，利用海流观测器在线估计海流，设计速度转艏纵倾控制器，保证航行器以给定速度跟踪上期望路径。

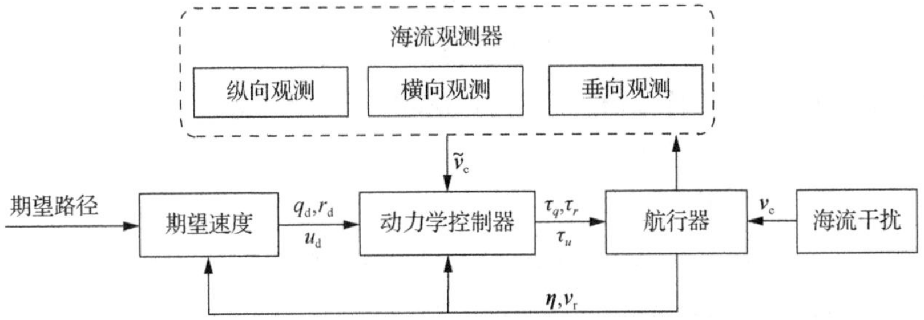

图 4-36　基于海流观测器的三维路径跟踪控制算法框架

4.5.2　海流观测器设计

由于海流干扰无法直接预测，为保证欠驱动控制系统的最佳控制性能，需要对海流观测器得到的海流速度进行估计，则估计误差为 $\tilde{\boldsymbol{v}}_{\mathrm{c}}^{\mathrm{e}}=\boldsymbol{v}_{\mathrm{c}}^{\mathrm{e}}-\hat{\boldsymbol{v}}_{\mathrm{c}}^{\mathrm{e}}$。针对式(4-112)中包含未知的运动坐标系下的海流速度，本节首先通过设计海流观测器来估计大地坐标系下的海流速度，然后根据式（4-110）转换矩阵可得到运动坐标系下的海流速度（曲星儒，2018）。

设计海流观测器 $u_{\mathrm{c}}^{\mathrm{e}}$ 分量为

$$\begin{cases}\dot{\hat{x}}=u_{\mathrm{r}}\cos\psi\cos\theta+v_{\mathrm{r}}\left(-\sin\psi\cos\phi+\cos\psi\sin\theta\sin\phi\right)\\ \quad +w_{\mathrm{r}}\left(\sin\psi\sin\phi+\cos\psi\sin\theta\cos\phi\right)+\hat{u}_{\mathrm{c}}^{\mathrm{e}}+K_{41}\left(x-\hat{x}\right)\\ \dot{\hat{u}}_{\mathrm{c}}^{\mathrm{e}}=K_{31}\left(x-\hat{x}\right)\end{cases} \tag{4-114}$$

式中，$K_{41}>0$ 和 $K_{31}>0$ 为设计常数；$\hat{x}$ 和 $\hat{u}_{\mathrm{c}}^{\mathrm{e}}$ 分别为海流观测器位置和速度估计值。

令 $\tilde{x}=x-\hat{x}$ 和 $\tilde{u}_{\mathrm{c}}^{\mathrm{e}}=u_{\mathrm{c}}^{\mathrm{e}}-\hat{u}_{\mathrm{c}}^{\mathrm{e}}$，结合式（4-109）和式（4-114），可得

$$\begin{bmatrix}\dot{\tilde{x}}\\ \dot{\tilde{u}}_{\mathrm{c}}^{\mathrm{e}}\end{bmatrix}=\begin{bmatrix}-K_{41} & 1\\ -K_{31} & 0\end{bmatrix}\begin{bmatrix}\tilde{x}\\ \tilde{u}_{\mathrm{c}}^{\mathrm{e}}\end{bmatrix} \tag{4-115}$$

注意式（4-115）的所有特征根有严格的负实部，根据李雅普诺夫渐近稳定性理论可知估计误差 $\tilde{x}$ 和 $\tilde{u}_{\mathrm{c}}^{\mathrm{e}}$ 是渐近稳定的。

设计海流观测器 $v_{\mathrm{c}}^{\mathrm{e}}$ 分量为

$$
\begin{cases}
\dot{\hat{y}} = u_{\mathrm{r}} \sin\psi \cos\theta + v_{\mathrm{r}} \left(\cos\psi \cos\phi + \sin\phi \sin\theta \sin\psi \right) \\
\qquad + w_{\mathrm{r}} \left(-\cos\psi \sin\phi + \cos\phi \sin\theta \sin\psi \right) + \hat{v}_{\mathrm{c}}^{\mathrm{e}} + K_{42} \left(y - \hat{y} \right) \\
\dot{\hat{v}}_{\mathrm{c}}^{\mathrm{e}} = K_{32} \left(y - \hat{y} \right)
\end{cases} \tag{4-116}
$$

式中，$K_{42} > 0$ 和 $K_{32} > 0$ 为设计常数；$\hat{y}$ 和 $\hat{v}_{\mathrm{c}}^{\mathrm{e}}$ 分别为海流观测器位置和速度估计值。

令 $y - \hat{y} = \tilde{y}$ 和 $v_{\mathrm{c}}^{\mathrm{e}} - \hat{v}_{\mathrm{c}}^{\mathrm{e}} = \tilde{v}_{\mathrm{c}}^{\mathrm{e}}$，结合式（4-109）和式（4-116）得

$$
\begin{bmatrix} \dot{\tilde{y}} \\ \dot{\tilde{v}}_{\mathrm{c}}^{\mathrm{e}} \end{bmatrix} = \begin{bmatrix} -K_{42} & 1 \\ -K_{32} & 0 \end{bmatrix} \begin{bmatrix} \tilde{y} \\ \tilde{v}_{\mathrm{c}}^{\mathrm{e}} \end{bmatrix} \tag{4-117}
$$

式（4-117）的所有特征根有严格的负实部，由李雅普诺夫渐近稳定性理论可知估计误差 $\tilde{y}$ 和 $\tilde{v}_{\mathrm{c}}^{\mathrm{e}}$ 是渐近稳定的。

设计海流观测器 $w_{\mathrm{c}}^{\mathrm{e}}$ 分量为

$$
\begin{cases}
\dot{\hat{z}} = -u_{\mathrm{r}} \sin\theta + v_{\mathrm{r}} \cos\theta \sin\phi + w_{\mathrm{r}} \cos\theta \cos\phi + \hat{w}_{\mathrm{c}}^{\mathrm{e}} + K_{43} \left(z - \hat{z} \right) \\
\dot{\hat{w}}_{\mathrm{c}}^{\mathrm{e}} = K_{33} \left(z - \hat{z} \right)
\end{cases} \tag{4-118}
$$

式中，$K_{43} > 0$ 和 $K_{33} > 0$ 为设计常数；$\hat{z}$ 和 $\hat{w}_{\mathrm{c}}^{\mathrm{e}}$ 分别为海流观测器位置和速度估计值。

令 $z - \hat{z} = \tilde{z}$ 和 $w_{\mathrm{c}}^{\mathrm{e}} - \hat{w}_{\mathrm{c}}^{\mathrm{e}} = \tilde{w}_{\mathrm{c}}^{\mathrm{e}}$，则有

$$
\begin{bmatrix} \dot{\tilde{z}} \\ \dot{\tilde{w}}_{\mathrm{c}}^{\mathrm{e}} \end{bmatrix} = \begin{bmatrix} -K_{43} & 1 \\ -K_{33} & 0 \end{bmatrix} \begin{bmatrix} \tilde{z} \\ \tilde{w}_{\mathrm{c}}^{\mathrm{e}} \end{bmatrix} \tag{4-119}
$$

式（4-119）的所有特征根有严格的负实部，根据李雅普诺夫渐近稳定性理论可知估计误差 $\tilde{y}$ 和 $\tilde{v}_{\mathrm{c}}^{\mathrm{e}}$ 是渐近稳定的。

4.5.3　反步滑模控制器设计

考虑非线性系统

$$
\dot{\boldsymbol{x}} = f\left(\boldsymbol{x}, t\right) + \Delta f\left(\boldsymbol{x}, t\right) + \left(b\left(\boldsymbol{x}, t\right) + \Delta b\left(\boldsymbol{x}, t\right) \right) u \tag{4-120}
$$

式中，$\Delta f\left(\boldsymbol{x}, t\right)$ 和 $\Delta b\left(\boldsymbol{x}, t\right)$ 表示系统摄动。

选择切换函数 $s = s\left(\boldsymbol{x}, t\right)$，则有

$$
\dot{s} = \frac{\partial s}{\partial t} + \frac{\partial s}{\partial \boldsymbol{x}} \left(f\left(\boldsymbol{x}, t\right) + \Delta f\left(\boldsymbol{x}, t\right) + \left(b\left(\boldsymbol{x}, t\right) + \Delta b\left(\boldsymbol{x}, t\right) \right) u \right) \tag{4-121}
$$

当 $s \to 0$ 时，即 $\dot{s} = 0$，设计等效控制力

$$
u = -\left(\frac{\partial s}{\partial \boldsymbol{x}} \left(b\left(\boldsymbol{x}, t\right) + \Delta b\left(\boldsymbol{x}, t\right) \right) \right)^{-1} \left(\frac{\partial s}{\partial t} + \frac{\partial s}{\partial \boldsymbol{x}} \left(f\left(\boldsymbol{x}, t\right) + \Delta f\left(\boldsymbol{x}, t\right) \right) \right) \tag{4-122}
$$

将式（4-122）代入式（4-120），系统的滑动模态可表示为

$$
\dot{x} = f\left(\boldsymbol{x}, t\right) + \Delta f\left(\boldsymbol{x}, t\right) - \left(b\left(\boldsymbol{x}, t\right) + \Delta b\left(\boldsymbol{x}, t\right) \right) \left(\frac{\partial s}{\partial x} \left(b\left(\boldsymbol{x}, t\right) \right. \right.
$$

$$+\Delta b(\boldsymbol{x},t)\big)\Big)^{-1}\left(\frac{\partial s}{\partial t}+\frac{\partial s}{\partial \boldsymbol{x}}\big(f(\boldsymbol{x},t)+\Delta f(\boldsymbol{x},t)\big)\right) \tag{4-123}$$

这里假设 $\dfrac{\partial s}{\partial \boldsymbol{x}}b(\boldsymbol{x},t)$ 可逆，且系统摄动满足滑动模态的匹配条件，即存在 K_1 和 K_2 使摄动满足

$$\Delta f(\boldsymbol{x},t)=bK_1,\ \Delta b(\boldsymbol{x},t)=bK_2 \tag{4-124}$$

在此背景下，式（4-123）可表示为

$$\begin{aligned}
\dot{\boldsymbol{x}}&=f+bK_1-b(I+K_2)\left(\frac{\partial s}{\partial \boldsymbol{x}}b(I+K_2)\right)^{-1}\left(\frac{\partial s}{\partial t}+\frac{\partial s}{\partial \boldsymbol{x}}(f+bK_1)\right)\\
&=f+bK_1-b(I+K_2)(I+K_2)^{-1}\left(\frac{\partial s}{\partial \boldsymbol{x}}b\right)^{-1}\frac{\partial s}{\partial t}-b(I+K_2)(I\\
&\quad+K_2)^{-1}\left(\frac{\partial s}{\partial \boldsymbol{x}}b\right)^{-1}\frac{\partial s}{\partial t}f-b(I+K_2)(I+K_2)^{-1}\left(\frac{\partial s}{\partial \boldsymbol{x}}b\right)^{-1}\frac{\partial s}{\partial \boldsymbol{x}}bK_1\\
&=\left(I-b\left(\frac{\partial s}{\partial \boldsymbol{x}}b\right)^{-1}\frac{\partial s}{\partial \boldsymbol{x}}\right)f-b\left(\frac{\partial s}{\partial \boldsymbol{x}}b\right)^{-1}\frac{\partial s}{\partial t}
\end{aligned} \tag{4-125}$$

式（4-125）结果表明滑动模态与系统摄动 $\Delta f(\boldsymbol{x},t)$ 和 $\Delta b(\boldsymbol{x},t)$ 无关，即在滑模控制的过程中，控制系统的特征和参数仅取决于设计的滑模面，而与被控对象的参数摄动和外界干扰无关，因此滑模运动对于满足匹配条件的外界干扰就有完全的鲁棒性。

下面，在反步控制的基础上引入滑模面，即在反步法设计的最后一步考虑滑模控制的强鲁棒性（Liang et al.，2018b）。设计滑模面为

$$S=c_1z_1+c_2z_2+\cdots+c_{n-1}z_{n-1}+z_n \tag{4-126}$$

式中，$c_1>0$，$c_2>0$，$c_{n-1}>0$ 和 $z_n>0$ 均为设计常数；$P(x)=p^{(n-1)}+c_{n-1}p^{(n-2)}+\cdots+c_2p+c_1$ 满足 Hurwitz 判据。

选择如下形式的李雅普诺夫函数：

$$V_n=V_{n-1}+\frac{1}{2}S^2 \tag{4-127}$$

对式（4-127）两边求导，可得

$$\begin{aligned}
\dot{V}_n&=-\sum_{i=1}^{n-1}k_iz_i^2+z_{n-1}z_n+S\dot{S}\\
&=-\sum_{i=1}^{n-1}k_iz_i^2+z_{n-1}z_n+S\left(c_1\dot{z}_1+\cdots+c_{n-1}\dot{z}_{n-1}+\dot{z}_n\right)\\
&=-\sum_{i=1}^{n-1}k_iz_i^2+z_{n-1}z_n+S\left(\sum_{i=1}^{n-1}c_i\dot{z}_i+\dot{x}_n-\dot{\alpha}_{n-1}\right)
\end{aligned}$$

$$=-\sum_{i=1}^{n-1}k_iz_i^2+z_{n-1}z_n+S\left(\sum_{i=1}^{n-1}c_i\dot{z}_i+f\left(\boldsymbol{x},t\right)+b\left(\boldsymbol{x},t\right)u+d-\dot{\alpha}_{n-1}\right) \tag{4-128}$$

式中，d 表示系统不确定项。

设计控制输入为

$$u=\frac{1}{b(\boldsymbol{x},t)}\left(-f\left(\boldsymbol{x},t\right)-\sum_{i=1}^{n-1}c_i\dot{z}_i+\dot{\alpha}_{n-1}-D\operatorname{sgn}\left(S\right)-hS\right) \tag{4-129}$$

式中，$h>0$ 为常数。

将式（4-129）代入式（4-128），可得

$$\begin{aligned}\dot{V}_n&=-\sum_{i=1}^{n-1}k_iz_i^2+z_{n-1}z_n-hS^2+dS-D\left|S\right|\\&\leqslant-\sum_{i=1}^{n-1}k_iz_i^2+z_{n-1}z_n-hS^2+\left|S\right|(\left|d\right|-D)\\&\leqslant-\sum_{i=1}^{n-1}k_iz_i^2+z_{n-1}z_n-hS^2\end{aligned} \tag{4-130}$$

进一步，定义矩阵

$$\boldsymbol{Q}=\begin{bmatrix}k_1+hc_1^2 & hc_1c_2 & \cdots & hc_1c_{n-1} & hc_1\\ hc_1c_2 & k_2+hc_2^2 & \cdots & hc_2c_{n-1} & hc_2\\ \vdots & \vdots & & \vdots & \vdots\\ hc_1c_{n-1} & hc_2c_{n-1} & \cdots & k_{n-1}+hc_{n-1}^2 & hc_{n-1}-\dfrac{1}{2}\\ hc_1 & hc_2 & \cdots & hc_{n-1}-\dfrac{1}{2} & h\end{bmatrix} \tag{4-131}$$

由于

$$\begin{aligned}\boldsymbol{z}^{\mathrm{T}}\boldsymbol{Q}\boldsymbol{z}&=\left[z_1,z_2,\cdots,z_n\right]\boldsymbol{Q}\left[z_1,z_2,\cdots,z_n\right]^{\mathrm{T}}\\&=\sum_{i=1}^{n-1}k_iz_i^2-z_{n-1}z_n+h\left(c_1z_1+\cdots+c_{n-1}z_{n-1}+z_n\right)^2\\&=\sum_{i=1}^{n-1}k_iz_i^2-z_{n-1}z_n+hS^2\end{aligned} \tag{4-132}$$

结合式（4-131）和式（4-132），式（4-130）可化简为

$$\dot{V}_n\leqslant-\boldsymbol{z}^{\mathrm{T}}\boldsymbol{Q}\boldsymbol{z} \tag{4-133}$$

通过选取合适的参数值，可使$\left|\boldsymbol{Q}\right|>0$，从而保证 $\boldsymbol{Q}$ 为正定矩阵。在此背景下，则有

$$\dot{V}_n\leqslant 0 \tag{4-134}$$

考虑航行器模型（4-113）和上述反步滑模设计过程，航行器的纵向推力、转艏力矩和纵倾力矩可设计为

$$
\begin{cases}
\tau_u = m_{11}\left(\dot{u}_{\mathrm{d}} - k_1\left(u-u_{\mathrm{d}}\right) - h_1 S_1\right) - mwq - mvr \\
\qquad - Z_{\dot{w}} w_r q + Y_{\dot{v}} v_r r + \left(-X_u - X_{uu}\left|u\right|\right) u_r \\
\tau_q = m_{55}\left(-k_2\left(q-q_{\mathrm{d}}\right) + \dot{q}_{\mathrm{d}} - h_2 S_2\right) + \left(I_x - I_z\right) pr + Z_{\dot{w}} w_r u_r \\
\qquad - X_{\dot{u}} w_r u_r + N_{\dot{r}} pr - K_{\dot{p}} pr + \left(-M_q - M_{qq}\left|r\right|\right) q \\
\tau_r = m_{66}\left(-k_3\left(r-r_{\mathrm{d}}\right) + \dot{r}_{\mathrm{d}} - h_3 S_3\right) + \left(I_y - I_x\right) pq - Y_{\dot{v}} v_r u_r \\
\qquad + X_{\dot{u}} v_r u_r - M_{\dot{q}} pq + K_{\dot{p}} pq + \left(-N_r - N_{rr}\left|r\right|\right)
\end{cases}
\tag{4-135}
$$

式中，$k_i > 0$ 和 $h_i > 0$ 为设计常数，且 $i = 1,2,3$。

4.5.4 稳定性分析

考虑观测器系统，海流观测器纵向估计误差为

$$
\begin{bmatrix} \dot{\tilde{x}} \\ \dot{\tilde{u}}_{\mathrm{c}}^{\mathrm{e}} \end{bmatrix} = \begin{bmatrix} -K_{41} & 1 \\ -K_{31} & 0 \end{bmatrix} \begin{bmatrix} \tilde{x} \\ \tilde{u}_{\mathrm{c}}^{\mathrm{e}} \end{bmatrix}
\tag{4-136}
$$

令 $\boldsymbol{A}_1 = \begin{bmatrix} -K_{41} & 1 \\ -K_{31} & 0 \end{bmatrix}$，并选择如下形式的李雅普诺夫函数：

$$
V_1 = a_1 \tilde{x}^2 - \tilde{x}\tilde{u}_{\mathrm{c}}^{\mathrm{e}} + b_1 \tilde{u}_{\mathrm{c}}^{\mathrm{e}2}
\tag{4-137}
$$

式中，$a_1 = \dfrac{1+K_{31}}{2K_{41}}$ 和 $b_1 = \dfrac{1+K_{31}+K_{41}^2}{2K_{31}K_{41}}$ 为待定的常数。

对式（4-137）求导，整理得李雅普诺夫函数的导数为

$$
\begin{aligned}
\dot{V}_1 &= 2a_1 \tilde{x}\dot{\tilde{x}} - \dot{\tilde{x}}\tilde{u}_{\mathrm{c}}^{\mathrm{e}} - \tilde{x}\dot{\tilde{u}}_{\mathrm{c}}^{\mathrm{e}} + 2b_1 \tilde{u}_{\mathrm{c}}^{\mathrm{e}}\dot{\tilde{u}}_{\mathrm{c}}^{\mathrm{e}} \\
&= \frac{1+k_{31}}{k_{41}} \tilde{x}\left(-K_{41}\tilde{x} + \tilde{u}_{\mathrm{c}}^{\mathrm{e}}\right) - \left(-K_{41}\tilde{x} + \tilde{u}_{\mathrm{c}}^{\mathrm{e}}\right)\tilde{u}_{\mathrm{c}}^{\mathrm{e}} \\
&\quad - \tilde{x}\left(-K_{31}\tilde{x}\right) + \frac{1+k_{31}+k_{41}^2}{k_{31}k_{41}} \tilde{u}_{\mathrm{c}}^{\mathrm{e}}\left(-K_{31}\tilde{x}\right) \\
&= -\tilde{x}^2 - \tilde{u}_{\mathrm{c}}^{\mathrm{e}2}
\end{aligned}
\tag{4-138}
$$

则存在正定矩阵 $\boldsymbol{P}_1$，满足 $\boldsymbol{A}_1^{\mathrm{T}}\boldsymbol{P}_1 + \boldsymbol{P}_1\boldsymbol{A}_1 = -\boldsymbol{I}$。

针对横向和垂向观测器误差，分别选择如下形式的李雅普诺夫函数：

$$
\begin{cases}
V_2 = a_2 \tilde{y}^2 - \tilde{y}\tilde{v}_{\mathrm{c}}^{\mathrm{e}} + b_2 \tilde{v}_{\mathrm{c}}^{\mathrm{e}2} \\
V_3 = a_3 \tilde{z}^2 - \tilde{z}\tilde{w}_{\mathrm{c}}^{\mathrm{e}} + b_3 \tilde{w}_{\mathrm{c}}^{\mathrm{e}2}
\end{cases}
\tag{4-139}
$$

式中，$a_2 = \dfrac{1+K_{32}}{2K_{42}}$ 和 $b_2 = \dfrac{1+K_{32}+K_{42}^2}{2K_{32}K_{42}}$ 为待定的常数；$a_3 = \dfrac{1+K_{33}}{2K_{43}}$ 和 $b_3 = \dfrac{1+K_{33}+K_{43}^2}{2K_{33}K_{43}}$ 为待定的常数。

对式（4-139）两边求导，可得

$$\begin{cases}\dot{V}_2 = 2a_2\tilde{y}\dot{\tilde{y}} - \dot{\tilde{y}}\tilde{v}_c^e - \tilde{y}\dot{\tilde{v}}_c^e + 2b_2\tilde{v}_c^e\dot{\tilde{v}}_c^e \\ \quad = \dfrac{1+K_{32}}{K_{42}}\tilde{y}\left(-K_{42}\tilde{y}+\tilde{v}_c^e\right) - \left(-K_{42}\tilde{y}+\tilde{v}_c^e\right)\tilde{v}_c^e - \tilde{y}\left(-K_{32}\tilde{y}\right) + \dfrac{1+K_{32}+K_{42}^2}{K_{32}K_{42}}\tilde{v}_c^e\left(-K_{32}\tilde{y}\right) \\ \quad = -\tilde{y}^2 - \tilde{v}_c^{e2} \\ \dot{V}_3 = 2a_3\tilde{z}\dot{\tilde{z}} - \dot{\tilde{z}}\tilde{w}_c^e - \tilde{z}\dot{\tilde{w}}_c^e + 2b_3\tilde{w}_c^e\dot{\tilde{w}}_c^e \\ \quad = \dfrac{1+K_{33}}{K_{43}}\tilde{z}\left(-K_{43}\tilde{z}+\tilde{w}_c^e\right) - \left(-K_{43}\tilde{z}+\tilde{w}_c^e\right)\tilde{w}_c^e - \tilde{z}\left(-K_{33}\tilde{z}\right) + \dfrac{1+K_{33}+K_{43}^2}{K_{33}K_{43}}\tilde{w}_c^e\left(-K_{33}\tilde{z}\right) \\ \quad = -\tilde{z}^2 - \tilde{w}_c^{e2}\end{cases} \tag{4-140}$$

令 $\boldsymbol{A}_2 = \begin{bmatrix} -K_{42} & 1 \\ -K_{32} & 0 \end{bmatrix}$ 和 $\boldsymbol{A}_3 = \begin{bmatrix} -K_{43} & 1 \\ -K_{33} & 0 \end{bmatrix}$，则存在正定矩阵 $\boldsymbol{P}_2$ 和 $\boldsymbol{P}_3$，满足等式 $\boldsymbol{A}_2^{\mathrm{T}}\boldsymbol{P}_2 + \boldsymbol{P}_2\boldsymbol{A}_2 = -\boldsymbol{I}$ 和 $\boldsymbol{A}_3^{\mathrm{T}}\boldsymbol{P}_3 + \boldsymbol{P}_3\boldsymbol{A}_3 = -\boldsymbol{I}$。

令海流观测器估计误差 $\boldsymbol{e} = \left[\tilde{x}, \tilde{y}, \tilde{z}, \tilde{u}_c^e, \tilde{v}_c^e, \tilde{w}_c^e\right]^{\mathrm{T}}$，选择关于观测器系统的李雅普诺夫函数

$$V_4 = V_1 + V_2 + V_3 \tag{4-141}$$

结合式（4-138）和式（4-140），整理式（4-141）可得

$$\begin{aligned}\dot{V}_4 &= \dot{V}_1 + \dot{V}_2 + \dot{V}_3 \\ &= -\tilde{x}^2 - \tilde{u}_c^{e2} - \tilde{y}^2 - \tilde{v}_c^{e2} - \tilde{z}^2 - \tilde{w}_c^{e2} \leqslant 0\end{aligned} \tag{4-142}$$

通过选择合适的增益矩阵，可保证所设计的海流观测器一致渐近稳定，即观测器的状态估计误差 $\boldsymbol{e} = \left[\tilde{x}, \tilde{y}, \tilde{z}, \tilde{u}_c^e, \tilde{v}_c^e, \tilde{w}_c^e\right]^{\mathrm{T}}$ 可渐近收敛于零。

定理 4-3　考虑航行器三维运动模型（4-113）和基于反步滑模的动力学控制器（4-135），则路径跟踪误差是渐近稳定的。

证明：选取李雅普诺夫函数

$$V_5 = \frac{1}{2}\left(x_e^2 + y_e^2 + z_e^2\right) \tag{4-143}$$

对上式求导可得

$$\dot{V}_5 = \dot{x}_e x_e + \dot{y}_e y_e + \dot{z}_e z_e \tag{4-144}$$

结合运动学误差方程，上式整理为

$$\begin{aligned}\dot{V}_5 &= \left(k(s)\dot{s}y_e - k(s)\dot{s}z_e + U_B\cos\psi_e\cos\theta_e - U_P\right)x_e \\ &\quad + \left(-k(s)\dot{s}x_e + U_B\sin\psi_e\cos\theta_e\right)y_e + \left(k(s)\dot{s}x_e - U_B\sin\theta_e\right)z_e \\ &= U_B x_e\cos\psi_e\cos\theta_e - U_P x_e - U_B z_e\sin\theta_e + U_B y_e\sin\psi_e\cos\theta_e\end{aligned} \tag{4-145}$$

选择路径参数变化量为

$$U_{\mathrm{P}}=\dot{s}=U_{\mathrm{B}}\cos\psi_{\mathrm{e}}\cos\theta_{\mathrm{e}}+\lambda x_{\mathrm{e}} \tag{4-146}$$

式中，$\lambda>0$ 为设计常数；s 为期望路径参数。

将式（4-146）代入式（4-145），可得

$$\dot{V}_5=-U_{\mathrm{B}}z_{\mathrm{e}}\sin\theta_{\mathrm{e}}+U_{\mathrm{B}}y_{\mathrm{e}}\sin\psi_{\mathrm{e}}\cos\theta_{\mathrm{e}}-\lambda x_{\mathrm{e}}^2 \tag{4-147}$$

航行器在航行时的纵倾角满足 $\theta_{\mathrm{e}}\in(-\pi/2,\pi/2)$，则有 $\cos\theta_{\mathrm{e}}>0$；当航行器在期望路径右侧时，即 $z_{\mathrm{e}}=0$，此时有 $y_{\mathrm{e}}\geqslant 0$ 和 $\psi_{\mathrm{e}}\in(-\pi,0)$，进一步有 $y_{\mathrm{e}}\sin\psi_{\mathrm{e}}\leqslant 0$；当航行器在期望路径左侧时，也有 $y_{\mathrm{e}}\sin\psi_{\mathrm{e}}\leqslant 0$；当航行器在期望路径上方时，即 $y_{\mathrm{e}}=0$，此时有 $z_{\mathrm{e}}\geqslant 0$ 和 $\theta_{\mathrm{e}}\in(0,\pi)$，则有 $z_{\mathrm{e}}\sin\theta_{\mathrm{e}}\geqslant 0$；当航行器在期望路径下方时，也有 $z_{\mathrm{e}}\sin\theta_{\mathrm{e}}\geqslant 0$；当航行器在期望路径右上方时，也有 $y_{\mathrm{e}}\sin\psi_{\mathrm{e}}\leqslant 0$ 且 $z_{\mathrm{e}}\sin\theta_{\mathrm{e}}\geqslant 0$。

因此，对于选取的李雅普诺夫函数 V_5，始终有 $\dot{V}_5\leqslant 0$，则说明误差 x_{e}、y_{e} 和 z_{e} 能够渐近稳定到零，即有 $\lim\limits_{t\to\infty}x_{\mathrm{e}}=0$，$\lim\limits_{t\to\infty}y_{\mathrm{e}}=0$ 和 $\lim\limits_{t\to\infty}z_{\mathrm{e}}=0$。

针对闭环系统，构造如下形式的李雅普诺夫函数：

$$V=V_1+V_2+V_5 \tag{4-148}$$

式中，$V_1=\dfrac{1}{2}\left\|z_1^2\right\|+\dfrac{1}{2}\left\|z_2^2\right\|$；$V_2=\dfrac{1}{2}z_3^2=\dfrac{1}{2}(u-u_{\mathrm{d}})^2$；$V_5=\dfrac{1}{2}\left(x_{\mathrm{e}}^2+y_{\mathrm{e}}^2+z_{\mathrm{e}}^2\right)$。

对式（4-148）求导得

$$\begin{aligned}\dot{V}&=-\boldsymbol{z}_1^{\mathrm{T}}\boldsymbol{C}_1\boldsymbol{z}_1-\boldsymbol{z}_2^{\mathrm{T}}\boldsymbol{C}_2\boldsymbol{z}_2+(u-u_{\mathrm{d}})(\dot{u}-\dot{u}_{\mathrm{d}})\\&\quad-U_{\mathrm{B}}z_{\mathrm{e}}\sin\theta_{\mathrm{e}}+U_{\mathrm{B}}y_{\mathrm{e}}\sin\psi_{\mathrm{e}}\cos\theta_{\mathrm{e}}-\lambda x_{\mathrm{e}}^2\\&\leqslant-\mu\|\boldsymbol{z}\|^2-\lambda(u-u_{\mathrm{d}})^2-P_0\beta_0^2(u-u_{\mathrm{d}})^2\\&\quad-U_{\mathrm{B}}z_{\mathrm{e}}\sin\theta_{\mathrm{e}}+U_{\mathrm{B}}y_{\mathrm{e}}\sin\psi_{\mathrm{e}}\cos\theta_{\mathrm{e}}-k_1x_{\mathrm{e}}^2\\&\leqslant 0\end{aligned} \tag{4-149}$$

进一步，V 的二阶导数为

$$\ddot{V}=-2\mu\|\boldsymbol{z}\|-2\lambda(u-u_{\mathrm{d}})-2P_0\beta_0^2(u-u_{\mathrm{d}}) \tag{4-150}$$

根据误差方程及设计的虚拟控制量 q_{d} 和 r_{d} 可知 $\ddot{V}_4$ 是有界，基于 Barbalat 引理可得 $\lim\limits_{t\to\infty}\dot{V}_3=0$，则说明角度误差和速度误差渐近稳定，既有 $\lim\limits_{t\to\infty}\psi_{\mathrm{e}}=0$，$\lim\limits_{t\to\infty}\theta_{\mathrm{e}}=0$ 和 $\lim\limits_{t\to\infty}(u-u_{\mathrm{d}})=0$。

至此，定理 4-3 证毕。

4.5.5 仿真实验

下面给出仿真实验，用来验证基于海流观测器的三维路径跟踪控制方法的有效性和优越性。仿真实验中，期望路径为 $x_{\mathrm{d}}=20\cos(s\pi/22)$，$y_{\mathrm{d}}=20\sin(s\pi/22)$，$z_{\mathrm{d}}=-s$；期望速度为 $u_{\mathrm{d}}=1\mathrm{m/s}$；定系下的海流干扰为 $v_{\mathrm{c}}=[0.2,-0.1,0]^{\mathrm{T}}$；航行器初始位置为

$(x,y,z)=(-25,-12,0)$；初始速度为$(u,v,w)=(0,0,0)$，初始角度为$(\psi,\theta)=(0,0)$。

控制参数设置为$K_{31}=K_{33}=K_{33}=0.05$，$K_{41}=K_{42}=K_{43}=500$，$h_1=h_2=h_3=10$，$k_1=0.8$，$k_2=2$，$k_3=10$，$\lambda=6$。

图 4-37 给出了航行器三维路径跟踪行为曲线，图 4-38 给出了水平面跟踪行为曲线，图 4-39 给出了垂直面跟踪行为曲线，其中虚线表示期望路径，实线表示基于海流观测器的路径跟踪曲线，点划线表示无海流观测器的路径跟踪曲线。从图中可以看出，无海流观测器的水平面和垂直面路径跟踪行为曲线相对于期望路径发生偏移，分析主要原因是海流干扰造成的，即水平投影跟踪曲线向海流方向一侧发生偏移；加入海流观测器后，观测器可对未知海流进行估计和补偿，路径跟踪效果明显变好，说明了基于海流观测器的路径跟踪方法的有效性和优越性。

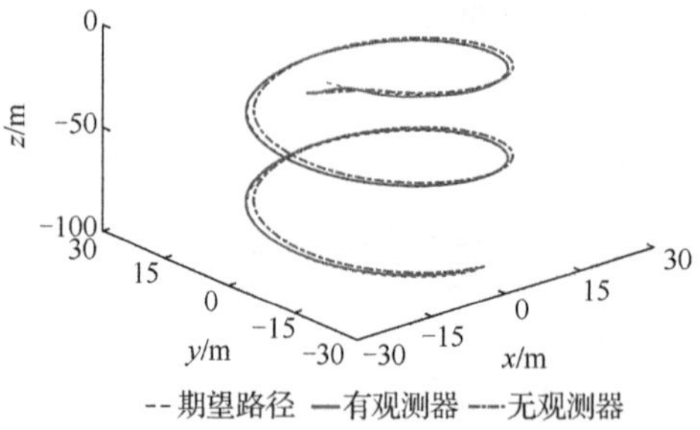

图 4-37　三维路径跟踪行为曲线

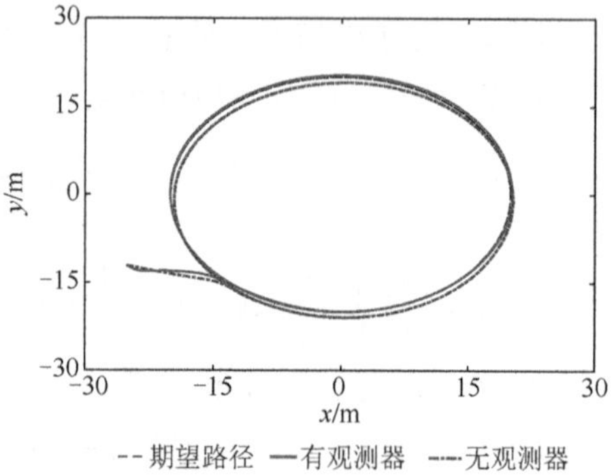

图 4-38　水平面跟踪行为曲线

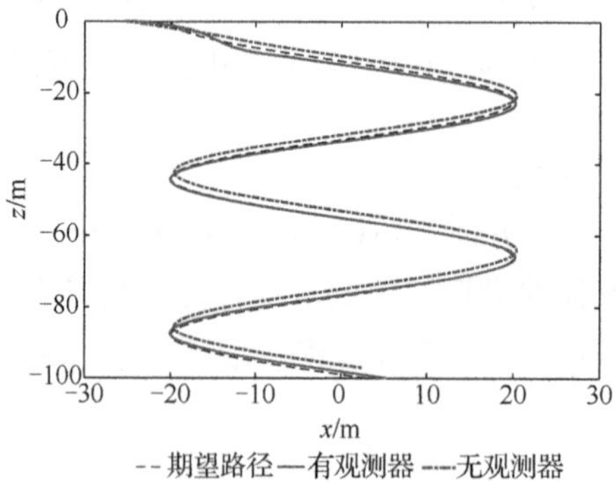

图 4-39　垂直面跟踪行为曲线

图 4-40 给出了路径跟踪误差曲线，包括纵向、横向以及垂向误差。从图中可以看到，加入海流观测的控制器可以提高路径跟踪精度，缩短了冗余路径和响应时间，跟踪误差可以较快地收敛到零且保持稳定。图 4-41 给出了速度演化曲线，通过对比发现，有海流观测器的速度变化明显比无海流观测器的速度平稳。

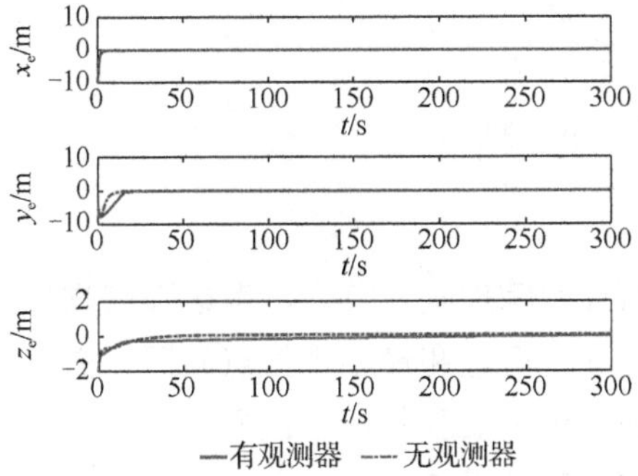

图 4-40　路径跟踪误差曲线

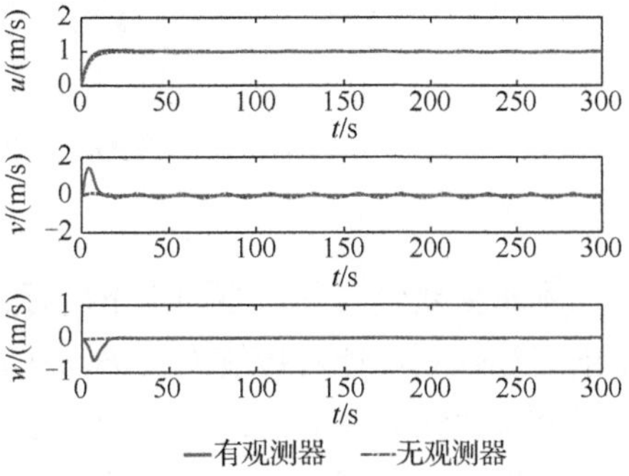

图 4-41　速度演化曲线

图 4-42 给出了角度演化曲线，图 4-43 给出了控制输入曲线。从图中可以看出，加入海流观测器之后，航行器的角度和控制输入能够保持稳定，不会随海流发生振荡，因此验证了基于海流观测的控制方法的优越性。

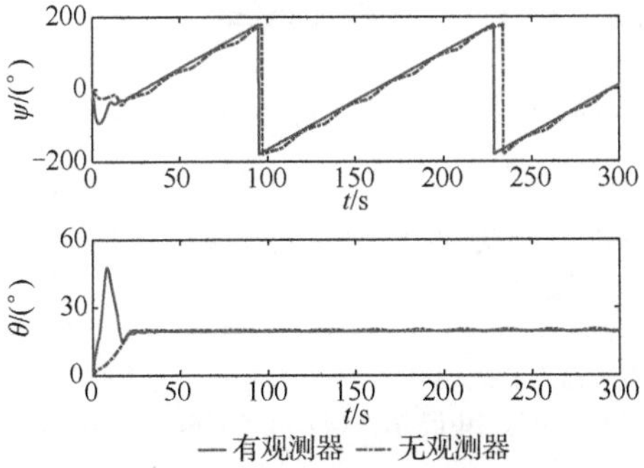

图 4-42　角度演化曲线

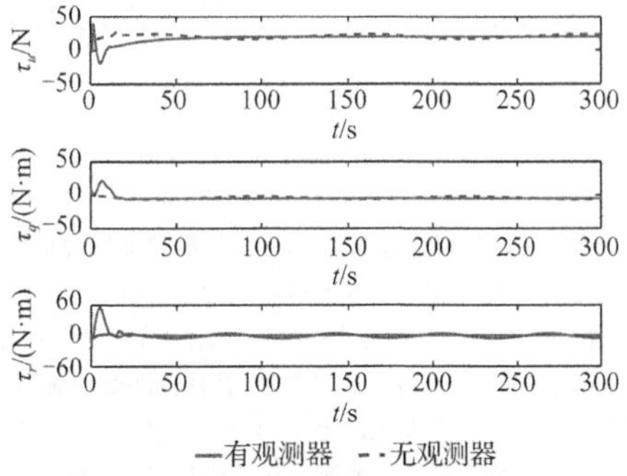

图 4-43　控制输入曲线

图 4-44 给出了海流观测速度误差曲线，包括海流纵向速度误差、横向速度误差以及垂向速度误差。可以看出，海流干扰的实际值与观测器得到的观测值相差很小，即观测器估计误差收敛到零，因此验证了所设计观测器的有效性。

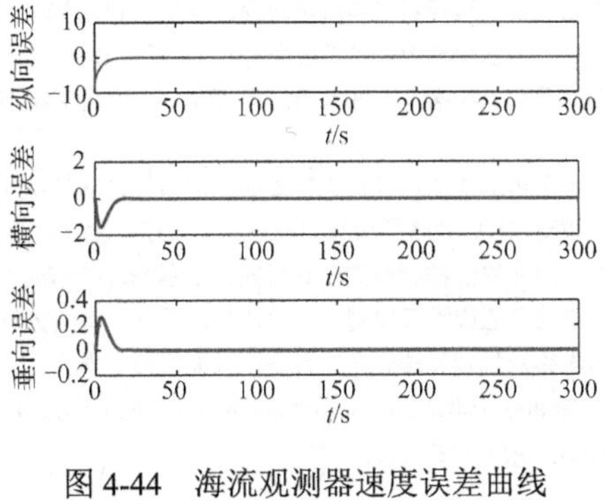

图 4-44　海流观测器速度误差曲线

4.6 本章小结

本章主要研究了欠驱动水下航行器的路径跟踪控制，首先，考虑障碍物环境下的路径规划，针对传统人工势场法存在目标不可达和最小极值点问题，提出了一种基于模糊势场法的路径规划方法，并通过仿真实验验证了该方法的优越性；然后，针对路径跟踪控制中系统模型不确定性和外界干扰不确定性问题，通过引入虚拟向导坐标系建立路径跟踪误差模型，基于自适应反步滑模控制和阻尼反步控制方法，分别设计水平面路径跟踪控制器和三维路径跟踪控制控制器；最后，考虑了未知海流对三维路径跟踪控制的影响，给出了海流干扰下欠驱动水下航行器运动模型，设计了基于海流观测器的反步滑模控制器，利用海流观测器进行在线估计未知海流，仿真实验证明了所提控制方法的有效性和优越性。

参考文献

毕凤阳，2010．欠驱动自主水下航行器的非线性鲁棒控制策略研究．哈尔滨：哈尔滨工业大学．
崔士鹏，2013．微小型水下机器人运动控制．哈尔滨：哈尔滨工程大学．
窦刚，2019．AUV 动力定位控制技术研究．镇江：江苏科技大学．
高剑，2007．欠驱动 AUV 的控制特性及跟踪控制研究．西安：西北工业大学．
侯恕萍，白锐，严浙平，等，2013．海流干扰下多 UUV 编队路径跟踪．中国造船（4）：126-136．
胡跃明，2001．非线性控制系统理论与应用．北京：国防工业出版社．
贾鹤鸣，2012．基于反步法的欠驱动 UUV 空间目标跟踪非线性控制方法研究．哈尔滨：哈尔滨工程大学．
金鸿章，姚绪梁，2013．船舶控制原理．2 版．哈尔滨：哈尔滨工程大学出版社．
曲星儒，2018．海流干扰下欠驱动 AUV 航迹跟踪控制研究．大连：大连海事大学．
沈文君，2009．基于改进人工势场法的机器人路径规划算法研究．广州：暨南大学．
田超，2003．风浪流作用下船舶操纵运动的仿真计算．武汉：武汉理工大学．
王青山，2007．AUV 在海流环境中的滑模变结构控制应用技术研究．哈尔滨：哈尔滨工程大学．
徐健，汪慢，乔磊，2014．欠驱动无人水下航行器三维轨迹跟踪的反步控制．控制理论与应用，31（11）：1589-1596．
杨俊华，吴捷，胡跃明，2002．反步方法原理及在非线性鲁棒控制中的应用．控制与决策，17：641-647，653．
杨莹，夏国清，赵为光，2013．基于海流观测器对欠驱动水下机器人进行三维路径跟随．控制理论与应用，30（8）：974-980．
殷路，尹怡欣，2009．基于动态人工势场法的路径规划仿真研究．系统仿真学报（11）：3325-3328．
尹强，2016．基于反演滑模的欠驱动 AUV 的路径跟踪控制研究．大连：大连海事大学．
张健，2013．水下机器人路径跟踪的非线性控制虚拟仿真研究．哈尔滨：哈尔滨工程大学．
张元涛，2011．不确定非线性系统的自适应滑模控制及应用研究．重庆：重庆大学．
周培培，2014．未知环境下机器人路径规划算法研究．青岛：青岛科技大学．
Esfandiari F, Khalil H K, 1991. Stability analysis of a continuous implementation of variable structure control. IEEE Transactions on Automatic Control, 36(5): 616-620.

Khatib O, 1985. Real-time obstacle avoidance for manipulators and mobile robots. St. Louis, USA: 1985 IEEE International Conference on Robotics and Automation: 500-505.

Kamarudin M N, Husain A R, Ahmad M N, 2013. Control of uncertain nonlinear systems using mixed nonlinear damping function and backstepping techniques. Penang, Malaysia: 2012 IEEE International Conference on Control System, Computing and Engineering: 105-109.

Krstic M, Kanellakopoulos L, Kokotovic P, 1995. Nonlinear and adaptive control design. New York, USA: John Wiley & Sons, Inc.

Liang X, Qu X R, Hou Y H, et al., 2017. Three-dimensional path following control of underactuated autonomous underwater vehicle based on damping backstepping. International Journal of Advanced Robotic Systems, 14(4): 1-9.

Liang X, Qu X R, Hou Y H, et al., 2018a. Three-dimensional trajectory tracking control of an underactuated autonomous underwater vehicle based on ocean current observer. International Journal of Advanced Robotic Systems, 15(5): 1-9.

Liang X, Qu X R, Wan L, et al., 2018b. Three-dimensional path following of an underactuated AUV based on fuzzy backstepping sliding mode control. International Journal of Fuzzy Systems, 20(2): 640-649.

Slotine J J, Sastry S S, 1983. Tracking control of nonlinear systems using sliding surface with application to robot manipulators. San Francisco, CA, USA: 1983 American Control Conference: 132-135.

第 5 章　多水下航行器协同编队控制

协同编队控制要求多个航行器在满足外界约束的条件下向给定的目标或方向运动，各个成员之间能够形成并且保持所设计的队形（潘无为，2018；Cui et al.，2010；吴小平，2008）。经过近几十年的研究，国内外学术界和工程界在舰船编队、潜艇编队、无人机编队、无人车编队等平台的编队控制领域中取得了丰富的成果（Shariati et al.，2018；Peng et al.，2014a；Ghabcheloo et al.，2007）。尽管诸多应用各具特点，但编队控制上有其共同点。目前，编队控制方法主要包括以下三类：虚拟结构法、基于行为法以及领航跟随法（彭周华，2011；杨甜甜等，2007）。其中，基于行为法很难用准确的数学方法分析且很难保证编队的稳定性，而虚拟结构法的灵活性较差。相比之下，领航跟随法由于其结构简单，易于实现，受到众多研究学者青睐。然而，领航跟随法存在单节点失效问题，即领航者一旦失效将导致整个编队系统崩溃（Peng et al.，2015；Peng et al.，2014b）。在此背景下，分布式的编队协同控制研究是一个研究热点。

本章针对多航行器协同编队控制问题，分别从集中式控制和分布式控制两个角度展开研究。首先，基于领航跟踪编队模型，结合反步法和李雅普诺夫稳定性理论设计编队控制律（秦梓荷，2018），包括运动学控制律和动力学控制律，以期实现领航者信息已知和领航信息未知两种工况下的编队控制（孙凯凯，2020；张乾，2019）。然后，基于二维领航跟随法，设计虚拟航行器三维轨迹，以其位置和速度信息作为跟随者参考信号，实现三维领航跟随编队控制。最后，为克服集中式控制中单节点失效问题，基于一致性理论和视线制导研究分布式编队控制方法，设计路径参数一致性协议，分别实现多路径协同跟踪、单路径协同跟踪以及单路径协同包围（Qu et al.，2020a；2020b）。

5.1　基于领航跟随的二维编队控制

5.1.1　领航跟随编队模型

考虑由欠驱动水下航行器组成的领航跟随编队系统，包括一个领航航行器（领航者）和 N 个跟随航行器（跟随者）。领航跟随编队系统结果如图 5-1 所示，领航者位置和姿态为 $\left(x_j, y_j, \psi_j\right)$，跟随者位置和姿态为 $\left(x_i, y_i, \psi_i\right)$，且领航者和跟随者

之间的距离可通过 l_{ij} 来确定（或通过纵向距离 l_x 和横向距离 l_y 确定，满足 $l_{ij}^2 = l_x^2 + l_y^2$）（丁磊等，2012；张玉礼等，2010）。

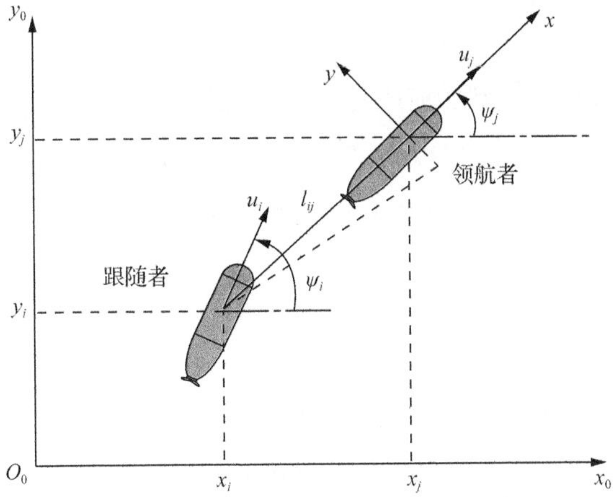

图 5-1　领航跟随编队系统结构

根据第 2 章给出的欠驱动水下航行器运动模型，编队系统中第 i 个航行器的运动学模型可表示为

$$\begin{cases} \dot{x}_i = u_i \cos\psi_i - v_i \sin\psi_i \\ \dot{y}_i = u_i \sin\psi_i + v_i \cos\psi_i \\ \dot{\psi}_i = r_i \end{cases} \tag{5-1}$$

动力学模型可表示为

$$\begin{cases} \dot{u}_i = \dfrac{m_{2i}}{m_{1i}} v_i r_i - \dfrac{d_{1i}}{m_{1i}} u_i + \dfrac{\tau_{ui}}{m_{1i}} \\ \dot{v}_i = -\dfrac{m_{2i}}{m_{1i}} u_i r_i - \dfrac{d_{2i}}{m_{2i}} v_i \\ \dot{r}_i = \dfrac{m_{1i} - m_{2i}}{m_{3i}} u_i v_i - \dfrac{d_{3i}}{m_{3i}} r_i + \dfrac{\tau_{ri}}{m_{3i}} \end{cases} \tag{5-2}$$

式中，(x_i, y_i) 表示航行器位置；$\dot{\psi}_i$ 表示艏向角；u_i、v_i 和 r_i 分别为纵向速度、横向速度和转艏角速度；τ_{ui} 和 τ_{ri} 表示航行器的纵向推力和转艏力矩；水动力系数 m_{1i}、m_{2i}、m_{3i}、d_{1i}、d_{2i} 和 d_{3i} 可参考第 2 章。

由图 5-1 可知，在给定领航者位置的条件下（即 l_x 和 l_y 固定），能精确定位跟随航行器位置。因此，领航跟随编队控制可以转化为控制纵向距离 l_x 和横向距离 l_y。通过直线相连接的方式，领航者和跟随者之间的纵向、横向距离和艏向角偏差可计算为

$$\begin{cases} l_x = -(x_i - x_j)\cos\psi_i - (y_i - y_j)\sin\psi_i \\ l_y = (x_i - x_j)\sin\psi_i - (y_i - y_j)\cos\psi_i \\ e_\psi = \psi_i - \psi_j \end{cases} \tag{5-3}$$

对式（5-3）求导，得到领航跟随编队误差模型为

$$\begin{cases} \dot{l}_x = -u_i + v_j \sin e_\psi + u_j \cos e_\psi + l_y r_i \\ \dot{l}_y = -v_i + u_j \sin e_\psi + v_j \cos e_\psi + l_x r_i \\ \dot{e}_\psi = r_i - r_j \end{cases} \tag{5-4}$$

5.1.2 问题描述

定义领航者和跟随者之间的纵向和横向期望距离为

$$\begin{cases} l_x^{\mathrm{d}} = l_{ij}^{\mathrm{d}} \cos\varphi_{ij}^{\mathrm{d}} \\ l_y^{\mathrm{d}} = l_{ij}^{\mathrm{d}} \sin\varphi_{ij}^{\mathrm{d}} \end{cases} \tag{5-5}$$

式中，l_{ij}^{d} 和 $\varphi_{ij}^{\mathrm{d}}$ 分别表示领航者和跟随者之间期望距离和角度。

结合式（5-3）和式（5-5），纵向和横向距离误差为

$$\begin{cases} e_x = l_x - l_x^{\mathrm{d}} \\ e_y = l_y - l_y^{\mathrm{d}} \end{cases} \tag{5-6}$$

对式（5-6）求导，并代入式（5-4），可得

$$\begin{cases} \dot{e}_x = -u_i + u_j \cos e_\psi + v_j \sin e_\psi + l_y r_i - \dot{l}_x^{\mathrm{d}} \\ \quad = -u_i + u_j \cos e_\psi + v_j \sin e_\psi + \left(l_y - l_y^{\mathrm{d}}\right) r_i + l_y^{\mathrm{d}} r_i - \dot{l}_x^{\mathrm{d}} \\ \quad = u_j \cos e_\psi + v_j \sin e_\psi + e_y r_i + f_1 \\ \dot{e}_y = -v_i + u_j \cos e_\psi + v_j \sin e_\psi + l_y r_i - \dot{l}_y^{\mathrm{d}} \\ \quad = -u_i + u_j \sin e_\psi + v_j \cos e_\psi - \left(l_x - l_x^{\mathrm{d}}\right) r_i - l_y^{\mathrm{d}} r_i - \dot{l}_y^{\mathrm{d}} \\ \quad = -u_j \sin e_\psi + v_j \cos e_\psi - e_x r_i + f_2 \end{cases} \tag{5-7}$$

式中，$f_1 = -u_i - \dot{l}_x^{\mathrm{d}} + l_y^{\mathrm{d}} r_i$ 和 $f_2 = -v_i - \dot{l}_y^{\mathrm{d}} - l_x^{\mathrm{d}} r_i$ 为非线性函数。

在此背景下，领航跟随误差动力学模型可表示为

$$\begin{cases}\dot{e}_x = u_j \cos e_\psi + v_j \sin e_\psi + e_y r_i + f_1 \\ \dot{e}_y = -u_j \sin e_\psi + v_j \cos e_\psi - e_x r_i + f_2 \\ \dot{e}_\psi = r_i - r_j \\ \dot{u}_i = \dfrac{m_{2i}}{m_{1i}} v_i r_i - \dfrac{d_{1i}}{m_{1i}} u_i + \dfrac{1}{m_{1i}} \tau_{ui} \\ \dot{v}_i = -\dfrac{m_{2i}}{m_{1i}} u_i r_i - \dfrac{d_{2i}}{m_{2i}} v_i \\ \dot{r}_i = \dfrac{m_{1i} - m_{2i}}{m_{3i}} u_i v_i - \dfrac{d_{3i}}{m_{3i}} r_i + \dfrac{1}{m_{3i}} \tau_{ri}\end{cases} \tag{5-8}$$

本节研究目标为：在假设 5-1 与假设 5-2 下，分别构建如图 5-2 和图 5-3 所示的控制算法框架，包括领航信息已知的领航跟随编队控制和领航信息未知的领航跟随编队控制，设计跟随者控制律，使其能够跟踪上领航者；具体分为运动学目标和动力学目标两部分。

运动学目标：考虑期望的编队纵向 l_x^{d} 和横向期望距离 l_y^{d}，设计跟随航行器期望速度 u_j^{α} 和期望转艏角速度 r_j^{α}，使编队实际距离趋近于期望值，即

$$\begin{cases}\lim\limits_{t\to\infty}\left\| l_x - l_x^{\mathrm{d}} \right\| = \lim\limits_{t\to\infty}\left\| e_x \right\| = 0 \\ \lim\limits_{t\to\infty}\left\| l_y - l_y^{\mathrm{d}} \right\| = \lim\limits_{t\to\infty}\left\| e_y \right\| = 0\end{cases} \tag{5-9}$$

动力学目标：考虑动力学模型（5-2），设计跟随航行器控制输入 τ_{ui} 和 τ_{ri}，使其实际纵向速度 u_j 趋近于期望信号 u_j^{α}，实际艏向角速度 r_j 趋近于 r_j^{α}，即

$$\begin{cases}\lim\limits_{t\to\infty}\left\| u_j - u_j^{\alpha} \right\| = 0 \\ \lim\limits_{t\to\infty}\left\| r_j - r_j^{\alpha} \right\| = 0\end{cases} \tag{5-10}$$

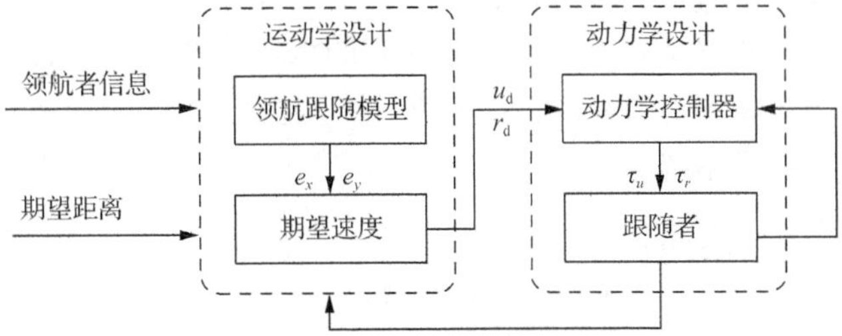

图 5-2　领航信息已知的领航跟随控制算法框架

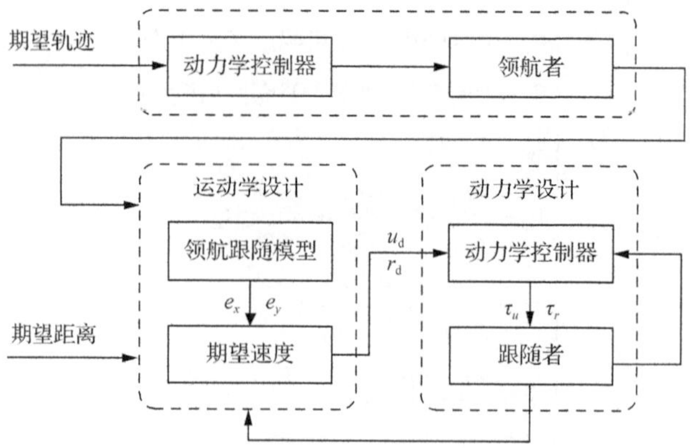

图 5-3 领航信息未知的领航跟随控制算法框架

假设 5-1 在编队控制过程中，航行器的速度及位置信息可测，且跟随者与领航者之间的距离可测（Gao et al.，2019）。

假设 5-2 编队系统中的航行器可通过水声进行通信，由于航速较慢，故这里不考虑实时通信中的延时以及丢包等问题（Hu et al.，2015）。

5.1.3 基于级联的控制器设计及稳定性分析

当领航者信息已知时，可以通过反步法设计跟随者控制器；当领航者信息未知时，可以利用级联系统设计控制器（吴琪，2013）。反步控制器设计可参考第 3 章轨迹跟踪控制，下面主要介绍基于级联的控制器设计过程。

1. 运动学控制器设计

由领航跟随模型可知，跟随者的转艏角速度决定其运动方向，纵向速度及横向速度决定了其与领航者的相对位置误差。在此背景下，本节根据微分同胚原理利用两个全局坐标变换 z_1 和 z_2 来简化领航跟随误差模型；然后根据变换后的系统进行控制器设计（廖煜雷等，2011；万磊等，2014）。

第一步：镇定子系统。

定义子系统 $\boldsymbol{Z}=[z_1,z_2]^{\mathrm{T}}$ 为

$$\begin{bmatrix} z_1 \\ z_2 \end{bmatrix}=\begin{bmatrix} \cos e_\psi & \sin e_\psi \\ \sin e_\psi & \cos e_\psi \end{bmatrix}\begin{bmatrix} e_x \\ e_y \end{bmatrix} \tag{5-11}$$

对式（5-11）两边求导，可得

$$\begin{cases} \dot{z}_1 = u_j + f_1\cos e_\psi - f_2\sin e_\psi + z_2 r_j \\ \dot{z}_2 = v_j + f_1\sin e_\psi + f_2\cos e_\psi - z_1 r_j \end{cases} \tag{5-12}$$

基于式（5-12），领航跟随误差动力学模型（5-8）可改写为

$$\begin{cases} \dot{z}_1 = u_j + f_1\cos e_\psi - f_2\sin e_\psi + z_2 r_j \\ \dot{z}_2 = v_j + f_1\sin e_\psi + f_2\cos e_\psi - z_1 r_j \\ \dot{e}_\psi = r_i - r_j \\ \dot{u}_i = \dfrac{m_{2i}}{m_{1i}} v_i r_i - \dfrac{d_{1i}}{m_{1i}} u_i + \dfrac{1}{m_{1i}} \tau_{ui} \\ \dot{v}_i = -\dfrac{m_{2i}}{m_{1i}} u_i r_i - \dfrac{d_{2i}}{m_{2i}} v_i \\ \dot{r}_i = \dfrac{m_{1i} - m_{2i}}{m_{3i}} u_i v_i - \dfrac{d_{3i}}{m_{3i}} r_i + \dfrac{1}{m_{3i}} \tau_{ri} \end{cases} \tag{5-13}$$

选取如下形式的李雅普诺夫函数：

$$V_1 = \frac{1}{2} z_1^2 + \frac{1}{2} z_2^2 \tag{5-14}$$

对式（5-14）两边求导，可得

$$\begin{aligned} \dot{V}_1 &= z_1 \dot{z}_1 + z_2 \dot{z}_2 \\ &= z_1 \left(u_j + f_1\cos e_\psi - f_2\sin e_\psi + z_2 r_j \right) \\ &\quad + z_2 \left(v_j + f_1\sin e_\psi + f_2\cos e_\psi - z_1 r_j \right) \end{aligned} \tag{5-15}$$

考虑横向速度 u_j 和纵向速度 v_j 为子系统 Z 的输入量，故设计虚拟控制量 u_{vj} 为

$$u_{vj} = -k_1 z_1 - f_1\cos e_\psi + f_2\sin e_\psi \tag{5-16}$$

式中，$k_1 > 0$ 为设计常数。

设计虚拟控制量 v_{vj} 为

$$v_{vj} = -k_2 z_2 - f_1\sin e_\psi - f_2\cos e_\psi \tag{5-17}$$

式中，$k_2 > 0$ 为设计常数。

将式（5-16）和式（5-17）代入式（5-15），得到

$$\dot{V}_1 = -k_1 z_1^2 - k_2 z_2^2 \leqslant 0 \tag{5-18}$$

式(5-18)结果说明子系统 $[z_1, z_2]$ 是渐近稳定的，进而可知编队误差 e_x 和 e_y 是渐近稳定的，即有

$$\left\| [z_1, z_2] \right\| \to 0 \Leftrightarrow \left\| [e_x, e_y] \right\| \to 0 \tag{5-19}$$

第二步：镇定艏向角误差。

定义横向速度误差为

$$v_{\mathrm{e}} = v_j - v_{vj} \tag{5-20}$$

对式（5-20）两边求导，可得

$$
\begin{aligned}
\dot{v}_{\mathrm{e}} &= \dot{v}_j - \dot{v}_{vj} \\
&= \frac{m_{2j}}{m_{1j}} u_j r_j - \frac{d_{2j}}{m_{2j}} v_j + k_2\left(v_j + f_1 \sin e_\psi + f_2 \cos e_\psi - z_1 r_j\right) \\
&\quad + \left(f_1 \cos e_\psi - f_2 \sin e_\psi\right)\left(r_i - r_j\right) + f_1 \sin e_\psi + f_2 \cos e_\psi
\end{aligned} \tag{5-21}
$$

令 $k_1 = \dfrac{d_{2j}}{m_{1j}}$ 和 $k_2 = \dfrac{d_{2j}}{m_{2j}}$，则式（5-21）可处理为

$$
\begin{aligned}
\dot{v}_{\mathrm{e}} &= \left(f_1 \cos e_\psi - f_2 \sin e_\psi\right) r_j \left(\frac{m_{1j}}{m_{2j}} - 1\right) + \left(f_1 \cos e_\psi\right. \\
&\quad \left. - f_2 \sin e_\psi\right) r_i + f_1 \sin e_\psi + f_2 \cos e_\psi
\end{aligned} \tag{5-22}
$$

考虑横向速度误差和艏向角误差，选择如下形式的李雅普诺夫函数：

$$
V_2 = \frac{1}{2} v_{\mathrm{e}}^2 + k_3\left(1 - \cos e_\psi\right) \tag{5-23}
$$

式中，$k_3 > 0$ 为设计常数。

将式（5-23）两边对时间求导，则有

$$
\begin{aligned}
\dot{V}_2 = v_{\mathrm{e}} \Bigg(& \left(f_1 \cos e_\psi - f_2 \sin e_\psi\right) r_j \left(\frac{m_{1j}}{m_{2j}} - 1\right) + \left(f_1 \cos e_\psi - f_2 \sin e_\psi\right) r_i \\
& + f_1 \sin e_\psi + f_2 \cos e_\psi \Bigg) + k_3 \sin e_\psi \left(r_i - r_j\right)
\end{aligned} \tag{5-24}
$$

令 r_{vj} 为 r_j 的虚拟控制量，则根据式（5-24）设计虚拟控制量 r_{vj} 为

$$
r_{vj} = r_i + k_4 \sin e_\psi - k_3\left(f_1 \cos e_\psi - f_2 \sin e_\psi\right)\left(\frac{m_{1j}}{m_{2j}} - 1\right) v_{\mathrm{e}} + \varsigma \tag{5-25}
$$

式中，$k_4 > 0$ 为设计常数；ς 定义为

$$
\varsigma = \frac{\left\|v_{\mathrm{e}}\right\|\left(k_4 + k_3 k_5\right)\left\|\dfrac{m_{1j}}{m_{2j}} - 1\right\|\left(\left\|f_1\right\| + \left\|f_2\right\|\right)}{\left\|\dfrac{m_{1j}}{m_{2j}} - 1\right\|\left\|v_{\mathrm{e}}\right\|\left(\left\|f_1\right\| + \left\|f_2\right\|\right) + k_3} \tag{5-26}
$$

令 $\dfrac{m_{1j}}{m_{2j}} - 1 = \varPhi$，并将式（5-25）代入式（5-24），得到

$$
\begin{aligned}
\dot{V}_2 = & -k_5\Phi^2\left(f_1\cos e_\psi - f_2\sin e_\psi\right)^2 v_{\mathrm{e}}^2 - k_3k_4\sin e_\psi^2 \\
& -v_{\mathrm{e}}\Big(\Big(f_1\cos e_\psi - f_2\sin e_\psi\Big)\Big(\left(\Phi+1\right)r_i + \Phi\big(k_4 \\
& +k_3k_5\big)\sin e_\psi\Big) + \dot{f}_1\sin e_\psi + f_2\cos e_\psi\Big) \\
& +\Big(\Phi v_{\mathrm{e}}\left(f_1\cos e_\psi - f_2\sin e_\psi\right) - k_3\sin e_\psi\Big)\varsigma
\end{aligned} \tag{5-27}
$$

进一步，则有

$$
\begin{aligned}
\dot{V}_2 \leqslant & -k_5\Phi^2\left(f_1\cos e_\psi - f_2\sin e_\psi\right)^2 v_{\mathrm{e}}^2 - k_3k_4\sin e_\psi^2 \\
& +\left\|v_{\mathrm{e}}\right\|\Big(\left\|\Phi\right\| + \left(k_4 + k_3k_5\right)\left\|\Phi\right\|\left(\left\|f_1\right\| + \left\|f_2\right\|\right) \\
& +\left\|\dot{f}_1\right\| + \left\|\dot{f}_2\right\|\Big) + \left\|\Phi\right\|\left\|v_{\mathrm{e}}\right\|\Big(\left(\left\|f_1\right\| + \left\|f_2\right\|\right) + k_3\Big)\left\|\varsigma\right\| \\
\leqslant & -k_5 v_{\mathrm{e}}^2\Phi^2\left(f_1\cos e_\psi - f_2\sin e_\psi\right)^2 - k_3k_4\sin e_\psi^2 + \varepsilon
\end{aligned} \tag{5-28}
$$

式中，$k_5 > 0$ 和 $\varepsilon > 0$ 为设计常数。因此，式（5-28）结果表明误差系统是渐近稳定的。

2. 动力学控制器设计

在设计编队控制器之前，给出如下引理：

引理 5-1　矩阵的 Hurwitz 稳定性，设 $\boldsymbol{A} \in \mathbf{R}^{n\times n}$，若矩阵 $\boldsymbol{A}$ 的所有特征值均具有负实部，则矩阵 $\boldsymbol{A}$ 是 Hurwitz 稳定的；若矩阵 $\boldsymbol{A}$ 是非 Hurwitz 稳定的矩阵，但 $\boldsymbol{A}$ 的所有特征值均具有非正实部，且具有零实部的特征值为其最小多项式的单根，则矩阵 $\boldsymbol{A}$ 是临界 Hurwitz 稳定的（李晓雪，2020）。

引理 5-2　考虑时变系统 $\dot{\boldsymbol{x}} = \left(\boldsymbol{A}\boldsymbol{x} + \boldsymbol{C}(t)\right)\boldsymbol{x}$，若 $\boldsymbol{A}$ 为定常 Hurwitz 矩阵，且时变矩阵 $\boldsymbol{C}(t)$ 满足 $\int\left\|\boldsymbol{C}(t)\right\|\mathrm{d}t < \infty$，且有 $\lim\limits_{t\to\infty}\boldsymbol{C}(t) = 0$，则该系统为全局一致指数稳定（李晓雪，2020）。

定义跟随航者位置误差为

$$
\begin{cases}
x_{\mathrm{e}} = x - x_{\mathrm{d}} \\
y_{\mathrm{e}} = y - y_{\mathrm{d}} \\
\varphi_{\mathrm{e}} = \varphi - \varphi_{\mathrm{d}}
\end{cases} \tag{5-29}
$$

定义速度误差为

$$
\begin{cases}
u_{\mathrm{e}} = u - u_{\mathrm{d}} \\
v_{\mathrm{e}} = v - v_{\mathrm{d}} \\
r_{\mathrm{e}} = r - r_{\mathrm{d}}
\end{cases} \tag{5-30}
$$

对式（5-30）求导，得跟踪误差动力学模型为

$$\begin{cases}\dot{x}_{\mathrm{e}}=r_{\mathrm{e}}y_{\mathrm{e}}+u_{\mathrm{e}}+(1-\cos\varphi)u_{\mathrm{d}}-\sin\varphi_{\mathrm{e}}v_{\mathrm{d}}\\ \dot{y}_{\mathrm{e}}=-r_{\mathrm{e}}x_{\mathrm{e}}-r_{\mathrm{d}}x_{\mathrm{e}}-r_{\mathrm{d}}x_{\mathrm{e}}+v_{\mathrm{e}}+(1-\cos\varphi)v_{\mathrm{d}}+\sin\varphi_{\mathrm{e}}u_{\mathrm{d}}\\ \dot{\psi}_{\mathrm{e}}=r_{\mathrm{e}}\end{cases}\tag{5-31}$$

通过微分同胚变换，式（5-31）可变换为

$$\begin{cases}\dot{z}_1=-\dfrac{d_{2j}}{m_{11}}z_1-\dfrac{d_{2j}}{m_{1j}}z_4+z_2z_6-\dfrac{m_{2j}}{d_{2j}}z_5z_6\\ \dot{z}_2=z_4z_6\\ \dot{z}_3=z_6\\ \dot{z}_4=u_1\\ \dot{z}_5=-\dfrac{d_{2j}}{m_{2j}}z_5+\dfrac{d_{2j}}{m_{2j}}(z_1+z_4)z_6\\ \dot{z}_6=u_2\end{cases}\tag{5-32}$$

式中，u_1和u_2为控制输入，具体形式如下：

$$\begin{cases}u_1=(\dfrac{d_{1j}}{d_{2j}}-1)u-z_2z_6-\dfrac{\tau_u}{d_{2j}}\\ u_2=-\dfrac{d_{3j}}{m_{3j}}r+\dfrac{m_{1j}-m_{2j}}{m_{3j}}uv+\dfrac{\tau_r}{m_{3j}}\end{cases}\tag{5-33}$$

定义微分同胚变量的虚拟变量为

$$\begin{cases}z_{1\mathrm{d}}=x_{\mathrm{d}}\cos\varphi_{\mathrm{d}}+y_{\mathrm{d}}\sin\varphi_{\mathrm{d}}\\ z_{2\mathrm{d}}=y_{\mathrm{d}}\cos\varphi_{\mathrm{d}}-x_{\mathrm{d}}\sin\varphi_{\mathrm{d}}\\ z_{3\mathrm{d}}=\varphi_{\mathrm{d}}\end{cases}\tag{5-34}$$

结合式（5-32）与式（5-34），可得误差为

$$\begin{cases}z_{1\mathrm{e}}=z_1-z_{1\mathrm{d}}\\ \quad=x\cos\varphi+y\sin\varphi-(x_{\mathrm{d}}\cos\varphi_{\mathrm{d}}+y_{\mathrm{d}}\sin\varphi_{\mathrm{d}})\\ z_{2\mathrm{e}}=z_2-z_{2\mathrm{d}}\\ \quad=y\cos\varphi+x\sin\varphi-(y_{\mathrm{d}}\cos\varphi_{\mathrm{d}}+x_{\mathrm{d}}\sin\varphi_{\mathrm{d}})\\ z_{3\mathrm{e}}=z_3-z_{3\mathrm{d}}\\ \quad=\varphi-\varphi_{\mathrm{d}}\end{cases}\tag{5-35}$$

根据式（5-35），则有

$$\begin{cases}z_{1\mathrm{e}}=0\\ z_{2\mathrm{e}}=0\\ z_{3\mathrm{e}}=0\end{cases}\Leftrightarrow\begin{cases}x_{\mathrm{e}}=0\\ y_{\mathrm{e}}=0\\ \varphi_{\mathrm{e}}=0\end{cases}\tag{5-36}$$

因此，只需设计控制器使跟踪误差 z_{1e}、z_{2e} 和 z_{3e} 收敛到零，即可实现跟随者的跟踪控制。

对式（5-35）两边求导可得跟踪误差的动态方程，则

$$\begin{cases}\dot{z}_{1e}=u_e+z_{2e}r_d+z_2r_e\\ \dot{z}_{2e}=v_e-z_{1e}r_d-z_1r_e\\ \dot{z}_{3e}=r_e\\ \dot{u}_e=\dfrac{m_{2j}}{m_{1j}}\left(v_er_e+v_er_d+v_dr_e\right)-\dfrac{d_{1j}}{m_{1j}}u_e+\dfrac{1}{m_{1j}}\left(\tau_u-\tau_{ud}\right)\\ \dot{v}_e=-\dfrac{m_{1j}}{m_{2j}}\left(u_er_e+u_er_d+u_dr_e\right)-\dfrac{d_{2j}}{m_{2j}}v_e\\ \dot{r}_e=\dfrac{m_{1j}-m_{2j}}{m_{3j}}\left(u_ev_e+u_ev_d+u_dv_e\right)-\dfrac{d_{3j}}{m_{3j}}r_e+\dfrac{1}{m_{3j}}\left(\tau_r-\tau_{rd}\right)\end{cases}\tag{5-37}$$

根据上述跟踪误差方程，下面基于级联方法对系统设计控制器。误差方程可分成子系统 $\Sigma_1:x_1=\left[z_{1e},z_{1e},u_e,v_e\right]^{\mathrm{T}}$ 和子系统 $\Sigma_2:x_2=\left[z_{1e},r_e\right]^{\mathrm{T}}$，其中，子系统 Σ_1 可表示为

$$\Sigma_1:\begin{cases}\dot{z}_{1e}=u_e+z_{2e}r_d+z_2r_e\\ \dot{z}_{2e}=v_e-z_{1e}r_d-z_1r_e\\ \dot{u}_e=\dfrac{m_{2j}}{m_{1j}}\left(v_er_e+v_er_d+v_dr_e\right)-\dfrac{d_{1j}}{m_{1j}}u_e+\dfrac{1}{m_{1j}}\left(\tau_u-\tau_{ud}\right)\\ \dot{v}_e=-\dfrac{m_{1j}}{m_{2j}}\left(u_er_e+u_er_d+u_dr_e\right)-\dfrac{d_{2j}}{m_{2j}}v_e\end{cases}\tag{5-38}$$

子系统 Σ_2 可表示为

$$\Sigma_2:\begin{cases}\dot{z}_{3e}=r_e\\ \dot{r}_e=\dfrac{m_{1j}-m_{2j}}{m_{3j}}\left(u_ev_e+u_ev_d+u_dv_e\right)-\dfrac{d_{3j}}{m_{3j}}r_e+\dfrac{1}{m_{3j}}\left(\tau_r-\tau_{rd}\right)\end{cases}\tag{5-39}$$

第一步：镇定子系统 Σ_1。

由运动学误差部分可知 $z_{3e}\to 0$ 和 $r_e\to 0$，代入到子系统 Σ_1 中，可以得到如下名义系统：

$$\Sigma_1:\begin{cases}\dot{z}_{1e}=u_e+z_{2e}r_d\\ \dot{z}_{2e}=v_e-z_{1e}r_d\\ \dot{u}_e=\dfrac{m_{2j}}{m_{1j}}v_er_d-\dfrac{d_{1j}}{m_{1j}}u_e+\dfrac{1}{m_{1j}}\left(\tau_u-\tau_{ud}\right)\\ \dot{v}_e=-\dfrac{m_{1j}}{m_{2j}}u_er_d-\dfrac{d_{2j}}{m_{2j}}v_e\end{cases}\tag{5-40}$$

为便于稳定性分析，式（5-40）的矩阵形式为

$$\begin{bmatrix}\dot{z}_{1e}\\ \dot{z}_{2e}\\ \dot{u}_e\\ \dot{v}_e\end{bmatrix}=\begin{bmatrix}0 & r_d & 1 & 0\\ -r_d & 0 & 0 & 1\\ 0 & 0 & -\dfrac{d_{1j}}{m_{1j}} & \dfrac{m_{2j}}{m_{1j}}r_d\\ 0 & 0 & -\dfrac{m_{1j}}{m_{2j}}r_d & -\dfrac{d_{2j}}{m_{2j}}\end{bmatrix}\begin{bmatrix}z_{1e}\\ z_{2e}\\ u_e\\ v_e\end{bmatrix}+\begin{bmatrix}0\\ 0\\ \dfrac{1}{m_{1j}}\\ 0\end{bmatrix}\left(\tau_u-\tau_{ud}\right) \tag{5-41}$$

令 $\boldsymbol{x}=\left[z_{1e},z_{2e},u_e,v_e\right]^{\mathrm{T}}$ 和 $U=\tau_u-\tau_{ud}$，且

$$\boldsymbol{A}=\begin{bmatrix}0 & r_d & 1 & 0\\ -r_d & 0 & 0 & 1\\ 0 & 0 & -\dfrac{d_{1j}}{m_{1j}} & \dfrac{m_{2j}}{m_{1j}}r_d\\ 0 & 0 & -\dfrac{m_{1j}}{m_{2j}}r_d & -\dfrac{d_{2j}}{m_{2j}}\end{bmatrix},\ \boldsymbol{B}=\begin{bmatrix}0\\ 0\\ \dfrac{1}{m_{1j}}\\ 0\end{bmatrix} \tag{5-42}$$

在此背景下，子系统 Σ_1 可简化为

$$\dot{\boldsymbol{x}}=\boldsymbol{A}x+\boldsymbol{B}U \tag{5-43}$$

注意，矩阵 $\boldsymbol{A}$ 和 $\boldsymbol{B}$ 均为常数矩阵，则子系统 Σ_1 可视为线性系统。根据线性理论的可控性条件及小时间局部可控性条件，对系统（5-43）进行可控性条件判断，并求取向量空间的秩。因此，计算得 $\mathrm{rank}\left[\boldsymbol{A},\boldsymbol{AB},\boldsymbol{A}^2\boldsymbol{B},\boldsymbol{A}^3\boldsymbol{B}\right]=4$，说明该系统是局部可控的。

利用引理 5-1，对于线性系统（5-43），令

$$U=-\boldsymbol{Kx}+\boldsymbol{C}(t) \tag{5-44}$$

将式（5-44）代入式（5-43），则有

$$\dot{\boldsymbol{x}}=\left(\boldsymbol{Ax}-\boldsymbol{BK}+\boldsymbol{BC}(t)\right)\boldsymbol{x} \tag{5-45}$$

通过选择适当的常数矩阵 $\boldsymbol{K}$，可使 $\boldsymbol{A}-\boldsymbol{BK}$ 为定常 Hurwitz 矩阵；若时变矩阵满足 $\int\left\|\boldsymbol{BC}(t)\right\|\mathrm{d}t<\infty$，且 $\lim\limits_{t\to\infty}\boldsymbol{BC}(t)=0$，则系统 Σ_1 为全局一致指数稳定。

第二步：镇定子系统 Σ_2。

选择如下形式的李雅普诺夫函数：

$$V_1=\frac{1}{2}z_{3e}^2+\frac{1}{2}r_e^2 \tag{5-46}$$

对式（5-46）两边求导，可得

$$
\begin{aligned}
\dot{V}_1 &= z_{3\mathrm{e}}\dot{z}_{3\mathrm{e}} + \dot{r}_\mathrm{e} r_\mathrm{e} \\
&= r_\mathrm{e} z_{3\mathrm{e}} + r_\mathrm{e}\left(\frac{m_{1j}-m_{2j}}{m_{3j}}\left(u_\mathrm{e}v_\mathrm{e}+u_\mathrm{e}v_\mathrm{d}+u_\mathrm{d}v_\mathrm{e}\right)-\frac{d_{3j}}{m_{3j}}r_\mathrm{e}+\frac{1}{m_{3j}}\left(\tau_r-\tau_{r\mathrm{d}}\right)\right) \\
&= r_\mathrm{e}\left(z_{3\mathrm{e}}+\frac{m_{1j}-m_{2j}}{m_{3j}}\left(u_\mathrm{e}v_\mathrm{e}+u_\mathrm{e}v_\mathrm{d}+u_\mathrm{d}v_\mathrm{e}\right)-\frac{d_{3j}}{m_{3j}}r_\mathrm{e}+\frac{1}{m_{3j}}\left(\tau_r-\tau_{r\mathrm{d}}\right)\right)
\end{aligned} \tag{5-47}
$$

在此背景下，设计转艏力矩为

$$
\tau_r = \tau_{r\mathrm{d}} - \left(m_{1j}-m_{2j}\right)\left(u_\mathrm{e}v_\mathrm{e}+u_\mathrm{e}v_\mathrm{d}+u_\mathrm{d}v_\mathrm{d}\right)+d_{33}r_\mathrm{e}-m_{3j}z_\mathrm{e}-k_1 m_{3j} r_\mathrm{e} \tag{5-48}
$$

将式（5-48）代入式（5-47），得到

$$
\begin{aligned}
\dot{V}_1 &= r_\mathrm{e}\left(z_{3\mathrm{e}}+\frac{m_{1j}-m_{2j}}{m_{3j}}\left(u_\mathrm{e}v_\mathrm{e}+u_\mathrm{e}v_\mathrm{d}+u_\mathrm{d}v_\mathrm{e}\right)-\frac{d_{3j}}{m_{3j}}r_\mathrm{e}\right. \\
&\quad +\frac{1}{m_{3j}}\left(\tau_{r\mathrm{d}}-\left(m_{1j}-m_{2j}\right)\left(u_\mathrm{e}v_\mathrm{e}+u_\mathrm{e}v_\mathrm{d}+u_\mathrm{d}v_\mathrm{d}\right)\right. \\
&\quad \left.\left.+d_{3j}r_\mathrm{e}-m_{3j}z_{3\mathrm{e}}-k_1 m_{3j}r_\mathrm{e}-\tau_{r\mathrm{d}}\right)\right) \\
&= -k_1 r_\mathrm{e}^2 \leqslant 0
\end{aligned} \tag{5-49}
$$

由拉塞尔定理可知，当 $t\to\infty$ 时，则有 $r_\mathrm{e}\to 0$，即艏向角速度是稳定的（Hespanha，2004）。

在此背景下，子系统中 $\varSigma_2$ 可处理为

$$
\varSigma_2:\begin{cases}\dot{z}_{3\mathrm{e}}=r_\mathrm{e}\\ \dot{r}_\mathrm{e}=-z_{3\mathrm{e}}-k_1 r_\mathrm{e}\end{cases} \tag{5-50}
$$

对上述子系统中的 $z_{3\mathrm{e}}$ 求二阶导数，有

$$
\begin{aligned}
\ddot{z}_{3\mathrm{e}} &= -\dot{z}_{3\mathrm{e}} - k_1\dot{z}_{3\mathrm{e}} \\
&= -\left(1+k_1\right)\dot{z}_{3\mathrm{e}}
\end{aligned} \tag{5-51}
$$

由二阶常微分方程理论可知 $t\to\infty$ 时，则有 $z_{3\mathrm{e}}\to 0$，即艏向角是稳定的。

5.1.4　仿真实验

下面给出仿真实验，用来验证所提出领航跟随编队控制方法的有效性。仿真实验中，考虑领航者信息已知和领航者信息未知两种情况。考虑由三个无人水下航行器组成的编队系统，其中一个航行器为领航者，其余两个航行器作为跟随者。

仿真 1：领航者信息已知，期望轨迹为直线-圆过渡型。

给定领航者信息为 $u_\mathrm{d}=1\mathrm{m/s}$；当 $t\leqslant 100\mathrm{s}$ 时，角速度为 $r_\mathrm{d}=0$；当 $100\mathrm{s}<t\leqslant 220\mathrm{s}$ 时，角速度为 $r_\mathrm{d}=0.1\mathrm{rad/s}$；领航者与跟随者之间的期望位置距离和角度分别为 $l_{12}^\mathrm{d}=5\mathrm{m}$，$\varphi_{12}^\mathrm{d}=0.5\pi\mathrm{rad}$，$l_{13}^\mathrm{d}=5\mathrm{m}$，$\varphi_{13}^\mathrm{d}=-0.5\pi\mathrm{rad}$。航行器初始速度为 $u_i\left(0\right)=v_i\left(0\right)=$

$r_i(0)=0$；初始位置和艏向角为$(x_1(0),y_1(0))=(0,0)$，$\psi_1(0)=0$；$(x_2(0),y_2(0))=(-10,10)$，$\psi_2(0)=0$；$(x_3(0),y_3(0))=(-4,-3)$，$\psi_3(0)=0$。

控制参数为$k_1=1$，$k_2=0.1$，$k_3=1$，$k=0.2$。

图 5-4 给出了直线-圆编队行为轨迹，其中实线表示领航者轨迹，点划线表示第一个跟随者轨迹，虚线表示第二个跟随者规迹。从图中可以看到，领航者先做直线运动再做曲线运动，符合给定的领航者状态；两个跟随者在所设计的编队控制律下能够平滑地由初始位置跟踪上领航者，并以固定的编队模式航行前进，因此验证了领航跟随控制方法的有效性。图 5-5 和图 5-6 分别给出了领航者与跟随者之间的位置误差和角度误差，可以看出，在跟随者控制律的作用下，编队跟踪误差可以较快地收敛到零附近的很小邻域内，进而实现预先设定的编队队形。图 5-7 给出了跟随者速度演化曲线，包括纵向速度、横向速度及转艏角速度，可以看到纵向速度在 100s 发生了较小突变，其原因是领航者的状态切换造成的。图 5-8 给出了跟随者控制输入曲线，包括纵向推力和转艏力矩，可以看出航行器控制输入均在执行机构作业范围内，满足实际要求。

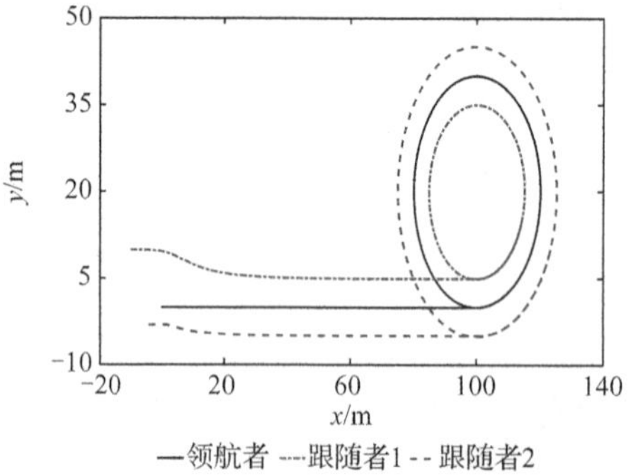

图 5-4　直线-圆编队行为轨迹

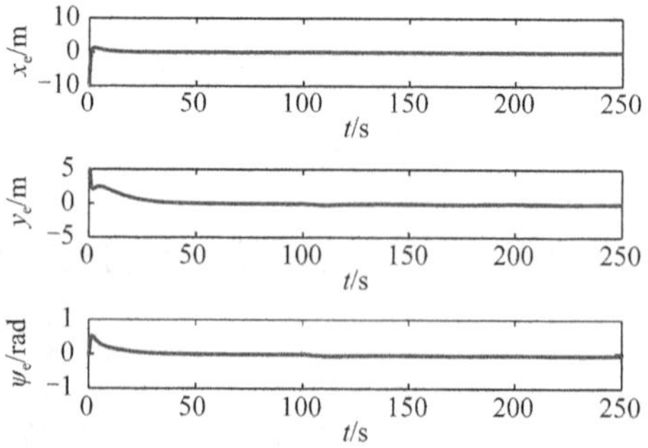

图 5-5　领航者与跟随者 1 误差曲线

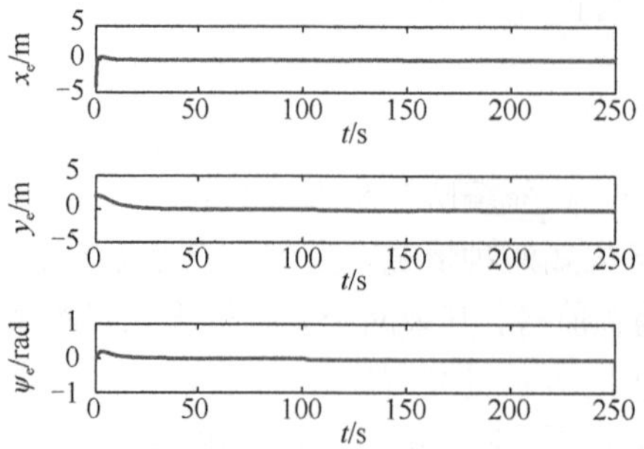

图 5-6　领航者与跟随者 2 误差曲线

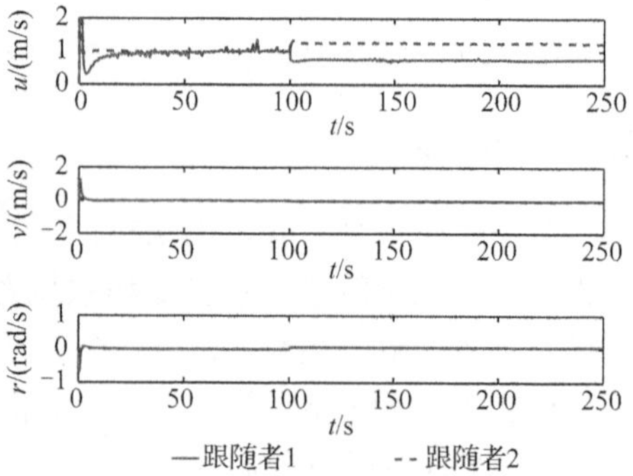

图 5-7　跟随者速度演化曲线

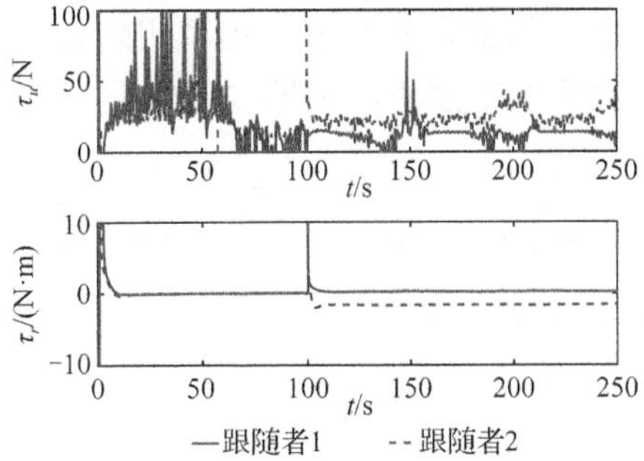

图 5-8　跟随者控制输入曲线

仿真 2：领航者信息已知，期望轨迹为圆-直线-圆过渡型。

给定领航者信息为$u_{\mathrm{d}}=1\mathrm{m/s}$；当$t\leqslant 30\mathrm{s}$时，$r_{\mathrm{d}}=0.1\mathrm{rad/s}$；当$30\mathrm{s}<t\leqslant 120\mathrm{s}$时，$r_{\mathrm{d}}=0$；当$120\mathrm{s}<t\leqslant 200\mathrm{s}$时，$r_{\mathrm{d}}=0.05\mathrm{rad/s}$；领航者与跟随者之间的期望位置距离和角度分别为$l_{12}^{\mathrm{d}}=5\mathrm{m}$，$\varphi_{12}^{\mathrm{d}}=0.5\pi\mathrm{rad}$；$l_{13}^{\mathrm{d}}=5\mathrm{m}$，$\varphi_{13}^{\mathrm{d}}=-0.5\pi\mathrm{rad}$。

航行器初始速度为$u_i(0)=v_i(0)=r_i(0)=0$；初始位置和艏向角设置为$\left(x_1(0),y_1(0)\right)=(0,0)$，$\psi_1(0)=0$；$\left(x_2(0),y_2(0)\right)=(-3,-8)$，$\psi_2(0)=0$；$\left(x_3(0),y_3(0)\right)=(-10,-10)$，$\psi_3(0)=0$。

控制参数为$k_1=1$，$k_2=0.1$，$k_3=1$，$k_4=0.2$。

图 5-9 给出了圆-直线-圆编队行为轨迹，其中实线表示领航者轨迹，点划线表示第一个跟随者轨迹，虚线表示第二个跟随者轨迹。从图中可以看到，在所设计的编队控制律作用下，两个跟随者从不同的初始位置出发，平滑地跟踪上领航者，并保持固定的编队队形。

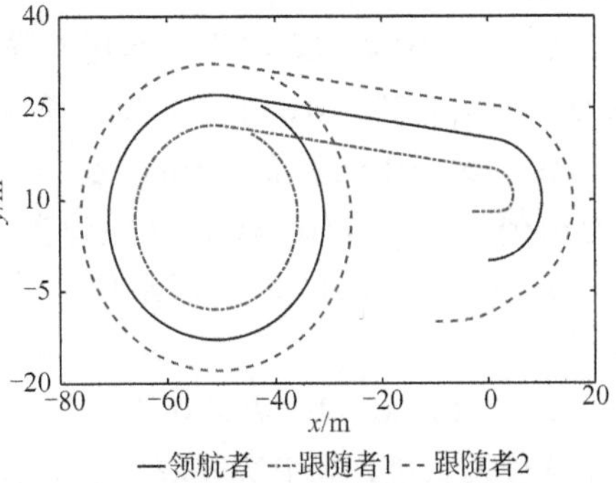

图 5-9　圆-直线-圆编队行为轨迹

图 5-10 和图 5-11 分别给出了领航者与跟随者之间的纵向及横向位置误差，可以看到，跟踪误差能较快地收敛到零附近。图 5-12 给出了跟随者速度演化曲线，可以看到，由于航行器在 30s 和 120s 处发生了轨迹切换，速度在该时间节点发生

突变但仍在较短时间内趋于稳定。图 5-13 给出了跟随者控制输入曲线，纵向推力和转艏力矩均在执行机构作业范围内，满足实际要求。

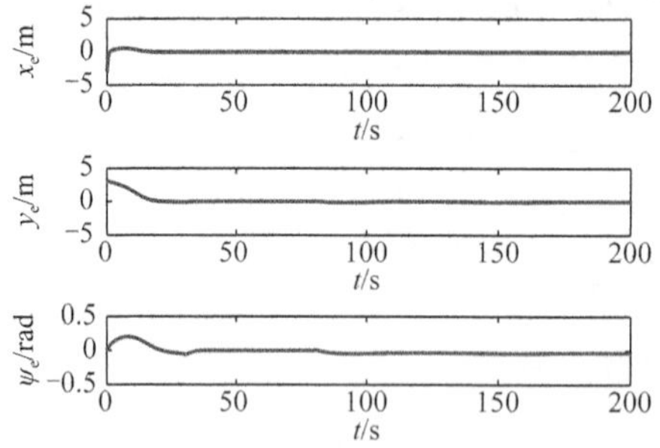

图 5-10　领航者与跟随者 1 误差曲线

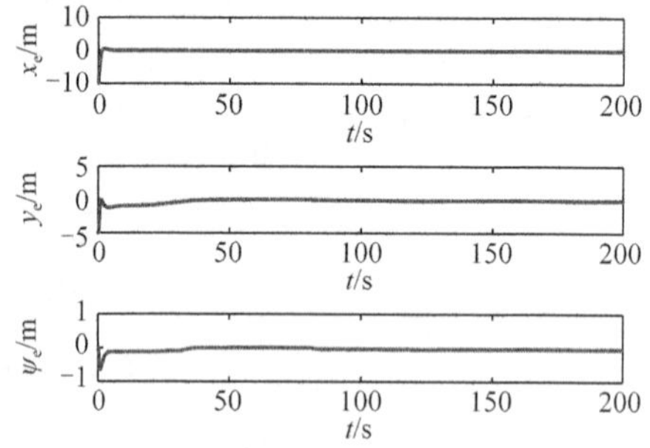

图 5-11　领航者与跟随者 2 误差曲线

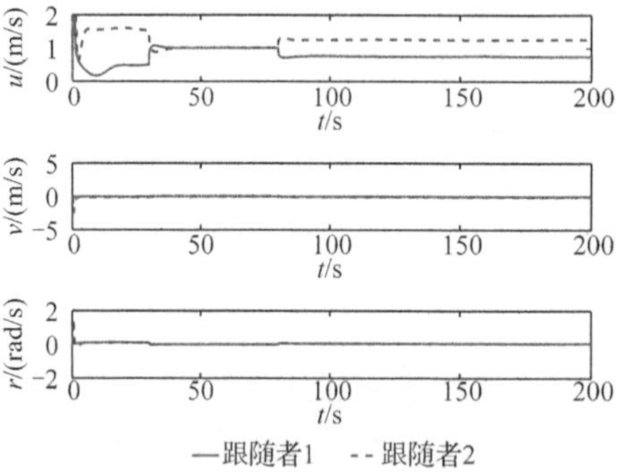

图 5-12　跟随者速度演化曲线

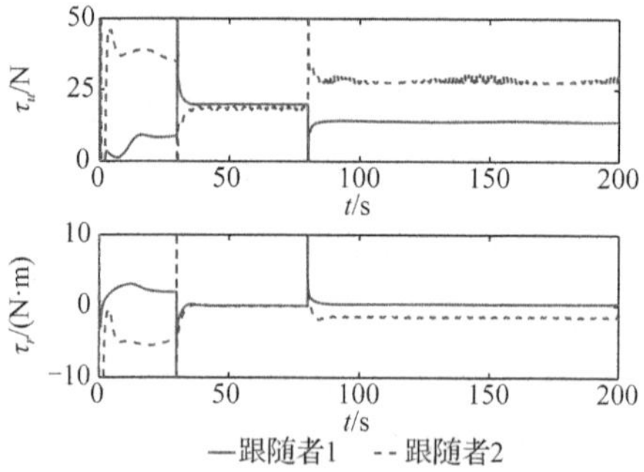

图 5-13　跟随者控制输入曲线

仿真 3：领航者信息未知。

下面给出领航者信息未知的编队仿真结果。考虑领航者跟踪给定轨迹，其期望轨迹为 $x_{\mathrm{d}}=20\sin(0.05t)$，$y_{\mathrm{d}}=20\cos(0.05t)$。领航者与跟随者之间的期望位置距离和角度分别为 $l_{12}^{\mathrm{d}}=5\mathrm{m}$，$\varphi_{12}^{\mathrm{d}}=0.5\pi$；$l_{13}^{\mathrm{d}}=5\mathrm{m}$，$\varphi_{13}^{\mathrm{d}}=-0.5\pi$。

领航者初始速度为 $u(0)=v(0)=r(0)=0$；初始位置为 $(x(0),y(0))=(0,0)$。跟随者初始速度为 $u_i(0)=v_i(0)=r_i(0)=0$；初始位置为 $(x_1(0),y_1(0))=(0,0)$；$(x_2(0),y_2(0))=(0,10)$。

控制参数为 $k_1=1$，$k_2=0.1$，$k_3=1$，$k_4=0.2$。

图 5-14 给出了圆编队行为轨迹，其中实线表示领航者轨迹，点划线表示第一个跟随者轨迹，虚线表示第二个跟随者轨迹。从图中可以看到，领航者在控制器作用下，从给定起始点出发以较快的速度跟踪上期望轨迹，且两个跟随者也能够平滑地由任意位置跟踪上领航者，并保持固定的编队队形航行。图 5-15 和图 5-16 分别给出了领航者与跟随者间的误差曲线，包括纵向误差、横向误差以及艏向角

误差。从图中可以看到，跟踪误差能够较快地收敛于零附近，并保持稳定的状态。图 5-17 给出了领航者和跟随者速度演化曲线，包括纵向速度、横向速度及转艏角速度，可以看出，在编队队形的要求下，领航者与两个跟随者沿不同的轨迹航行，为保持同步的编队队形，三个航行器的纵向速度都趋于不同的值。图 5-18 给出了三个航行器的控制输入曲线，可以看到，纵向推力和转艏力矩均在执行机构作业范围内，满足实际要求。

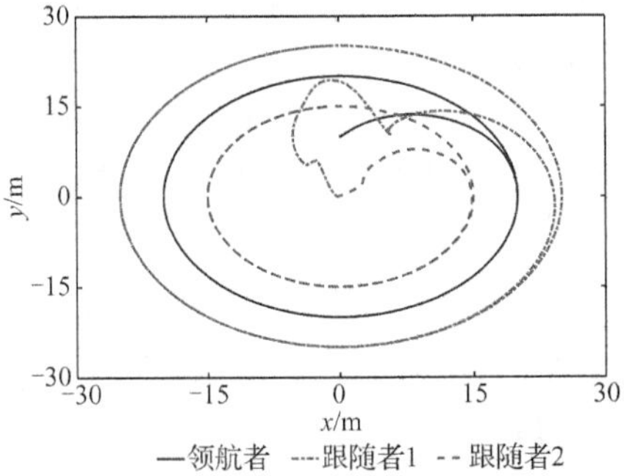

图 5-14　圆编队行为轨迹

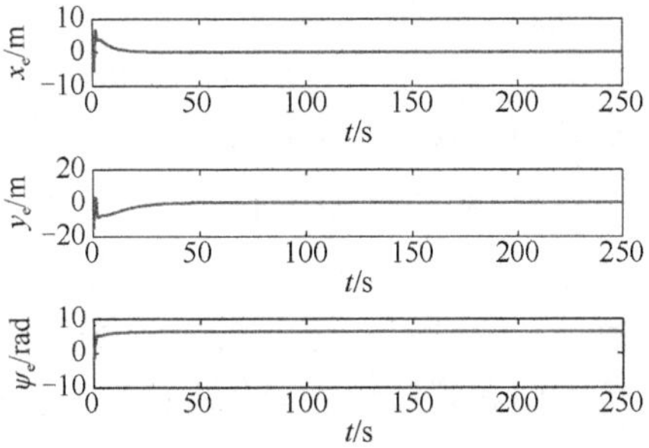

图 5-15　领航者与跟随者 1 误差曲线

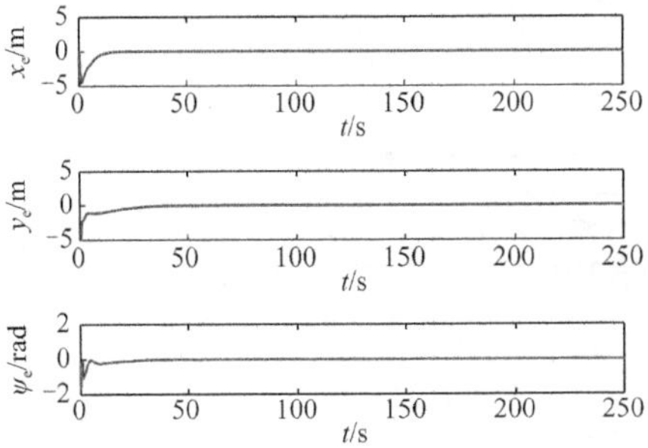

图 5-16　领航者与跟随者 2 误差曲线

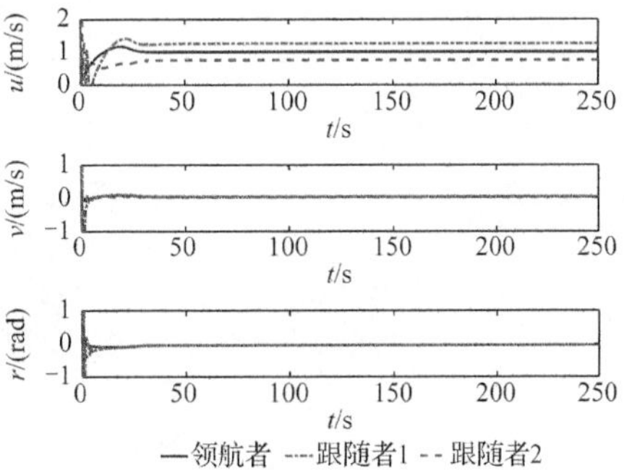

图 5-17　领航者和跟随者速度演化曲线

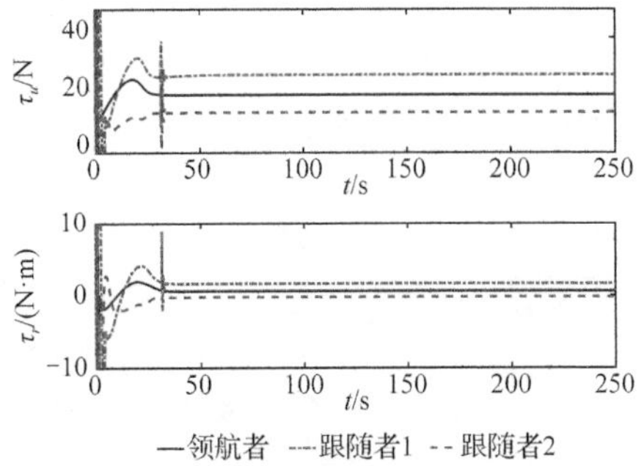

图 5-18　领航者和跟随者控制输入曲线

5.2　基于虚拟航行器的三维领航跟随编队控制

5.2.1　问题描述

本节基于二维领航跟随控制方法，研究欠驱动水下航行器的三维领航跟随编队控制。与二维编队结构不同的是，三维领航跟随结构中引入了一个虚拟航行器；利用领航者三维位置信息，可以得到虚拟航行器位置和速度，并将其作为跟随者的期望状态量，通过设计跟随者的控制律使其跟踪上虚拟航行器的运动轨迹。

三维领航跟随编队结构如图 5-19 所示，其中$\left(x_i,y_i,z_i\right)$、$\left(x_j,y_j,z_j\right)$和$\left(x_{\mathrm{v}},y_{\mathrm{v}},z_{\mathrm{v}}\right)$分别为领航者、跟随者和虚拟航行器位置；$d$为领航者和虚拟航行器的距离，$\alpha$为领航者与虚拟航行器连线和领航者与其投影连线的夹角；β为领航者速度方向和领航者投影与虚拟航行器连线的夹角。

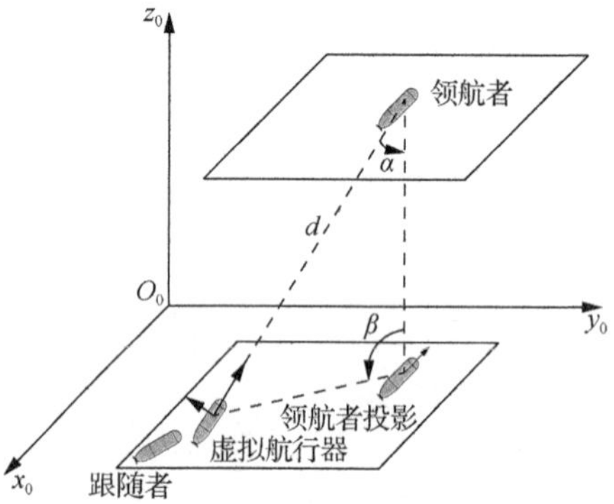

图 5-19　三维领航跟随编队结构

第i个航行器的三维运动学方程可描述为

$$
\begin{cases}
\dot{x}_i = u_i\cos\psi_i\cos\theta_i - v_i\sin\psi_i + w_i\cos\psi_i\sin\theta_i \\
\dot{y} = u_i\sin\psi_i\cos\theta_i + v_i\cos\psi_i + w_i\sin\psi_i\sin\theta_i \\
\dot{z} = -u_i\sin\theta_i + w_i\cos\theta_i \\
\dot{\theta}_i = q_i \\
\dot{\psi} = \dfrac{r_i}{\cos\theta_i}
\end{cases}
\tag{5-52}
$$

动力学方程为

$$\begin{cases} \dot{u}_i = \dfrac{m_{2i}}{m_{1i}} r_i v_i - \dfrac{m_{3i}}{m_{1i}} w_i q_i - \dfrac{d_{1i}}{m_{1i}} u_i + \dfrac{\tau_{ui}}{m_{1i}} \\ \dot{v}_i = -\dfrac{m_{1i}}{m_{2i}} u_i r_i - \dfrac{d_{2i}}{m_{2i}} v_i \\ \dot{w}_i = \dfrac{m_{1i}}{m_{3i}} u_i q_i - \dfrac{d_{3i}}{m_{3i}} w_i \\ \dot{q}_i = \dfrac{m_{3i} - m_{1i}}{m_{5i}} u_i w_i - \dfrac{d_{5i}}{m_{5i}} q_i + \dfrac{\tau_{qi}}{m_{5i}} \\ \dot{r}_i = \dfrac{m_{1i} - m_{2i}}{m_{6i}} u_i v_i - \dfrac{d_{6i}}{m_{6i}} r_i + \dfrac{\tau_{ri}}{m_{6i}} \end{cases} \tag{5-53}$$

本节研究目标为：构建如图 5-20 所示的三维编队控制算法框架，基于领航者信息和编队期望距离得到虚拟航行器轨迹，设计跟随航行器的控制律，使其能够跟踪上虚拟航行器轨迹，并保证编队误差较快地收敛到零附近任意小邻域内。

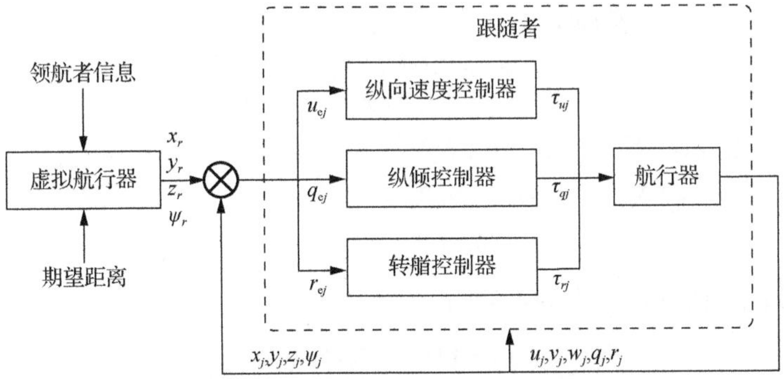

图 5-20　三维编队控制算法框架

5.2.2　虚拟航行器设计

定系下的领航者位置可表示为$\boldsymbol{\eta}_i = [x_i, y_i, z_i, \psi_i]^{\mathrm{T}}$，这里$\psi_i$为领航者艏向角，则虚拟航行器参考轨迹状态量可表示为

$$\boldsymbol{\eta}_v = \boldsymbol{\eta}_i + \boldsymbol{R}(\boldsymbol{\eta})\boldsymbol{l} \tag{5-54}$$

式中，$\boldsymbol{l} = [d\sin\alpha\cos\beta,\ d\sin\alpha\sin\beta, d\cos\alpha, 0]^{\mathrm{T}}$表示动系下领航者与虚拟航行器间的相对位置；$d$、$\alpha$和$\beta$为领航者与跟随者间的期望距离与期望角度；$\boldsymbol{R}(\boldsymbol{\eta})$为转换矩阵，其形式为

$$\boldsymbol{R}(\boldsymbol{\eta}) = \begin{bmatrix} \cos\psi_i & -\sin\psi_i & 0 & 0 \\ \sin\psi_i & \cos\psi_i & 0 & 0 \\ 0 & 0 & 1 & 0 \\ 0 & 0 & 0 & 1 \end{bmatrix} \tag{5-55}$$

定系下虚拟航行器位置可表示为 $\boldsymbol{\eta}_{\mathrm{v}}=\left[x_{\mathrm{v}},y_{\mathrm{v}},z_{\mathrm{v}},\psi_{\mathrm{v}}\right]^{\mathrm{T}}$，则虚拟航行器参考轨迹可表示为

$$\begin{cases} x_{\mathrm{r}}=d\cos\psi\sin\alpha\cos\beta-d\sin\psi\sin\alpha\cos\beta+x \\ y_{\mathrm{r}}=d\sin\psi\sin\alpha\cos\beta+d\cos\psi\sin\alpha\cos\beta+y \\ z_{\mathrm{r}}=d\cos\alpha+z \\ \psi_{\mathrm{r}}=\psi \end{cases} \tag{5-56}$$

定义虚拟航行器位置误差 $\boldsymbol{e}_{\mathrm{v}}=\boldsymbol{\eta}_{\mathrm{v}}-\boldsymbol{\eta}_{\mathrm{r}}$，并引入辅助误差变量

$$\boldsymbol{r}_{\mathrm{e}}=\boldsymbol{e}_{\mathrm{v}}+\boldsymbol{\varphi} \tag{5-57}$$

式中，$\boldsymbol{\varphi}=\left[\varphi_1,\varphi_2,\varphi_3,\varphi_4\right]^{\mathrm{T}}$，且其导数为

$$\dot{\boldsymbol{\varphi}}=-\boldsymbol{\beta}_1(\boldsymbol{\varphi})-\boldsymbol{K}\boldsymbol{r}_{\mathrm{e}} \tag{5-58}$$

式中，$\boldsymbol{K}=\operatorname{diag}\left\{k_1,k_2,k_3,k_4\right\}$ 为设计常数；$\boldsymbol{\beta}_1(\boldsymbol{\varphi})$ 表示为

$$\boldsymbol{\beta}_1(\boldsymbol{\varphi})=\begin{bmatrix} \lambda_1\tanh\left(\dfrac{\varphi_1}{\lambda_1}\right) & \lambda_2\tanh\left(\dfrac{\varphi_2}{\lambda_2}\right) \\ \lambda_3\tanh\left(\dfrac{\varphi_3}{\lambda_3}\right) & \lambda_4\tanh\left(\dfrac{\varphi_4}{\lambda_4}\right) \end{bmatrix}^{\mathrm{T}} \tag{5-59}$$

式中，$\lambda_i>0$ 为设计常数，且 $i=1,2,3,4$。

将式（5-57）代入式（5-58），可得

$$\dot{\boldsymbol{\varphi}}=-\boldsymbol{\beta}_1(\boldsymbol{\varphi})-\boldsymbol{K}\left(\boldsymbol{e}_{\mathrm{v}}+\boldsymbol{\varphi}\right) \tag{5-60}$$

对虚拟航行器的位置求导，则有

$$\begin{aligned} \dot{\boldsymbol{\eta}}_{\mathrm{v}}&=\left[\dot{x}_{\mathrm{v}},\dot{y}_{\mathrm{v}},\dot{z}_{\mathrm{v}},\dot{\psi}_{\mathrm{v}}\right]^{\mathrm{T}} \\ &=\boldsymbol{\beta}_1(\boldsymbol{\varphi})+\boldsymbol{\beta}_2(\boldsymbol{\varphi}) \end{aligned} \tag{5-61}$$

式中，$\boldsymbol{\beta}_2(\boldsymbol{\varphi})=\begin{bmatrix} k_1\tanh\left(\dfrac{\varphi_1}{k_1}\right) & k_2\tanh\left(\dfrac{\varphi_2}{k_2}\right) \\ k_3\tanh\left(\dfrac{\varphi_3}{k_3}\right) & k_4\tanh\left(\dfrac{\varphi_4}{k_4}\right) \end{bmatrix}^{\mathrm{T}}$。

利用坐标转换关系 $\boldsymbol{v}=\boldsymbol{R}^{-1}(\boldsymbol{\eta})\dot{\boldsymbol{\eta}}$，可以得到虚拟航行器速度为

$$\begin{aligned} \boldsymbol{v}_{\mathrm{v}}&=\left[u_{\mathrm{v}},v_{\mathrm{v}},w_{\mathrm{v}},r_{\mathrm{v}}\right]^{\mathrm{T}} \\ &=\boldsymbol{R}^{-1}(\boldsymbol{\eta}_{\mathrm{v}})\left(\boldsymbol{\beta}_1(\boldsymbol{\varphi})+\boldsymbol{\beta}_2(\boldsymbol{\varphi})\right) \end{aligned} \tag{5-62}$$

5.2.3　控制器设计及稳定性分析

1. 领航者控制器设计

基于反步法设计领航者控制器，使其能跟踪上给定的参考轨迹。根据第 3 章三维轨迹跟踪控制可知，航行器纵向推力、转艏力矩及纵倾力矩为

$$\begin{cases}\tau_{\mathrm{u}}=-m_{22}vr+m_{33}wq+d_{11}u+m_{11}\left(x_{\mathrm{e}}+\dot{u}_{\mathrm{d}}-k_u u_{\mathrm{e}}\right)\\ \tau_{\mathrm{q}}=-\left(m_{33}-m_{11}\right)uw+d_{55}q+m_{55}\left(\dot{q}_{\mathrm{d}}-k_q q_{\mathrm{e}}\right)\\ \tau_{\mathrm{r}}=-\left(m_{11}-m_{22}\right)uv+d_{66}r+m_{66}\left(\dot{r}_{\mathrm{d}}-k_r r_{\mathrm{e}}\right)\end{cases}\tag{5-63}$$

式中，$k_u>0$，$k_r>0$ 和 $k_q>0$ 均为设计常数。

2. 跟随者控制器设计

由于以领航者的位姿信息作为虚拟者的输入量，因此需要设计控制律使跟随者跟踪上虚拟航行器的轨迹，以保证跟随者与领航者保持期望编队队形（Liu et al., 2016）。

定义虚拟航行器动力学为

$$\begin{cases}\dot{x}_{\mathrm{d}}=v_{\mathrm{d}}\cos\theta_{\mathrm{d}}\\ \dot{y}_{\mathrm{d}}=v_{\mathrm{d}}\sin\theta_{\mathrm{d}}\\ \dot{\varphi}_{\mathrm{d}}=q_{\mathrm{d}}\\ \boldsymbol{\eta}_{\mathrm{d}}=\left[x_{\mathrm{d}},y_{\mathrm{d}},z_{\mathrm{d}},\psi_{\mathrm{d}}\right]^{\mathrm{T}}\end{cases}\tag{5-64}$$

式中，$v_{\mathrm{d}}>0$ 为期望速度。

定义速度变量

$$\boldsymbol{v}_{\mathrm{c}}=f_{\mathrm{v}}\left(v_{\mathrm{d}}\right)\tag{5-65}$$

为保证 $\lim\limits_{t\to\infty}\left(\boldsymbol{\eta}_{\mathrm{d}}-\boldsymbol{\eta}_{\mathrm{v}}\right)=0$，即跟随者跟踪上虚拟航行器，定义速度误差为

$$\boldsymbol{e}_{\mathrm{c}}=\dot{\boldsymbol{v}}_{\mathrm{c}}+\boldsymbol{K}\left(\boldsymbol{v}_{\mathrm{c}}-\boldsymbol{v}_{\mathrm{v}}\right)\tag{5-66}$$

定义位置误差为

$$\begin{aligned}\boldsymbol{e}&=\boldsymbol{K}\boldsymbol{e}_{\mathrm{v}}\\&=\boldsymbol{K}\left(\boldsymbol{\eta}_{\mathrm{d}}-\boldsymbol{\eta}_{\mathrm{v}}\right)\end{aligned}\tag{5-67}$$

其误差分量可表示为

$$\begin{bmatrix}e_1\\e_2\\e_3\\e_4\end{bmatrix}=\begin{bmatrix}\cos\psi\cos\theta & \sin\psi\cos\theta & -\sin\theta & 0\\ -\sin\psi & \cos\psi & 0 & 0\\ \sin\theta\cos\psi & \cos\psi & \cos\theta & 0\\ 0 & 0 & 0 & 1\end{bmatrix}\begin{bmatrix}x-x_{\mathrm{d}}\\y-y_{\mathrm{d}}\\z-z_{\mathrm{d}}\\\psi-\psi_{\mathrm{d}}\end{bmatrix}\tag{5-68}$$

对式（5-67）求导，可得

$$\dot{\boldsymbol{e}}=\begin{bmatrix} v_2e_2-v_1+v_{\mathrm{d}}\cos e_3 \\ -v_2e_1+v_{\mathrm{d}}\sin e_3 \\ w_{\mathrm{d}}-v_2 \\ 0 \end{bmatrix} \tag{5-69}$$

将式（5-69）代入式（5-65），可得

$$\boldsymbol{v}_{\mathrm{c}}=\begin{bmatrix} v_{\mathrm{d}}\cos e_3+k_1e_1 \\ w_{\mathrm{d}}+k_2v_{\mathrm{d}}e_2+k_3v_{\mathrm{d}}\sin e_3-v_2 \end{bmatrix} \tag{5-70}$$

进一步，对式（5-70）求导，可得

$$\dot{\boldsymbol{v}}_{\mathrm{c}}=\begin{bmatrix} \dot{v}_{\mathrm{d}}\cos e_3 \\ \dot{w}_{\mathrm{d}}+k_2\dot{v}_{\mathrm{d}}e_2 \end{bmatrix}+\begin{bmatrix} k_1 & 0 & v_{\mathrm{d}}\sin e_3 \\ 0 & k_2v_{\mathrm{d}} & k_3v_{\mathrm{d}}\cos e_3 \end{bmatrix}\dot{\boldsymbol{e}} \tag{5-71}$$

将其代入式（5-66），则有

$$\boldsymbol{e}_{\mathrm{c}}=\begin{bmatrix} v_1-v_{\mathrm{d}}\cos e_3-k_1e_1 \\ v_2-w_{\mathrm{d}}-k_2v_{\mathrm{d}}e_2-k_3v_{\mathrm{d}}\sin e_3 \end{bmatrix} \tag{5-72}$$

为证明位置和速度误差的稳定性，选择如下形式的李雅普诺夫函数：

$$V_1=\frac{1}{2}\boldsymbol{e}^2+\frac{1}{2}\boldsymbol{e}_{\mathrm{c}}^{\;2} \tag{5-73}$$

将式（5-67）和式（5-72）代入式（5-73），可得

$$V_1=k_1\left(e_1^2+e_2^2\right)+\frac{2k_1}{k_2}\left(1-\cos e_3\right)+\frac{1}{2k_4}(e_4^2+\frac{k_1}{k_2k_3v_{\mathrm{d}}}e_5^2) \tag{5-74}$$

进一步，对式（5-74）求导，得到

$$\dot{V}_1=-k_1^2e_1^2\frac{k_1k_3}{k_2}v_{\mathrm{d}}\sin^2 e_3-\left(e_4+k_1e_1\right)^2-\frac{k_1}{k_2k_3v_{\mathrm{d}}}\left(e_5+k_3v_{\mathrm{d}}\sin e_3\right)^2 \tag{5-75}$$

式（5-75）说明位置误差和速度误差是渐近稳定的。

在此背景下，设计三维领航跟随编队控制律为

$$\begin{aligned}\boldsymbol{v}_{\mathrm{v}}=\begin{bmatrix} u_{\mathrm{v}} \\ v_{\mathrm{v}} \\ w_{\mathrm{v}} \\ r_{\mathrm{v}} \end{bmatrix}&=\boldsymbol{R}^{\mathrm{T}}\left(\boldsymbol{\eta}_{\mathrm{v}}\right)\boldsymbol{K}\boldsymbol{e}+\boldsymbol{R}^{\mathrm{T}}\left(e_4\right)\boldsymbol{e}_{\mathrm{c}} \\ &=\begin{bmatrix} k_1\left(e_1\cos\psi_{\mathrm{v}}+e_2\sin\psi_{\mathrm{v}}\right)+\left(u_{\mathrm{v}}\cos e_4-v_{\mathrm{v}}\sin e_4\right) \\ k_2\left(-\sin\psi_{\mathrm{v}}+e_2\cos\psi_{\mathrm{v}}\right)+\left(u_{\mathrm{v}}\sin e_4+v_{\mathrm{v}}\cos e_4\right) \\ w_{\mathrm{v}}+k_3e_3 \\ r_{\mathrm{v}}+k_4e_4 \end{bmatrix}\end{aligned} \tag{5-76}$$

式中，$k_i>0$ 为设计常数，且 $i=1,2,3,4$ 。

跟随者与虚拟航行器误差为

$$\begin{aligned} \boldsymbol{e} &= \boldsymbol{K}\boldsymbol{e}_{\mathrm{v}} \\ &= \boldsymbol{K}\left(\boldsymbol{\eta}_{\mathrm{d}} - \boldsymbol{\eta}_{\mathrm{v}}\right) \end{aligned} \tag{5-77}$$

定义辅助误差参数为

$$\boldsymbol{e}_{\mathrm{e}} = \boldsymbol{e}_{\mathrm{v}} - \boldsymbol{\phi} \tag{5-78}$$

对式（5-78）求导可得

$$\begin{aligned} \dot{\boldsymbol{e}}_{\mathrm{e}} &= \dot{\boldsymbol{e}}_{\mathrm{v}} - \lambda \tan\left(\frac{\boldsymbol{\phi}}{\boldsymbol{\lambda}}\right) - \boldsymbol{K}\boldsymbol{e}_{\mathrm{e}} \\ &= \boldsymbol{R}\left(\psi_{\mathrm{v}}\right)\boldsymbol{v}_{\mathrm{v}} - \boldsymbol{R}\left(\psi_{n}\right)\boldsymbol{v}_{\mathrm{d}} - \lambda \tan\left(\frac{\boldsymbol{\phi}}{\boldsymbol{\lambda}}\right) - \boldsymbol{K}\boldsymbol{e}_{\mathrm{e}} \end{aligned} \tag{5-79}$$

式中，$\tan\left(\frac{\boldsymbol{\phi}}{\boldsymbol{\lambda}}\right)$可表示为

$$\tan\left(\frac{\boldsymbol{\phi}}{\boldsymbol{\lambda}}\right) = \left(\tan\left(\frac{\phi_n}{\lambda_n}\right)\right)^{\mathrm{T}} \tag{5-80}$$

利用式（5-66），式（5-80）可化简为

$$\dot{\boldsymbol{e}}_{\mathrm{e}} = -\boldsymbol{K}\boldsymbol{e}_{\mathrm{e}} - \boldsymbol{R}\left(\psi_{n}\right)\boldsymbol{v}_{\mathrm{d}} + \lambda \tan\left(\frac{\boldsymbol{\phi}}{\boldsymbol{K}}\right) \tag{5-81}$$

选取如下形式的李雅普诺夫函数：

$$V_3 = \frac{1}{2}\boldsymbol{e}_{\mathrm{e}}^2 + \boldsymbol{K}\lg\left(\cos\left(\frac{\boldsymbol{\phi}}{\boldsymbol{K}}\right)\right) \tag{5-82}$$

式中，$\lg\left(\cos\left(\frac{\boldsymbol{\phi}}{\boldsymbol{K}}\right)\right) = \left(\lg\left(\cos\left(\frac{\phi_n}{k_n}\right)\right)\right)^{\mathrm{T}}$。

利用$\frac{\mathrm{d}}{\mathrm{d}t}\lg\left(\cos\left(\frac{\boldsymbol{\phi}}{\boldsymbol{\lambda}}\right)\right) = \left(\frac{\boldsymbol{\phi}}{\boldsymbol{\lambda}}\right)\tan\left(\frac{\boldsymbol{\phi}}{\boldsymbol{\lambda}}\right)$，则李雅普诺夫函数$V_3$的导数为

$$\begin{aligned} \dot{V}_3 &= \boldsymbol{e}_{\mathrm{e}}^{\mathrm{T}}\dot{\boldsymbol{e}}_{\mathrm{e}} + \dot{\boldsymbol{\phi}}\tan\left(\frac{\boldsymbol{\phi}}{\boldsymbol{K}}\right) \\ &= \boldsymbol{e}_{\mathrm{e}}^{\mathrm{T}}\left(-\boldsymbol{K}\boldsymbol{e}_{\mathrm{e}} - \boldsymbol{R}\left(\psi_{i}\right)\boldsymbol{v}_{\mathrm{d}} + \boldsymbol{K}\tan\left(\frac{\boldsymbol{\phi}}{\boldsymbol{\lambda}}\right)\right) \\ &= -\boldsymbol{K}\boldsymbol{e}_{\mathrm{e}}^2 - \boldsymbol{e}_{\mathrm{e}}^{\mathrm{T}}\boldsymbol{R}\left(\psi_{i}\right)\boldsymbol{v}_{\mathrm{d}} - \boldsymbol{K}\tan\left(\frac{\boldsymbol{\phi}}{\boldsymbol{\lambda}}\right)^2 \end{aligned} \tag{5-83}$$

利用 Young 不等式，对于任意$\gamma > 0$，式（5-83）满足

$$\dot{V}_3 \leqslant -\boldsymbol{e}_{\mathrm{e}}^2\left(\boldsymbol{K} - \frac{\gamma}{2}\boldsymbol{I}\right) - \boldsymbol{K}\tan\left(\frac{\boldsymbol{\phi}}{\boldsymbol{K}}\right)^2 + \frac{1}{2\gamma}\left\|\boldsymbol{v}_{\mathrm{d}}\right\|^2 \tag{5-84}$$

式中，$\boldsymbol{I}$ 为单位矩阵，选取合适的矩阵 $\boldsymbol{K}$ 可使 $\boldsymbol{K}-\frac{\gamma}{2}\boldsymbol{I}$ 为正定值，则存在足够小常数 ε，使得

$$\dot{V}_3 \leqslant -\varepsilon V_3 + \frac{1}{2\gamma}\Omega^2 \tag{5-85}$$

进一步，对 $t \geqslant 0$，则有

$$V_3(t) \leqslant -\mathrm{e}^{-\varepsilon t}V_3(0) + \frac{1}{2\varepsilon\gamma}\Omega^2 \tag{5-86}$$

式（5-86）说明闭环系统误差信号有界，且 V_3 收敛于半径为 $\frac{1}{2\varepsilon\gamma}\Omega^2$ 的封闭球域内，$\|e\|$ 收敛于半径为 $\frac{\Omega}{\sqrt{\varepsilon\gamma}}$ 的封闭球域内。结合式（5-77）可得 $\boldsymbol{e}_{\mathrm{v}} \to 0$，即所设计控制器能使跟随者以期望的位置和艏向角跟踪领航者。

5.2.4 仿真实验

下面给出仿真实验，用来验证三维领航跟随编队控制方法的有效性。考虑由三个欠驱动水下航行器组成的编队系统。

给定领航者速度为 $u_{\mathrm{d}} = 1\mathrm{m/s}$，$q_{\mathrm{d}} = 0$，$r_{\mathrm{d}} = 0.1\mathrm{rad/s}$；领航者与跟随者之间期望位置距离和角度分别为 $l_{12}^{\mathrm{d}} = 10\mathrm{m}$，$\varphi_{12}^{\mathrm{d}} = 0.5\pi\mathrm{rad}$，$\theta_{12}^{\mathrm{d}} = 0$；$l_{13}^{\mathrm{d}} = 10\mathrm{m}$，$\varphi_{13}^{\mathrm{d}} = -0.5\pi\mathrm{rad}$，$\theta_{13}^{\mathrm{d}} = 0$。

跟随者的初始速度均为零，初始位置和艏向角为 $(x_1(0), y_1(0), z_1(0)) = (0,10,0)$，$\psi_1(0) = 2\pi/3$，$\theta_1(0) = 0.1$；$(x_2(0), y_2(0), z_2(0)) = (0,0,-5)$，$\psi_2(0) = 0.5\pi$，$\theta_2(0) = 0.1$；$(x_3(0), y_3(0), z_3(0)) = (1,1,-10)$，$\psi_3(0) = \pi/6$，$\theta_3(0) = 0.1$。

控制参数为 $k_1 = 2$，$k_2 = 1$，$k_3 = 2$，$k_4 = 0.1$，$d = 5$，$\alpha = 0.25\pi$，$\beta_1 = 2\pi/3$，$\beta_2 = -2\pi/3$，$\lambda_1 = 2$，$\lambda_2 = 1$，$\lambda_3 = 4$，$\lambda_4 = 0.5$。

图 5-21 给出了三维领航编队行为轨迹，其中图 5-21（a）为三维运动行为曲线，图 5-21（b）为水平面运动行为曲线，图 5-21（c）为垂直面运动行为曲线，其中，实线表示领航者轨迹，点划线表示第一个跟随者轨迹，虚线表示第二个跟随者轨迹。从图中可以看到，各航行器从给定起始点出发经过一个短暂的调整过程后，领航者较好地跟踪上期望路径，跟随者也较快地跟踪上领航者且实现了固定的编队队形，因此验证了三维领航跟随控制方法的有效性。

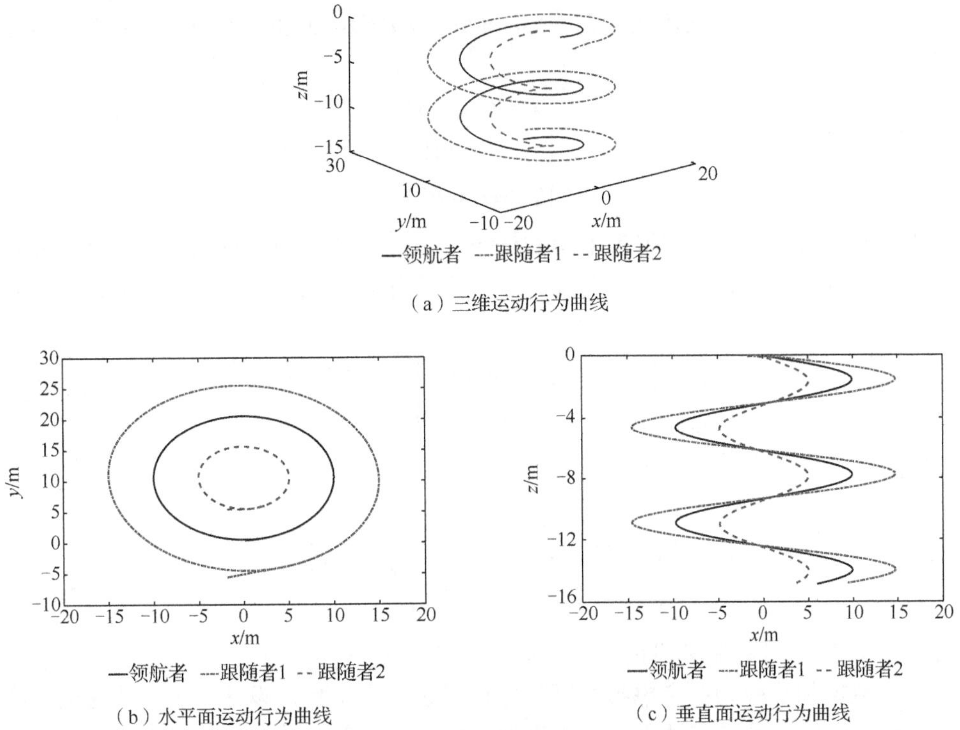

（a）三维运动行为曲线

（b）水平面运动行为曲线

（c）垂直面运动行为曲线

图 5-21　三维领航跟随编队行为轨迹

5.3　基于路径参数一致性的多路径协同跟踪控制

5.3.1　问题描述

考虑领航跟随编队控制的单点失效问题，本节研究分布式的协同编队控制策略，基于一致性和图论设计分布式控制律，保证航行器同步跟踪上多条期望路径。多路径协同跟踪如图 5-22 所示，其中$\left(x_i, y_i\right)$为第 i 个航行器位置，ψ_i 为艏向角，u_i 、v_i 和 r_i 分别为纵向速度、横向速度和转艏角速度。考虑多条参数化路径$\left(x_{id}\left(S_i\right), y_{id}\left(S_i\right)\right)$，这里 S_i 表示与时间无关的路径参数。以第 i 条路径上的任意点$\left(x_i, y_i\right)$构建路径切向坐标系，其方向角可表示为$\psi_{id}=\operatorname{atan} 2\left(\dot{y}_{id}, \dot{x}_{id}\right)$。

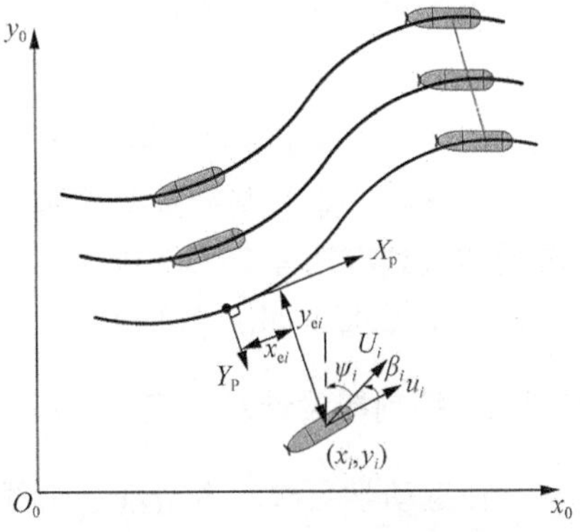

图 5-22　多路径协同跟踪示意图

考虑运动过程中的漂角问题（Liu et al.，2016），欠驱动水下航行器的运动学模型可表示为

$$\begin{cases}\dot{x}_i = U_i \cos \varPsi_i \\ \dot{y}_i = U_i \sin \varPsi_i \\ \dot{\varPsi}_i = r_i + \dot{\beta}_i\end{cases} \tag{5-87}$$

式中，$\varPsi_i$ 为艏向角；U_i 为速度，且有 $U_i^2 = u_i^2 + v_i^2$；β_i 为漂角，且有 $\beta_i = \operatorname{atan2}(v_i, u_i)$。

在路径切向坐标系下，航行器位置与期望路径上点 $\left(x_{id}(S_i), y_{id}(S_i)\right)$ 的误差可表示为

$$\begin{bmatrix} x_{ie} \\ y_{ie} \end{bmatrix} = \begin{bmatrix} \cos\psi_{id} & -\sin\psi_{id} \\ \sin\psi_{id} & \cos\psi_{id} \end{bmatrix}^{\mathrm{T}} \begin{bmatrix} x_i - x_{id}(S_i) \\ y_i - y_{id}(S_i) \end{bmatrix} \tag{5-88}$$

式中，x_{ie} 为纵向跟踪误差；y_{ie} 为横向跟踪误差。

对式（5-88）两边求导，可得

$$\begin{cases}\dot{x}_{ie} = U_i \cos(\varPsi_i - \psi_{id}) + \dot{\psi}_{id} y_{ie} - u_{id}\dot{S}_i \\ \dot{y}_{ie} = U_i \sin(\varPsi_i - \psi_{id}) - \dot{\psi}_{id} x_{ie}\end{cases} \tag{5-89}$$

式中，u_{id} 表示沿着参考路径的虚拟速度，且有 $u_{id} = \sqrt{\dot{x}_{id}^2 + \dot{y}_{id}^2}$。

本节控制目标为：考虑模型不确定性以及海洋干扰，设计基于一致性的分布式编队控制律，使航行器同步跟踪上给定的参考路径。该控制律设计过程可包含两个任务，一是路径跟踪控制任务，二是编队协同任务，具体描述如下。

路径跟踪控制任务：基于反步法设计动力学控制器，使得航行器可以精准地跟踪上期望路径，满足

$$\begin{cases}\lim\limits_{t\to\infty} |x_{ie}| \to \varepsilon_1 \\ \lim\limits_{t\to\infty} |y_{ie}| \to \varepsilon_2\end{cases} \tag{5-90}$$

式中，$\varepsilon_1 > 0$ 和 $\varepsilon_2 > 0$ 为任意小常数。

编队协同控制任务：设计路径参数一致性更新律，满足

$$\lim_{t\to\infty} |S_i - S_j| \to \varepsilon_3 \tag{5-91}$$

式中，$\varepsilon_3 > 0$ 为任意小常数，且 $i \neq j$。

注 5-1 本节路径跟踪控制研究中的期望路径可通过路径规划方法来生成，常见的规划方法有 Bezier 曲线、三次样条插值和 Hermite 样条插值等（Liu et al.，2016；Kuniaki et al.，2015）。

5.3.2 控制器设计及稳定性分析

在运动学层次，本节基于视线（light of sight，LOS）制导方法设计期望速度和期望角速度，并利用相邻航行器的交互信息设计参数一致性更新率；在动力学

层次，基于反步法设计速度控制器和角度控制器，实现路径跟踪任务和参数协同任务，多路径协同跟踪控制算法框架如图 5-23 所示。

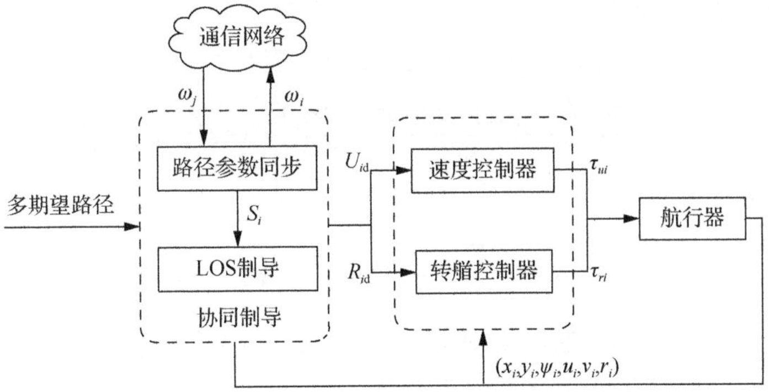

图 5-23　多路径协同跟踪控制算法框架

1. 协同制导律设计

由第 4 章中的路径跟踪控制研究可知，路径参数 S_i 可用来稳定跟踪误差。基于此，多路径协同控制中可以使用附加的控制变量来同步航行器编队队形。在此背景下，定义控制量

$$\dot{S}_i = v_s - \omega_i \tag{5-92}$$

式中，v_s 为给定的参考速度；ω_i 表示待设计的协同变量。

将式（5-92）代入式（5-91），则路径跟踪误差动力学方程可改写为

$$\begin{cases} \dot{x}_{ie} = U_i - 2U_i\sin^2\left(\dfrac{\Psi_i - \psi_{id}}{2}\right) + \dot{\psi}_{id}y_{ie} - u_{id}\left(v_s - \omega_i\right) \\ \dot{y}_{ie} = U_i\sin\left(\Psi_{id} - \psi_{id}\right) + \sigma_i - \dot{\psi}_{id}x_{ie} \\ \dot{\Psi}_{ie} = r_i + \dot{\beta}_i - \dot{\Psi}_{id} \end{cases} \tag{5-93}$$

式中，Ψ_{id} 表示航向制导角；$\sigma_i = U_i\sin\left(\Psi_i - \psi_{id}\right) - U_i\sin\left(\Psi_{id} - \psi_{id}\right)$。

基于误差动力学方程和 LOS 制导方法，设计速度制导律为

$$\begin{cases} U_{id} = -\dfrac{k_{i1}x_{ie}}{\Pi_{ix}} + u_{id}v_s + 2U_i\sin^2\left(\dfrac{\Psi_i - \psi_{id}}{2}\right) \\ R_{id} = -\dfrac{k_{i2}\Psi_{ie}}{\Pi_{i\Psi}} - \dot{\beta}_i + \dot{\Psi}_{id} - \dfrac{y_{ie}\sigma_i}{\Psi_{ie}} \end{cases} \tag{5-94}$$

式中，$\Pi_{ix} = \sqrt{x_{ie}^2 + \varsigma_{ix}^2}$；$\Pi_{i\Psi} = \sqrt{\Psi_{ie}^2 + \varsigma_{i\Psi}^2}$；$\varsigma_{ix} > 0$，$\varsigma_{i\Psi} > 0$，$k_{i1} > 0$ 和 $k_{i2} > 0$ 均为设计常数。

航向制导角可参考 LOS 制导设计，具体形式为

$$\Psi_{id}=\psi_{id}+\arctan\left(-\frac{y_{ie}}{\varsigma_i}\right) \tag{5-95}$$

式中，$\varsigma_i>0$为制导距离。

利用转换关系$\Psi_{ie}=(\Psi_i-\psi_{id})-(\Psi_{id}-\psi_{id})$，有

$$\lim_{\Psi_{ie}\to 0}\frac{\sin(\Psi_i-\psi_{id})-\sin(\Psi_{id}-\psi_{id})}{\Psi_{ie}}=\cos(\Psi_{id}-\psi_{id}) \tag{5-96}$$

在此背景下，则有

$$\lim_{\Psi_{ie}\to 0}\frac{\sigma_i}{\Psi_{ie}}=U_i\cos(\Psi_{id}-\psi_{id}) \tag{5-97}$$

为使路径参数达到一致，实现同步的编队队形模式，下面基于相邻航行器的路径参数信息设计路径参数一致性更新率。

在不考虑通信时延以及丢包的情况下，考虑由三个航行器组成的编队系统，多路径协同跟踪中系统通信拓扑如图 5-24 所示，相邻航行器间可进行信息交互。

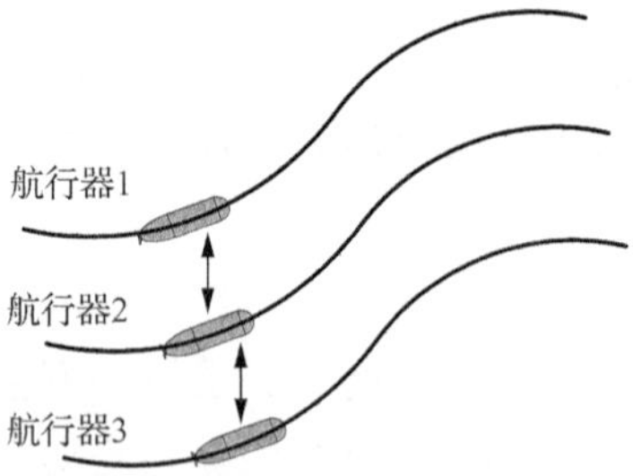

图 5-24　多路径协同跟踪中系统通信拓扑结构

基于路径参数，定义协同误差为

$$e_i=\sum_{j=1}^{N}a_{ij}\left(S_i-S_j\right) \tag{5-98}$$

在此背景下，设计协同变量ω_i为

$$\omega_i=\mu_i e_i-\mu_i u_{id}x_{ie} \tag{5-99}$$

式中，$\mu_i>0$为设计常数。

定义$\boldsymbol{e}=[e_1,e_2,\cdots,e_N]^{\mathrm{T}}$和$\boldsymbol{\omega}=[\omega_1,\omega_2,\cdots,\omega_N]^{\mathrm{T}}$，则式（5-98）可表示为

$$\dot{\boldsymbol{e}}=-\boldsymbol{L}\boldsymbol{\omega} \tag{5-100}$$

式中，$\boldsymbol{L}$表示图的拉普拉斯矩阵。

结合式（5-93）和式（5-100），多路径协同跟踪误差动力学方程为

$$\begin{cases}\dot{x}_{ie} = -\dfrac{k_{i1}x_{ie}}{\Pi_{ix}} + \dot{\psi}_{id}y_{ie} + u_{id}\omega_i \\ \dot{y}_{ie} = -\dfrac{U_i y_{ie}}{\Pi_{iy}} + \sigma_i - \dot{\psi}_{id}x_{ie} \\ \dot{\Psi}_{ie} = -\dfrac{k_{i2}\Psi_{ie}}{\Pi_{i\Psi}} - \dfrac{y_{ie}\sigma_i}{\Psi_{ie}} \\ \dot{\boldsymbol{e}} = -\boldsymbol{L\omega}\end{cases} \tag{5-101}$$

为验证速度制导律（5-94）与路径参数更新率（5-55）的有效性，选取如下形式的李雅普诺夫函数：

$$V_1 = \sum_{i=1}^{N}\left(\frac{1}{2}x_{ie}^2 + \frac{1}{2}y_{ie}^2 + \frac{1}{2}\Psi_{ie}^2\right) + \boldsymbol{S}^{\mathrm{T}}\boldsymbol{LS} \tag{5-102}$$

式中，$\boldsymbol{S} = [S_1, S_2, \cdots, S_N]^{\mathrm{T}}$。

利用图论，则有 $\boldsymbol{S}^{\mathrm{T}}\boldsymbol{LS} = \boldsymbol{e}^{\mathrm{T}}\boldsymbol{Pe}$，这里 $\boldsymbol{P}$ 为正定矩阵。基于此，式（5-102）可改写为

$$V_1 = \sum_{i=1}^{N}\left(\frac{1}{2}x_{ie}^2 + \frac{1}{2}y_{ie}^2 + \frac{1}{2}\Psi_{ie}^2\right) + \boldsymbol{e}^{\mathrm{T}}\boldsymbol{Pe} \tag{5-103}$$

对式（5-103）两边求导，并代入误差方程（5-101），可以得到

$$\begin{aligned}\dot{V}_1 &\leqslant \sum_{i=1}^{N}\left(-\frac{k_{i1}x_{ie}}{\Pi_{ix}} + x_{ie}u_{id}\omega_i - \frac{U_i y_{ie}}{\Pi_{iy}} - \frac{k_{i2}\Psi_{ie}}{\Pi_{i\Psi}}\right) - \boldsymbol{S}^{\mathrm{T}}\boldsymbol{L\omega} \\ &\leqslant \sum_{i=1}^{N}\left(-\frac{k_{i1}x_{ie}}{\Pi_{ix}} - \frac{U_i y_{ie}}{\Pi_{iy}} - \frac{k_{i2}\Psi_{ie}}{\Pi_{i\Psi}}\right) - \lambda_{\min}(\boldsymbol{\mu})\|\boldsymbol{\vartheta}\|^2\end{aligned} \tag{5-104}$$

式中，$\boldsymbol{\mu} = \mathrm{diag}\{\mu_1, \mu_2, \cdots, \mu_N\}$；$\boldsymbol{\vartheta} = -\boldsymbol{e} + \boldsymbol{u}_{\mathrm{d}}\boldsymbol{x}_{\mathrm{e}}$；$\boldsymbol{u}_{\mathrm{d}} = \mathrm{diag}\{u_{1\mathrm{d}}, u_{2\mathrm{d}}, \cdots, u_{N\mathrm{d}}\}$；$\boldsymbol{x}_{\mathrm{e}} = [x_{1\mathrm{e}}, x_{2\mathrm{e}}, \cdots, x_{N\mathrm{e}}]^{\mathrm{T}}$。因此，多路径协同跟踪误差是全局一致渐近稳定的。

进一步，由图论可知

$$\boldsymbol{e}^{\mathrm{T}}\boldsymbol{Pe} \geqslant \lambda^*\left\|\boldsymbol{S} - 1_N\frac{1}{N}S_i\right\|^2 \tag{5-105}$$

根据式（5-104）结果可知 $e \to 0$，结合式（5-105）有

$$S_i \to S_j \to \frac{1}{N}\sum_{i=1}^{N}S_i \tag{5-106}$$

2. 动力学控制器设计

由于多路径协同跟踪采用的是分布式控制方法，故仅需给出第 i 个航行器控制器设计过程。下面基于反步法设计航行器纵向推力和转艏力矩，使航行器能够跟踪上由制导律求得的期望信号，实现多路径协同跟踪。

注 5-2　由于欠驱动水下航行器的横向速度 v 较小，因此可假设制导速度 U_{id} 为航行器的期望纵向速度。

纵向速度模型可表示为

$$\dot{u}_i = \frac{m - Y_{\dot{v}}}{m - X_{\dot{u}}} v_i r_i + \frac{X_u + X_{u|u|}|u_i|}{m - X_{\dot{u}}} u_i + \frac{\tau_{ui}}{m - X_{\dot{u}}} \tag{5-107}$$

定义纵向速度误差为

$$z_{i1} = u_i - U_{id} \tag{5-108}$$

式中，U_{id} 为期望速度，可由式（5-94）求得。

在此背景下，设计纵向推力为

$$\tau_{ui} = -\left(X_u + X_{u|u|}|u_i|\right)u_i + \left(-k_{i3}\left(u_i - U_{id}\right) + \dot{U}_{id}\right)\left(m - X_{\dot{u}}\right) - \left(m - Y_{\dot{v}}\right)v_i r_i \tag{5-109}$$

式中，$k_{i3} > 0$ 为设计常数。

考虑如下转艏角速度模型：

$$\begin{cases} \dot{\psi}_i = r_i \\ \dot{r}_i = -\dfrac{X_{\dot{u}} - Y_{\dot{v}}}{I_z - N_{\dot{r}}} u_i v_i + \dfrac{N_r + N_{r|r|}|r_i|}{I_z - N_{\dot{r}}} r_i + \dfrac{\tau_{ri}}{I_z - N_{\dot{r}}} \end{cases} \tag{5-110}$$

定义转艏角速度误差为

$$z_{i2} = r_i - R_{id} \tag{5-111}$$

式中，R_{id} 为期望角速度，可由式（5-94）求得。

在此背景下，设计转艏力矩为

$$\tau_{ri} = -\left(N_r + N_{r|r|}|r_i|\right)r_i + \left(-k_{i4}\left(r_i - R_{id}\right) + \dot{R}_{id}\right)\left(I_z - N_{\dot{r}}\right) + \left(X_{\dot{u}} - Y_{\dot{v}}\right)u_i v_i \tag{5-112}$$

式中，$k_{i4} > 0$ 为设计常数。

注 5-3　这里仅给出了航行器纵向推力和转艏力矩，关于动力学控制器的稳定性分析可参考第 3 章，容易证明所设计的控制器式（5-109）和式（5-112）能够保证跟踪误差的渐近稳定。

5.3.3　仿真实验

下面给出仿真实验，用来验证所提出的多路径协同编队控制方法的有效性。考虑由三个欠驱动水下航行器组成的编队系统，三条参数化路径分别为 $x_{1d} = S_1$，$y_{1d} = 15\cos\left(0.025\pi S_1\right) - 20$；$x_{2d} = S_2$，$y_{2d} = 15\cos\left(0.025\pi S_2\right) - 10$；$x_{3d} = S_3$，$y_{3d} = 15\cos\left(0.025\pi S_3\right)$。

航行器初始速度为 $u_i(0) = v_i(0) = r_i(0) = 0$，这里 $i = 1,2,3$；初始位置和艏向角为 $\left(x_1(0), y_1(0)\right) = (-5,0)$，$\psi_1(0) = 2\pi/3$；$\left(x_2(0), y_2(0)\right) = (-2,8)$，$\psi_2(0) = \pi/2$；$\left(x_3(0), y_3(0)\right) = (-5,12)$，$\psi_3(0) = \pi/6$。

控制参数为 $v_s = 0.5$，$\mu_i = 0.1$，$k_{i1} = 5$，$k_{i2} = 5$，$\varsigma_{ix} = 1$，$\varsigma_{i\Psi} = 1$，$\varsigma_i = 5$，$k_{i3} = 0.1$，$k_{i4} = 0.5$。

图 5-25 给出了多路径协同跟踪行为曲线，其中虚线表示给定的三条期望路径，实线表示第一个航行器的实际路径，点划线表示第二个航行器的实际路径，点线表示第三个航行器的实际路径。从图中可以看到，各航行器从给定起始点出发经过一个短暂的调整过程后，都能较好地跟踪上各自的期望路径，验证了分布式控制器的有效性。图 5-26 给出了协同跟踪误差曲线，可以看出，跟踪误差能够在外界干扰下快速地收敛到原点附近，验证了所设计的控制律具有较强的鲁棒性。图 5-27 给出了路径参数演化曲线，可以看到，各路径参数在所设计的参数同步更新律作用下呈线性增长，且能够在较短时间内趋于一致，说明各航行器能够以预定的一字编队模式航行。图 5-28 给出了速度演化曲线，包括纵向速度、横向速度及转艏角速度，可以看出，在协同制导律及控制律作用下，编队内各航行器的速度在一定时间后逐渐同步。图 5-29 给出了三个航行器的控制输入，包括纵向推力和转艏力矩，从图中可以看出，各控制输入曲线平滑，均在执行机构作业范围内，满足实际要求。

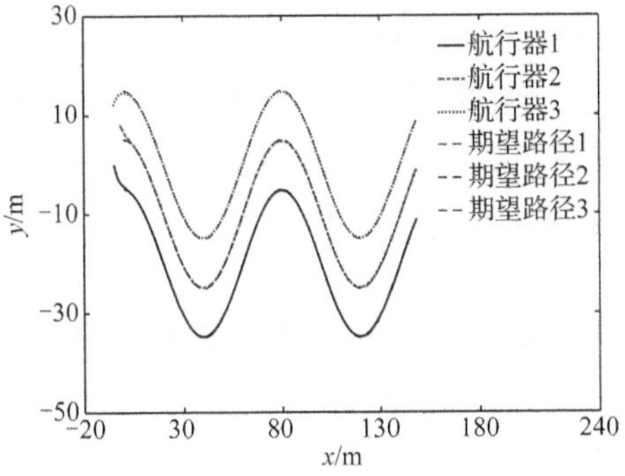

图 5-25　多路径协同跟踪行为曲线

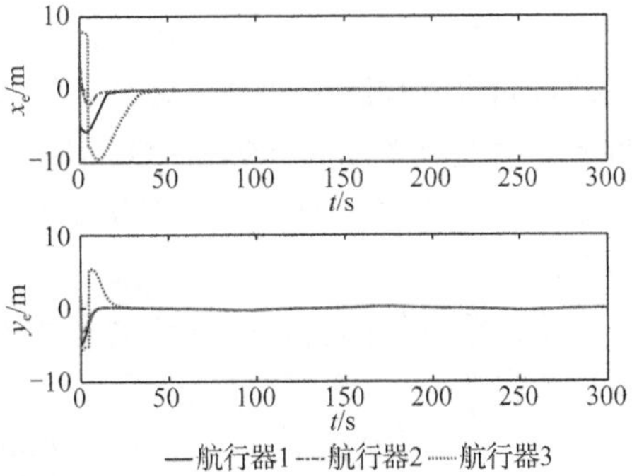

图 5-26　协同跟踪误差曲线

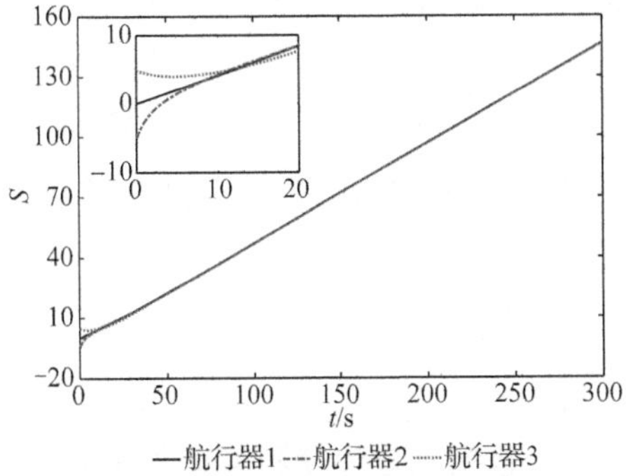

图 5-27　路径参数演化曲线

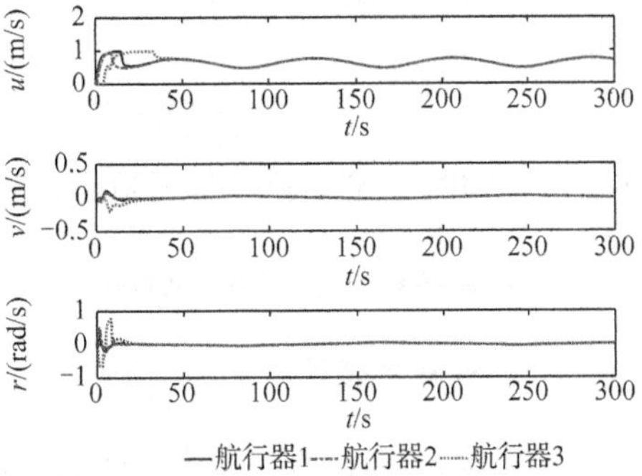

图 5-28　速度和角速度演化曲线

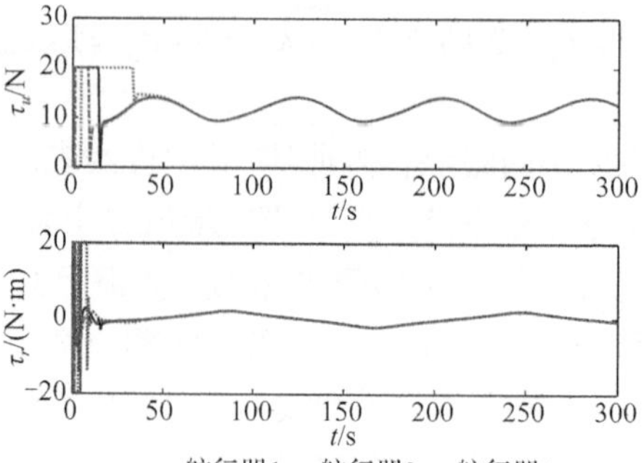

图 5-29 控制输入曲线

5.4 基于路径参数包含的单路径协同跟踪控制

5.4.1 问题描述

针对不同的任务要求，本节在多路径协同跟踪的基础上，研究多航行器的单路径协同跟踪控制。通过在编队首尾引入了两个虚拟领航者，使各航行器均匀分布于在两领航者之间，结合 LOS 制导和一致性方法，设计航行器制导速度和制导角速度，实现多航行器以队列方式跟踪一条给定的参数化路径。具体任务描述如下。

路径跟踪控制目标：设计动力学控制律，使得航行器可以跟踪上期望路径，满足

$$\begin{cases}\lim\limits_{t\to\infty}|x_{ei}|\to\varepsilon_1\\ \lim\limits_{t\to\infty}|y_{ei}|\to\varepsilon_2\end{cases}\tag{5-113}$$

参数协同控制目标：设计运动学控制律，使得航行器保持固定的编队模式，满足

$$\lim_{t\to\infty}|S_i-S_{i-1}-d|\to\varepsilon_3,\ i=1,2,\cdots,N\tag{5-114}$$

式中，d 为两个虚拟领导者之间的距离；$\varepsilon_1>0$，$\varepsilon_2>0$ 和 $\varepsilon_3>0$ 为任意小常数。

5.4.2 控制器设计及稳定性分析

1. 协同制导律设计

下面基于 LOS 制导方法设计航行器制导律，包括制导速度和制导角速度，使得航行器跟踪上给定参数化路径。

参考 5.3 节中的多路径协同跟踪制导律设计，单路径协同跟踪制导律可设计为

$$\begin{cases} U_{\mathrm{id}} = -\dfrac{k_{i1}x_{\mathrm{ie}}}{\Pi_{ix}} + u_{\mathrm{id}}v_s + 2U_i\sin^2\left(\dfrac{\Psi_i - \psi_{\mathrm{id}}}{2}\right) \\ R_{\mathrm{id}} = -\dfrac{k_{i2}\Psi_{\mathrm{ie}}}{\Pi_{i\Psi}} - \dot{\beta}_i + \dot{\Psi}_{\mathrm{id}} - \dfrac{y_{\mathrm{ie}}\sigma_i}{\Psi_{\mathrm{ie}}} \end{cases} \tag{5-115}$$

式中，$\sigma_i = U_i\sin(\Psi_i - \psi_{\mathrm{id}}) - U_i\sin(\Psi_{\mathrm{id}} - \psi_{\mathrm{id}})$；$\Pi_{ix} = \sqrt{x_{\mathrm{ie}}^2 + \varsigma_{ix}^2}$；$\Pi_{i\Psi} = \sqrt{\psi_{\mathrm{ie}}^2 + \varsigma_{i\Psi}^2}$。

制导艏向角为

$$\Psi_{\mathrm{id}} = \psi_{\mathrm{id}} + \arctan\left(-\frac{y_{\mathrm{ie}}}{\varsigma_i}\right) \tag{5-116}$$

在此背景下，单路径协同跟踪误差动态方程可表示为

$$\begin{cases} \dot{x}_{\mathrm{ie}} = -\dfrac{k_{i1}x_{\mathrm{ie}}}{\Pi_{ix}} + u_{\mathrm{id}}\omega_i + \dot{\psi}_{\mathrm{id}}y_{\mathrm{ie}} \\ \dot{y}_{\mathrm{ie}} = -\dfrac{U_i y_{\mathrm{ie}}}{\Pi_{iy}} - \rho_i - \dot{\psi}_{\mathrm{id}}x_{\mathrm{ie}} \\ \dot{\psi}_{\mathrm{ie}} = -k_{i2}\psi_{\mathrm{ie}} - \dfrac{y_{\mathrm{ie}}\rho_i}{\psi_{\mathrm{ie}}} \end{cases} \tag{5-117}$$

式中，$\Pi_{iy} = \sqrt{y_{\mathrm{ie}}^2 + \varsigma_i^2}$。

为使各艘航行器能均匀分布在两个虚拟领导者之间，实现单路径上的固定编队模式，下面基于一致性方法设计路径参数更新律。

假设两个虚拟领导者编号分别为 $N+1$ 和 $N+2$，可以看作是沿参数路径运动的两个虚拟点。基于此，设计路径参数更新律为

$$\dot{S}_{N+1} = \dot{S}_{N+2} = v_s \tag{5-118}$$

注意的是，两个虚拟领航者的路径参数满足 $S_{N+1}(t_0) < S_{N+2}(t_0)$，即一个领航者位于编队前方，一个领航者位于编队后方。

考虑五个航行器组成的编队系统，单路径协同跟踪中系统通信拓扑结构如图 5-30 所示。每一个航行器都接收其前一个航行器（或虚拟领导者）以及后一个航行器（或虚拟领导者）的路径参数信息，虚拟领导者不接受跟随者的任何信息。（Lekkas et al.，2014；Ji et al.，2008；刘陆，2018）。

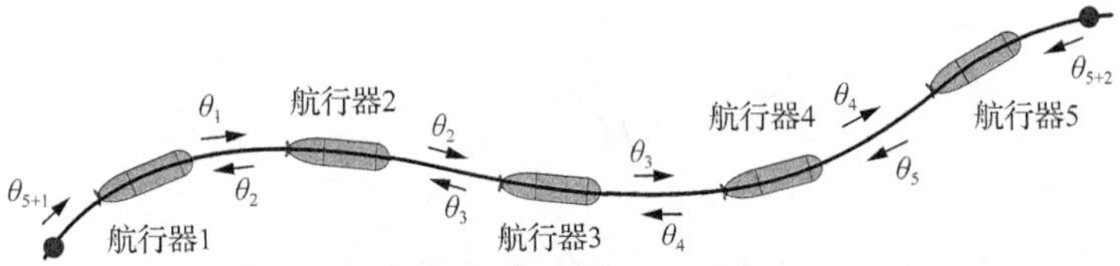

图 5-30　单路径协同跟踪中系统通信拓扑结构

基于图论，图 5-30 描述的通信关系可由拉普拉斯矩阵表示为

$$\boldsymbol{L}=\begin{bmatrix}\boldsymbol{L}_1 & \boldsymbol{L}_2\\ \boldsymbol{0}_{2\times N} & \boldsymbol{0}_{2\times 2}\end{bmatrix} \tag{5-119}$$

这里，子矩阵 $\boldsymbol{L}_1$ 为

$$\boldsymbol{L}_1=\begin{bmatrix}2 & 1 & 0 & & & \cdots & 0\\ 1 & 2 & 1 & 0 & & \cdots & 0\\ 0 & 1 & 2 & 1 & 0 & \cdots & 0\\ \vdots & & \vdots & \vdots & \vdots & & \vdots\\ 0 & \cdots & 0 & 1 & 2 & 1 & 0\\ 0 & \cdots & & 0 & 1 & 2 & 1\\ 0 & \cdots & & & 0 & 1 & 2\end{bmatrix}_{N\times N} \tag{5-120}$$

子矩阵 $\boldsymbol{L}_2$ 表示为

$$\boldsymbol{L}_2=\begin{bmatrix}1 & 0\\ 0 & 0\\ \vdots & \vdots\\ 0 & 0\\ 0 & 1\end{bmatrix}_{N\times 2} \tag{5-121}$$

考虑路径参数信息交换，定义相邻成员协同误差为

$$e_i=\sum_{j=1}^{N+2}a_{ij}\left(S_i-S_j\right) \tag{5-122}$$

在此背景下，设计路径参数更新律为

$$\omega_i=\mu_i e_i-\mu_i u_{\mathrm{id}}x_{i\mathrm{e}} \tag{5-123}$$

式中，$u_{\mathrm{id}}=\sqrt{\dot{x}_{\mathrm{id}}^2+\dot{y}_{\mathrm{id}}^2}$； $\mu_i>0$ 为设计常数。

定义 $\boldsymbol{e}=\left[e_1,e_2,\cdots,e_N\right]^{\mathrm{T}}$ 和 $\boldsymbol{\omega}=\left[\omega_1,\omega_2,\cdots,\omega_N\right]^{\mathrm{T}}$，并结合式（5-117）和式（5-122），协同路径跟踪误差动态方程为

$$\begin{cases}\dot{x}_{i\mathrm{e}}=-\dfrac{k_{i1}x_{i\mathrm{e}}}{\Pi_{ix}}+\dot{\psi}_{\mathrm{id}}y_{i\mathrm{e}}+u_{\mathrm{id}}\omega_i\\ \dot{y}_{i\mathrm{e}}=-\dfrac{U_i y_{i\mathrm{e}}}{\Pi_{iy}}+\sigma_i-\dot{\psi}_{\mathrm{id}}x_{i\mathrm{e}}\\ \dot{\Psi}_{i\mathrm{e}}=-\dfrac{k_{i2}\Psi_{i\mathrm{e}}}{\Pi_{i\Psi}}-\dfrac{y_{i\mathrm{e}}\sigma_i}{\Psi_{i\mathrm{e}}}\\ \dot{\boldsymbol{e}}=-\boldsymbol{L}_1\boldsymbol{\omega}\end{cases} \tag{5-124}$$

为证明系统稳定性，选取如下形式的李雅普诺夫函数：

$$V_1=\sum_{i=1}^{N}\left(\frac{1}{2}x_{ie}^2+\frac{1}{2}y_{ie}^2+\frac{1}{2}\psi_{ie}^2\right)+\frac{1}{2}\boldsymbol{e}^{\mathrm{T}}\boldsymbol{L}_1^{-1}\boldsymbol{e} \tag{5-125}$$

对上式求导，并将式（5-124）代入，可得

$$\begin{aligned}\dot{V}_1&\leqslant\left(-\frac{k_{i1}x_{ie}^2}{\Pi_{ix}}+x_{ie}u_{id}\omega_i-\frac{U_iy_{ie}^2}{\Pi_{iy}}-\frac{k_{i2}\psi_{ie}^2}{\Pi_{i\Psi}}\right)-\boldsymbol{e}^{\mathrm{T}}\boldsymbol{\omega}\\&\leqslant\left(-\frac{k_{i1}x_{ie}^2}{\Pi_{ix}}-\frac{U_iy_{ie}^2}{\Pi_{iy}}-\frac{k_{i2}\psi_{ie}^2}{\Pi_{i\Psi}}\right)-\lambda_{\min}(\boldsymbol{\mu})\|\boldsymbol{\vartheta}\|^2\end{aligned} \tag{5-126}$$

式中，$\boldsymbol{\mu}=\mathrm{diag}\{\mu_1,\mu_2,\cdots,\mu_N\}$；$\boldsymbol{\vartheta}=-\boldsymbol{e}+\boldsymbol{u}_{\mathrm{d}}\boldsymbol{x}_{\mathrm{e}}$；$\boldsymbol{u}_{\mathrm{d}}=\mathrm{diag}\{u_{1\mathrm{d}},u_{2\mathrm{d}},\cdots,u_{N\mathrm{d}}\}$；$\boldsymbol{x}_{\mathrm{e}}=[x_{1\mathrm{e}},x_{2\mathrm{e}},\cdots,x_{N\mathrm{e}}]^{\mathrm{T}}$。

进一步，令 $\boldsymbol{S}_{\mathrm{f}}=[S_1,S_2,\cdots,S_N]^{\mathrm{T}}$ 和 $\boldsymbol{S}_{\mathrm{g}}=[S_{N+1},S_{N+2}]^{\mathrm{T}}$，则有

$$\begin{aligned}\boldsymbol{e}&=\boldsymbol{L}_1\boldsymbol{S}_{\mathrm{f}}+\boldsymbol{L}_2\boldsymbol{S}_{\mathrm{g}}\\&=\boldsymbol{L}_1\left(\boldsymbol{S}_{\mathrm{f}}+\boldsymbol{L}_1^{-1}\boldsymbol{L}_2\boldsymbol{S}_{\mathrm{g}}\right)\end{aligned} \tag{5-127}$$

根据图论，可计算出

$$\boldsymbol{L}_1^{-1}\boldsymbol{L}_2\boldsymbol{S}_{\mathrm{g}}=\begin{bmatrix}-\left(S_{N+1}+\dfrac{1}{N+1}(S_{N+2}-S_{N+1})\right)\\-\left(S_{N+1}+\dfrac{2}{N+1}(S_{N+2}-S_{N+1})\right)\\\vdots\\-\left(S_{N+1}+\dfrac{N-1}{N+1}(S_{N+2}-S_{N+1})\right)\\-\left(S_{N+1}+\dfrac{N}{N+1}(S_{N+2}-S_{N+1})\right)\end{bmatrix} \tag{5-128}$$

将式（5-128）代入式（5-127），得到

$$\boldsymbol{e}=\sum_{j=1}^{N}L_{ij}\left[-\left(S_{N+1}+\frac{1}{N+1}(S_{N+2}-S_{N+1})\right)\right] \tag{5-129}$$

式中，L_{ij} 代表拉普拉斯矩阵 $\boldsymbol{L}_1$ 中的第 (i,j) 个元素。

进一步求解可得

$$\begin{aligned}&\left|S_i-\left(S_{N+1}+\frac{i}{N+1}(S_{N+2}-S_{N+1})\right)\right|\\&=\left|S_i-\left(S_{N+1}+\frac{1}{N+1}(S_{N+2}(0)-S_{N+1}(0))\right)\right|\to 0\end{aligned} \tag{5-130}$$

即路径参数误差满足

$$\left|S_i-S_j\right|\to\left|\left(S_{N+1}+\frac{i}{N+1}\left(S_{N+2}(0)-S_{N+1}(0)\right)\right)-\left(S_{N+1}+\frac{i-1}{N+1}\left(S_{N+2}(0)-S_{N+1}(0)\right)\right)\right|$$
$$\to\frac{S_{N+2}(0)-S_{N+1}(0)}{N+1}\tag{5-131}$$

式（5-131）说明路径参数满足 $\lim\limits_{t\to\infty}\left|S_i-S_{i-1}-d\right|\to 0$ 。

注 5-4　单路径协同跟踪与多路径协同跟踪的主要区别在于路径参数更新律的设计上，单路径协同跟踪注重的是使各路径参数均匀的分散在领航者之间，以保证编队系统以固定队列模式航行。

2. 动力学控制器设计

考虑期望速度 U_{id} 和期望角速度 R_{id}，下面基于自适应滑模方法设计纵向推力和转艏力矩，保证航行器能够精确跟踪上制导信号。

考虑外界干扰，航行器纵向速度模型可表示为

$$\dot{u}_i=\frac{m-Y_{\dot v}}{m-X_{\dot u}}v_ir_i+\frac{X_u+X_{u|u|}\left|u_i\right|}{m-X_{\dot u}}u_i+\frac{\tau_{ui}}{m-X_{\dot u}}+\frac{f_{ui}}{m-X_{\dot u}}\tag{5-132}$$

定义纵向速度误差为

$$z_{i1}=u_i-U_{\mathrm{id}}\tag{5-133}$$

式中，U_{id} 为期望速度，可由式（5-115）求得。

设计如下滑模面：

$$S_{i1}=k_{u1}\tanh(k_{u2}z_{i1})\tag{5-134}$$

式中，$k_{u1}>0$ 和 $k_{u2}>0$ 为设计常数。

在此背景下，设计纵向推力为

$$\begin{aligned}\tau_{ui}=&-\left(m-Y_{\dot v}\right)v_ir_i-\left(X_u+X_{u|u|}\left|u_i\right|\right)u_i+\left(m-X_{\dot u}\right)\dot U_{\mathrm{id}}\\&-\hat f_{ui}-\left(m-X_{\dot u}\right)h_{u1}S_{i1}\end{aligned}\tag{5-135}$$

式中，$h_{u1}>0$ 为设计常数。

设计自适应律为

$$\dot{\hat f}_{ui}=\gamma_{u1}z_{i1}\tag{5-136}$$

式中，$\gamma_{u1}>0$ 为设计常数。

考虑转艏角速度模型

$$\begin{cases}\dot\psi_i=r_i\\ \dot r_i=-\dfrac{X_{\dot u}-Y_{\dot v}}{I_z-N_{\dot r}}u_iv_i+\dfrac{N_r+N_{r|r|}\left|r_i\right|}{I_z-N_{\dot r}}r_i+\dfrac{\tau_{ri}}{I_z-N_{\dot r}}+\dfrac{f_{ri}}{I_z-N_{\dot r}}\end{cases}\tag{5-137}$$

定义转艏角速度误差为

$$z_{i2} = r_i - R_{id} \tag{5-138}$$

式中，R_{id} 为期望角速度，可由式（5-115）求得。

基于滑模面 $S_{i2} = k_{r1}\tanh(k_{r2}z_{i2})$ 设计转艏力矩为

$$\tau_{ri} = \left(I_z - N_{\dot{r}}\right)\left(\frac{X_{\dot{u}} - Y_{\dot{v}}}{I_z - N_{\dot{r}}}u_i v_i - \frac{N_r + N_{r|r|}|r_i|}{I_z - N_{\dot{r}}}r_i + \dot{R}_{id} - \frac{1}{I_z - N_{\dot{r}}}\hat{f}_{ri} - h_{r1}S_{i2}\right) \tag{5-139}$$

式中，$k_{r1} > 0$，$k_{r2} > 0$ 和 $h_{r1} > 0$ 均为设计常数。

设计自适应律为

$$\dot{\hat{f}}_{ri} = \gamma_{r1}z_{i2} \tag{5-140}$$

式中，$\gamma_{r1} > 0$ 为设计常数。

注 5-5　这里给出了分布式动力学控制器结果，关于控制器的稳定性分析可参考第 3 章，容易证明所设计的控制器式（5-135）和式（5-139）能够保证跟踪误差的渐近稳定性。

5.4.3　仿真实验

下面给出仿真实验，验证单路径协同跟踪控制方法的有效性。考虑由三个欠驱动水下航行器组成的编队系统，且编队前后各设置一个虚拟领航者。期望的参数化路径为 $x_r = 50\cos\left(0.05S\right)$，$y_r = 50\sin\left(0.05S\right)$。

航行器初始速度分别为 $u_i\left(0\right) = v_i\left(0\right) = r_i\left(0\right) = 0$，这里 $i = 1,2,3$；初始位置为 $\left(x_1\left(0\right), y_1\left(0\right)\right) = \left(52,-25\right)$，$\psi_1\left(0\right) = 2\pi/3$；$\left(x_2\left(0\right), y_2\left(0\right)\right) = \left(65,-6\right)$，$\psi_2\left(0\right) = 5\pi/6$；$\left(x_3\left(0\right), y_3\left(0\right)\right) = \left(38,-5\right)$，$\psi_3\left(0\right) = \pi/3$。

控制参数为 $\mu_i = 0.1$，$k_{u1} = 0.01$，$k_{u2} = 10$，$h_{u1} = 0.6$，$\gamma_{u1} = 1.5$，$k_{r1} = 0.9$，$k_{r2} = 15$，$h_{r1} = 0.5$，$\gamma_{r1} = 5$。

图 5-31 给出了单路径协同跟踪行为曲线，其中虚线表示期望路径，实线表示第一个航行器的实际路径，点划线表示第二个航行器的实际路径，点线表示第三个航行器的实际路径。从图中可以看到，各航行器从给定起始点出发经过短暂调整都能较好跟踪上期望路径，且航行器间保持一定的间距。图 5-32 给出了协同跟踪误差曲线，包括纵向误差和横向误差，图中可见，在协同制导律的作用下，跟踪误差经过一段时间调整后能够收敛到零附近，说明各航行器能够跟踪上期望路径。图 5-33 给出了各成员及虚拟领航者的路径参数演化曲线，图中可见，各路径参数在参数同步更新律的作用下呈线性增长，且参数大小均匀分布在两个虚拟领航者之间，说明各航行器间能够以预定的编队模式航行。图 5-34 给出了速度演化曲线，包括纵向速度、横向速度及转艏角速度，可以看到，编队内航行器的速度在一段时间后逐渐同步，其原因是协同制导律致使的。图 5-35 给出了控制输入曲线，可以看到，三个航行器的纵向推力和转艏力矩稳定后的变化规律基本一致，

从而保证了单路径协同跟踪上的控制输出一致，因此验证了单路径协同跟踪控制方法的有效性。

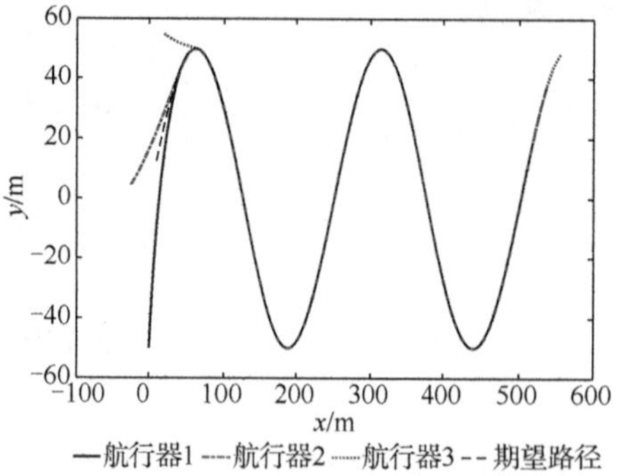

图 5-31　单路径协同跟踪行为曲线

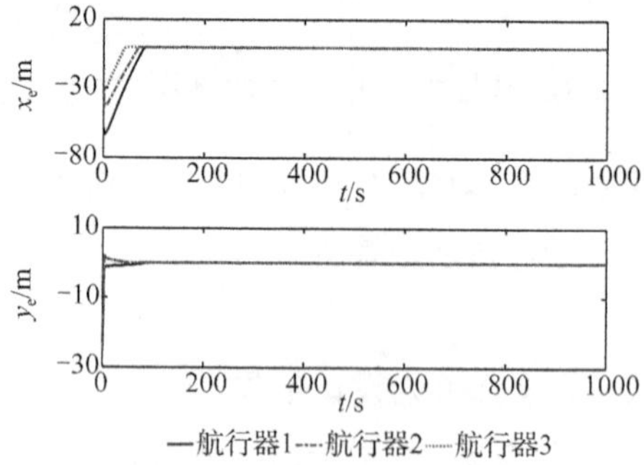

图 5-32　协同跟踪误差曲线

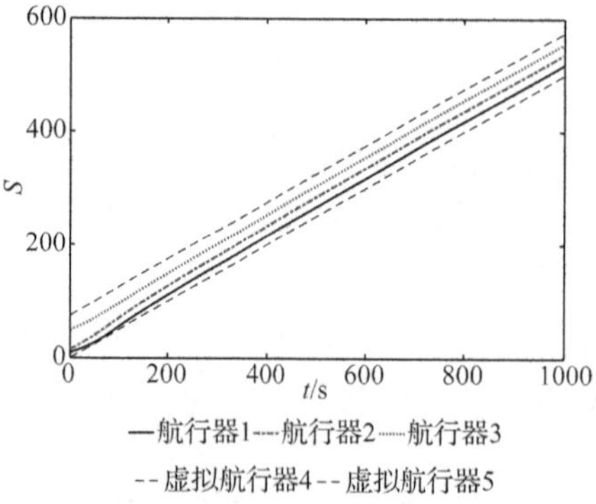

图 5-33　路径参数演化曲线

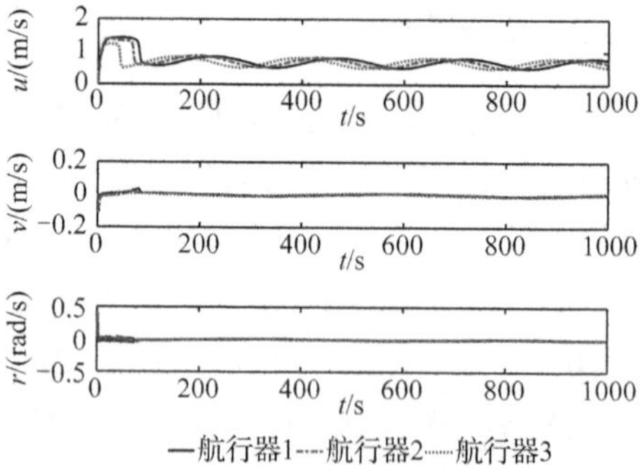

图 5-34　速度和角速度演化曲线

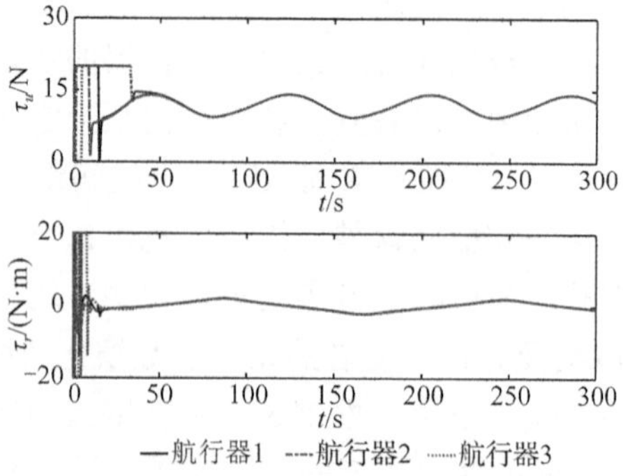

图 5-35　控制输入曲线

5.5　基于路径参数循环跟踪的单路径协同包围控制

5.5.1　问题描述

上一节研究了非闭合曲线引导的协同路径跟踪问题，本节针对护航、目标围捕等的任务需求，研究闭合曲线上的单路径协同跟踪控制问题。结合 LOS 制导和一致性方法，设计制导纵向速度和制导艏向角，保证多航行器跟踪上一条包围目标点的闭曲线，并保持对称的编队模式。

假设在定系下目标点位置为(a,b)，包围该目标点的参数化路径可表示为$\left(x_{\mathrm{d}}(S),y_{\mathrm{d}}(S)\right)$，具体形式为

$$\begin{cases}x_{\mathrm{d}}(S)=a+r\sin S\\ y_{\mathrm{d}}(S)=b+r\cos S\end{cases}\tag{5-141}$$

式中，S表示路径参数；r表示以目标点为圆的半径。

本节控制目标为：考虑多个航行器以及闭合曲线，设计分布式的协同编队控制律，保证航行器能够渐近包围目标点且在该曲线上呈均匀分布。基于单路径协同跟踪控制研究，单路径协同包围任务描述如下。

路径跟踪控制任务：设计动力学控制律，使得航行器可以跟踪上期望路径，满足

$$\lim_{t\to\infty}\left|x_{\mathrm{e}i}\right|\to\varepsilon_1,\ \lim_{t\to\infty}\left|y_{\mathrm{e}i}\right|\to\varepsilon_2\tag{5-142}$$

参数协同控制任务：设计运动学控制律，使得航行器保持固定的编队模式，满足

$$\lim_{t\to\infty}\left|S_i-S_{i-1}-\frac{2\pi}{N}\right|\to\varepsilon_3\tag{5-143}$$

式中，ε_1、ε_2和ε_3均为任意小常数。

5.5.2　控制器设计及稳定性分析

1. 协同制导律设计

考虑由五个航行器组成的编队系统，根据每个航行器在给定闭曲线上的位置，以径向顺时针顺序定义相邻成员间的拓扑，每个航行器都能接收其前一个和后一个航行器的路径参数信息，单路径协同包围中系统通信拓扑结构如图 5-36 所示。

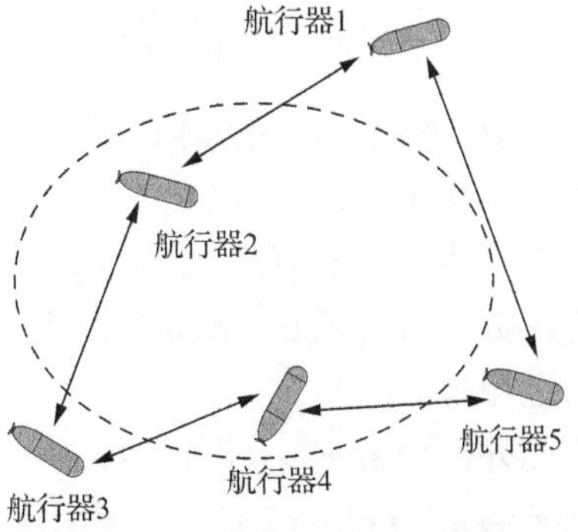

图 5-36　单路径协同包围中系统通信拓扑结构

为使路径参数均匀分布，设计基于相邻成员路径参数的参数更新律，定义相邻参数协同误差为

$$e_i = S_{i+} - S_i + \lambda_i \tag{5-144}$$

式中，λ_i 为分段函数，其形式为

$$\lambda_i = \begin{cases} 0, & S_{i+} - S_i \geqslant 0 \\ 2\pi, & S_{i+} - S_i < 0 \end{cases} \tag{5-145}$$

设计路径参数更新律为

$$\omega_i = -\mu_i\left(e_i - e_{i-}\right) - \mu_i u_{id} x_{ie} \tag{5-146}$$

式中，$\mu_i > 0$ 为设计常数。

令 $\boldsymbol{e} = \left[e_1, e_2, \cdots, e_N\right]^{\mathrm{T}}$ 和 $\boldsymbol{\omega} = \left[\omega_1, \omega_2, \cdots, \omega_N\right]^{\mathrm{T}}$，则单路径协同包围跟踪误差动力学方程可表示为

$$\begin{cases} \dot{x}_{ie} = -\dfrac{k_{i1} x_{ie}}{\varPi_{ix}} + \dot{\psi}_{id} y_{ie} + u_{id}\omega_i \\ \dot{y}_{ie} = -\dfrac{U_i y_{ie}}{\varPi_{iy}} + \sigma_i - \dot{\psi}_{id} x_{ie} \\ \dot{\varPsi}_{ie} = -\dfrac{k_{i2}\varPsi_{ie}}{\varPi_{i\varPsi}} - \dfrac{y_{ie}\sigma_i}{\varPsi_{ie}} \\ \dot{\boldsymbol{e}} = -\boldsymbol{L}\boldsymbol{\omega} \end{cases} \tag{5-147}$$

为证明编队系统的稳定性，选择如下形式的李雅普诺夫函数：

$$V_1 = \sum_{i=1}^{N}\left(\frac{1}{2}x_{ie}^2 + \frac{1}{2}y_{ie}^2 + \frac{1}{2}\psi_{ie}^2 + \frac{1}{2}e_i^2\right) \tag{5-148}$$

对式（5-148）求导，并将式（5-147）代入，可得

$$\begin{aligned} \dot{V}_1 &\leqslant \left(-\frac{k_{i1}x_{ie}^2}{\varPi_{ix}} + x_{ie}u_{id}\omega_i - \frac{U_i y_{ie}^2}{\varPi_{iy}} - \frac{k_{i2}\psi_{ie}^2}{\varPi_{i\varPsi}}\right) - \boldsymbol{e}^{\mathrm{T}}\boldsymbol{L}\boldsymbol{\omega} \\ &\leqslant \left(-\frac{k_{i1}x_{ie}^2}{\varPi_{ix}} - \frac{U_i y_{ie}^2}{\varPi_{iy}} - \frac{k_{i2}\psi_{ie}^2}{\varPi_{i\varPsi}}\right) - \lambda_{\min}(\boldsymbol{\mu})\|\boldsymbol{\vartheta}\|^2 \end{aligned} \tag{5-149}$$

式中，$\boldsymbol{\mu} = \mathrm{diag}\left\{\mu_1, \cdots, \mu_N\right\}$；$\boldsymbol{\vartheta} = -\boldsymbol{e} + \boldsymbol{u}_{\mathrm{d}}\boldsymbol{x}_{\mathrm{e}}$；$\boldsymbol{u}_{\mathrm{d}} = \mathrm{diag}\left\{u_{1\mathrm{d}}, \cdots, u_{N\mathrm{d}}\right\}$。因此，系统误差是渐近稳定的。

进一步，令 $z = \left(x_{\mathrm{e}}, y_{\mathrm{e}}, \psi_{\mathrm{e}}, e\right)$ 和 $\varOmega = \left\{z \in \mathrm{R}^{\mathrm{P}} : V_1(z) \leqslant c\right\}$，这里 V_1 是连续可微的正定函数且有 $\dot{V}_1 \leqslant 0$。在此背景下，当 $t \to \infty$ 时，则有 $z' \to 0$，说明系统误差为全局渐近稳定。

此外，由 $\boldsymbol{L}^{\mathrm{T}}\boldsymbol{e} \to 0$ 可得误 $e_i - e_{i-} \to 0$，即有 $e_1 \to e_2 \to e_N$。利用 $\boldsymbol{L}_N^{\mathrm{T}}\boldsymbol{e} = 2\pi$ 可以得到 $e_1 \to e_2 \to e_N \to 2\pi/N$，说明路径参数可均匀分布在给定圆周上。

2. 动力学控制器设计

基于协同制导得到的期望速度和期望转艏角，下面利用动态面方法设计纵向推力和转艏力矩，用来驱动航行器跟踪上期望信号。

纵向速度模型可表示为

$$\dot{u}_i = \frac{m - Y_{\dot{v}}}{m - X_{\dot{u}}} v_i r_i + \frac{X_u + X_{u|u|}|u_i|}{m - X_{\dot{u}}} u_i + \frac{\tau_{ui}}{m - X_{\dot{u}}} \tag{5-150}$$

定义速度误差为

$$z_{i1} = u_i - U_{\mathrm{id}} \tag{5-151}$$

式中，U_{id} 为期望速度。

设计纵向速度控制器为

$$\tau_{ui} = -\left(X_u + X_{u|u|}|u_i|\right)u_i + \left(\dot{U}_{\mathrm{id}} - k_{iu}\left(u_i - U_{\mathrm{id}}\right)\right)\left(m - X_{\dot{u}}\right) - \left(m - Y_{\dot{v}}\right)v_i r_i \tag{5-152}$$

式中，$k_{iu} > 0$ 为设计常数。

考虑如下转艏角速度模型：

$$\begin{cases} \dot{\psi}_i = r_i \\ \dot{r}_i = -\dfrac{X_{\dot{u}} - Y_{\dot{v}}}{I_z - N_{\dot{r}}} u_i v_i + \dfrac{N_r + N_{r|r|}|r_i|}{I_z - N_{\dot{r}}} r_i + \dfrac{\tau_{ri}}{I_z - N_{\dot{r}}} \end{cases} \tag{5-153}$$

根据第 3 章动态面轨迹跟踪控制，可将含有未知参数的动力学模型转化为

$$\begin{cases} \dot{\psi}_i = r_i \\ \dot{r}_i = c_i - \theta_{i1} r_i + b_i \tau_{\mathrm{r}i} \\ \eta_i = \psi_i \end{cases} \tag{5-154}$$

第一步：定义艏向角跟踪误差。

$$z_{i1} = \psi_i - \psi_{\mathrm{id}} \tag{5-155}$$

设计一阶滤波器为

$$\xi_i \dot{r}_{\mathrm{id}} + r_{\mathrm{id}} = \overline{r_i} \tag{5-156}$$

式中，ξ_i 为设计常数。

定义滤波器输出误差为

$$y_{i2} = r_{\mathrm{id}} - \overline{r_i} \tag{5-157}$$

将式（5-157）代入式（5-156），可得

$$\dot{r}_{\mathrm{id}} = \frac{\overline{r_i} - r_{\mathrm{id}}}{\xi_i} = -\frac{y_{i2}}{\xi_i} \tag{5-158}$$

考虑艏向角误差和滤波误差，选取如下形式的李雅普诺夫函数：

$$V_1 = \frac{1}{2} z_{i1}^2 + \frac{1}{2} y_{i2}^2 \tag{5-159}$$

对 V_1 求导，可得

$$\begin{aligned}\dot{V}_1 &= z_{i1}\left(r_i - \dot{\psi}_{\mathrm{id}}\right) + y_{i2}\dot{y}_{i2} \\ &= z_{i1}\left(z_{i2} + r_{\mathrm{id}} - \dot{\psi}_{\mathrm{id}}\right) + y_{i2}\dot{y}_{i2} \\ &= z_{i1}\left(z_{i2} + y_{i2} + \overline{r}_i - \dot{\psi}_{\mathrm{id}}\right) + y_{i2}\dot{y}_{i2}\end{aligned} \tag{5-160}$$

在此背景下，设计虚拟控制量为

$$\overline{r}_i = -k_{ir}z_{i1} + \dot{\psi}_{\mathrm{id}} \tag{5-161}$$

式中，$k_{ir} > 0$ 为设计常数。

将式（5-161）代入式（5-160），得到

$$\dot{V}_1 \leqslant 2z_{i1}^2 + \frac{1}{4}z_{i2}^2 + \frac{1}{4}y_{i2}^2 - k_{ir}z_{i1}^2 + y_{i2}\left(-\frac{y_{i2}}{\xi_i} + k_{ir}\dot{z}_{i1} - \ddot{\psi}_{\mathrm{id}}\right) \tag{5-162}$$

第二步：定义第二个动态面为

$$z_{i2} = r_i - r_{\mathrm{id}} \tag{5-163}$$

选取如下形式的李雅普诺夫函数：

$$V_2 = V_1 + \frac{1}{2}z_{i2}^2 + \frac{1}{2\rho_{i1}}\tilde{\theta}_{i1}^2 + \frac{|b_i|}{2\rho_i}\tilde{\beta}_i^2 \tag{5-164}$$

式中，$\rho_{i1} > 0$ 和 $\rho_i > 0$ 为设计常数。

设计参数更新律为

$$\begin{cases}\dot{\hat{\theta}}_{i1} = \rho_{i1}z_{i2}r_i \\ \dot{\hat{\beta}}_i = -\rho_i\,\mathrm{sgn}\left(b_i\right)z_{i2}\psi_{\mathrm{id}}\end{cases} \tag{5-165}$$

基于式（5-165），设计转艏力矩为

$$\tau_{ri} = \hat{\beta}_i\left(\frac{X_{\dot{u}} - Y_{\dot{v}}}{I_z - N_{\dot{r}}}u_iv_i - \hat{\theta}_{i1}r_i + \dot{r}_{\mathrm{id}} - k_{ir}\left(r_i - r_{\mathrm{id}}\right)\right) \tag{5-166}$$

式中，$k_{ir} > 0$ 为设计常数。

将式（5-166）代入式（5-164），得到

$$\dot{V}_2 \leqslant -\gamma_iz_{i1}^2 + \frac{1}{4}z_{i2}^2 + \frac{1}{4}y_{i2}^2 - \frac{y_{i2}^2}{\xi_{i2}} + \left|y_{i2}B_i\right| - h_{ir}z_{i2}^2 \tag{5-167}$$

令 $h_{ir} = \frac{1}{4} + \gamma_i$ 和 $\frac{1}{\xi_{i2}} = \frac{1}{4} + \frac{M_{i2}^2}{2\varepsilon_i} + \gamma_i$，则对于任意给定的非负数 ε_i，有

$$\frac{y_{i2}^2B_i^2}{2\varepsilon_i} + \frac{\varepsilon_i}{2} \geqslant \left|y_{i2}B_i\right| \tag{5-168}$$

通过定义 $V\left(z_{i1},\cdots,z_{in},y_{i1},\cdots,y_{in},\tilde{\theta}_{i1},\cdots,\tilde{\theta}_{in}\right) = p_i$ 以及 $\left|B_i\right| < M_{i2}$，可得

$$\dot{V}_2 \leqslant -2\gamma_iV_2 + \frac{\varepsilon_i}{2} \tag{5-169}$$

式（5-169）结果表明，在控制器（5-166）作用下，速度误差是一致最终有界的。

5.5.3　仿真实验

下面给出仿真实验，用来验证单路径协同包围控制方法的有效性。考虑由三个欠驱动水下航行器组成的编队系统，参数化路径为$x_{\mathrm{d}}=20\cos(S)$，$x_{\mathrm{d}}=25\sin(S)$。

航行器初始速度分别为$u_i(0)=v_i(0)=r_i(0)=0$，这里$i=1,2,3$；初始位置为$(x_1(0),y_1(0))=(-10,30)$，$\psi_1(0)=-2\pi/3$；$(x_2(0),y_2(0))=(4,35)$，$\psi_2(0)=-8\pi/9$；$(x_3(0),y_3(0))=(10,-30)$，$\psi_3(0)=\pi/6$。

控制参数为$\mu_i=0.01$，$k_{iu}=6$，$\xi_i=0.1$，$k_{ir}=5$，$\rho_{i1}=15$，$\rho_i=0.3$，$k_{ir}=0.5$。

图 5-37 给出了单路径协同包围行为曲线，其中实线、点划线和虚线分别表示三个航行器的实际路径。从图中可以看出，各航行器从不同的起始点出发，在协同控制律的作用下均能较快地跟踪上期望路径，并对路径中心点形成包围。图 5-38 给出了协同跟踪误差曲线，包括纵向误差和横向误差。从图中可以看出，跟踪误差经过一段时间的调整最终收敛到零附近。图 5-39 给出了各航行器路径参数演化曲线，可以看到，各路径参数在所设计的参数同步更新律的作用下呈线性增长，且各路径参数间的差值保持不变。图 5-40 给出了速度和角速度演化曲线，可以看出，在分布式控制律和协同制导律的作用下，纵向速度、横向速度及转艏角速度均能保持一致性。图 5-41 给出了控制输入曲线，各航行器控制输入抖振较小且曲线较为平滑，均在执行机构作业范围内，满足实际应用要求。

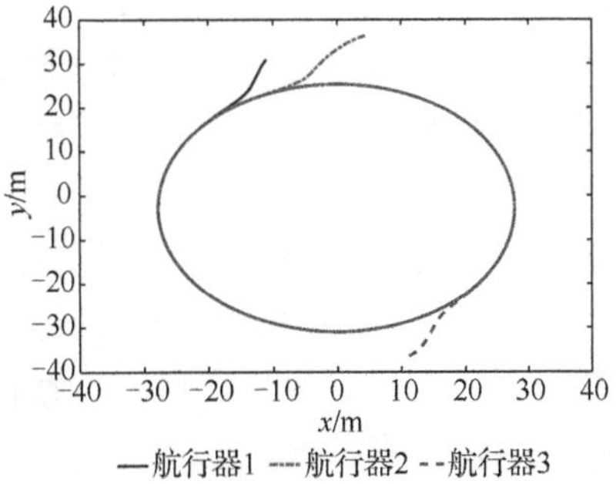

图 5-37　单路径协同包围行为曲线

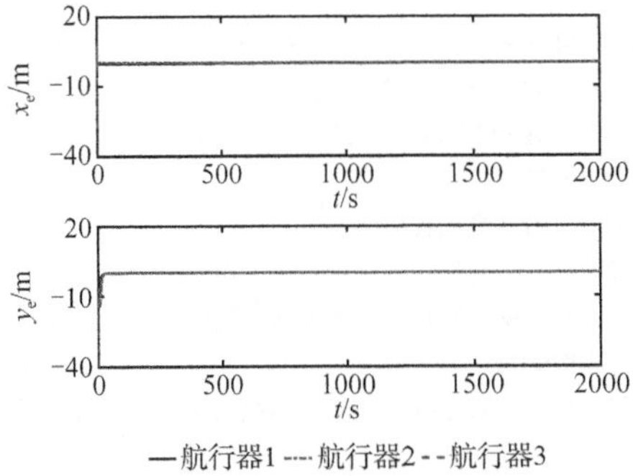

图 5-38　协同跟踪误差曲线

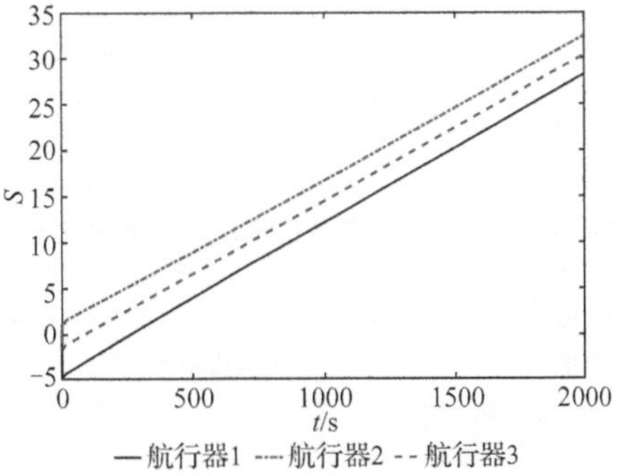

图 5-39　路径参数演化曲线

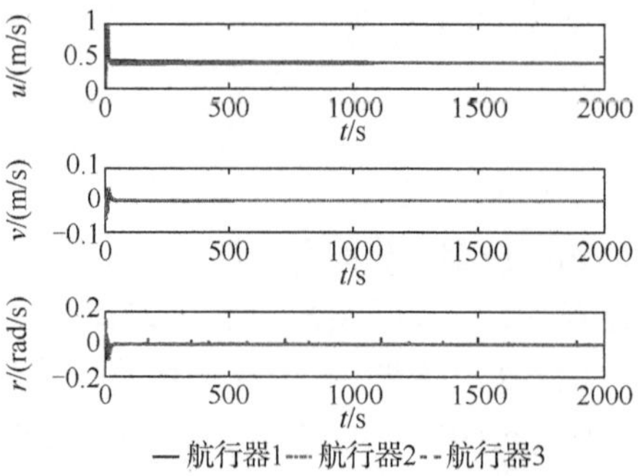

图 5-40　速度和角速度演化曲线

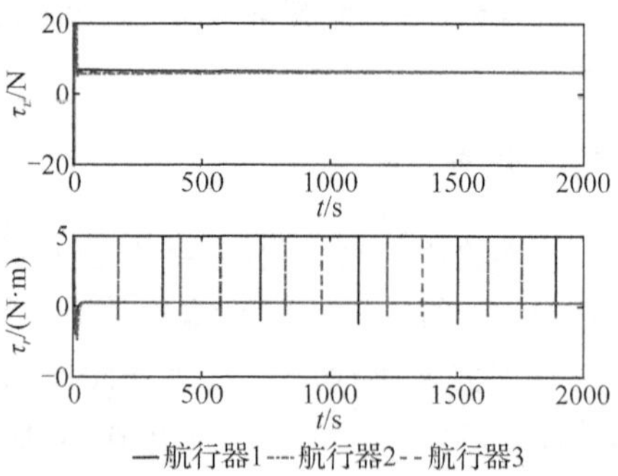

图 5-41　控制输入曲线

5.6　本章小结

本章首先基于领航跟随编队控制方法，建立了欠驱动水下航行器的二维和三维编队模型，并结合反步法和李雅普诺夫直接法设计了跟随者编队控制律；同时，考虑了领航者信息未知问题，基于级联系统理论设计了领航者动力学控制器，稳定性分析和仿真实验证明了控制方法的有效性；然后，结合 LOS 制导方法和一致性方法，研究了分布式多路径协同跟踪控制，实现了多航行器以一字队形跟踪多条期望路径，稳定性分析表明闭环系统误差是全局渐近稳定的；最后，考虑多航行器的单路径协同跟踪控制问题，基于虚拟领航者设计了路径参数包含和路径参数循环跟踪控制律，实现了单路径协同跟踪和单路径协同包围，仿真实验验证了所提方法的有效性。

参考文献

丁磊，郭戈，2012．一种船队编队控制的 backstepping 方法．控制与决策，27（2）：299-303．

李晓雪，2020．不确定分布参数系统的稳定性分析与参数控制器设计．成都：电子科技大学．

廖煜雷，庞永杰，张铁栋，2011．欠驱动自治水面船的全局 K-指数镇定控制方．哈尔滨工程大学学报（4）：417-422．

刘陆，2018．欠驱动无人船的路径跟踪与协同控制．大连：大连海事大学．

潘无为，2018．分布式多水下机器人编队控制方法研究．哈尔滨：哈尔滨工程大学．

彭周华，2011．舰船编队的鲁棒自适应控制．大连：大连海事大学．

秦梓荷，2018．水面无人艇运动控制及集群协调规划方法研究．哈尔滨：哈尔滨工程大学．

孙凯凯，2020．欠驱动 AUV 编队跟踪控制研究．大连：大连海事大学．

万磊，董早鹏，李岳明，等，2014．非完全对称欠驱动无人艇全局渐近镇定控制．华中科技大学学报（自然科学版）（8）：48-53．

吴小平，2008．多 AUV 协调控制技术研究．上海：上海交通大学．

吴琪，2013．欠驱动智能水下机器人的三维轨迹跟踪控制方法研究．哈尔滨：哈尔滨工程大学．

杨甜甜，刘志远，陈虹，等，2007．移动机器人编队控制的现状与问题．智能系统学报，2（4）：21-27.

张乾，2019．欠驱动 AUV 轨迹跟踪与编队控制研究．大连：大连海事大学．

张玉礼，吴怀宇，程磊，2010．基于领航者模式的多机器人编队实现．信息技术（11）：17-19，23.

Cui R X, Ge S S, How B V E, et al., 2010. Leader-follower formation control of underactuated autonomous underwater vehicles. Ocean Engineering, 37(17-18):1491-1502.

Gao Z Y, Guo G, 2019. Velocity free leader-follower formation control for autonomous underwater vehicles with line-of-sight range and angle constraints. Information Sciences, 486: 359-378.

Ghabcheloo R, Aguiar A P, Pascoal A, et al., 2007. Coordinated path-following of multiple underactuated autonomous vehicles in the presence of communication failures. Proceedings of the IEEE Conference on Decision and Control: 4345-4350.

Hespanha J P, 2004. Uniform stability of switch linear systems: extensions of LaSalle's invariance principle. IEEE Transactions on Automatic Control, 49(7): 470-482.

Hu Z L, Ma C, Zhang L X, et al., 2015. Formation control of impulsive networked autonomous underwater vehicles under fixed and switching topologies. Neurocomputing, 147: 291-298.

Ji Z J, Lin H, Lee T H, 2008. A graph theory based characterization of controllability for multi-agent systems with fixed topology. Cancun, Mexico: 2008 47th IEEE Conference on Decision and Control: 5262-5267.

Kawabata K, Ma L, Xue J R, et al., 2015. A path generation for automated vehicle based on Bezier curve and via-points. Robotics and Autonomous Systems, 74: 243-252.

Kuniaki K, Ma L, Xue J R, et al., 2015. A path generation for automated vehicle based on Bezier curve and via-points. Robotics and Autonomous Systems, 74: 243-252.

Lekkas A M. Fossen T I, 2014. Integral LOS path following for curved paths based on a monotone cubic Hermite spline parametrization. IEEE Transactions on Control Systems Technology, 22(6): 2287-2301.

Liu L, Wang D, Peng Z H, 2016. Path following of marine surface vehicles with dynamical uncertainty and time-varying ocean disturbances. Neurocomputing, 173(part 3): 799-808.

Peng Z H, Wang D, Wang H, et al., 2014a. Distributed coordinated tracking of multiple autonomous underwater vehicles. Nonlinear Dynamics, 78(2): 1261-1276.

Peng Z H, Wang D, Wang H, et al., 2014b. Coordinated formation pattern control of multiple marine surface vehicles with model uncertainty and time-varying ocean currents. Neural Computing and Applications, 25(7-8): 1771-1783.

Peng Z H, Wang D, Wang W, et al., 2015. Containment control of networked autonomous underwater vehicles: a predictor-based neural DSC design. ISA Transactions, 59: 160-171.

Qu X R, Liang X, 2020a. Finite-time sideslip observer-based synchronized path-following control of multiple unmanned underwater vehicles. Ocean Engineering, Doi: 10.1016/ j.oceaneng.2020.107941.

Qu X R, Liang X, 2020b. Fuzzy state observer based cooperative path-following control of autonomous underwater vehicles with unknown dynamics and ocean disturbances. International Journal of Fuzzy systems, Doi: 10.1007/s40815-020-00943-5.

Shariati A, Zhao Q, 2018. Robust leader-following output regulation of uncertain multi-agent systems with time-varying delay. IEEE/CAA Journal of Automatica Sinica, 5(4): 807-817.

第 6 章　多水下航行器集群跟踪控制

第 5 章介绍了基于领航跟随和路径参数一致的协同编队控制，航行器在所设计控制律作用下能够实现预先设定的编队模式。然而，随着集群系统内航行器数量的增加，上述固定编队模式的控制方法可能存在如下弊端：第一，单一成员失效影响整个集群系统作业；第二，不支持成员随时加入和退出集群系统；第三，编队模式固定难以应对复杂多变的海洋环境。因此，在常规编队控制方法受限的情况下，研究并提出一种灵活的自组织集群协同控制方法具有重要意义。

在自然界中，天空中的鸟群、陆地上的兽群、水里的鱼群等可以自然地组织在一起，并与环境相互作用，实现整体上的动态稳定（段海滨等，2017）。集群作为一种普遍存在的自然现象，集群控制则是模拟自然界生物自组织运动的一种分布式控制方法（Shirazi et al.，2017）。集群控制区别于编队控制的最大特点体现在成员自主规划路径、自主驶向目标点、自主规避障碍物以及自主完成邻近成员避碰等自主能力（Bayindir，2016；Brambilla et al.，2013）。

目前，对多智能体集群控制问题的研究已有许多成果，如 Tanner 和 Jadbabasie 等设计了基于智能体的集群运动基本控制律，证明了多智能体系统在集群运动过程中的稳定性（Tanner et al.，2003；Jadbabaie et al.，2003）。Olfati-Saber 和 Murray 考虑了障碍物规避的情况，利用动态图理论分析了分布式控制系统稳定性（Olfati-Saber et al.，2004）。国内俞辉等考虑固定拓扑和动态拓扑情况，基于图论研究了二阶系统的智能体集群运动（俞辉等，2006；2005）。相比之下，水下航行器集群控制研究成果较少，尤其是欠驱动系统的集群控制问题。由于侧向和垂向运动缺少直接的控制输入，以及受运动强耦合的影响，致使现有多智能体的研究成果无法直接应用于欠驱动水下航行器集群系统。

本章首先研究航行器集群自组织方法，基于生物自组织行为构建集群模型，避免了集群成员数量限制，并基于集群误差和李雅普诺夫直接法设计了集群期望速度，保证集群内成员朝着共同目标移动；其次，考虑海洋环境干扰未知以及集群中心位置不可测的集群轨迹跟踪问题，利用小波神经网络设计干扰逼近器估计未知干扰和模型不确定性，基于图论设计群中心观测器辨识集群中心，克服了集群中心位置已知的局限性，提高了集群系统对未知时变干扰的鲁棒性（Liang et al.，2020）；再次，考虑集群路径跟踪问题，设计基于视线法的群中心制导方法，将集群路径跟踪控制问题转化为集群中心点跟踪期望路径，结合 RBF 神经网络和滑模控制，设计基于干扰补偿的速度控制器和转艏控制器，保证航行器速度和艏向角跟踪上制导信号（Liang et al.，2019a）；最后，考虑航行过程中障碍物规避问题，基于改进的人工势函数修正集群期望速度向量，保证航行器以顺时针或逆时针方向绕行障碍物（Liang et al.，2019b）。稳定性分析和仿真结果证明了上述集群控制方法的有效性和优越性。

6.1　集群自组织方法设计

6.1.1　生物自组织集群模型

自组织是集群运动的一个重要现象，例如蜜蜂筑巢、候鸟群飞等。根据集群行为约束条件的不同，可以建立不同的数学模型。Reyonlds 曾提出了集群运动应该具备的三个特征：聚集、避碰以及目标一致性（Reynolds，1987）。其中，聚集是指集群内成员试图接近邻居成员；避碰是指集群内成员间要避免发生碰撞；目标一致性是集群内成员试图与邻居成员保持相同的运动速度，并朝着相同的目标移动。基于上述三个特征，最简单的集群数学模型遵守以下三个原则（Gu et al.，2008）：第一，成员与其邻居向相同的方向移动；第二，成员保持靠近邻居；第三，成员避免与邻居碰撞。

在构建自组织模型集群时，需要重点考虑集群内成员的自主性。在常规编队模型中（如领航跟随法），集群成员要严格保持预定的编队队形或指定的距离；而在生物自组织集群模型中，集群成员可按照一定的协同方式自动调整彼此的位置和距离。

考虑由 N 个航行器组成的集群系统，每个航行器动力学和运动学可表示为

$$\begin{cases} \boldsymbol{\eta}_i = \left[x_i, y_i, \psi_i\right]^{\mathrm{T}} \\ \boldsymbol{v}_i = \left[u_i, v_i, r_i\right]^{\mathrm{T}} \\ \boldsymbol{\tau}_i = \left[\tau_{ui}, 0, \tau_{ri}\right]^{\mathrm{T}} \end{cases} \tag{6-1}$$

式中，$\boldsymbol{\eta}_i$ 为位置和姿态；$\boldsymbol{v}_i$ 为速度和角速度；$\boldsymbol{\tau}_i$ 为纵向推力和转艏力矩。

研究发现，当集群成员数量较大时，可将各成员视为一个区域内均匀分布的质点，则该群体在空间中具有较为明显的中心位置和成员离散程度。因此，可以通过多航行器的中心位置和平均距离来构建自组织集群模型，如图 6-1 所示。

根据航行器的位置和姿态，集群中心位置可表示为

$$\boldsymbol{\eta}_c = \frac{1}{N}\sum_{i=1}^{N}\boldsymbol{\eta}_i \tag{6-2}$$

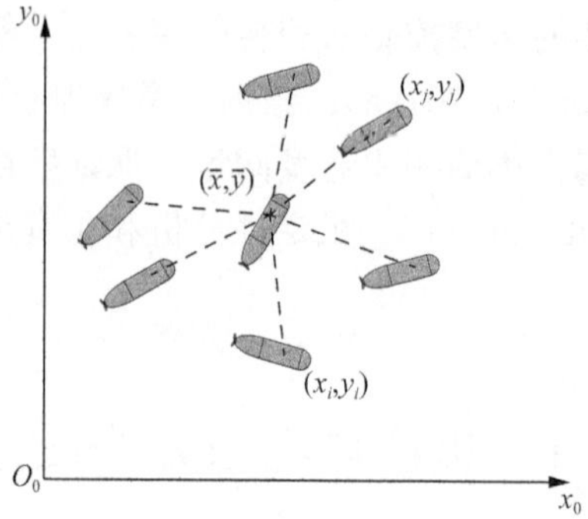

图 6-1　自组织集群模型

且集群成员与中心位置的平均距离可表示为

$$\sigma=\frac{1}{N}\sum_{i=1}^{N}\left((x_i-\bar{x})^2+(y_i-\bar{y})^2\right)^{1/2} \tag{6-3}$$

式中，$\bar{x}=\sum_{i=1}^{N}x_i$ 为集群中心纵向位置；$\bar{y}=\sum_{i=1}^{N}y_i$ 为集群中心横向位置。

在此背景下，自组织集群模型可表示为

$$\boldsymbol{X}_{\text{act}}=\left[\bar{x},\bar{y},\sigma\right]^{\text{T}} \tag{6-4}$$

式中，$\boldsymbol{X}_{\text{act}}\in\mathbf{R}^{3\times1}$。

为分析集群运动特性，对式（6-4）两边求导，可以得到

$$\dot{\boldsymbol{X}}_{\text{act}}=\boldsymbol{J}(\boldsymbol{\eta})\boldsymbol{V} \tag{6-5}$$

式中，$\boldsymbol{V}\in\mathbf{R}^{2N\times1}$ 表示集群速度向量；$\boldsymbol{J}(\boldsymbol{\eta})\in\mathbf{R}^{3\times2N}$ 表示雅可比矩阵，其形式如下：

$$\begin{cases}\boldsymbol{J}(\boldsymbol{\eta})=\left[\left(\dfrac{\partial\boldsymbol{X}_{\text{act1}}}{\partial\boldsymbol{\eta}}\right)^{\text{T}},\left(\dfrac{\partial\boldsymbol{X}_{\text{act2}}}{\partial\boldsymbol{\eta}}\right)^{\text{T}},\left(\dfrac{\partial\boldsymbol{X}_{\text{act3}}}{\partial\boldsymbol{\eta}}\right)^{\text{T}}\right]^{\text{T}}\\ \dfrac{\partial\boldsymbol{X}_{\text{act1}}}{\partial\boldsymbol{\eta}}=\left[\dfrac{1}{N},0,\cdots,\dfrac{1}{N},0\right]^{\text{T}}\in\mathbf{R}^{2N\times1}\\ \dfrac{\partial\boldsymbol{X}_{\text{act2}}}{\partial\boldsymbol{\eta}}=\left[0,\dfrac{1}{N},\cdots,0,\dfrac{1}{N}\right]^{\text{T}}\in\mathbf{R}^{2N\times1}\\ \dfrac{\partial\boldsymbol{X}_{\text{act3}}}{\partial\boldsymbol{\eta}}=\left[\cdots,\dfrac{\partial\sigma}{\partial x_i},\dfrac{\partial\sigma}{\partial y_i},\cdots\right]^{\text{T}}\in\mathbf{R}^{2N\times1}\end{cases} \tag{6-6}$$

这里 $\dfrac{\partial\sigma}{\partial x_i}$ 和 $\dfrac{\partial\sigma}{\partial y_i}$ 定义为

$$\begin{cases}\dfrac{\partial\sigma}{\partial x_i}=\dfrac{x_i-\bar{x}}{(n-1)\left((x_i-\bar{x})^2+(y_i-\bar{y})^2\right)^{1/2}}\\ \qquad -\dfrac{1}{n(n-1)}\sum\limits_{j=1}^{N}\dfrac{x_j-\bar{x}}{\left((x_j-\bar{x})^2+(y_j-\bar{y})^2\right)^{1/2}}\\ \dfrac{\partial\sigma}{\partial y_i}=\dfrac{y_i-\bar{y}}{(n-1)\left((x_i-\bar{x})^2+(y_i-\bar{y})^2\right)^{1/2}}\\ \qquad -\dfrac{1}{n(n-1)}\sum\limits_{j=1}^{N}\dfrac{y_j-\bar{y}}{\left((x_j-\bar{x})^2+(y_j-\bar{y})^2\right)^{1/2}}\end{cases} \tag{6-7}$$

注 6-1　雅可比矩阵 $\boldsymbol{J}$ 的伪逆矩阵可表示为 $\boldsymbol{J}_{\rm s}^{+}$，且满足 $\boldsymbol{J}_{\rm s}^{+}=\boldsymbol{J}_{\rm s}^{\rm T}\left(\boldsymbol{J}_{\rm s}\boldsymbol{J}_{\rm s}^{\rm T}\right)^{-1}$ 和 $\boldsymbol{J}_{\rm s}\boldsymbol{J}_{\rm s}^{+}=\boldsymbol{I}_3$，这里 $\boldsymbol{I}_3$ 表示三阶单位矩阵（Liu et al.，2012；Dai et al.，2017）。

注 6-2　类似于集群中心位置式（6-2），集群中心速度和艏向角可定义为

$$\begin{cases}\bar{u}=\dfrac{1}{N}\sum\limits_{i=1}^{N}u_i\\ \bar{v}=\dfrac{1}{N}\sum\limits_{i=1}^{N}v_i\\ \bar{\psi}=\dfrac{1}{N}\sum\limits_{i=1}^{N}\psi_i\end{cases} \tag{6-8}$$

注 6-3　通过定义集群中心位置，并控制各成员到中心位置的平均距离实现集群自组织聚集。值得一提的是，为了避免与邻居成员碰撞，当两个成员距离接近某一设定值后需要远离对方，因此在后续集群控制中需要引入额外的辅助策略。

引理 6-1　集群系统是有界的（何健，2009），且集群内成员最终会在有限时间内聚集到一个以 σ 为半径及 $\bar{x}$、$\bar{y}$ 为中心的圆内（秦梓荷，2018）。

6.1.2　集群速度向量设计

基于自组织集群模型式（6-4），本节设计集群速度向量，保证集群内航行器以相同的航速朝着指定目标航行。考虑集群自组织和避碰原则，集群速度向量设计过程如下。

首先，根据集群任务目标，定义集群期望函数为

$$\boldsymbol{X}_{\rm d}=\left[\bar{x}_{\rm d},\bar{y}_{\rm d},\sigma_{\rm d}\right]^{\rm T} \tag{6-9}$$

式中，$\bar{x}_{\rm d}$ 和 $\bar{y}_{\rm d}$ 分别为期望的集群中心纵向位置和横向位置；$\sigma_{\rm d}$ 为期望的平均距离；$\boldsymbol{X}_{\rm d}$ 为期望的集群离散程度。

结合式（6-4）和式（6-9），集群误差可计算为

$$\begin{aligned}\boldsymbol{X}_{\mathrm{e}} &= \boldsymbol{X}_{\mathrm{s}} - \boldsymbol{X}_{\mathrm{d}} \\ &= \left[\overline{x} - \overline{x}_{\mathrm{d}}, \overline{y} - \overline{y}_{\mathrm{d}}, \sigma - \sigma_{\mathrm{d}}\right]^{\mathrm{T}}\end{aligned} \tag{6-10}$$

为使航行器集群达到期望位置，下面基于李雅普诺夫直接法设计集群速度向量。考虑集群误差，选择如下形式的李雅普诺夫函数：

$$V_{\mathrm{swarm}} = \frac{1}{2}\boldsymbol{X}_{\mathrm{e}}^{\mathrm{T}}\boldsymbol{K}_1\boldsymbol{X}_{\mathrm{e}} \tag{6-11}$$

式中，$\boldsymbol{K}_1 = \mathrm{diag}\{k_{11}, k_{22}, k_{33}\}$ 表示对应误差函数 $\boldsymbol{X}_{\mathrm{e}}$ 各分量的权重因子。

对式（6-11）两边求导，并代入式（6-5）和式（6-10），则有

$$\begin{aligned}\dot{V}_{\mathrm{swarm}} &= \boldsymbol{X}_{\mathrm{e}}^{\mathrm{T}}\boldsymbol{K}_1\dot{\boldsymbol{X}}_{\mathrm{e}} \\ &= \boldsymbol{X}_{\mathrm{e}}^{\mathrm{T}}\boldsymbol{K}_1\left(\boldsymbol{J}_{\mathrm{s}}(\boldsymbol{\eta})\boldsymbol{V} - \dot{\boldsymbol{X}}_{\mathrm{d}}\right)\end{aligned} \tag{6-12}$$

在此背景下，设计集群期望速度为

$$\begin{aligned}\boldsymbol{V}_{\mathrm{d}} &= \left[\boldsymbol{V}_{1\mathrm{d}}^{\mathrm{T}}, \boldsymbol{V}_{2\mathrm{d}}^{\mathrm{T}}, \cdots, \boldsymbol{V}_{n\mathrm{d}}^{\mathrm{T}}\right]^{\mathrm{T}} \\ &= -\boldsymbol{J}_{\mathrm{s}}^{+}\left(\boldsymbol{K}_1\boldsymbol{X}_{\mathrm{e}} - \dot{\boldsymbol{X}}_{\mathrm{d}}\right)\end{aligned} \tag{6-13}$$

式中，$\boldsymbol{V}_{i\mathrm{d}} = \dot{\boldsymbol{\eta}}_{i\mathrm{d}}$ 为第 i 个航行器期望速度，且有 $\dot{\boldsymbol{\eta}}_{i\mathrm{d}} = \left[\dot{x}_{i\mathrm{d}}, \dot{y}_{i\mathrm{d}}\right]^{\mathrm{T}}$；$\boldsymbol{J}_{\mathrm{s}}^{+}$ 为伪逆阵。

将式(6-13)代入式(6-12)，得到

$$\begin{aligned}\dot{V}_{\mathrm{swarm}} &= \boldsymbol{X}_{\mathrm{e}}^{\mathrm{T}}\boldsymbol{K}_1\left(\boldsymbol{J}_{\mathrm{s}}(\boldsymbol{\eta})\left(-\boldsymbol{J}_{\mathrm{s}}^{+}\left(\boldsymbol{K}_1\boldsymbol{X}_{\mathrm{e}} - \dot{\boldsymbol{X}}_{\mathrm{d}}\right)\right) - \dot{\boldsymbol{X}}_{\mathrm{d}}\right) \\ &= \boldsymbol{X}_{\mathrm{e}}^{\mathrm{T}}\boldsymbol{K}_1\left(\boldsymbol{K}_1\boldsymbol{X}_{\mathrm{e}} + \dot{\boldsymbol{X}}_{\mathrm{d}} - \dot{\boldsymbol{X}}_{\mathrm{d}}\right) \\ &= -\boldsymbol{X}_{\mathrm{e}}^{\mathrm{T}}\boldsymbol{K}_1^2\boldsymbol{X}_{\mathrm{e}}\end{aligned} \tag{6-14}$$

进一步，考虑集群成员避碰问题，下面设计利用人工势函数来修正集群速度（6-13）。

在第 i 个航行器周围建立势函数 P_{rji}，则集群势函数可表示为

$$P_{rj} = \sum_{i=1}^{N} P_{rji} \tag{6-15}$$

式中，$j = 1, 2, \cdots, N$；势函数大小与势函数作用范围有关。

值得一提的是，不同于路径规划中建立的全局斥力和引力势函数，集群速度修正过程中只需要引入斥力势函数，以避免集群成员自组织聚集过程中发生碰撞。

势函数对位置的偏导数可计算为

$$\frac{\partial P_{rj}}{\partial \boldsymbol{\eta}} = \sum_{i=1}^{N} \frac{\partial P_{rji}}{\partial \boldsymbol{\eta}} = \left[\cdots, \left(\frac{\partial P_{rji}}{\partial \boldsymbol{\eta}_i}\right)^{\mathrm{T}}, \cdots\right]^{\mathrm{T}} \tag{6-16}$$

式中，$\dfrac{\partial P_{rji}}{\partial \boldsymbol{\eta}_i}$ 表示第 j 个航行器对第 i 个航行器的斥力。

利用势函数（6-15），集群速度可进一步表示为

$$
\begin{aligned}
\boldsymbol{V}_{\mathrm{d}} &= -\left(\boldsymbol{X}_{\mathrm{e}}^{\mathrm{T}}\boldsymbol{K}_1\boldsymbol{J}_{\mathrm{s}} + k_3\left(\frac{\partial P}{\partial \boldsymbol{\eta}}\right)^{\mathrm{T}}\right)^{\mathrm{T}} + \boldsymbol{J}_{\mathrm{s}}^{+}\dot{\boldsymbol{X}}_{\mathrm{d}} \\
&= -\left(k_3\frac{\partial P}{\partial \boldsymbol{\eta}} + \boldsymbol{J}_{\mathrm{s}}^{\mathrm{T}}\boldsymbol{K}_1\boldsymbol{X}_{\mathrm{e}}\right) + \boldsymbol{J}_{\mathrm{s}}^{+}\dot{\boldsymbol{X}}_{\mathrm{d}}
\end{aligned} \tag{6-17}
$$

式中，k_3 为设计常数。

观察式（6-17）可知，当邻近成员距离较近时，斥力势函数发挥作用来驱使成员远离彼此，直到势函数作用为零；当势函数为零时，式（6-17）与式（6-13）结果一致，即集群成员在原期望速度作用下继续朝着指定目标航行。

利用 $\boldsymbol{V}_{i\mathrm{d}} = \left[\dot{x}_{i\mathrm{d}}, \dot{y}_{i\mathrm{d}}\right]^{\mathrm{T}}$，则有

$$
\begin{cases}
u_{i\mathrm{d}} = \sqrt{\dot{x}_{i\mathrm{d}}^2 + \dot{y}_{i\mathrm{d}}^2} \\
\psi_{i\mathrm{d}} = \arctan 2\left(\dot{y}_{i\mathrm{d}}, \dot{x}_{i\mathrm{d}}\right)
\end{cases} \tag{6-18}
$$

式中，$u_{i\mathrm{d}}$ 表示第 i 个航行器期望速度；$\psi_{i\mathrm{d}}$ 表示第 i 个航行器期望艏向角。

6.2 基于群中心观测的集群轨迹跟踪控制

6.2.1 问题描述

考虑由 N 个欠驱动水下航行器组成的集群系统，第 i 个航行器的运动学方程可表示为

$$
\begin{cases}
\dot{x}_i = u_i\cos\psi_i - v_i\sin\psi_i \\
\dot{y}_i = u_i\sin\psi_i + v_i\cos\psi_i \\
\dot{\psi}_i = r_i
\end{cases} \tag{6-19}
$$

动力学方程表示为

$$
\begin{cases}
m_{11}\dot{u}_i = m_{22}v_i r_i - d_{11}u_i + \tau_{ui} + \tau_{wui} \\
m_{22}\dot{v}_i = -m_{11}u_i r_i - d_{22}v_i + 0 + \tau_{wvi} \\
m_{33}\dot{r}_i = \left(m_{11} - m_{22}\right)u_i v_i - d_{33}r_i + \tau_{ri} + \tau_{wri}
\end{cases} \tag{6-20}
$$

式中，τ_{wui}、τ_{wvi} 和 τ_{wri} 表示外界干扰。

集群轨迹跟踪示意图如图 6-2 所示，$\left[x_{\mathrm{d}}, y_{\mathrm{d}}\right]^{\mathrm{T}}$ 表示定系下的期望轨迹。根据前面给出的集群定义，集群函数可表示为 $\boldsymbol{X}_{\mathrm{act}} = \left[\bar{x}, \bar{y}, \sigma\right]^{\mathrm{T}}$，集群的期望函数可表示为 $\boldsymbol{X}_{\mathrm{d}} = \left[x_{\mathrm{d}}, y_{\mathrm{d}}, \sigma_{\mathrm{d}}\right]^{\mathrm{T}}$。在此背景下，集群误差为 $\boldsymbol{X}_{\mathrm{e}} = \left[e_1, e_2, e_3\right]^{\mathrm{T}}$，这里 $e_1 = \bar{x} - x_{\mathrm{d}}$ 为

纵向位置误差；$e_2 = \bar{y} - y_{\mathrm{d}}$ 为横向位置误差；$e_3 = \sigma - \sigma_{\mathrm{d}}$ 为离散度误差。

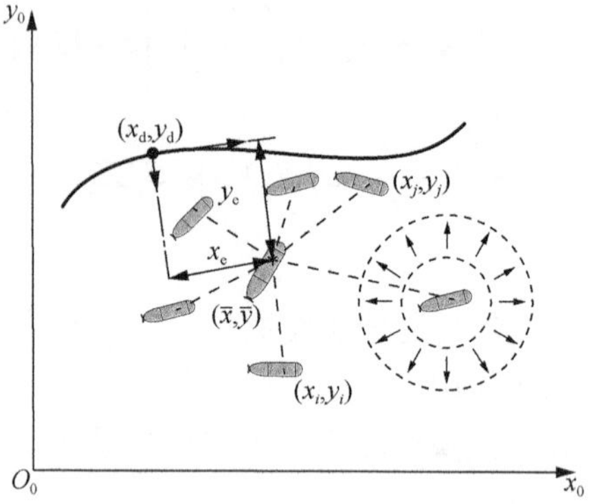

图 6-2　集群轨迹跟踪示意图

本节研究目标为：考虑外界干扰以及群中心位置不可测问题，根据自组织集群模型（6-4）和动力学模型（6-20），设计基于群中心观测器和干扰逼近器的分布式控制器，对集群中心和未知干扰进行观测和补偿，保证航行器集群跟踪上期望轨迹。基于群中心观测和干扰逼近的集群轨迹跟踪控制框架如图 6-3 所示。

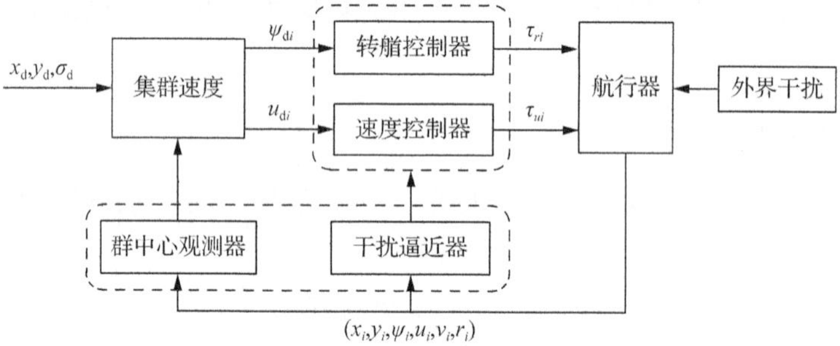

图 6-3　基于群中心观测和干扰逼近的集群轨迹跟踪控制框架

6.2.2　群中心观测器设计

集群拓扑结构可用邻接图 $G = (\upsilon, \varepsilon)$ 表示，这里 $\upsilon = \{n_1, n_2, \cdots, n_N\}$ 表示集群成员构成的顶点集；$\varepsilon = \{(n_i, n_j) \in \upsilon \times \upsilon\}$ 表示成员之间存在的邻接关系所确定的边的集合（Hou et al.，2009）。在图 G 中，顶点元素对应一个航行器，边元素表示航行器间的通信关系。相应地，图的邻接矩阵可用 $\boldsymbol{A}(G) = [a_{ij}] \in \mathbf{R}^{n \times n}$ 表示，当且仅当 $(n_i, n_j) \in \varepsilon$ 时 $a_{ij} = 1$，否则 $a_{ij} = 0$。图的度矩阵可用对角矩阵 $\boldsymbol{D}(G) = [d_{ij}] \in \mathbf{R}^{n \times n}$ 表示，图的拉普拉斯矩阵可用 $\boldsymbol{L}(G) = [l_{ij}]$ 表示，具体形式如下：

$$l_{ij}=\begin{cases}-a_{ij}, & 若\ i\neq j\ ,j\in N_i\\ \sum\limits_{j\in N_i}a_{ij}, & 若\ i=j\\ 0, & 其他\end{cases} \tag{6-21}$$

注 6-4　拉普拉斯矩阵满足关系 $\boldsymbol{L}(G)=\boldsymbol{D}(G)-\boldsymbol{A}(G)$。对于连通图而言，该矩阵是对称和半正定的，且最小特征值为零的对应特征向量为 $\boldsymbol{I}=[1,1,\cdots,1]^{\mathrm{T}}$，即有 $\boldsymbol{L}(G)\boldsymbol{I}=\boldsymbol{0}$ 成立。

将所有航行器的位置平均值作为集群系统的中心位置，则航行器可以通过和自身相邻近的航行器进行信息交互，使集群系统以整体的形式沿着中心点移动。根据集群网络的连通性，设计集群中心观测器为

$$\dot{\boldsymbol{\eta}}_i^{\mathrm{c}}=\sum_{j\in N_i}\left(\boldsymbol{\eta}_i^{\mathrm{c}}-\boldsymbol{\eta}_j^{\mathrm{c}}\right)+\left(\boldsymbol{\eta}_i-\boldsymbol{\eta}_i^{\mathrm{c}}\right) \tag{6-22}$$

式中，$\boldsymbol{\eta}_j^{\mathrm{c}}$ 是第 j 个航行器的对群中心位置的估计值。

在此背景下，虚拟集群中心位置可表示为

$$\dot{\boldsymbol{\eta}}^{\mathrm{c}}=\boldsymbol{\eta}-(\boldsymbol{L}+\boldsymbol{I})\boldsymbol{\eta}^{\mathrm{c}} \tag{6-23}$$

式中，$\boldsymbol{\eta}^{\mathrm{c}}=\left[\boldsymbol{\eta}_1^{\mathrm{c}},\boldsymbol{\eta}_2^{\mathrm{c}},\cdots,\boldsymbol{\eta}_N^{\mathrm{c}}\right]^{\mathrm{T}}$；$\boldsymbol{\eta}=[\boldsymbol{\eta}_1,\boldsymbol{\eta}_2,\cdots,\boldsymbol{\eta}_N]^{\mathrm{T}}$。

定理 6-1　考虑由 N 个航行器组成的集群系统，利用集群中心观测器（6-22）能够渐近观测估计集群中心位置，即有

$$\begin{cases}\boldsymbol{\eta}_i^{\mathrm{c}}\to\dfrac{1}{N}\sum\limits_{i=1}^{N}\boldsymbol{\eta}_i\\ \boldsymbol{\eta}^{\mathrm{c}}\to\boldsymbol{\eta}_{\mathrm{c}}\end{cases} \tag{6-24}$$

证明：根据式（6-2）和图论定义，集群中心位置可表示为

$$\boldsymbol{\eta}_{\mathrm{av}}=\frac{1}{N}\boldsymbol{I}\boldsymbol{I}^{\mathrm{T}}\boldsymbol{\eta} \tag{6-25}$$

在此背景下，集群误差可描述为

$$\boldsymbol{\xi}=\boldsymbol{\eta}_{\mathrm{av}}-\boldsymbol{\eta}^{\mathrm{c}} \tag{6-26}$$

对集群误差求导，可得

$$\dot{\boldsymbol{\xi}}=\dot{\boldsymbol{\eta}}_{\mathrm{av}}-\boldsymbol{\eta}+(\boldsymbol{L}+\boldsymbol{I})\boldsymbol{\eta}^{\mathrm{c}} \tag{6-27}$$

考虑到 $\boldsymbol{\eta}^{\mathrm{c}}=\dfrac{1}{N}\boldsymbol{I}\boldsymbol{I}^{\mathrm{T}}\boldsymbol{\eta}-\boldsymbol{\xi}$，则式（6-27）可写为

$$\begin{aligned}\dot{\boldsymbol{\xi}}&=\frac{1}{N}\boldsymbol{I}\boldsymbol{I}^{\mathrm{T}}\dot{\boldsymbol{\eta}}+\boldsymbol{L}\left(\frac{1}{N}\boldsymbol{I}\boldsymbol{I}^{\mathrm{T}}\boldsymbol{\eta}-\boldsymbol{\xi}\right)+\frac{1}{N}\boldsymbol{I}\boldsymbol{I}^{\mathrm{T}}\boldsymbol{\eta}-\boldsymbol{\xi}-\boldsymbol{\eta}\\&=\frac{1}{N}\boldsymbol{I}\boldsymbol{I}^{\mathrm{T}}(\dot{\boldsymbol{\eta}}+\boldsymbol{\eta})-\boldsymbol{L}\boldsymbol{\eta}_{\mathrm{av}}-\boldsymbol{\xi}(\boldsymbol{L}+\boldsymbol{I})-\boldsymbol{\eta}\end{aligned} \tag{6-28}$$

注意到，在连通图中有

$$\boldsymbol{L}\boldsymbol{\eta}_{\text{av}}=\boldsymbol{L}\frac{1}{N}\boldsymbol{\Pi}^{\mathrm{T}}\boldsymbol{\eta}=\mathbf{0} \tag{6-29}$$

利用航行器速度及位置的有界性，式（6-28）可进一步计算为

$$\begin{aligned}\dot{\boldsymbol{\xi}}&=\frac{1}{N}\boldsymbol{\Pi}^{\mathrm{T}}\left(\dot{\boldsymbol{\eta}}+\boldsymbol{\eta}\right)-\boldsymbol{\eta}-\boldsymbol{\xi}\left(\boldsymbol{L}+\boldsymbol{I}\right)\\&=\frac{1}{N}\sum_{j=1}^{N}\dot{\boldsymbol{\eta}}_j+\frac{1}{N}\sum_{j=1}^{N}\left(\boldsymbol{\eta}_j-\boldsymbol{\eta}_i\right)-\boldsymbol{\xi}\left(\boldsymbol{L}+\boldsymbol{I}\right)\end{aligned} \tag{6-30}$$

且满足关系

$$\frac{1}{N}\sum_{j=1}^{N}\dot{\boldsymbol{\eta}}_j+\frac{1}{N}\sum_{j=1}^{N}\left(\boldsymbol{\eta}_j-\boldsymbol{\eta}_i\right)\leqslant c \tag{6-31}$$

式中，$c>0$ 为设计常数。

考虑李雅普诺夫函数 $V_{\text{cen}}=0.5\boldsymbol{\xi}^{\mathrm{T}}\boldsymbol{\xi}$，并沿着式（6-30）对 V_{cen} 求导，可得

$$\dot{V}_{\text{cen}}=\boldsymbol{\xi}^{\mathrm{T}}\left(\frac{1}{N}\boldsymbol{\Pi}^{\mathrm{T}}\dot{\boldsymbol{\eta}}+\frac{1}{N}\boldsymbol{\Pi}^{\mathrm{T}}\boldsymbol{\eta}-\boldsymbol{\eta}\right)-\boldsymbol{\xi}^{\mathrm{T}}\left(\boldsymbol{L}+\boldsymbol{I}\right)\boldsymbol{\xi} \tag{6-32}$$

利用不等关系 $c\sqrt{N}\|\boldsymbol{\xi}\|\leqslant 0.5c^2N+0.5\|\boldsymbol{\xi}\|^2$，$\boldsymbol{\xi}^{\mathrm{T}}\boldsymbol{I}\leqslant\sqrt{N}\|\boldsymbol{\xi}\|$ 以及 $\boldsymbol{\xi}^{\mathrm{T}}\left(\boldsymbol{L}+\boldsymbol{I}\right)\boldsymbol{\xi}\geqslant\lambda_{\min}\left(\boldsymbol{L}+\boldsymbol{I}\right)\|\boldsymbol{\xi}\|^2$，这里 $\lambda_{\min}\left(\boldsymbol{L}+\boldsymbol{I}\right)$ 为矩阵 $\boldsymbol{L}+\boldsymbol{I}$ 的最小特征值，则有

$$\begin{aligned}\dot{V}_{\text{cen}}&\leqslant-\|\boldsymbol{\xi}\|^2+\boldsymbol{\xi}^{\mathrm{T}}c\boldsymbol{I}\\&\leqslant-\|\boldsymbol{\xi}\|^2+c\sqrt{N}\|\boldsymbol{\xi}\|\\&\leqslant-V_{\text{cen}}+\beta\end{aligned} \tag{6-33}$$

式中，$\beta=0.5c^2N$。式（6-33）表明当 $V_{\text{cen}}>\beta$ 时，有 $\dot{V}_{\text{cen}}<0$，即集群中心误差有界，且满足 $\|\boldsymbol{\xi}\|\leqslant\sqrt{2\beta}$（Liu et al.，2016）。

至此，定理 6-1 证毕。

6.2.3 控制器设计及稳定性分析

基于反步神经网络控制方法，下面设计分布式的航行器速度控制器和转艏控制器，保证集群系统跟踪上期望轨迹。首先考虑集群避碰，给出基于势函数修正的集群期望速度。

1. 集群速度设计

考虑避碰势函数（Liu et al.，2013）

$$U_{ij}\left(r_{ij}\right)=\left(\min\left\{0,\frac{r_{ij}^2-D^2}{r_{ij}^2-d^2}\right\}\right)^2 \tag{6-34}$$

式中，$r_{ij}=\left\|\boldsymbol{\eta}_i-\boldsymbol{\eta}_j\right\|$表示两个航行器间的距离；$D$ 和 d 分别为势函数作用最大距离和最小距离，即避碰最大距离和避碰最小距离，且有关系$D>d>0$。避碰势函数示意图如图 6-4 所示。

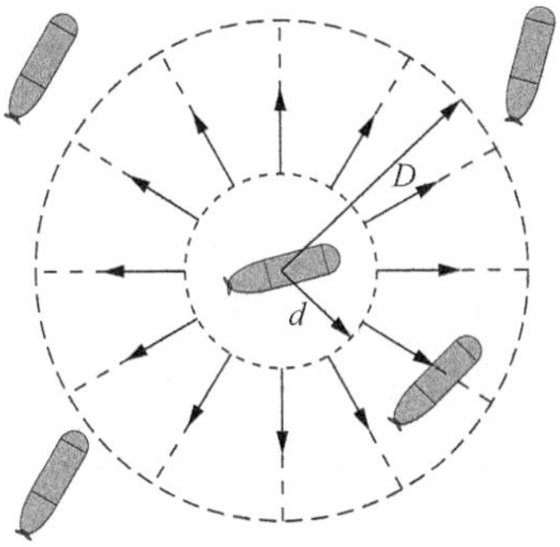

图 6-4　避碰势函数示意图

势函数的负梯度即为斥力，计算可得

$$\frac{\partial U_{ij}}{\partial \boldsymbol{P}_i}=\begin{cases}\dfrac{4\left(D^2-d^2\right)\left(r_{ij}^2-D^2\right)}{\left(r_{ij}^2-d^2\right)^3}\left(\boldsymbol{P}_i-\boldsymbol{P}_j\right), & d\leqslant r_{ij}\leqslant D\\ 0, & r_{ij}>D \text{ 或 } r_{ij}<d\end{cases} \tag{6-35}$$

式中，$\boldsymbol{P}_i=\left[x_i,y_i\right]^{\mathrm{T}}$为航行器位置。

注意到，当$r_{ij}>D$ 和 $r_{ij}<d$ 时，势函数结果为零，即表示航行器不受斥力作用；当$d\leqslant r_{ij}\leqslant D$时，势函数发挥作用，用来改变航行器控制输入。

在此背景下，集群系统避碰势函数可表示为

$$U=\sum_{i=1}^{N}\sum_{j\in N_i}U_{ij}\left(r_{ij}\right) \tag{6-36}$$

考虑式（6-17），设计基于势函数的集群期望速度为

$$\begin{aligned}\boldsymbol{V}_{\mathrm{d}}&=-\left(\boldsymbol{X}_{\mathrm{e}}\boldsymbol{K}_1\boldsymbol{J}+k_3\left(\frac{\partial U}{\partial \boldsymbol{\eta}}\right)^{\mathrm{T}}\right)^{\mathrm{T}}+\boldsymbol{J}^{+}\dot{\boldsymbol{X}}_{\mathrm{d}}\\&=-\left(k_3\frac{\partial U}{\partial \boldsymbol{\eta}}+\boldsymbol{J}^{\mathrm{T}}\boldsymbol{K}_1\boldsymbol{X}_{\mathrm{e}}\right)+\boldsymbol{J}^{+}\dot{\boldsymbol{X}}_{\mathrm{d}}\end{aligned} \tag{6-37}$$

式中，$k_3>0$为设计常数。

注 6-5　在控制参数确定的情况下，虚拟斥力的大小和方向只与邻近航行器的相对位置有关。关于势函数半径大小的确定，是避碰研究的关键问题之一。由于航行器在水中执行作业具有一定的迟滞性和横漂现象，同时受最小转动半径的限制，因此从安全性角度考虑需要设定较大的势函数半径。

2. 小波神经网络

考虑动力学模型（6-20），其向量形式可表示为

$$\boldsymbol{M}_i\dot{\boldsymbol{v}}_i=-f_i\left(\boldsymbol{v}_i\right)+\boldsymbol{\tau}_i \tag{6-38}$$

式中，$f_i\left(\boldsymbol{v}_i\right)=\left[f_{ui},f_{vi},f_{ri}\right]^{\mathrm{T}}$ 表示系统模型不确定性，具体形式为

$$\begin{cases} f_{ui}\left(\cdot\right)=-m_{22}vr+d_{11}u \\ f_{vi}\left(\cdot\right)=m_{11}ur+d_{22}v \\ f_{ri}\left(\cdot\right)=\left(m_{22}-m_{11}\right)uv+d_{33}r \end{cases} \tag{6-39}$$

考虑到集群轨迹跟踪为分布式控制，这里给出第 i 个航行器的控制器设计及稳定性分析过程。下面利用自适应小波神经网络来逼近系统模型不确定性，设计基于小波神经网络逼近的速度和转艏控制器。

构建如图 6-5 所示的小波神经网络结构，该神经网络有 N 个输入，一个输出，$N\times l$ 个母小波函数，这里 l 为乘积层个数（Yoo et al.，2006；Billings et al.，2005）。

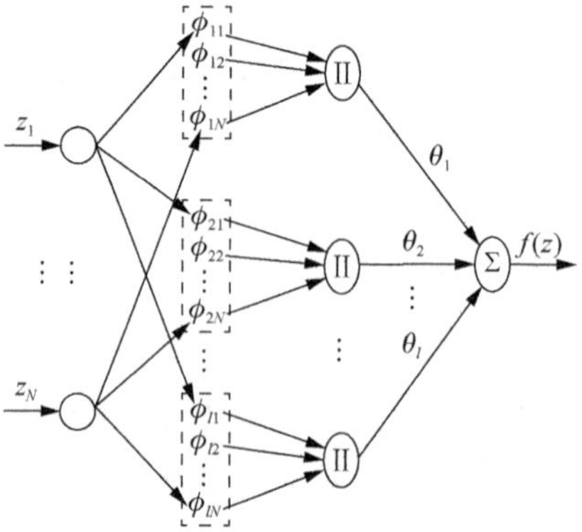

图 6-5　小波神经网络结构

选择高斯函数作为母小波函数，即有 $\phi\left(z\right)=-z\exp\left(\left(-1/2\right)z^2\right)$，则乘积层的输出可表示为

$$\varPhi_i=\prod_{k=1}^{N}\phi_{ik}\left(\frac{z_k-c_{ik}}{d_{ik}}\right) \tag{6-40}$$

式中，d_{ik} 为伸缩变换尺度；c_{ik} 为平移变化尺度。

在此背景下，小波神经网络输出为

$$f\left(z\right)=\boldsymbol{\theta}^{\mathrm{T}}\boldsymbol{\varPhi}\left(\boldsymbol{d},\left(\boldsymbol{z}-\boldsymbol{c}\right)\right) \tag{6-41}$$

式中，$\boldsymbol{\theta}=\left[\theta_1,\theta_2,\cdots,\theta_l\right]^{\mathrm{T}}$；$\boldsymbol{\varPhi}=\left[\varPhi_1,\varPhi_2,\cdots,\varPhi_l\right]^{\mathrm{T}}$；$\boldsymbol{z}=\left[z_1,z_2,\cdots,z_N\right]^{\mathrm{T}}$；$\boldsymbol{d}=\left[\boldsymbol{d}_1,\boldsymbol{d}_2,\cdots,\boldsymbol{d}_l\right]^{\mathrm{T}}$；

$\boldsymbol{c}=\left[\boldsymbol{c}_1,\boldsymbol{c}_2,\cdots,\boldsymbol{c}_l\right]^{\mathrm{T}}$；$\boldsymbol{d}_i=\left[d_{i1},d_{i2},\cdots,d_{iN}\right]^{\mathrm{T}}$；$\boldsymbol{c}_i=\left[c_{i1},c_{i2},\cdots,c_{iN}\right]^{\mathrm{T}}$。

根据神经网络逼近特性，存在理想的小波神经网络 f^*，使得某一连续函数 $f(z)$ 可以用 $f^*(z)$ 来逼近。考虑 $\boldsymbol{\theta}^*$、$\boldsymbol{d}^*$ 和 $\boldsymbol{c}^*$ 难以直接得到，可以分别用 $\hat{\boldsymbol{\theta}}$、$\hat{\boldsymbol{d}}$ 和 $\hat{\boldsymbol{c}}$ 进行估计，即

$$\begin{aligned}f(z)&=f^*(z)+\varsigma\\&=\boldsymbol{\theta}^{*\mathrm{T}}\boldsymbol{\Phi}\left(\boldsymbol{d}^*,\left(z-\boldsymbol{c}^*\right)\right)+\varsigma\end{aligned}\tag{6-42}$$

式中，ς 为逼近误差；$\boldsymbol{\theta}^*$ 表示 $\boldsymbol{\theta}$ 的最优值；$\boldsymbol{d}^*$ 表示 $\boldsymbol{d}$ 的最优值；$\boldsymbol{c}^*$ 表示 $\boldsymbol{c}$ 的最优值。

定义估计误差 $\tilde{\boldsymbol{\theta}}=\boldsymbol{\theta}^*-\hat{\boldsymbol{\theta}}$，$\tilde{\boldsymbol{d}}=\boldsymbol{d}^*-\hat{\boldsymbol{d}}$，$\tilde{\boldsymbol{c}}=\boldsymbol{c}^*-\hat{\boldsymbol{c}}$ 和 $\tilde{\boldsymbol{\Phi}}=\boldsymbol{\Phi}^*-\hat{\boldsymbol{\Phi}}$，则 $f(z)$ 的估计误差可表示为

$$\begin{aligned}\tilde{f}(z)&=\tilde{\boldsymbol{\theta}}^{\mathrm{T}}\tilde{\boldsymbol{\Phi}}\left(\tilde{\boldsymbol{d}},\left(z-\tilde{\boldsymbol{c}}\right)\right)+\varsigma\\&=\boldsymbol{\theta}^{*\mathrm{T}}\boldsymbol{\Phi}^*-\hat{\boldsymbol{\theta}}^{\mathrm{T}}\hat{\boldsymbol{\Phi}}+\varsigma\\&=\tilde{\boldsymbol{\theta}}^{\mathrm{T}}\tilde{\boldsymbol{\Phi}}+\tilde{\boldsymbol{\theta}}^{\mathrm{T}}\hat{\boldsymbol{\Phi}}+\hat{\boldsymbol{\theta}}^{\mathrm{T}}\tilde{\boldsymbol{\Phi}}+\varsigma\end{aligned}\tag{6-43}$$

根据泰勒线性化展开技术，将 $\tilde{\boldsymbol{\Phi}}$ 线性化展开得

$$\tilde{\boldsymbol{\Phi}}=\boldsymbol{\Gamma}_{\mathrm{A}}^{\mathrm{T}}\tilde{\boldsymbol{d}}+\boldsymbol{\Gamma}_{\mathrm{B}}^{\mathrm{T}}\tilde{\boldsymbol{c}}+\boldsymbol{h}\tag{6-44}$$

式中，$\boldsymbol{h}$ 为泰勒展开高次项。

在式（6-44）中，$\boldsymbol{\Gamma}_{\mathrm{A}}$ 和 $\boldsymbol{\Gamma}_{\mathrm{B}}$ 表示为

$$\begin{cases}\boldsymbol{\Gamma}_{\mathrm{A}}=\left.\left[\dfrac{\partial\boldsymbol{\Phi}_1}{\partial\boldsymbol{d}},\dfrac{\partial\boldsymbol{\Phi}_2}{\partial\boldsymbol{d}},\cdots,\dfrac{\partial\boldsymbol{\Phi}_l}{\partial\boldsymbol{d}}\right]\right|_{\boldsymbol{d}=\hat{\boldsymbol{d}}}\in\mathbf{R}^{(N\times l)\times l}\\\boldsymbol{\Gamma}_{\mathrm{B}}=\left.\left[\dfrac{\partial\boldsymbol{\Phi}_1}{\partial\boldsymbol{c}},\dfrac{\partial\boldsymbol{\Phi}_2}{\partial\boldsymbol{c}},\cdots,\dfrac{\partial\boldsymbol{\Phi}_l}{\partial\boldsymbol{c}}\right]\right|_{\boldsymbol{c}=\hat{\boldsymbol{c}}}\in\mathbf{R}^{(N\times l)\times l}\end{cases}\tag{6-45}$$

式中，$\dfrac{\partial\boldsymbol{\Phi}_i}{\partial\boldsymbol{d}}$ 和 $\dfrac{\partial\boldsymbol{\Phi}_i}{\partial\boldsymbol{c}}$ 形式为

$$\begin{cases}\left[\dfrac{\partial\boldsymbol{\Phi}_i}{\partial\boldsymbol{d}}\right]^{\mathrm{T}}=\left[\underbrace{0,\cdots,0}_{(i-1)\times N},\partial\boldsymbol{\Phi}_i/\partial\boldsymbol{d}_{1i},\cdots,\partial\boldsymbol{\Phi}_i/\partial\boldsymbol{d}_{il},\underbrace{0,\cdots,0}_{(l-i)\times N}\right]\\\left[\dfrac{\partial\boldsymbol{\Phi}_i}{\partial\boldsymbol{c}}\right]^{\mathrm{T}}=\left[\underbrace{0,\cdots,0}_{(i-1)\times N},\partial\boldsymbol{\Phi}_i/\partial\boldsymbol{c}_{1i},\cdots,\partial\boldsymbol{\Phi}_i/\partial\boldsymbol{c}_{il},\underbrace{0,\cdots,0}_{(l-i)\times N}\right]\end{cases}\tag{6-46}$$

将式（6-44）代入式（6-43），则有

$$\begin{aligned}\tilde{f}(z)&=\tilde{\boldsymbol{\theta}}^{\mathrm{T}}\left(\boldsymbol{\Gamma}_{\mathrm{A}}^{\mathrm{T}}\tilde{\boldsymbol{d}}+\boldsymbol{\Gamma}_{\mathrm{B}}^{\mathrm{T}}\tilde{\boldsymbol{c}}+\boldsymbol{h}\right)+\tilde{\boldsymbol{\theta}}^{\mathrm{T}}\hat{\boldsymbol{\Phi}}+\hat{\boldsymbol{\theta}}^{\mathrm{T}}\left(\boldsymbol{\Gamma}_{\mathrm{A}}^{\mathrm{T}}\tilde{\boldsymbol{d}}+\boldsymbol{\Gamma}_{\mathrm{B}}^{\mathrm{T}}\tilde{\boldsymbol{c}}+\boldsymbol{h}\right)+\varsigma\\&=\tilde{\boldsymbol{\theta}}^{\mathrm{T}}\left(\hat{\boldsymbol{\Phi}}-\boldsymbol{\Gamma}_{\mathrm{A}}^{\mathrm{T}}\hat{\boldsymbol{d}}-\boldsymbol{\Gamma}_{\mathrm{B}}^{\mathrm{T}}\hat{\boldsymbol{c}}\right)+\tilde{\boldsymbol{d}}^{\mathrm{T}}\boldsymbol{\Gamma}_{\mathrm{A}}\hat{\boldsymbol{\theta}}+\tilde{\boldsymbol{c}}^{\mathrm{T}}\boldsymbol{\Gamma}_{\mathrm{B}}\hat{\boldsymbol{\theta}}+\varepsilon\end{aligned}\tag{6-47}$$

式中，$\varepsilon=\varsigma+\hat{\boldsymbol{\theta}}^{\mathrm{T}}\boldsymbol{\Gamma}_{\mathrm{A}}\boldsymbol{d}^*+\hat{\boldsymbol{\theta}}^{\mathrm{T}}\boldsymbol{\Gamma}_{\mathrm{B}}\boldsymbol{c}^*+\tilde{\boldsymbol{\theta}}^{\mathrm{T}}\boldsymbol{h}$。

3. 转艏控制

考虑模型不确定性和外界干扰，转艏角速度动力学方程可表示为

$$\begin{cases}\dot{r}_i = f_{ri}\left(u_i, v_i, r_i\right) + \dfrac{1}{m_{33}}\tau_{ri} \\ \dot{\psi}_i = r_i\end{cases} \tag{6-48}$$

式中，$f_{ri} = m_{33}^{-1}\left(\left(m_{11} - m_{22}\right)u_i v_i - d_{33} r_i + \tau_{wri}\right)$为集总不确定项，包括模型不确定性和外界干扰。

定义虚拟控制量

$$r_{\mathrm{d}i} = -k_{\psi_i}\left(\psi_i - \psi_{\mathrm{d}i}\right) + \dot{\psi}_{\mathrm{d}i} \tag{6-49}$$

式中，$k_{\psi i} > 0$为设计常数；$\psi_{\mathrm{d}i}$为第i个航行器的期望艏向角，可由集群期望速度（6-37）求得。

考虑动力学方程(6-48)和集总不确定项f_{ri}不可测问题，设计基于小波神经网络的转艏力矩为

$$\tau_{ri} = m_{33}\hat{f}_{ri}\left(u_i, v_i, r_i\right) - m_{33}\left(k_{ri}\left(r_i - r_{\mathrm{d}i}\right) + \psi_i - \psi_{\mathrm{d}i} - \dot{r}_{\mathrm{d}i}\right) \tag{6-50}$$

式中，$k_{ri} > 0$为设计常数；$\hat{f}_{ri}\left(u_i, v_i, r_i\right) = \hat{\boldsymbol{\theta}}_{1i}^{\mathrm{T}}\hat{\boldsymbol{\Phi}}_{1i}$表示小波神经网络输出（Qu et al., 2020）。

这里，设计神经网络更新权重为

$$\begin{cases}\dot{\hat{\boldsymbol{\theta}}}_{1i} = -\lambda_{1i}\left(r_i - r_{\mathrm{d}i}\right)\left(\hat{\boldsymbol{\Phi}}_{1i} - \boldsymbol{\Gamma}_{\mathrm{A}1i}^{\mathrm{T}}\hat{\boldsymbol{d}}_{1i} - \boldsymbol{\Gamma}_{\mathrm{B}1i}^{\mathrm{T}}\hat{\boldsymbol{c}}_{1i}\right) \\ \dot{\hat{\boldsymbol{d}}}_{1i} = -\lambda_{1i}\left(r_i - r_{\mathrm{d}i}\right)\boldsymbol{\Gamma}_{\mathrm{A}1i}\tilde{\boldsymbol{\theta}}_{1i}^{\mathrm{T}} \\ \dot{\hat{\boldsymbol{c}}}_{1i} = -\lambda_{1i}\left(r_i - r_{\mathrm{d}i}\right)\boldsymbol{\Gamma}_{\mathrm{B}1i}\tilde{\boldsymbol{\theta}}_{1i}^{\mathrm{T}}\end{cases} \tag{6-51}$$

式中，$\lambda_{1i} > 0$为设计常数。

定理 6-2 考虑转艏角速度动力学（6-48）和集群期望速度信号（6-37），在转艏力矩（6-50）及小波神经网络逼近器（6-51）作用下，航行器艏向角和转艏角速度误差为一致最终有界。

证明：定义艏向角和转艏角速度误差为

$$\begin{cases}\psi_{\mathrm{e}i} = \psi_i - \psi_{\mathrm{d}i} \\ r_{\mathrm{e}i} = r_i - r_{\mathrm{d}i}\end{cases} \tag{6-52}$$

考虑如下形式的李雅普诺夫函数：

$$V_r = \frac{1}{2}\left(\psi_{\mathrm{e}i}^2 + r_{\mathrm{e}i}^2\right) + \frac{1}{2\lambda_{1i}m_{33}}\left(\tilde{\boldsymbol{\theta}}_{1i}^{\mathrm{T}}\tilde{\boldsymbol{\theta}}_{1i} + \tilde{\boldsymbol{c}}_{1i}^{\mathrm{T}}\tilde{\boldsymbol{c}}_{1i} + \tilde{\boldsymbol{d}}_{1i}^{\mathrm{T}}\tilde{\boldsymbol{d}}_{1i}\right) \tag{6-53}$$

对李雅普诺夫函数V_r求导，并利用式（6-52），可得

$$
\begin{aligned}
\dot{V}_r &= \psi_{ei}\dot{\psi}_{ei} + r_{ei}\dot{r}_{ei} - \frac{1}{\lambda_{1i}m_{33}}\left(\tilde{\boldsymbol{\theta}}_{1i}^{\mathrm{T}}\dot{\hat{\boldsymbol{\theta}}}_{1i} + \tilde{\boldsymbol{c}}_{1i}^{\mathrm{T}}\dot{\hat{\boldsymbol{c}}}_{1i} + \tilde{\boldsymbol{d}}_{1i}^{\mathrm{T}}\dot{\hat{\boldsymbol{d}}}_{1i}\right) \\
&= \psi_{ei}\left(r_i - r_{di} + r_{di} - \dot{\psi}_{di}\right) + r_{ei}\left(\dot{r}_i - \dot{r}_{di}\right) - \frac{1}{\lambda_{1i}m_{33}}\left(\tilde{\boldsymbol{\theta}}_{1i}^{\mathrm{T}}\dot{\hat{\boldsymbol{\theta}}}_{1i} + \tilde{\boldsymbol{c}}_{1i}^{\mathrm{T}}\dot{\hat{\boldsymbol{c}}}_{1i} + \tilde{\boldsymbol{d}}_{1i}^{\mathrm{T}}\dot{\hat{\boldsymbol{d}}}_{1i}\right)
\end{aligned} \tag{6-54}
$$

将虚拟控制量（6-49）和控制输入（6-50）代入式（6-54），则有

$$
\begin{aligned}
\dot{V}_r = \frac{1}{m_{33}}\Bigg(&-\frac{1}{\lambda_{1i}}\left(\tilde{\boldsymbol{\theta}}_{1i}^{\mathrm{T}}\dot{\hat{\boldsymbol{\theta}}}_{1i} + \tilde{\boldsymbol{c}}_{1i}^{\mathrm{T}}\dot{\hat{\boldsymbol{c}}}_{1i} + \tilde{\boldsymbol{d}}_{1i}^{\mathrm{T}}\dot{\hat{\boldsymbol{d}}}_{1i}\right) - r_{ei}\tilde{\boldsymbol{\theta}}_{1i}^{\mathrm{T}}\Big(\hat{\boldsymbol{\Phi}}_{1i} - \boldsymbol{\Gamma}_{\mathrm{A}1i}^{\mathrm{T}}\hat{\boldsymbol{d}}_{1i} \\
&-\boldsymbol{\Gamma}_{\mathrm{B}1i}^{\mathrm{T}}\hat{\boldsymbol{c}}_{1i}\Big) - r_{ei}\tilde{\boldsymbol{d}}_{1i}^{\mathrm{T}}\boldsymbol{\Gamma}_{\mathrm{A}1i}\hat{\boldsymbol{\theta}}_{1i} - r_{ei}\tilde{\boldsymbol{c}}_{1i}^{\mathrm{T}}\boldsymbol{\Gamma}_{\mathrm{B}1i}\hat{\boldsymbol{\theta}}_{1i} - r_{ei}\varepsilon_{1i} - \frac{1}{\lambda_{1i}}\tilde{\boldsymbol{d}}_{1i}^{\mathrm{T}}\dot{\hat{\boldsymbol{d}}}_{1i} \\
&-r_{ei}\tilde{f}_{ri} - \frac{1}{\lambda_{1i}}\tilde{\boldsymbol{\theta}}_{1i}^{\mathrm{T}}\dot{\hat{\boldsymbol{\theta}}}_{1i} - \frac{1}{\lambda_{1i}}\tilde{\boldsymbol{c}}_{1i}^{\mathrm{T}}\dot{\hat{\boldsymbol{c}}}_{1i}\Bigg) - k_{\psi i}\psi_{ei}^2 - k_{ri}r_{ei}^2
\end{aligned} \tag{6-55}
$$

利用自适应律（6-51），得到

$$
\dot{V}_r = -k_{\psi i}\psi_{ei}^2 - k_{ri}r_{ei}^2 + \frac{1}{m_{33}}r_{ei}\varepsilon_{1i} \tag{6-56}
$$

令 $k_{ri} = k_{2i} + \dfrac{1}{2\rho_{1i}^2}$ 和 $\rho_{1i} > 0$，则式（6-56）可写为

$$
\begin{aligned}
\dot{V}_r &= -k_{\psi i}\psi_{ei}^2 - k_{2i}r_{ei}^2 - \frac{r_{ei}^2}{2\rho_{1i}^2} - \frac{1}{m_{33}}r_{ei}\varepsilon_{1i} \\
&\leqslant -k_{\psi i}\psi_{ei}^2 - k_{2i}r_{ei}^2 + \frac{1}{2m_{33}^2}\rho_{1i}^2\varepsilon_{1i}^2 \\
&\leqslant -a_{1i}\left(\psi_{ei}^2 + r_{ei}^2\right) + D_{1i}
\end{aligned} \tag{6-57}
$$

式中，$a_{1i} = \min\left\{k_{\psi i}, k_{2i}\right\}$；$D_{1i} = \dfrac{1}{2m_{33}^2}\rho_{1i}^2\varepsilon_{1i}^2$。

当满足 $\psi_{ei}^2 + r_{ei}^2 > \dfrac{D_{1i}}{a_{1i}}$ 时，则有 $\dot{V}_r < 0$，表明 V_r 是一致最终有界的。因此，艏向角误差和转艏角速度误差是一致最终有界的。

至此，定理 6-2 证毕。

4. 速度控制

相比于航向控制，航行器的速度动力学模型为一阶系统。考虑集总不确定项 $f_{ui} = m_{11}^{-1}\left(m_{22}v_i r_i - d_{11}u_i + \tau_{wui}\right)$，速度动力学可表示为

$$
\dot{u}_i = f_{ui}\left(u_i, v_i, r_i\right) + \frac{1}{m_{11}}\tau_{ui} \tag{6-58}
$$

定义速度误差为

$$
u_{ei} = u_i - u_{di} \tag{6-59}
$$

式中，u_{di} 为第 i 个航行器期望速度，由集群期望速度（6-37）求得。

结合式（6-58）和式（6-59），速度误差动力学可表示为

$$\dot{u}_{ei} = \frac{1}{m_{11}}\tau_{ui} - f_{ui}\left(u_i, v_i, r_i\right) - \dot{u}_{di} \tag{6-60}$$

考虑动力学（6-58）和集总不确定项 f_{ui}，设计基于小波神经网络的纵向推力为

$$\tau_{ui} = m_{11}\hat{f}_{ui}\left(u_i, v_i, r_i\right) - m_{11}\left(k_{ui}u_{ei} - \dot{u}_{di}\right) \tag{6-61}$$

式中，$k_{ui} > 0$ 为设计常数；$\hat{f}_{ui}\left(u_i, v_i, r_i\right) = \hat{\boldsymbol{\theta}}_{2i}^{\mathrm{T}}\hat{\boldsymbol{\Phi}}_{2i}$ 为集总不确定项的估计值。

这里，设计神经网络更新权重为

$$\begin{cases} \dot{\hat{\boldsymbol{\theta}}}_{2i} = -\lambda_{2i}u_{ei}\left(\hat{\boldsymbol{\Phi}}_{2i} - \boldsymbol{\Gamma}_{A2i}^{\mathrm{T}}\hat{\boldsymbol{d}}_{2i} - \boldsymbol{\Gamma}_{B2i}^{\mathrm{T}}\hat{\boldsymbol{c}}_{2i}\right) \\ \dot{\hat{\boldsymbol{d}}}_{2i} = -\lambda_{2i}u_{ei}\boldsymbol{\Gamma}_{A2i}\tilde{\boldsymbol{\theta}}_{2i}^{\mathrm{T}} \\ \dot{\hat{\boldsymbol{c}}}_{2i} = -\lambda_{2i}u_{ei}\boldsymbol{\Gamma}_{B2i}\tilde{\boldsymbol{\theta}}_{2i}^{\mathrm{T}} \end{cases} \tag{6-62}$$

式中，$\lambda_{2i} > 0$ 为设计常数。

定理 6-3　考虑速度动力学（6-58）和集群期望速度信号（6-37），在纵向推力（6-61）和小波神经网络逼近器（6-62）作用下，航行器速度可收敛于期望航速，且跟踪误差为一致最终有界。

证明：考虑如下形式的李雅普诺夫函数：

$$V_u = \frac{1}{2}u_{ei}^2 + \frac{1}{2\lambda_{2i}m_{11}}\left(\tilde{\boldsymbol{\theta}}_{2i}^{\mathrm{T}}\tilde{\boldsymbol{\theta}}_{2i} + \tilde{\boldsymbol{c}}_{2i}^{\mathrm{T}}\tilde{\boldsymbol{c}}_{2i} + \tilde{\boldsymbol{d}}_{2i}^{\mathrm{T}}\tilde{\boldsymbol{d}}_{2i}\right) \tag{6-63}$$

对 V_u 求导，并代入式（6-59）可得

$$\dot{V}_u = u_{ei}\left(\dot{u}_i - \dot{u}_{di}\right) - \frac{1}{\lambda_{2i}m_{11}}\left(\tilde{\boldsymbol{\theta}}_{2i}^{\mathrm{T}}\dot{\hat{\boldsymbol{\theta}}}_{2i} + \tilde{\boldsymbol{c}}_{2i}^{\mathrm{T}}\dot{\hat{\boldsymbol{c}}}_{2i} + \tilde{\boldsymbol{d}}_{2i}^{\mathrm{T}}\dot{\hat{\boldsymbol{d}}}_{2i}\right) \tag{6-64}$$

将式（6-58）和式（6-61）代入式（6-64），则有

$$\begin{aligned} \dot{V}_u = -k_{ui}u_{ei}^2 + \frac{1}{m_{11}}\Bigg(& -\tilde{\boldsymbol{\theta}}_{2i}^{\mathrm{T}}\left(u_{ei}\left(\hat{\boldsymbol{\Phi}}_{2i} - \boldsymbol{\Gamma}_{A2i}^{\mathrm{T}}\hat{\boldsymbol{d}}_{2i} - \boldsymbol{\Gamma}_{B2i}^{\mathrm{T}}\hat{\boldsymbol{c}}_{2i}\right) + \frac{1}{\lambda_{2i}}\dot{\hat{\boldsymbol{\theta}}}_{2i}\right) \\ & -\tilde{\boldsymbol{d}}_{2i}^{\mathrm{T}}\left(u_{ei}\boldsymbol{\Gamma}_{A2i}\hat{\boldsymbol{\theta}}_{2i} + \frac{1}{\lambda_{2i}}\dot{\hat{\boldsymbol{d}}}_{2i}\right) - \tilde{\boldsymbol{c}}_{2i}^{\mathrm{T}}\left(u_{ei}\boldsymbol{\Gamma}_{B2i}\hat{\boldsymbol{\theta}}_{2i} + \frac{1}{\lambda_{2i}}\dot{\hat{\boldsymbol{c}}}_{2i}\right) - u_{ei}\varepsilon_{2i}\Bigg) \end{aligned} \tag{6-65}$$

利用控制输入式（6-61）和式（6-62），并令 $k_{ui} = k_{1i} + \dfrac{1}{2\rho_{2i}^2}$，得到

$$\begin{aligned} \dot{V}_u &= -\left(k_{1i} + \frac{1}{2\rho_{2i}^2}\right)u_{ei}^2 - \frac{1}{m_{11}}u_{ei}\varepsilon_{2i} \\ &\leqslant -k_{1i}u_{ei}^2 + D_{2i} \end{aligned} \tag{6-66}$$

式中，$\rho_{2i} > 0$ 为设计常数；$D_{2i} = \dfrac{1}{2m_{11}^2}\rho_{2i}^2\varepsilon_{2i}^2$。

当$u_{ei}^2 > \dfrac{D_{2i}}{a_{2i}}$时，式(6-66)结果为$\dot{V}_u < 0$。因此，纵向速度误差为一致最终有界。

至此，定理 6-3 证毕。

5. 横向速度有界性

考虑欠驱动水下航行器在横向速度上没有直接的控制输入，可以通过其他控制输入量进行补偿，保证其被动有界性。横向速度有界性的证明如下：

根据式（6-20），横向速度动力学模型可表示为

$$\dot{v}_i = \frac{1}{m_{vi}}\left(-m_{ui}u_i r_i - d_{vi}v_i\right) + g_{vi} \tag{6-67}$$

考虑如下形式的李雅普诺夫函数：

$$V_v = \frac{1}{2}m_{vi}v_i^2 \tag{6-68}$$

式（6-68）关于时间的导数为

$$\begin{aligned}\dot{V}_v &= v_i\left(-m_{ui}u_i r_i - d_{vi}v_i + g_{vi}\right)\\ &\leqslant -d_{vi}v_i^2 + \vartheta\left|v_i\right|\end{aligned} \tag{6-69}$$

式中，$\vartheta = \max\left\{\left|\hat{m}_{ui}u_i r_i\right| + \left|g_{vi}\right|\right\}$； g_{vi} 为模型不确定性和外界干扰。

对于任意的速度$\left|v_i\right| \geqslant \dfrac{2\vartheta}{d_{vi}}$，则有$\dot{V}_v \leqslant -\dfrac{d_{vi}v_i^2}{2}$，结果表明横向速度有界，且满足关系

$$\left|v_i(t)\right| \leqslant \left|v_i(t_0)\right| \mathrm{e}^{-0.5d_{vi}(t-t_0)} + \frac{2\vartheta}{d_{vi}} \tag{6-70}$$

6.2.4 仿真实验

下面给出仿真实验，包括集群直线轨迹跟踪和集群曲线轨迹跟踪，用来验证所提出的基于群中心观测的集群轨迹跟踪方法的有效性。

考虑外界干扰，不失一般性地采用一阶高斯马尔可夫过程模拟风、浪及海流引起的干扰，具体为$\dot{\tau}_{wui} + \omega_1\tau_{wui} = \vartheta_1$，$\dot{\tau}_{wvi} + \omega_2\tau_{wvi} = \vartheta_2$和$\dot{\tau}_{wri} + \omega_3\tau_{wri} = \vartheta_3$，这里$\vartheta_i(i=1,2,3) \geqslant 0$；$\omega_i$表示零均值高斯白噪声。

控制参数为$\boldsymbol{K}_1 = \mathrm{diag}\{0.5, 0.5, 0.5\}$，$k_3 = 5$，$k_r = 4$，$k_\psi = 0.6$，$k_u = 2$，$d = 5$，$D = 10$，$\sigma_{\mathrm{d}} = 20$；神经网络中的小波函数为$\varphi(x) = -x\exp\left((-1/2)x^2\right)$，网络结构参数为$l = 10$，$\eta_1 = \eta_2 = 5$，$d_{ik} = 0.8$，$\omega_{ik} = 1$，这里$i = 1,2,\cdots,10$。

仿真 1：集群直线轨迹跟踪。

考虑六个航行器组成的集群系统，参考轨迹为$x_{\mathrm{d}} = t$，$y_{\mathrm{d}} = t$；航行器初始速

度为 $\boldsymbol{v}_i=[0,0,0]^{\mathrm{T}}$；初始位置及艏向角为 $\boldsymbol{\eta}_1=[-40,30,0.5\pi]^{\mathrm{T}}$，$\boldsymbol{\eta}_2=[20,-20,0.2\pi]^{\mathrm{T}}$，$\boldsymbol{\eta}_3=[-10,-20,0.1\pi]^{\mathrm{T}}$，$\boldsymbol{\eta}_4=[10,20,0.3\pi]^{\mathrm{T}}$，$\boldsymbol{\eta}_5=[-15,15,-0.2\pi]^{\mathrm{T}}$，$\boldsymbol{\eta}_6=[10,-40,0.4\pi]^{\mathrm{T}}$。

图 6-6 给出了集群直线轨迹跟踪行为曲线，其中虚线表示参考轨迹，六个航行器的实际轨迹用不同的线宽和线型表示，圆点表示不同时刻下该航行器位置。从图中可以看到，六个航行器在所设计的群中心观测器和分布式控制律作用下，能够分别从不同的初始位置出发，聚集到集群中心点附近，并沿着参考轨迹一起运动。

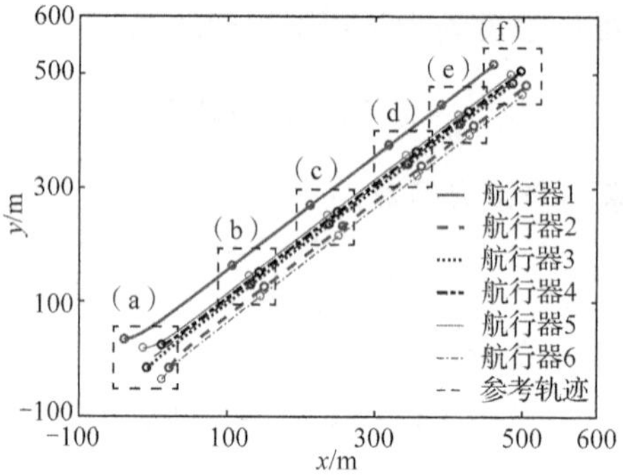

图 6-6　集群直线轨迹跟踪行为曲线

图 6-7 给出了不同时间节点的集群轨迹跟踪曲线，图 6-8 给出了集群轨迹跟踪误差曲线。从图 6-7（a）～图 6-7（f）可以看到，各航行器在设计的集群中心制导律作用下能够沿着期望路径移动，且能够保持一定的距离，因此验证了基于势函数的集群速度设计方法的有效性。值得一提的是，集群内航行器的位置在轨迹跟踪过程中不是一成不变的，各成员可随时根据当前环境以及自身状态调整位置，进而体现了集群系统的自主性。从集群轨迹跟踪误差曲线可以看出，在所设计的小波神经网络控制器及集群向量速度下，集群误差经过一个短暂的调整后渐近收敛到零附近的很小邻域内，且误差曲线没有较大波动，验证了所设计分布式控制器的抗干扰性。

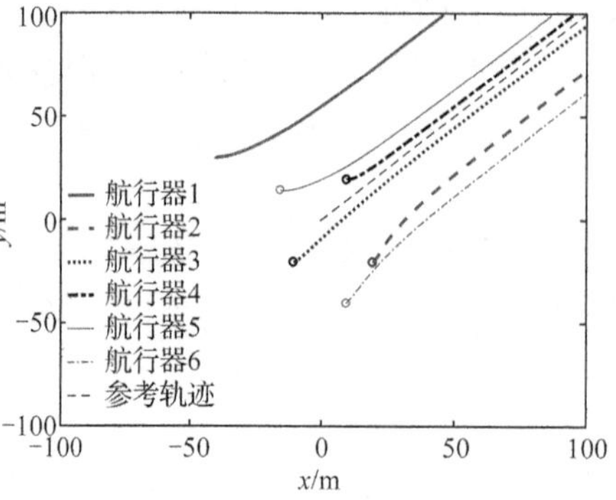

（a）t=0s

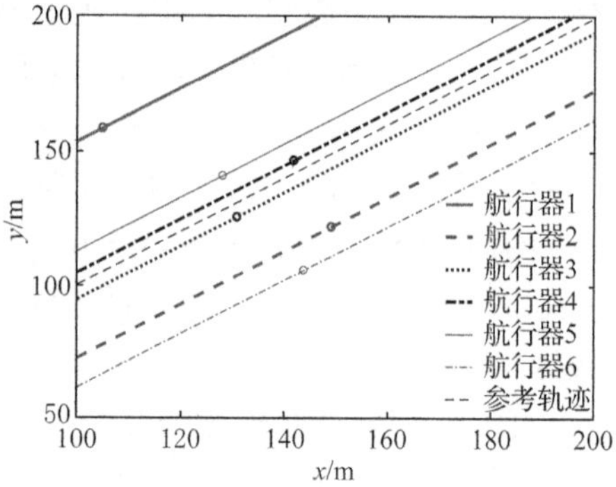

（b）t=100s

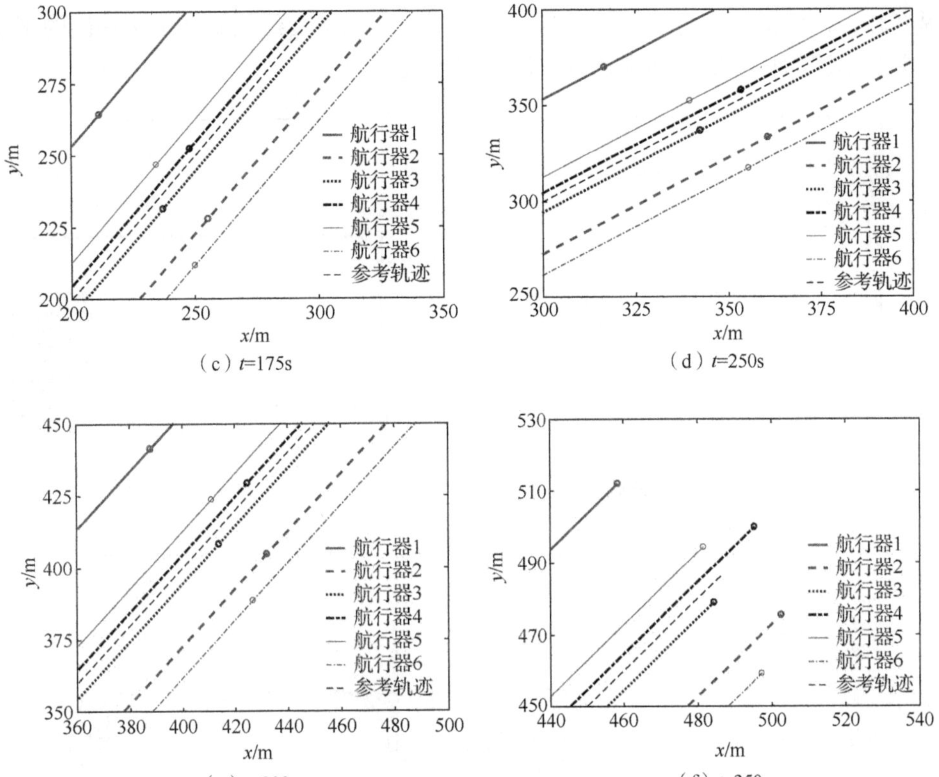

（c）t=175s　　（d）t=250s

（e）t=300s　　（f）t=350s

图 6-7　不同时间节点的集群轨迹跟踪曲线

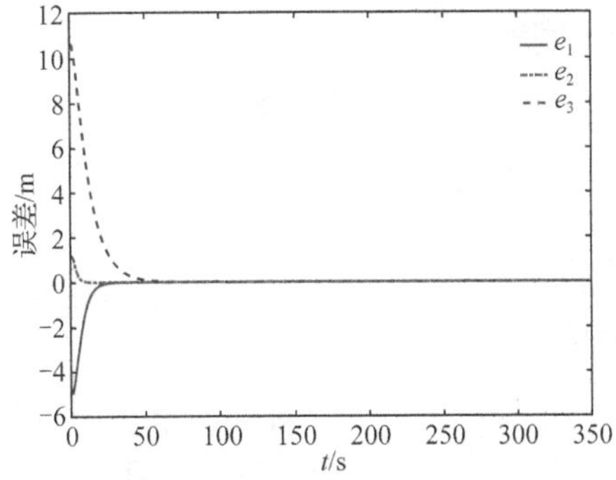

图 6-8　集群轨迹跟踪误差曲线

图 6-9 和图 6-10 分别给出了速度演化曲线和艏向角演化曲线。可以看出整个过程变化相对平稳，没有出现大的波动；经过一个短暂的时间调整后，航行器速度和艏向角均趋于一致。图 6-11 给出了控制输入曲线，包括纵向推力和转艏力矩。从图中可以看出，在初期阶段为使各航行器尽快地到达期望状态，控制输入变化

幅度较大，但最终保持稳定，满足实际要求。上述仿真结果验证了所提出的基于群中心观测的集群轨迹跟踪控制方法的有效性。

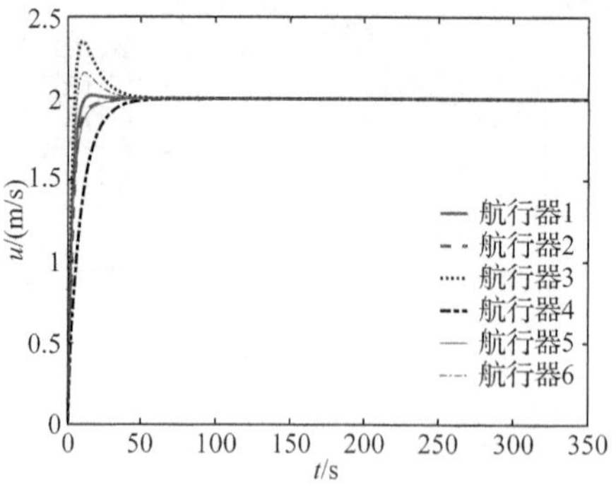

图 6-9　速度演化曲线

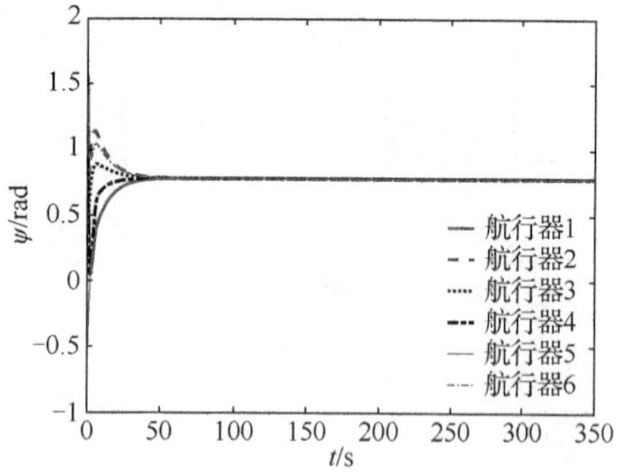

图 6-10　艏向角演化曲线

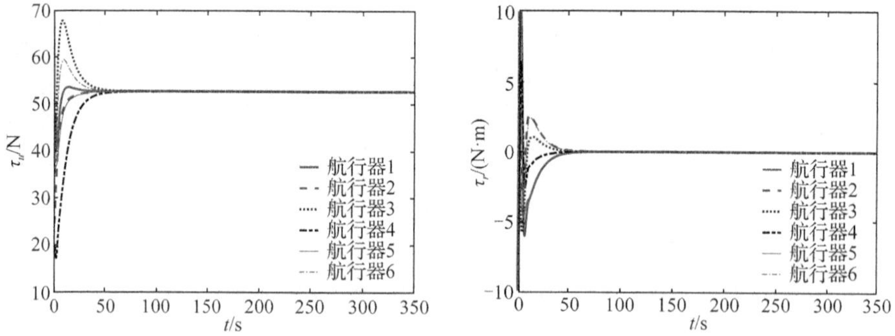

（a）纵向推力曲线　　（b）转艏力矩曲线

图 6-11　控制输入曲线

仿真 2：集群曲线轨迹跟踪。

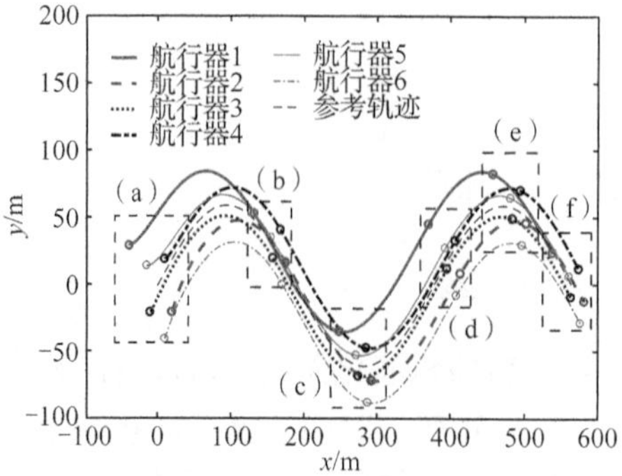

图 6-12　集群曲线轨迹跟踪行为曲线

期望轨迹为 $x_{\mathrm{d}}=t$，$y_{\mathrm{d}}=60\sin(t/60)$；航行器初始速度为 $\boldsymbol{v}_i=[0,0,0]^{\mathrm{T}}$；初始位置及艏向角为 $\boldsymbol{\eta}_1=[-40,30,0.5\pi]^{\mathrm{T}}$，$\boldsymbol{\eta}_2=[20,-20,0.2\pi]^{\mathrm{T}}$，$\boldsymbol{\eta}_3=[-10,-20,0.1\pi]^{\mathrm{T}}$，$\boldsymbol{\eta}_4=[10,20,0.3\pi]^{\mathrm{T}}$，$\boldsymbol{\eta}_5=[-15,15,-0.2\pi]^{\mathrm{T}}$，$\boldsymbol{\eta}_6=[10,-40,0.4\pi]^{\mathrm{T}}$。

图 6-12 给出了集群曲线轨迹跟踪行为曲线，其中虚线表示参考轨迹，其他不同线型表示各航行器的实际轨迹。从图中可见，各航行器从给定起始点出发经过一

个短暂的调整过程后跟踪上参考轨迹。图 6-13 给出了 0s、100s、175s、250s、300s 及 350s 等不同时间节点的集群轨迹跟踪行为曲线，可以看到在所设计的集群速度制导律作用下，各成员均朝着给定的目标航行，且成员间保持一定的安全距离，满足实际需求。图 6-14 给出了集群跟踪误差曲线，包括集群中心点跟踪的纵向误差、横向误差以及集群离散程度误差。

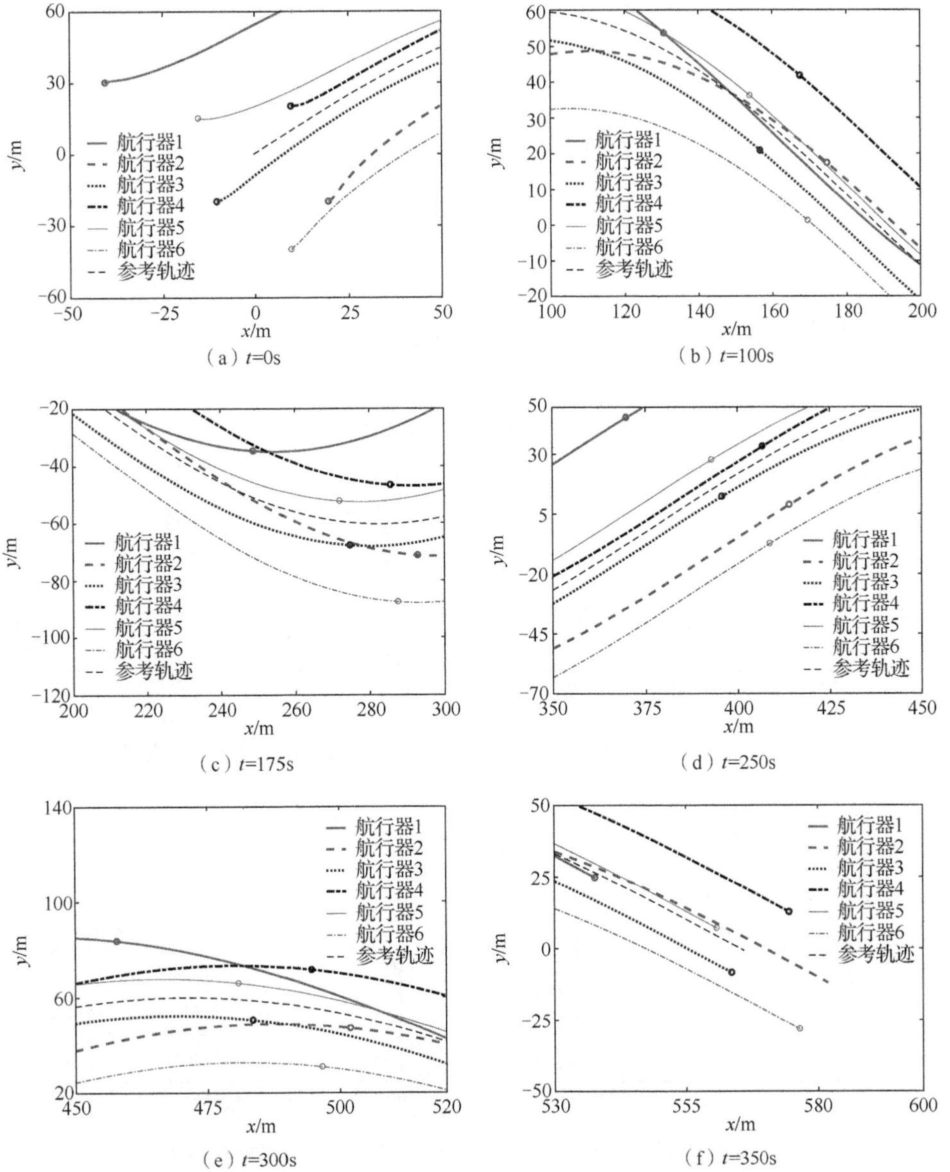

（a）t=0s　（b）t=100s

（c）t=175s　（d）t=250s

（e）t=300s　（f）t=350s

图 6-13　不同时间节点的集群轨迹跟踪行为曲线

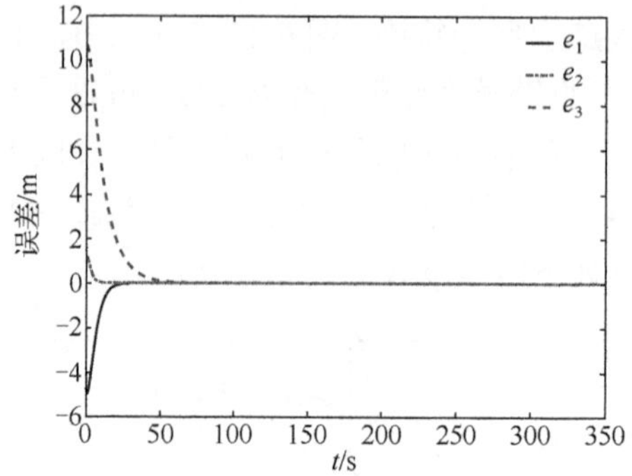

图 6-14　集群跟踪误差曲线

图 6-15 和图 6-16 分别给出了速度和艏向角演化曲线。可以看出，速度和艏向角在分布式控制器作用下逐渐趋于一致，且在外界干扰下没有出现波动，验证了控制器的抗干扰性。图 6-17 给出了控制输入曲线，包括纵向推力和转艏力矩可以看出控制输入曲线相对平滑，满足实际需求。

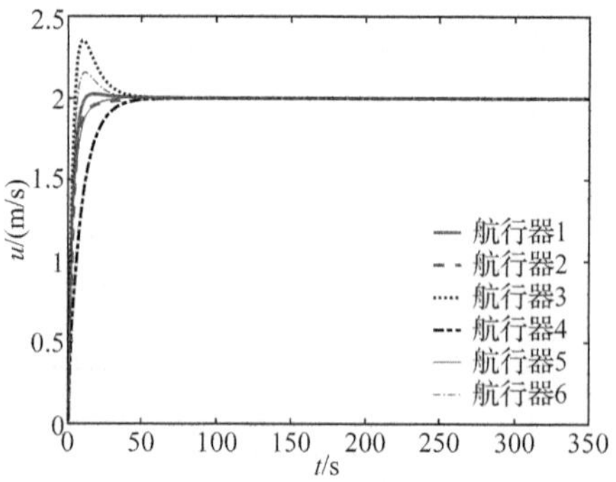

图 6-15　速度演化曲线

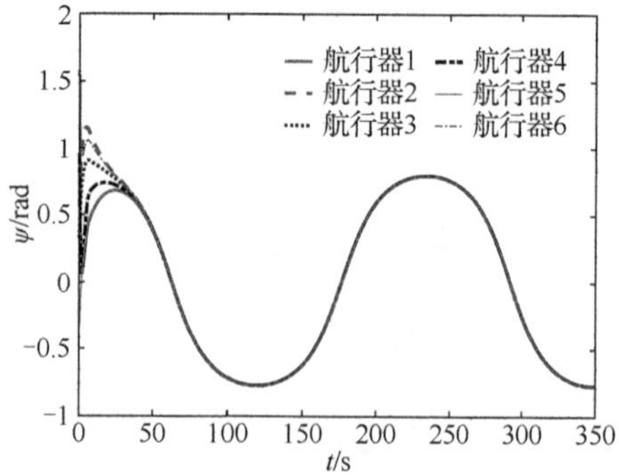

图 6-16　艏向角演化曲线

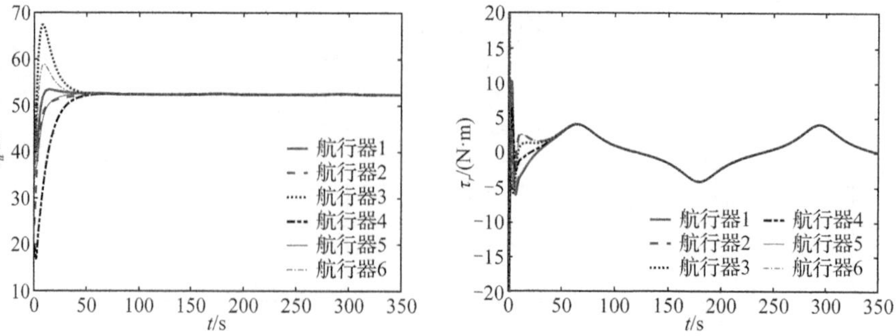

（a）纵向推力曲线　　（b）转艏力矩曲线

图 6-17　控制输入曲线

6.3　基于群中心制导的集群路径跟踪控制

6.3.1　问题描述

集群路径跟踪示意图如图 6-18 所示，$\left(x_{\mathrm{d}}(\theta), y_{\mathrm{d}}(\theta)\right)$ 为依据航行情况及任务制定一条参数化路径，这里 θ 表示与时间无关的参数；以 $\left(x_{\mathrm{d}}(\theta), y_{\mathrm{d}}(\theta)\right)$ 为原点，相对于定系旋转一个角度 $\bar{\psi}_{\mathrm{d}}$，建立一个局部参考坐标系。

旋转角 $\bar{\psi}_{\mathrm{d}}$ 可表示为

$$\bar{\psi}_{\mathrm{d}} = \operatorname{atan}2\left(\dot{y}_{\mathrm{d}}(\theta), \dot{x}_{\mathrm{d}}(\theta)\right) \tag{6-71}$$

式中，$\dot{x}_{\mathrm{d}}(\theta) = \dfrac{\partial x_{\mathrm{d}}}{\partial \theta}$； $\dot{y}_{\mathrm{d}}(\theta) = \dfrac{\partial y_{\mathrm{d}}}{\partial \theta}$。

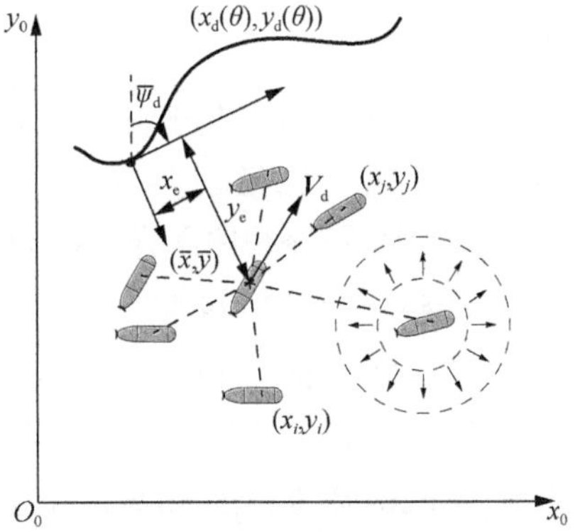

图 6-18　集群路径跟踪示意图

对于集群路径跟踪系统，集群中心位置与期望路径上的点 $\left(x_{\mathrm{d}}, y_{\mathrm{d}}\right)$ 间的误差可表示为

$$\begin{bmatrix} x_{\mathrm{e}} \\ y_{\mathrm{e}} \end{bmatrix} = \begin{bmatrix} \cos\bar{\psi}_{\mathrm{d}} & -\sin\bar{\psi}_{\mathrm{d}} \\ \sin\bar{\psi}_{\mathrm{d}} & \cos\bar{\psi}_{\mathrm{d}} \end{bmatrix}^{\mathrm{T}} \begin{bmatrix} \bar{x} - x_{\mathrm{d}}(\theta) \\ \bar{y} - y_{\mathrm{d}}(\theta) \end{bmatrix} \tag{6-72}$$

式中，x_{e} 为集群纵向误差；y_{e} 为集群横向误差。

本节研究目标为：构建如图 6-19 所示基于群中心制导的集群路径跟踪控制框架。考虑给定期望路径，设计基于群中心制导和模糊逼近的分布式控制器，保证航行器速度和艏向角跟踪上制导信号，跟踪误差渐近稳定。具体表示为

$$\lim_{t\to\infty} \boldsymbol{X}_{\mathrm{e}} \leqslant \varepsilon_1 \tag{6-73}$$

且

$$\begin{cases} \lim\limits_{t\to\infty} x_{\mathrm{e}} \leqslant \varepsilon_2 \\ \lim\limits_{t\to\infty} y_{\mathrm{e}} \leqslant \varepsilon_3 \end{cases} \tag{6-74}$$

式中，ε_1、ε_2和ε_3为任意小常数。

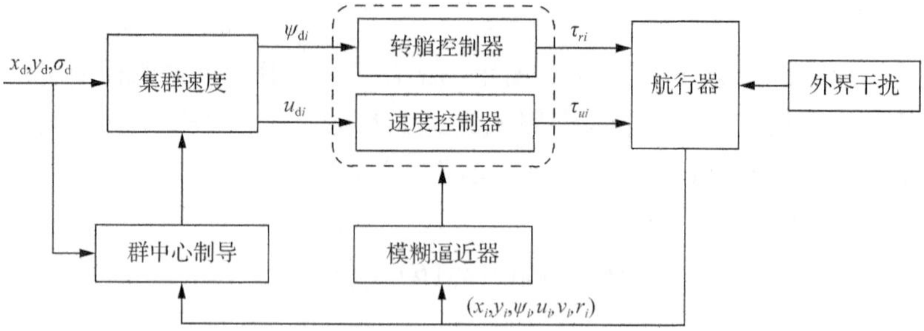

图 6-19　基于群中心制导的集群路径跟踪控制框架

6.3.2　群中心制导律设计

考虑自组织集群模型（6-4），下面设计基于群中心的制导律，将集群路径跟踪控制问题转化为集群中心点跟踪期望路径。

对式（6-72）两边求导，得到集群路径跟踪误差动力学方程为

$$\begin{cases} \dot{x}_{\mathrm{e}} = \dot{\bar{x}}\cos\bar{\psi}_{\mathrm{d}} + \dot{\bar{y}}\sin\bar{\psi}_{\mathrm{d}} - \dot{x}_{\mathrm{d}}(\theta)\cos\bar{\psi}_{\mathrm{d}} - \dot{y}_{\mathrm{d}}(\theta)\sin\bar{\psi}_{\mathrm{d}} \\ \qquad + \dot{\bar{\psi}}_{\mathrm{d}}\underbrace{\left(-\left(\bar{x} - x_{\mathrm{d}}(\theta)\right)\sin\bar{\psi}_{\mathrm{d}} + \left(\bar{y} - y_{\mathrm{d}}(\theta)\right)\cos\bar{\psi}_{\mathrm{d}}\right)}_{y_{\mathrm{e}}} \\ \dot{y}_{\mathrm{e}} = -\dot{\bar{x}}\sin\bar{\psi}_{\mathrm{d}} + \dot{\bar{y}}\cos\bar{\psi}_{\mathrm{d}} + \dot{x}_{\mathrm{d}}(\theta)\sin\bar{\psi}_{\mathrm{d}} - \dot{y}_{\mathrm{d}}(\theta)\cos\bar{\psi}_{\mathrm{d}} \\ \qquad - \dot{\bar{\psi}}_{\mathrm{d}}\underbrace{\left(\left(\bar{x} - x_{\mathrm{d}}(\theta)\right)\cos\bar{\psi}_{\mathrm{d}} + \left(\bar{y} - y_{\mathrm{d}}(\theta)\right)\sin\bar{\psi}_{\mathrm{d}}\right)}_{x_{\mathrm{e}}} \end{cases} \tag{6-75}$$

将式（6-19）代入，可得

$$\begin{cases} \dot{x}_{\mathrm{e}} = -\dot{\theta}\sqrt{x_{\mathrm{d}}'^2(\theta) + y_{\mathrm{d}}'^2(\theta)}\cos\left(\bar{\psi}_{\mathrm{d}} + \phi\right) + u\cos\left(\bar{\psi} - \bar{\psi}_{\mathrm{d}}\right) \\ \qquad - v\sin\left(\bar{\psi} - \bar{\psi}_{\mathrm{d}}\right) + \dot{\bar{\psi}}_{\mathrm{d}} y_{\mathrm{e}} \\ \quad = U\cos\left(\bar{\psi} - \bar{\psi}_{\mathrm{d}}\right) + \dot{\bar{\psi}}_{\mathrm{d}} y_{\mathrm{e}} - u_{\mathrm{p}} \\ \dot{y}_{\mathrm{e}} = \dot{\theta}\sqrt{x_{\mathrm{d}}'^2(\theta) + y_{\mathrm{d}}'^2(\theta)}\sin\left(\bar{\psi}_{\mathrm{d}} + \phi\right) + u\sin\left(\bar{\psi} - \bar{\psi}_{\mathrm{d}}\right) \\ \qquad + v\cos\left(\bar{\psi} - \bar{\psi}_{\mathrm{d}}\right) - \dot{\bar{\psi}}_{\mathrm{d}} x_{\mathrm{e}} \\ \quad = U\sin\left(\bar{\psi} - \bar{\psi}_{\mathrm{d}}\right) - \dot{\bar{\psi}}_{\mathrm{d}} x_{\mathrm{e}} \end{cases} \tag{6-76}$$

式中，$\phi = -\bar{\psi}_{\mathrm{d}}$ 且 $\phi = \arctan 2\left(-\dot{y}_{\mathrm{d}}(\theta), \dot{x}_{\mathrm{d}}(\theta)\right)$；$U = \sqrt{u^2 + v^2}$ 表示集群中心位置速度，且满足$0 \leqslant U \leqslant U_{\max}$；$u_{\mathrm{p}}$表示虚拟目标点沿着期望路径移动速度，其具体形式为

$$u_p = U\cos\left(\bar{\psi} - \bar{\psi}_d\right) + \delta x_e \tag{6-77}$$

式中，$\delta > 0$ 为设计常数。

根据 LOS 制导方法，设计期望艏向角为

$$\psi_r = \bar{\psi}_d\left(\theta\right) + \arctan\left(-\frac{y_e}{l_0}\right) \tag{6-78}$$

式中，$l_0 > 0$ 为前视距离。

设计路径参数跟新率为

$$\dot{\theta} = \frac{u_p}{\sqrt{\dot{x}_d^2\left(\theta\right) + \dot{y}_d^2\left(\theta\right)}} \tag{6-79}$$

考虑跟踪误差 x_e 和 y_e，选择如下形式的李雅普诺夫函数：

$$V_1 = \frac{1}{2}x_e^2 + \frac{1}{2}y_e^2 \tag{6-80}$$

沿着式（6-76）对式（6-80）求导，可得

$$\begin{aligned}
\dot{V}_1 &= x_e\left(-\delta x_e + \dot{\bar{\psi}}_d y_e\right) + y_e\left(U\sin\left(\bar{\psi} - \bar{\psi}_d\right) - \dot{\bar{\psi}}_d x_e\right) \\
&= -\delta x_e^2 + y_e U \sin\left(\arctan\left(-\frac{y_e}{l_0}\right)\right) \\
&= -\delta x_e^2 - \frac{U y_e^2}{\sqrt{l_0^2 + y_e^2}} \\
&\leqslant -\delta x_e^2 - \varepsilon y_e^2 \\
&\leqslant -kV_1
\end{aligned} \tag{6-81}$$

式中，$k = 2\min\{\delta, \varepsilon\}$ 表示 ε 和 δ 中的最小值；$\varepsilon = \dfrac{U}{\sqrt{l_0^2 + y_e^2}}$ 且有 $0 \leqslant \varepsilon \leqslant \dfrac{U_{\max}}{\sqrt{l_0^2 + y_e^2}}$。式（6-81）结果表明集群中心在所设计的制导律作用下可以渐近收敛到期望路径。

在此背景下，设计集群速度为

$$\begin{aligned}
\boldsymbol{V}_d &= \left[\boldsymbol{V}_{1d}^T, \boldsymbol{V}_{2d}^T, \cdots, \boldsymbol{V}_{nd}^T\right]^T \\
&= -\boldsymbol{J}_s^{+}\left(\boldsymbol{K}_1 \boldsymbol{X}_e - \dot{\boldsymbol{X}}_d\right)
\end{aligned} \tag{6-82}$$

式中，$\boldsymbol{V}_{id} = \dot{\boldsymbol{\eta}}_{id} = \left[\dot{x}_{id}, \dot{y}_{id}\right]^T$ 表示第 i 个航行器的期望速度向量。

考虑如下势函数：

$$U_{rep} = \begin{cases} \dfrac{1}{2}\alpha\left(\dfrac{1}{x_{ij}} - \dfrac{1}{d_0}\right)^2, & x_{ij} \leqslant d_0 \\ 0, & x_{ij} > d_0 \end{cases} \tag{6-83}$$

式中，$\alpha > 0$ 是斥力势场常量；x_{ij} 是航行器间的距离；d_0 是航行器间的通信距离。

由式（6-83）可知，当航行器间距离 x_{ij} 大于通信距离 d_0 时，斥力势场对集群运动无影响。

基于势函数（6-83），设计集群避碰势函数为

$$\boldsymbol{P}_{\text{ori}}=\sum_{j=1}^{n}\left(\frac{1}{2}\alpha\left(\frac{1}{x_{ij}}-\frac{1}{d_0}\right)^2\right) \tag{6-84}$$

在此背景下，航行器所受斥力为

$$\begin{aligned}\boldsymbol{f}_{\text{ori}}&=-\text{grad}\left(\boldsymbol{P}_{\text{ori}}\right)\\&=\begin{cases}\sum\limits_{j=1}^{n}\left(\dfrac{1}{2}\alpha\left(\dfrac{1}{x_{ij}}-\dfrac{1}{d_0}\right)\dfrac{1}{x_{ij}^2}\dfrac{\partial x_{ij}}{\partial\boldsymbol{\eta}_i}\right), & x_{ij}\leqslant d_0\\0, & x_{ij}>d_0\end{cases}\end{aligned} \tag{6-85}$$

式中，$\dfrac{\partial x_{ij}}{\partial\boldsymbol{\eta}_i}=\left[\dfrac{\partial x_{ij}}{\partial x_i},\dfrac{\partial x_{ij}}{\partial y_i}\right]^{\text{T}}$。

考虑集群避碰势函数，集群速度可修正为

$$\begin{aligned}\boldsymbol{V}_{\text{d}}&=\left[\boldsymbol{V}_{1\text{d}}^{\text{T}},\boldsymbol{V}_{2\text{d}}^{\text{T}},\cdots,\boldsymbol{V}_{n\text{d}}^{\text{T}}\right]^{\text{T}}\\&=-\left(\boldsymbol{X}_{\text{e}}^{\text{T}}\boldsymbol{K}_1\boldsymbol{J}_{\text{s}}+k_3\left(\frac{\partial P}{\partial\boldsymbol{\eta}}\right)^{\text{T}}\right)^{\text{T}}+\boldsymbol{J}_{\text{s}}^{+}\dot{\boldsymbol{X}}_{\text{d}}\\&=-\left(k_3\frac{\partial P}{\partial\boldsymbol{\eta}}+\boldsymbol{J}_{\text{s}}^{\text{T}}\boldsymbol{K}_1\boldsymbol{X}_{\text{e}}\right)+\boldsymbol{J}_{\text{s}}^{+}\dot{\boldsymbol{X}}_{\text{d}}\end{aligned} \tag{6-86}$$

值得一提的是，在避碰研究中，航行器的可观测集为它感知范围内所有成员的集合，可表示为 $S_i=\left\{j\middle|x_{ij}=\left\|x_i-x_j\right\|\leqslant d_0,j\in\varPhi\right\}$，这里 x_{ij} 表示航行器 i 和航行器 j 的距离；$\|.\|$ 表示距离范数；$\boldsymbol{\varPhi}$ 表示集群中所有航行器集合。此时，航行器 i 可感知的其他航行器数量表示为 $n=\left|S_i\right|$。

考虑集群误差和势函数，选择如下形式的李雅普诺夫函数：

$$V_3=\frac{1}{2}\boldsymbol{X}_{\text{e}}^{\text{T}}\boldsymbol{K}_1\boldsymbol{X}_{\text{e}}+k_3\boldsymbol{P} \tag{6-87}$$

式中，$k_3>0$ 为设计常数。

对李雅普诺夫函数 V_3 求导可得

$$\dot{V}_3=\boldsymbol{X}_{\text{e}}^{\text{T}}\boldsymbol{K}_1\left(\boldsymbol{J}_{\text{s}}\boldsymbol{V}-\dot{\boldsymbol{X}}_{\text{d}}\right)+k_3\left(\frac{\partial P}{\partial\boldsymbol{\eta}}\right)^{\text{T}}\boldsymbol{V} \tag{6-88}$$

代入集群速度（6-86），则有

$$\begin{aligned}\dot{V}_3 &= -\left(\boldsymbol{X}_\mathrm{e}^\mathrm{T}\boldsymbol{K}_1\boldsymbol{J}_\mathrm{s} + k_3\left(\frac{\partial P}{\partial \boldsymbol{\eta}}\right)^\mathrm{T}\right)\left(\boldsymbol{X}_\mathrm{e}^\mathrm{T}\boldsymbol{K}_1\boldsymbol{J}_\mathrm{s} + k_3\left(\frac{\partial P}{\partial \boldsymbol{\eta}}\right)^\mathrm{T}\right)^\mathrm{T} \\ &\quad + \left(\boldsymbol{X}_\mathrm{e}^\mathrm{T}\boldsymbol{K}_1\boldsymbol{J}_\mathrm{s} + k_3\left(\frac{\partial P}{\partial \boldsymbol{\eta}}\right)^\mathrm{T}\right)\boldsymbol{J}_\mathrm{s}^{+}\dot{\boldsymbol{X}}_d - \boldsymbol{X}_\mathrm{e}^\mathrm{T}\boldsymbol{K}_1\dot{\boldsymbol{X}}_\mathrm{d} \\ &= -\left(k_3\frac{\partial P}{\partial \boldsymbol{\eta}} + \boldsymbol{J}_\mathrm{s}^\mathrm{T}\boldsymbol{K}_1\boldsymbol{X}_\mathrm{e}\right)^\mathrm{T}\left(k_3\frac{\partial P}{\partial \boldsymbol{\eta}} + \boldsymbol{J}_\mathrm{s}^\mathrm{T}\boldsymbol{K}_1\boldsymbol{X}_\mathrm{e}\right) + k_3\left(\frac{\partial P}{\partial \boldsymbol{\eta}}\right)^\mathrm{T}\boldsymbol{J}_\mathrm{s}^{+}\dot{\boldsymbol{X}}_\mathrm{d} \\ &\leqslant -\left(k_3\frac{\partial P}{\partial \boldsymbol{\eta}} + \boldsymbol{J}_\mathrm{s}^\mathrm{T}\boldsymbol{K}_1\boldsymbol{X}_\mathrm{e}\right)^\mathrm{T}\left(k_3\frac{\partial P}{\partial \boldsymbol{\eta}} + \boldsymbol{J}_\mathrm{s}^\mathrm{T}\boldsymbol{K}_1\boldsymbol{X}_\mathrm{e}\right) + \varDelta\end{aligned} \tag{6-89}$$

式中，$\varDelta = k_3\left|\left(\frac{\partial P}{\partial \boldsymbol{\eta}}\right)^\mathrm{T}\boldsymbol{J}_\mathrm{s}^{+}\dot{\boldsymbol{X}}_\mathrm{d}\right|$。式（6-89）结果表明集群制导律能够使集群误差渐近收敛到零附近的很小邻域内。

6.3.3　控制器设计及稳定性分析

1. 速度控制

考虑速度动力学模型，设计纵向推力为

$$\begin{aligned}\tau_{iu} &= -\hat{m}_{22}\hat{v}_i\hat{r}_i + \left(\hat{d}_u + \hat{d}_{uu}\left|\hat{u}_i\right|\right)\hat{u}_i - K_{iu}\operatorname{sgn}\left(S_{iu}\right) \\ &\quad - \hat{m}_{11}\left(\lambda_{i2}u_{ie} - \dot{u}_{id}\right)\end{aligned} \tag{6-90}$$

式中，$\lambda_{i2} > 0$ 为设计常数；期望速度 u_{id} 可由集群速度（6-86）确定；S_{iu} 为积分滑模面，其形式为

$$S_{iu} = \lambda_{i2}\int_0^t u_{ie}\left(\tau_{iu}\right)d\tau_{iu} + u_{ie} \tag{6-91}$$

其中，$u_{ie} = u_i - u_{id}$ 为速度误差；K_{iu} 为不确定增益函数，其形式为

$$\begin{aligned}K_{iu} &= \left(m_{22} - \hat{m}_{22}\right)v_i r_i + \left(\left(d_u - \hat{d}_u\right) + \left(d_{uu} - \hat{d}_{uu}\right)\left|u_i\right|\right)u_i \\ &\quad + \left(m_{11} - \hat{m}_{11}\right)\left(\lambda_{i2}u_{ie} - \dot{u}_{id}\right) + \tau_{wui}\end{aligned} \tag{6-92}$$

为保证纵向速度控制器的抗干扰性，下面利用模型逻辑系统来逼近不确定增益函数。设计模糊逼近器为

$$\hat{K}_{iu} = \hat{\boldsymbol{\theta}}_{iu}^\mathrm{T}\boldsymbol{\xi}_{iu}\left(\boldsymbol{x}\right) \tag{6-93}$$

式中，$\boldsymbol{x} = \left[u, v, r\right]^\mathrm{T}$ 为模糊系统输入。

利用自适应方法，设计模糊权重更新率为

$$\dot{\hat{\boldsymbol{\theta}}}_{iu} = \eta_{iu}\left|S_{iu}\right|\boldsymbol{\xi}_{iu}\left(\boldsymbol{x}\right) \tag{6-94}$$

式中，$\eta_{iu} > 0$ 为设计常数。

设计高斯型基函数为

$$\xi_1^j(\boldsymbol{x})=\exp\left(-\left(\left(\boldsymbol{x}+\frac{\rho_1}{6}-(j-1)\frac{\rho_1}{12}\right)\frac{1}{\sigma_1}\right)^2\right) \tag{6-95}$$

式中，$j=1,2,\cdots,5$。

根据模糊系统的万能逼近特性，不确定增益函数 K_{iu} 可表示为

$$K_{iu}=\boldsymbol{\theta}_{iu}^{*\mathrm{T}}\boldsymbol{\xi}_{iu}(\boldsymbol{x})+c_1^* \tag{6-96}$$

式中，$\boldsymbol{\theta}_{iu}^*$ 表示最优模糊权重；c_1^* 表示理想逼近误差，其满足关系 $\left|c_1^*\right|\leqslant\overline{c}_1$，这里 $\overline{c}_1>0$。

2. 转艏控制

考虑转艏角速度动力学模型，设计转艏力矩为

$$\begin{aligned}\tau_{ir}=&-(\hat{m}_{11}-\hat{m}_{22})u_i v_i+\left(\hat{d}_r+\hat{d}_{rr}|r_i|\right)r_i\\&-K_{ir}\operatorname{sgn}(S_{ir})-\hat{m}_{33}(\lambda_{i1}\hat{r}_i-\lambda_{i1}\psi_{\mathrm{id}}-\ddot{\psi}_{\mathrm{id}})\end{aligned} \tag{6-97}$$

式中，$\lambda_{i1}>0$ 为设计常数；ψ_{id} 为期望艏向角，可由 $\psi_{\mathrm{id}}=\arctan 2(\dot{y}_{\mathrm{id}},\dot{x}_{\mathrm{id}})$ 确定；S_{ir} 为滑模面，其形式如下：

$$S_{ir}=\lambda_{i1}\psi_{\mathrm{ie}}+\dot{\psi}_{\mathrm{ie}} \tag{6-98}$$

其中，$\psi_{\mathrm{ie}}=\psi_i-\psi_{\mathrm{id}}$ 表示艏向角误差；K_{ir} 为转艏不确定增益函数，其形式为

$$\begin{aligned}K_{ir}=&\left((m_{11}-\hat{m}_{11})+(m_{22}-\hat{m}_{22})\right)u_i v_i+\left(\left(d_r-\hat{d}_r\right)+\left(d_{rr}-\hat{d}_{\mathrm{rr}}\right)|r_i|\right)r_i\\&+(m_{33}-\hat{m}_{33})(\lambda_{i1}r_i-\lambda_{i1}\dot{\psi}_{\mathrm{id}}-\ddot{\psi}_{\mathrm{id}})+\tau_{wri}\end{aligned} \tag{6-99}$$

考虑不确定增益函数不能直接获得，采用模糊逻辑系统进行逼近，则逼近器的输出为

$$\hat{K}_{ir}=\hat{\boldsymbol{\theta}}_{ir}^{\mathrm{T}}\boldsymbol{\xi}_{ir}(\boldsymbol{x}) \tag{6-100}$$

式中，$\hat{\boldsymbol{\theta}}_{ir}$ 为模糊更新权重。

利用自适应方法，设计更新率为

$$\dot{\hat{\boldsymbol{\theta}}}_{ir}=\eta_{ir}|S_{ir}|\boldsymbol{\xi}_{ir}(\boldsymbol{x}) \tag{6-101}$$

式中，$\eta_{ir}>0$ 为设计常数。

模糊基函数选择为

$$\xi_2^j(\boldsymbol{x})=\exp\left(-\left(\left(\boldsymbol{x}+\frac{\rho_2}{6}-(j-1)\frac{\rho_2}{12}\right)\frac{1}{\sigma_2}\right)^2\right) \tag{6-102}$$

式中，$j=1,2,\cdots,5$。

在此背景下，转艏不确定增益函数可表示为

$$K_{ir}=\boldsymbol{\theta}_{ir}^{*\mathrm{T}}\boldsymbol{\xi}_{ir}\left(\boldsymbol{x}\right)+c_2^* \tag{6-103}$$

式中，$\boldsymbol{\theta}_{ir}^*$ 为最优权重参数；c_2^* 为理想逼近误差，满足关系 $\left|c_2^*\right|\leqslant\bar{c}_2$，这里 $\bar{c}_2>0$。

定理 6-4　考虑模型不确定性和外界干扰，基于自适应模糊设计的速度控制器（6-90）和转艏控制器（6-99）可使航行器的速度渐近跟踪上制导信号。

证明：考虑如下形式的李雅普诺夫函数：

$$V_{i4}=\frac{1}{2}\left(m_{33}S_{ir}^2+m_{11}S_{iu}^2+\eta_{ir}^{-1}\tilde{\boldsymbol{\theta}}_{ir}^{\mathrm{T}}\tilde{\boldsymbol{\theta}}_{ir}+\eta_{iu}^{-1}\tilde{\boldsymbol{\theta}}_{iu}^{\mathrm{T}}\tilde{\boldsymbol{\theta}}_{iu}\right) \tag{6-104}$$

式中，$\tilde{\boldsymbol{\theta}}_{ir}=\boldsymbol{\theta}_{ir}^*-\hat{\boldsymbol{\theta}}_{ir}$ 和 $\tilde{\boldsymbol{\theta}}_{iu}=\boldsymbol{\theta}_{iu}^*-\hat{\boldsymbol{\theta}}_{iu}$ 均表示参数估计误差。

式（6-104）关于时间求导，有

$$\begin{aligned}\dot{V}_{i4}&=m_{33}S_{ir}\dot{S}_{ir}+m_{11}S_{iu}\dot{S}_{iu}+\eta_{ir}^{-1}\tilde{\boldsymbol{\theta}}_{ir}^{\mathrm{T}}\dot{\tilde{\boldsymbol{\theta}}}_{ir}+\eta_{iu}^{-1}\tilde{\boldsymbol{\theta}}_{iu}^{\mathrm{T}}\dot{\tilde{\boldsymbol{\theta}}}_{iu}\\&=S_{ir}\left(K_{ir}-\hat{K}_{ir}\operatorname{sgn}\left(S_{ir}\right)\right)-\frac{1}{\eta_{ir}}\left(\boldsymbol{\theta}_{ir}^{*\mathrm{T}}-\hat{\boldsymbol{\theta}}_{ir}^{\mathrm{T}}\right)\eta_{ir}\left|S_{ir}\right|\boldsymbol{\xi}_{ir}\\&\quad+S_{iu}\left(K_{iu}-\hat{K}_{iu}\operatorname{sgn}\left(S_{iu}\right)\right)-\frac{1}{\eta_{iu}}\left(\boldsymbol{\theta}_{iu}^{*\mathrm{T}}-\hat{\boldsymbol{\theta}}_{iu}^{\mathrm{T}}\right)\eta_{iu}\left|S_{iu}\right|\boldsymbol{\xi}_{iu}\\&\leqslant S_{ir}K_{ir}-\boldsymbol{\theta}_{ir}^{*\mathrm{T}}\left|S_{ir}\right|\boldsymbol{\xi}_{ir}+S_{iu}K_{iu}-\boldsymbol{\theta}_{iu}^{*\mathrm{T}}\left|S_{iu}\right|\boldsymbol{\xi}_{iu}\\&\leqslant-\bar{c}_1\left|S_{ir}\right|-\bar{c}_2\left|S_{iu}\right|\end{aligned} \tag{6-105}$$

式（6-105）结果表明速度误差 u_{ie} 与艏向角误差 ψ_{ie} 是渐近稳定的。

至此，定理 6-4 证毕。

3. 稳定性分析

下面给出横向速度有界性的证明。考虑模型不确定性和外界干扰，横向速度动力学模型可表示为

$$m_{vi}\dot{v}_i=-m_{ui}u_ir_i-d_{vi}v_i+g_{vi} \tag{6-106}$$

式中，g_{vi} 为模型不确定性和外界干扰，且有界。

根据速度控制和转艏控制可知，航行器纵向速度 u_i 和转艏角速度 r_i 会渐近收敛到期望值，因此 u_i 和 r_i 是有界的。在此背景下，有

$$\dot{v}_i\leqslant-\frac{d_{vi}}{m_{vi}}v_i+\vartheta_i \tag{6-107}$$

式中，$\vartheta_i=\dfrac{1}{m_{vi}}\left(m_{ui}u_ir_i+g_{vi}\right)$，且满足 $0<\vartheta_i<\infty$。

根据 Bellman-Gronwall 比较原理，则有

$$
\begin{aligned}
v_i(t) &\leqslant v_i(t_0)\mathrm{e}^{-\frac{d_{vi}}{m_{vi}}(t-t_0)}+\frac{m_{vi}}{d_{vi}}\vartheta_i\left(1-\mathrm{e}^{-\frac{d_{vi}}{m_{vi}}(t-t_0)}\right) \\
&\leqslant v_i(t_0)+\frac{m_{vi}}{d_{vi}}\vartheta_i
\end{aligned} \tag{6-108}
$$

式（6-108）表明横向速度是有界的。

在此背景下，下面给出闭环系统稳定性分析结果。

定理 6-5　考虑模型不确定性及外界干扰下的动力学模型和期望路径，利用集群制导速度和基于模糊逼近的速度转艏控制器，能够使集群系统跟踪上期望路径，且保证闭环系统误差信号的一致最终有界。

证明：考虑如下形式的李雅普诺夫函数：

$$
V=V_1+V_3+\sum_{i=1}^{n}V_{i4} \tag{6-109}
$$

对式（6-109）两边求导，可得

$$
\begin{aligned}
\dot{V}=&\boldsymbol{X}_{\mathrm{e}}^{\mathrm{T}}\boldsymbol{K}_1\left(\boldsymbol{J}_{\mathrm{s}}(\boldsymbol{\eta})\boldsymbol{V}-\dot{\boldsymbol{X}}_{\mathrm{d}}\right)+k_3\left(\frac{\partial P}{\partial\boldsymbol{\eta}}\right)^{\mathrm{T}}\boldsymbol{V}+x_{\mathrm{e}}\dot{x}_{\mathrm{e}}+y_{\mathrm{e}}\dot{y}_{\mathrm{e}} \\
&+\sum_{i=1}^{n}\left(m_{33}S_{ir}\dot{S}_{ir}+m_{11}S_{iu}\dot{S}_{iu}+\frac{1}{\eta_{ir}}\tilde{\boldsymbol{\theta}}_{ir}^{\mathrm{T}}\dot{\tilde{\boldsymbol{\theta}}}_{ir}+\frac{1}{\eta_{iu}}\tilde{\boldsymbol{\theta}}_{iu}^{\mathrm{T}}\dot{\tilde{\boldsymbol{\theta}}}_{iu}\right) \\
\leqslant&-\left(k_3\frac{\partial P}{\partial\boldsymbol{\eta}}+\boldsymbol{J}_{\mathrm{s}}^{\mathrm{T}}\boldsymbol{K}_1\boldsymbol{X}_{\mathrm{e}}\right)^{\mathrm{T}}\left(k_3\frac{\partial P}{\partial\boldsymbol{\eta}}+\boldsymbol{J}_{\mathrm{s}}^{\mathrm{T}}\boldsymbol{K}_1\boldsymbol{X}_{\mathrm{e}}\right) \\
&+\sum_{i=1}^{n}\left(S_{ir}K_{ir}-\boldsymbol{\theta}_{ir}^{*\mathrm{T}}\left|S_{ir}\right|\boldsymbol{\xi}_{ir}+S_{iu}K_{iu}-\boldsymbol{\theta}_{iu}^{*\mathrm{T}}\left|S_{iu}\right|\boldsymbol{\xi}_{iu}\right) \\
&-\delta x_{\mathrm{e}}^2-\varepsilon y_{\mathrm{e}}^2+\varDelta \\
\leqslant&-\boldsymbol{\varGamma}^{\mathrm{T}}\boldsymbol{\varGamma}-\sum_{i=1}^{n}\left(\bar{c}_1\left|S_{ir}\right|+\bar{c}_2\left|S_{iu}\right|\right)-\delta x_{\mathrm{e}}^2-c_l y_{\mathrm{e}}^2+\varDelta
\end{aligned} \tag{6-110}
$$

式中，$k_3>0$ 为设计常数；$\boldsymbol{\varGamma}=k_3\dfrac{\partial P}{\partial\boldsymbol{\eta}}+\boldsymbol{J}_{\mathrm{s}}^{\mathrm{T}}\boldsymbol{K}_1\boldsymbol{X}_{\mathrm{e}}$；$\varDelta=k_3\left|\left(\dfrac{\partial P}{\partial\boldsymbol{\eta}}\right)^{\mathrm{T}}\boldsymbol{J}_{\mathrm{s}}^{+}\dot{\boldsymbol{X}}_{\mathrm{d}}\right|$。

式（6-110）结果表明闭环系统误差是一致最终有界的。

至此，定理 6-5 证毕。

6.3.4　仿真实验

下面给出仿真实验，用来验证基于群中心制导的集群路径控制方法的有效性。考虑由七个航行器组成的集群系统，期望速度为 $u_{\mathrm{d}}=2\mathrm{m/s}$；期望平均距离为 $\sigma_{\mathrm{d}}=20\mathrm{m}$；通信距离为 $d_0=10\mathrm{m}$。集群期望路径为

$$\begin{cases} x_{\mathrm{d}}=\theta, y_{\mathrm{d}}=\theta, & \theta<200 \\ x_{\mathrm{d}}=200+75\sqrt{2}-150\cos\left((\theta-200)/150+\pi/4\right), & \\ & 200\leqslant\theta\leqslant 200+75\pi \\ y_{\mathrm{d}}=200-75\sqrt{2}+150\cos\left((\theta-200)/150+\pi/4\right), & \\ x_{\mathrm{d}}=\theta-75\pi+150\sqrt{2}, y_{\mathrm{d}}=400+75\sqrt{2}-\theta, & \theta>200+75\pi \end{cases}$$

考虑时变外界干扰$\boldsymbol{\tau}_{wui}=\left[m_{11}\omega_1,m_{22}\omega_2,m_{33}\omega_3\right]^{\mathrm{T}}$，这里$\omega_i\left(i=1,2,3\right)$为零均值高斯白噪声。

航行器初始速度为$v_i=\left[0,0,0\right]^{\mathrm{T}}$；初始位置和艏向角为$\boldsymbol{\eta}_1=\left[-30,20,0.25\pi\right]^{\mathrm{T}}$，$\boldsymbol{\eta}_2=\left[10,-15,0\right]^{\mathrm{T}}$，$\boldsymbol{\eta}_3=\left[-10,-20,-0.15\pi\right]^{\mathrm{T}}$，$\boldsymbol{\eta}_4=\left[-10,10,0.15\pi\right]^{\mathrm{T}}$，$\boldsymbol{\eta}_5=\left[-10,20,0.2\pi\right]^{\mathrm{T}}$，$\boldsymbol{\eta}_6=\left[-25,-10,0.5\pi\right]^{\mathrm{T}}$，$\boldsymbol{\eta}_7=\left[-20,0,0\right]^{\mathrm{T}}$。

控制参数为$\boldsymbol{K}_1=\mathrm{diag}\left\{0.1,0.1,0.1\right\}$，$\delta=0.2$，$l_0=20$，$\lambda_{i1}=0.4$，$\lambda_{i2}=5$，$\eta_{iu}=\eta_{ir}=500$。

图 6-20 给出了集群路径跟踪行为曲线，可以看出各航行器从初始位置出发，逐渐聚集在一起，并沿着给定期望路径运动，跟踪性能良好。图 6-21 给出了不同时间节点的集群路径跟踪行为曲线，其中圆圈表示各航行器的当前位置，可以看出，每个航行器可根据路径变化和邻居信息反馈，在允许的范围内自主调整在集群当中的相对位置。图 6-22 给出了集群路径跟踪误差曲线，其中e_1和e_2分别为集群中心的纵向跟踪误差和横向跟踪误差，e_3为集群平均距离的误差。从图中可以看到，跟踪误差均能够较快地收敛到零，直观地表明航行器集群能够很好地跟踪上期望路径。

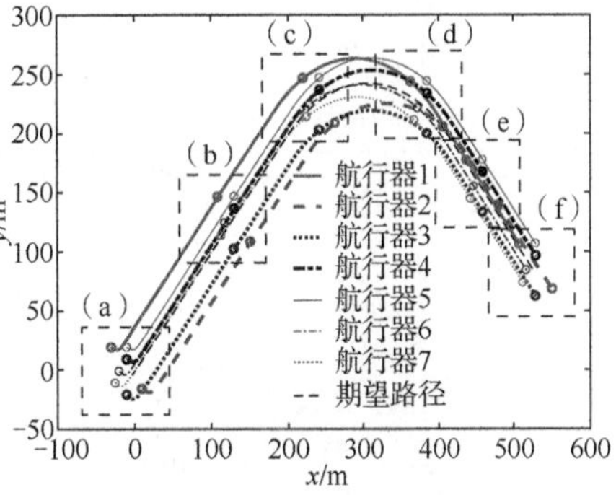

图 6-20　集群路径跟踪行为曲线

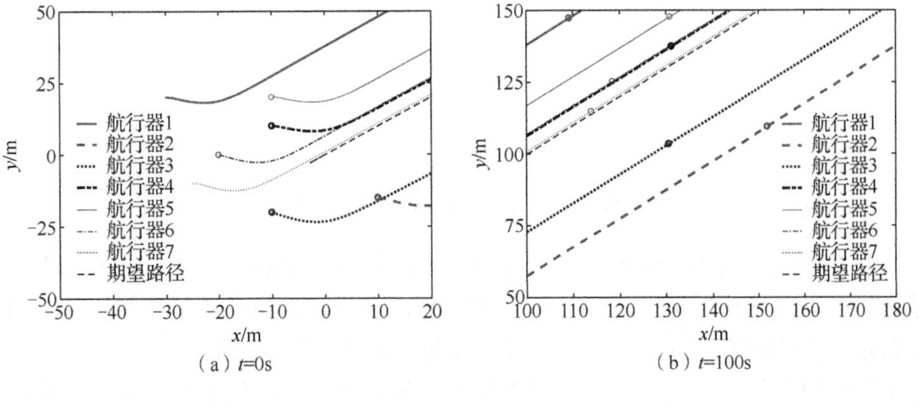

（a）t=0s　　（b）t=100s

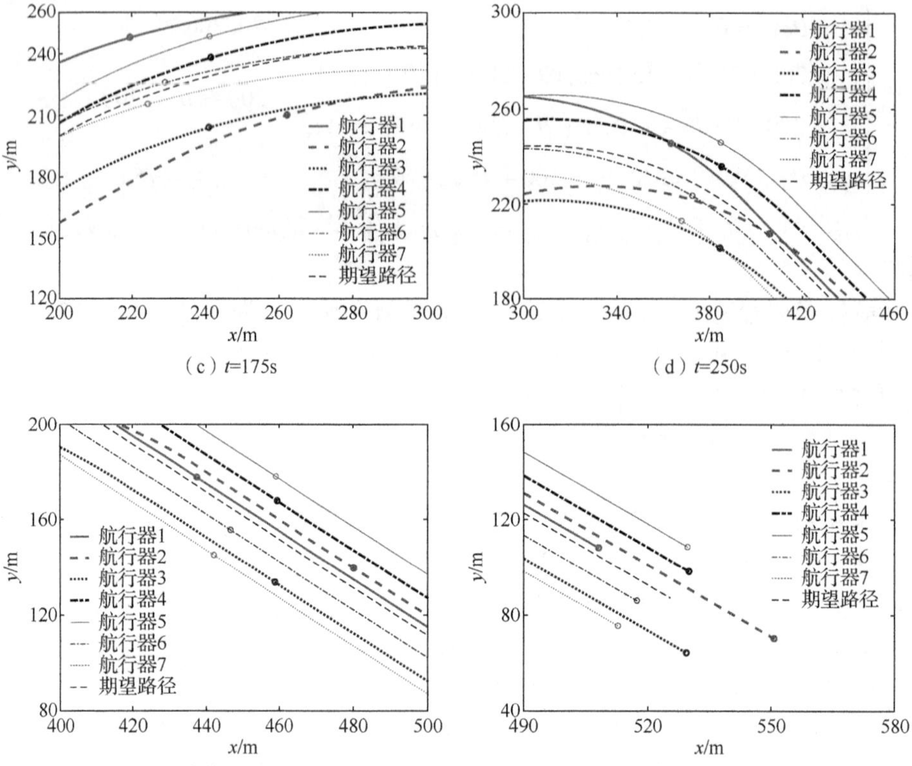

（c）t=175s　　（d）t=250s

（e）t=300s　　（f）t=350s

图 6-21　不同时间节点的集群路径跟踪行为曲线

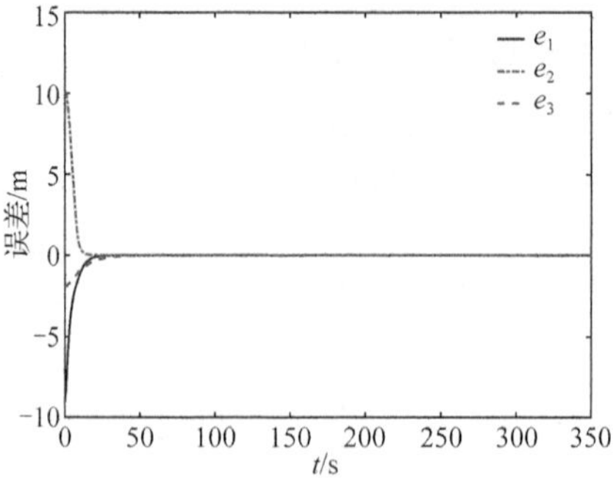

图 6-22　集群路径跟踪误差曲线

图 6-23 给出了速度演化曲线，图中可见，各航行器速度在所设计的群中心制导速度方法下均从零逐渐增加到给定期望值，且各速度稳定后大小相同，说明航行器是以整体的方式向目标移动，进而证明了集群制导方法的有效性。图 6-24 给出了艏向角演化曲线，在制导律的作用下，经过初始阶段的短暂调整后也均能趋于一致。图 6-25 给出了控制输入曲线，包括七个航行器的纵向推力和转艏力矩。

从图中可以看出，各控制输入曲线平滑，均在执行机构作业范围内，其中，转艏力矩在 150s 和 250s 出现的较小波动主要是由不同路径切换造成的。综上所述，仿真实验的结果验证了基于群中心制导的集群路径跟踪方法的有效性。

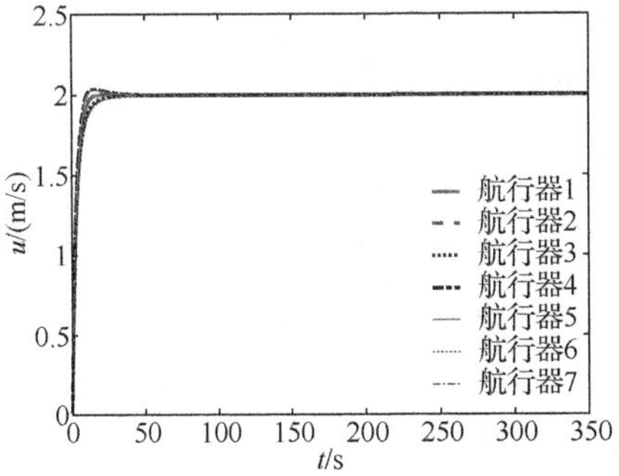

图 6-23　速度演化曲线

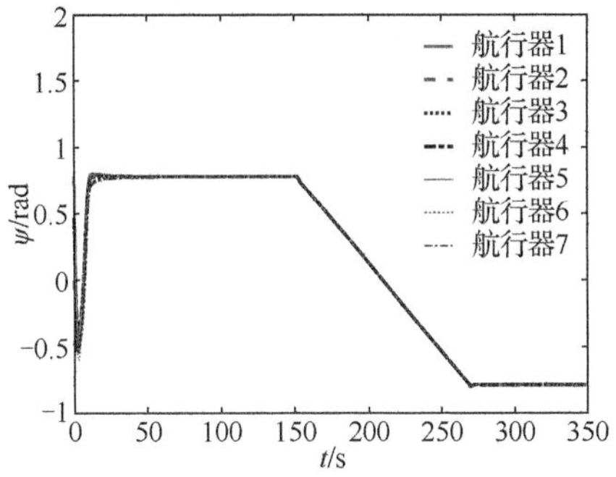

图 6-24　艏向角演化曲线

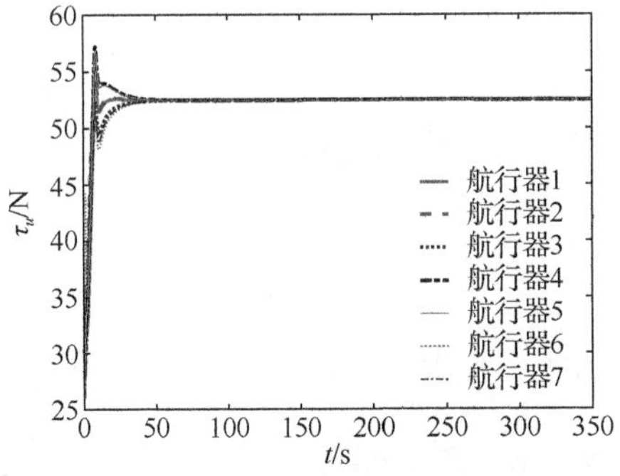

（a）纵向推力曲线

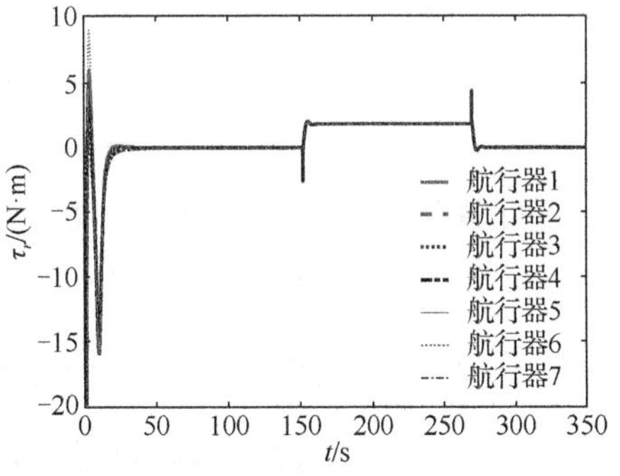

（b）转艏力矩曲线

图 6-25　控制输入曲线

6.4　基于势函数的集群自主避障控制

6.4.1　问题描述

本节研究目标为：考虑航行过程中的速度不可测及障碍物规避问题，研究基于速度观测器的集群自主避障，构建如图 6-26 所示的集群自主避障控制框架。基于航行器的位置和艏向角，设计非线性速度观测器估计未知速度；针对静态障碍物或者慢速海上浮体的规避，结合人工势函数修正集群速度向量，设计基于神经网络的滑模控制器，保证集群跟踪上期望路径和集群安全航行。

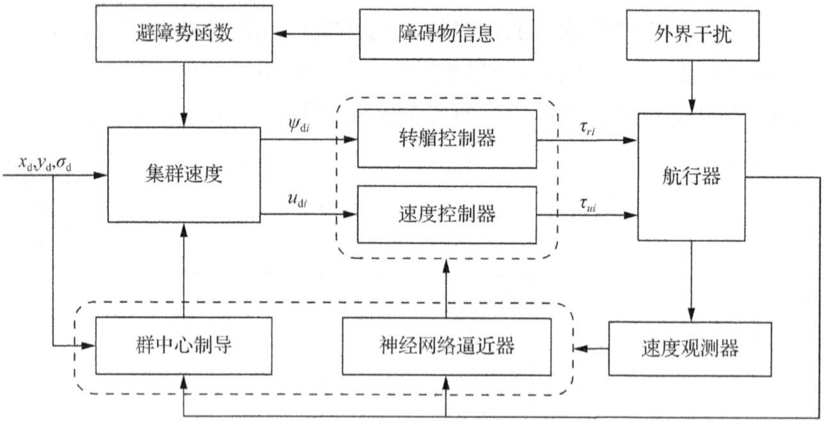

图 6-26　集群自主避障控制框架

6.4.2　速度观测器设计

为设计速度观测器，考虑如下形式的运动模型：

$$\begin{cases}\dot{\boldsymbol{\eta}}_i = \boldsymbol{R}(\psi_i)\boldsymbol{v}_i \\ \boldsymbol{M}_i\dot{\boldsymbol{v}}_i = -\boldsymbol{C}_i(\boldsymbol{v}_i)\boldsymbol{v}_i - \boldsymbol{D}_i(\boldsymbol{v}_i)\boldsymbol{v}_i + \boldsymbol{\tau}_i + \boldsymbol{R}^{\mathrm{T}}(\psi_i)\boldsymbol{\tau}_{wi}\end{cases} \tag{6-111}$$

在此背景下，设计非线性速度观测器为

$$\begin{cases}\dot{\hat{\boldsymbol{v}}}_i = \boldsymbol{H}_i + \boldsymbol{L}_2(\boldsymbol{\eta}_i - \hat{\boldsymbol{\eta}}_i) \\ \hat{\boldsymbol{\eta}}_i = \int_0^t \left(\boldsymbol{L}_1(\boldsymbol{\eta}_i - \hat{\boldsymbol{\eta}}_i) - \boldsymbol{R}(\psi_i)(\boldsymbol{v}_i - \hat{\boldsymbol{v}}_i)\right)\mathrm{d}\tau + \boldsymbol{\eta}_i \\ \boldsymbol{H}_i = -\dfrac{1}{\boldsymbol{M}_i}\left(\boldsymbol{C}_i(\hat{\boldsymbol{v}}_i)\hat{\boldsymbol{v}}_i + \boldsymbol{D}_i\hat{\boldsymbol{v}}_i - \boldsymbol{\tau}_i - \boldsymbol{R}^{\mathrm{T}}(\psi_i)\boldsymbol{\tau}_{wi}\right)\end{cases} \tag{6-112}$$

式中，$\boldsymbol{L}_1 = \mathrm{diag}\{l_{11}, l_{12}, l_{13}\}$ 和 $\boldsymbol{L}_2 = \mathrm{diag}\{l_{21}, l_{22}, l_{23}\}$ 为常数矩阵；$\hat{\boldsymbol{\eta}}_i$ 和 $\hat{\boldsymbol{v}}_i$ 分别为位置和速度的估计值。

定理 6-6　考虑航行器运动模型（6-111），利用非线性速度观测器（6-112）可能估计未知速度，且保证速度估计误差全局渐近稳定。

证明：定义位置和速度估计误差为

$$\begin{cases}\tilde{\boldsymbol{\eta}}_i = \boldsymbol{\eta}_i - \hat{\boldsymbol{\eta}}_i \\ \tilde{\boldsymbol{v}}_i = \boldsymbol{v}_i - \hat{\boldsymbol{v}}_i\end{cases} \tag{6-113}$$

对上述误差求导，可得

$$\begin{cases}\dot{\tilde{\boldsymbol{\eta}}}_i = \boldsymbol{R}(\psi_i)\hat{\boldsymbol{v}}_i - \boldsymbol{L}_1\tilde{\boldsymbol{\eta}}_i \\ \dot{\tilde{\boldsymbol{v}}}_i = -\dfrac{1}{\boldsymbol{M}_i}\boldsymbol{C}_i(\hat{\boldsymbol{v}}_i)\tilde{\boldsymbol{v}}_i - \dfrac{1}{\boldsymbol{M}_i}\boldsymbol{D}_i\tilde{\boldsymbol{v}}_i - \boldsymbol{L}_2\tilde{\boldsymbol{\eta}}_i\end{cases} \tag{6-114}$$

考虑估计误差，选择如下形式的李雅普诺夫函数：

$$V_{io}=\frac{1}{2}\left(\tilde{\boldsymbol{\eta}}_i^{\mathrm{T}}\boldsymbol{P}_1\tilde{\boldsymbol{\eta}}_i+\tilde{\boldsymbol{v}}_i^{\mathrm{T}}\boldsymbol{P}_2\tilde{\boldsymbol{v}}_i\right) \tag{6-115}$$

式中，$\boldsymbol{P}_1=\mathrm{diag}\{P_{11},P_{12},P_{13}\}$ 和 $\boldsymbol{P}_2=\mathrm{diag}\{P_{21},P_{22},P_{23}\}$ 为常数矩阵。

沿着式（6-113）和式（6-114）对李雅普诺夫函数 V_{io} 求导，可得

$$\begin{aligned}\dot{V}_{io}&=\left(\boldsymbol{R}\tilde{\boldsymbol{v}}_i-\boldsymbol{L}_1\tilde{\boldsymbol{\eta}}_i\right)^{\mathrm{T}}\boldsymbol{P}_1\tilde{\boldsymbol{\eta}}_i+\frac{1}{2}\left(-\boldsymbol{L}_2\tilde{\boldsymbol{\eta}}_i+\boldsymbol{\Gamma}_i\tilde{\boldsymbol{v}}_i\right)^{\mathrm{T}}\boldsymbol{P}_2\tilde{\boldsymbol{v}}_i\\&\quad+\frac{1}{2}\tilde{\boldsymbol{v}}_i^{\mathrm{T}}\boldsymbol{P}_2\left(-\boldsymbol{L}_2\tilde{\boldsymbol{\eta}}_i+\boldsymbol{\Gamma}_i\tilde{\boldsymbol{v}}_i\right)\\&=-\tilde{\boldsymbol{\eta}}_i^{\mathrm{T}}\boldsymbol{L}_1^{\mathrm{T}}\boldsymbol{P}_1\tilde{\boldsymbol{\eta}}_i+\frac{1}{2}\tilde{\boldsymbol{v}}_i^{\mathrm{T}}\left(\boldsymbol{\Gamma}_i^{\mathrm{T}}\boldsymbol{P}_2+\boldsymbol{P}_2\boldsymbol{\Gamma}_i\right)\tilde{\boldsymbol{v}}_i\\&\quad+\tilde{\boldsymbol{v}}_i^{\mathrm{T}}\left(\boldsymbol{R}^{\mathrm{T}}\boldsymbol{P}_1+\boldsymbol{P}_2\left(-\boldsymbol{L}_2\right)\right)\tilde{\boldsymbol{\eta}}_i\end{aligned} \tag{6-116}$$

式中，$\boldsymbol{\Gamma}_i=-\frac{1}{\boldsymbol{M}_i}\boldsymbol{C}_i\left(\hat{\boldsymbol{v}}_i\right)-\frac{1}{\boldsymbol{M}_i}\boldsymbol{D}_i$。

通过定义变量

$$\begin{cases}\boldsymbol{R}^{\mathrm{T}}\boldsymbol{P}_1=\boldsymbol{P}_2\boldsymbol{L}_2\\\boldsymbol{L}_1^{\mathrm{T}}\boldsymbol{P}_1=\boldsymbol{Q}_1\\\boldsymbol{\Gamma}_i^{\mathrm{T}}\boldsymbol{P}_2+\boldsymbol{P}_2\boldsymbol{\Gamma}_i=2\boldsymbol{Q}_2\end{cases} \tag{6-117}$$

致使式（6-116）为

$$\dot{V}_{io}=-\tilde{\boldsymbol{\eta}}_i^{\mathrm{T}}\boldsymbol{Q}_1\tilde{\boldsymbol{\eta}}_i-\tilde{\boldsymbol{v}}_i^{\mathrm{T}}\boldsymbol{Q}_2\tilde{\boldsymbol{v}}_i \tag{6-118}$$

进一步，利用 $\sigma_1=\lambda_{\min}(\boldsymbol{Q}_1)$ 和 $\sigma_2=\lambda_{\min}(\boldsymbol{Q}_2)$，则有

$$\dot{V}_{io}\leqslant-\sigma_1\left\|\tilde{\boldsymbol{\eta}}_i\right\|^2-\sigma_2\left\|\tilde{\boldsymbol{v}}_i\right\|^2 \tag{6-119}$$

式中，$\lambda_{\min}$ 表示矩阵最小特征值。式（6-119）结果表明速度观测误差是全局渐近稳定的。

至此，定理 6-6 证毕。

6.4.3　避障势函数设计

考虑静态障碍物或者慢速海上浮体的规避（Woo et al.，2016；Ganesan et al.，2015），下面研究基于势函数的集群避障方法，保证航行器安全绕行障碍物。

假设障碍物数量为 m，且第 i 个障碍物的位置为 $\eta_1'=\left[x_{oi},y_{oi}\right]^{\mathrm{T}}$，则避障势函数可表示为

$$\boldsymbol{P}_{aoi}=\sum_{j=1}^{n}\left(\frac{1}{2}\alpha\left(\frac{1}{x_{oij}}-\frac{1}{d_0}\right)^2\right) \tag{6-120}$$

式中，x_{oij} 表示第 i 个障碍物与航行器间的距离，且 $i=1,2,\cdots,m$。

为使航行器平滑地绕开障碍物，改进斥力为

$$\boldsymbol{f}_{\mathrm{ao}i}=\begin{cases}\sum_{j=1}^{n}\left(\frac{1}{2}\alpha\left(\frac{1}{x_{\mathrm{o}ij}}-\frac{1}{d_0}\right)\frac{1}{x_{\mathrm{o}ij}^2}\frac{\partial x_{ij}}{\partial\eta_1'}\right), x_{\mathrm{o}ij}\leqslant d_1\\ 0,\ x_{\mathrm{o}ij}>d_0\\ \sum_{j=1}^{n}\left(\frac{1}{2}\beta\frac{d_0-x_{\mathrm{o}ij}}{d_0}\right), \qquad d_1\leqslant x_{\mathrm{o}ij}\leqslant d_0\end{cases} \tag{6-121}$$

式中，$\frac{\partial x_{ij}}{\partial\eta_i'}=\left[\frac{\partial x_{ij}}{\partial x_{\mathrm{o}i}},\frac{\partial x_{ij}}{\partial y_{\mathrm{o}i}}\right]^{\mathrm{T}}$；$d_0$ 为通信距离；d_1 为避障安全距离。

为保证航行器集群跟踪期望路径的过程中能够同时解决避障和避碰问题，下面基于避障势函数和避障势函数对集群期望速度进行修正。

选择如下形式的李雅普诺夫函数：

$$V_2=\frac{1}{2}\boldsymbol{X}_{\mathrm{e}}^{\mathrm{T}}\boldsymbol{K}_1\boldsymbol{X}_{\mathrm{e}}+k_3\boldsymbol{P} \tag{6-122}$$

式中，$\boldsymbol{P}=k_1\sum_{i=1}^{m}P_{\mathrm{ao}i}+k_2\sum_{i=1}^{n}P_{\mathrm{ar}i}$ 为总势函数；k_1、k_2 和 k_3 均为设计常数。

对式（6-122）两边求导，则有

$$\dot{V}_2=\boldsymbol{X}_{\mathrm{e}}^{\mathrm{T}}\boldsymbol{K}_1\left(\boldsymbol{J}_{\mathrm{s}}\boldsymbol{V}-\dot{\boldsymbol{X}}_{\mathrm{d}}\right)+k_3\left(\frac{\partial P}{\partial\boldsymbol{\eta}}\right)^{\mathrm{T}}\boldsymbol{V} \tag{6-123}$$

在此背景下，设计集群期望速度为

$$\begin{aligned}\boldsymbol{V}_{\mathrm{d}}&=-\left(\boldsymbol{X}_{\mathrm{e}}^{\mathrm{T}}\boldsymbol{K}_1\boldsymbol{J}_{\mathrm{s}}+k_3\left(\frac{\partial P}{\partial\boldsymbol{\eta}}\right)^{\mathrm{T}}\right)^{\mathrm{T}}+\boldsymbol{J}_{\mathrm{s}}^{+}\dot{\boldsymbol{X}}_{\mathrm{d}}\\&=-\left(k_3\frac{\partial P}{\partial\boldsymbol{\eta}}+\boldsymbol{J}_{\mathrm{s}}^{\mathrm{T}}\boldsymbol{K}_1\boldsymbol{X}_{\mathrm{e}}\right)+\boldsymbol{J}_{\mathrm{s}}^{+}\dot{\boldsymbol{X}}_{\mathrm{d}}\end{aligned} \tag{6-124}$$

因此，第 i 艘航行器期望速度和期望艏向角可表示为

$$\begin{cases}u_{i\mathrm{d}}=\sqrt{\dot{x}_{i\mathrm{d}}^2+\dot{y}_{i\mathrm{d}}^2}\\ \psi_{i\mathrm{d}}=\arctan 2\left(\dot{y}_{i\mathrm{d}},\dot{x}_{i\mathrm{d}}\right)\end{cases} \tag{6-125}$$

注 6-6　集群自主避障制导速度求解流程如图 6-27 所示。当航行器与障碍物距离较近时，避障势函数作用于集群速度，驱使航行器远离障碍物；当与障碍物距离满足安全距离要求时，势函数大小为零，即恢复至原来集群速度。

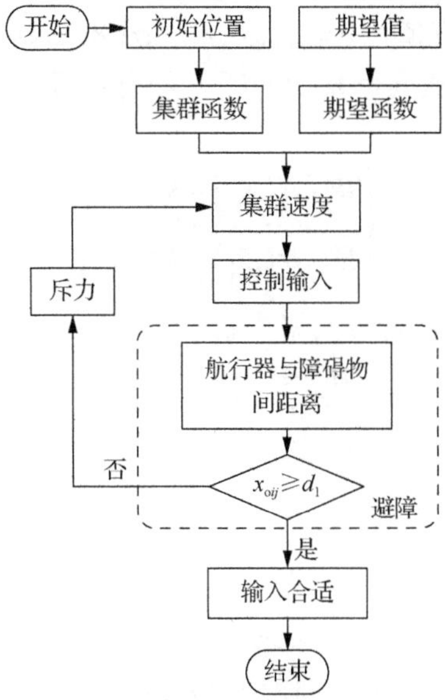

图 6-27　集群自主避障制导速度

6.4.4　控制器设计及稳定性分析

1. 转艏控制

基于期望艏向角 ψ_{id}，定义艏向角误差为

$$\psi_{ie} = \psi_i - \psi_{id} \tag{6-126}$$

设计滑模面为

$$S_{ir} = \lambda_{i1}\psi_{ie} + \dot{\psi}_{ie} \tag{6-127}$$

式中，$\lambda_{i1} > 0$ 为设计常数。

对滑模面（6-127）求导，得到等效控制律为

$$\tau_{ireq} = -\left(\hat{m}_{11} - \hat{m}_{22}\right)u_i v_i + \left(\hat{d}_u + \hat{d}_{uu}\left|r_i\right|\right)r_i - \hat{m}_{33}\left(\lambda_{i1}r_i - \lambda_{i1}\dot{\psi}_{id} - \ddot{\psi}_{id}\right) \tag{6-128}$$

考虑模型参数摄动和外界干扰，设计如下切换控制律：

$$\tau_{irNN} = -K_{ir}\mathrm{sgn}\left(S_{ir}\right) \tag{6-129}$$

式中，K_{ir} 表示不确定性和外界干扰。

在此背景下，转艏力矩可表示为

$$\tau_{ir} = \tau_{irNN} + \tau_{ireq} \tag{6-130}$$

利用神经网络对不确定参数 K_{ir} 进行估计，其估计值为

$$\hat{K}_{ir} = \hat{\boldsymbol{W}}_{ir}^{\mathrm{T}}\boldsymbol{\sigma}\left(\boldsymbol{Z}_r\right) \tag{6-131}$$

式中，$\boldsymbol{Z}_r = \left[u, v, r, \dot{\psi}_{\mathrm{d}}, \ddot{\psi}_{\mathrm{d}}, \tau_{wr}\right]^{\mathrm{T}}$ 为神经网络输入；$\hat{K}_{ir}$ 为神经网络输出；$\hat{\boldsymbol{W}}_{ir} = \left[W_{r1},\right.$

$W_{r2},\cdots,W_{rh}]^{\mathrm{T}}$ 为神经网络权值，$h=1,2,\cdots,n$；$\boldsymbol{\sigma}(\boldsymbol{Z}_r)$ 为高斯基函数。

注 6-7　对于最优权值向量 $\boldsymbol{W}_{ir}^*$ 和 $\boldsymbol{W}_{iu}^*$，则有任意小的正数 c_r 和 c_u，使神经网络逼近满足

$$\begin{cases}\left|\boldsymbol{W}_{ir}^{*\mathrm{T}}\boldsymbol{\sigma}(\boldsymbol{Z}_r)-K_{ir}\right|<c_r\\ \left|\boldsymbol{W}_{iu}^{*\mathrm{T}}\boldsymbol{\sigma}(\boldsymbol{Z}_u)-K_{iu}\right|<c_u\end{cases} \tag{6-132}$$

利用自适应方法，设计神经网络更新率为

$$\hat{\boldsymbol{W}}_{ir}=\eta_{ir}\left|S_{i1}\right|\boldsymbol{\sigma}(\boldsymbol{Z}_r) \tag{6-133}$$

式中，$\eta_{ir}>0$ 为设计常数。

2. 速度控制

定义速度误差

$$u_{ie}=u_i-u_{id} \tag{6-134}$$

式中，u_{id} 为期望速度，可由式（6-125）确定。

设计积分型一阶指数滑模面为

$$S_{iu}=\lambda_{i2}\int_0^t u_{ie}(\tau_{iu})\mathrm{d}\tau_{iu}+u_{id} \tag{6-135}$$

式中，$\lambda_{i2}>0$ 为设计常数。

对滑模面求导，得到等效控制律为

$$\tau_{ireq}=-\hat{m}_{22}v_ir_i+\left(\hat{d}_u+\hat{d}_{uu}\left|u_i\right|\right)u_i-\hat{m}_{11}\left(\lambda_{i2}u_{ie}-\dot{u}_{id}\right) \tag{6-136}$$

选取切换控制律

$$\tau_{ir\mathrm{NN}}=-K_{iu}\mathrm{sgn}(S_{iu}) \tag{6-137}$$

式中，K_{iu} 表示不确定性和外界干扰，其形式为

$$\begin{aligned}K_{iu}=&(m_{22}-\hat{m}_{22})v_ir_i+\left(\left(d_u-\hat{d}_u\right)+\left(d_{uu}-\hat{d}_{uu}\right)\left|u_i\right|\right)u_i\\&+(m_{11}-\hat{m}_{11})\left(\lambda_{i2}u_{ie}-\dot{u}_{id}\right)+\tau_{iwu}\end{aligned} \tag{6-138}$$

结合式（6-136）和式（6-137），设计航行器纵向推力为 $\tau_{iu}=\tau_{ir\mathrm{NN}}+\tau_{ireq}$；采用神经网络对不确定性和外界干扰 K_{iu} 进行估计，其网络输出为

$$\hat{K}_{iu}=\hat{\boldsymbol{W}}_{iu}^{\mathrm{T}}\boldsymbol{\sigma}(\boldsymbol{Z}_u) \tag{6-139}$$

式中，$\boldsymbol{Z}_u=[u,v,r,u_{\mathrm{d}},\tau_{wu}]^{\mathrm{T}}$ 为神经网络输入；$\boldsymbol{W}_{iu}=[W_{u1},W_{u2},\cdots,W_{uh}]^{\mathrm{T}}$ 为网络权值；$\boldsymbol{\sigma}(\boldsymbol{Z}_u)$ 为高斯基函数。

进一步，设计神经网络更新率为

$$\hat{\boldsymbol{W}}_{iu}=\eta_{iu}\left|S_{iu}\right|\boldsymbol{\sigma}(\boldsymbol{Z}_u) \tag{6-140}$$

式中，$\eta_{iu}>0$ 为设计常数。

3. 稳定性分析

定理 6-7　考虑集群路径跟踪中的外界干扰和障碍物影响，利用基于势函数的集群中心制导速度和基于神经网络逼近的滑模控制器，可使闭环系统误差信号一致最终有界。

证明：选择如下形式的李雅普诺夫函数：

$$
\begin{aligned}
V_3 = &\frac{1}{2}\left(\boldsymbol{X}_{\mathrm{e}}^{\mathrm{T}}\boldsymbol{K}_1\boldsymbol{X}_{\mathrm{e}} + x_{\mathrm{e}}^2 + y_{\mathrm{e}}^2\right) + k_3\boldsymbol{P} \\
&+\frac{1}{2}\sum_{i=1}^{n}\left(m_{33}S_{ir}^2 + m_{11}S_{iu}^2 + \frac{1}{\eta_{ir}}\tilde{\boldsymbol{W}}_{ir}^{\mathrm{T}}\tilde{\boldsymbol{W}}_{ir} + \frac{1}{\eta_{iu}}\tilde{\boldsymbol{W}}_{iu}^{\mathrm{T}}\tilde{\boldsymbol{W}}_{iu}\right)
\end{aligned}
\tag{6-141}
$$

沿着集群跟踪误差、制导速度误差、滑模面及神经网络更新率误差，对式(6-141)求导，可得

$$
\begin{aligned}
\dot{V}_3 = &\boldsymbol{X}_{\mathrm{e}}^{\mathrm{T}}\boldsymbol{K}_1\left(\boldsymbol{J}_{\mathrm{s}}(\boldsymbol{\eta})\boldsymbol{V} - \dot{\boldsymbol{X}}_{\mathrm{d}}\right) + k_3\left(\frac{\partial P}{\partial \boldsymbol{\eta}}\right)^{\mathrm{T}}\boldsymbol{V} + x_{\mathrm{e}}\dot{x}_{\mathrm{e}} + y_{\mathrm{e}}\dot{y}_{\mathrm{e}} \\
&+\sum_{i=1}^{n}\left(m_{33}S_{ir}\dot{S}_{ir} + m_{11}S_{iu}\dot{S}_{iu} + \frac{1}{\eta_{ir}}\tilde{\boldsymbol{W}}_{ir}^{\mathrm{T}}\dot{\tilde{\boldsymbol{W}}}_{ir} + \frac{1}{\eta_{iu}}\tilde{\boldsymbol{W}}_{iu}^{\mathrm{T}}\dot{\tilde{\boldsymbol{W}}}_{iu}\right)
\end{aligned}
\tag{6-142}
$$

将期望速度（6-124）代入，则有

$$
\begin{aligned}
\dot{V}_3 = &-\left(\boldsymbol{X}_{\mathrm{e}}^{\mathrm{T}}\boldsymbol{K}_1\boldsymbol{J}_{\mathrm{s}} + k_3\left(\frac{\partial P}{\partial \boldsymbol{\eta}}\right)^{\mathrm{T}}\right)^{\mathrm{T}}\left(\boldsymbol{X}_{\mathrm{e}}^{\mathrm{T}}\boldsymbol{K}_1\boldsymbol{J}_{\mathrm{s}} + k_3\left(\frac{\partial P}{\partial \boldsymbol{\eta}}\right)^{\mathrm{T}}\right)^{\mathrm{T}} \\
&+\left(\boldsymbol{X}_{\mathrm{e}}^{\mathrm{T}}\boldsymbol{K}_1\boldsymbol{J}_{\mathrm{s}} + k_3\left(\frac{\partial P}{\partial \boldsymbol{\eta}}\right)^{\mathrm{T}}\right)\boldsymbol{J}_{\mathrm{s}}^{+}\dot{\boldsymbol{X}}_{\mathrm{d}} - \boldsymbol{X}_{\mathrm{e}}^{\mathrm{T}}\boldsymbol{K}_1\dot{\boldsymbol{X}}_{\mathrm{d}} \\
&+x_{\mathrm{e}}\left(V\cos\left(\bar{\psi} - \bar{\psi}_{\mathrm{d}}\right) + \dot{\bar{\psi}}_{\mathrm{d}}y_{\mathrm{e}} - u_{\mathrm{p}}\right) + y_{\mathrm{e}}\left(V\sin\left(\bar{\psi} - \bar{\psi}_{\mathrm{d}}\right) - \dot{\bar{\psi}}_{\mathrm{d}}x_{\mathrm{e}}\right) \\
&+\sum_{i=1}^{n}\left(S_{ir}\left(\tau_{ri} + (m_{11} - m_{22})u_i r_i - \left(d_r + d_{rr}|r_i|\right)r_i + m_{33}\left(\lambda_{i1}r_i - \lambda_{i1}\dot{\psi}_{\mathrm{id}} - \ddot{\psi}_{\mathrm{id}}\right)\right)\right. \\
&\left.+\frac{1}{\eta_{ir}}\tilde{\boldsymbol{W}}_i^{\mathrm{T}}\left(\boldsymbol{W}_{ir}^{*} - \hat{\boldsymbol{W}}_{ir}\right)\right) \\
&+\sum_{i=1}^{n}\left(S_{iu}\left(\tau_{ui} + \hat{m}_{22}v_i r_i - \left(\hat{d}_u + \hat{d}_{uu}|u_i|\right)u_i + \hat{m}_{11}\left(\lambda_{i2}u_{ie} - \dot{u}_{\mathrm{id}}\right)\right) + \frac{1}{\eta_{iu}}\tilde{\boldsymbol{W}}_i^{\mathrm{T}}\left(\boldsymbol{W}_{iu}^{*} - \hat{\boldsymbol{W}}_{iu}\right)\right)
\end{aligned}
\tag{6-143}
$$

进一步化简，有

$$
\dot{V}_3 = -\left(k_3\frac{\partial P}{\partial \boldsymbol{\eta}} + \boldsymbol{J}_{\mathrm{s}}^{\mathrm{T}}\boldsymbol{K}_1\boldsymbol{X}_{\mathrm{e}}\right)^{\mathrm{T}}\left(k_3\frac{\partial P}{\partial \boldsymbol{\eta}} + \boldsymbol{J}_{\mathrm{s}}^{\mathrm{T}}\boldsymbol{K}_1\boldsymbol{X}_{\mathrm{e}}\right) + k_3\left(\frac{\partial P}{\partial \boldsymbol{\eta}}\right)^{\mathrm{T}}\boldsymbol{J}_{\mathrm{s}}^{+}\dot{\boldsymbol{X}}_{\mathrm{d}}
$$

$$
\begin{aligned}
&+x_{\mathrm{e}}\left(-\delta x_{\mathrm{e}}+\dot{\psi}_{\mathrm{d}} y_{\mathrm{e}}\right)+y_{\mathrm{e}}\left(V \sin \left(\bar{\psi}-\bar{\psi}_{\mathrm{d}}\right)-\dot{\bar{\psi}}_{\mathrm{d}} x_{\mathrm{e}}\right) \\
&+\sum_{i=1}^{n}\left(S_{ir}\left(K_{ir}-\hat{K}_{ir} \operatorname{sgn}\left(S_{ir}\right)\right)-\frac{1}{\eta_{ir}} \tilde{\boldsymbol{W}}_{i}^{\mathrm{T}}\left(\boldsymbol{W}_{ir}^{*}-\hat{\boldsymbol{W}}_{ir}\right) \eta_{ir}\left|S_{ir}\right| \boldsymbol{\sigma}\left(\boldsymbol{Z}_{r}\right)\right) \\
&+\sum_{i=1}^{n}\left(S_{iu}\left(K_{iu}-\hat{K}_{iu} \operatorname{sgn}\left(S_{iu}\right)\right)-\frac{1}{\eta_{iu}} \tilde{\boldsymbol{W}}_{i}^{\mathrm{T}}\left(\boldsymbol{W}_{iu}^{*}-\hat{\boldsymbol{W}}_{iu}\right) \eta_{iu}\left|S_{iu}\right| \boldsymbol{\sigma}\left(\boldsymbol{Z}_{u}\right)\right)
\end{aligned} \tag{6-144}
$$

令 $\Delta=k_{3}\left|\left(\frac{\partial P}{\partial \boldsymbol{\eta}}\right)^{\mathrm{T}} \boldsymbol{J}_{\mathrm{s}}^{+} \dot{\boldsymbol{X}}_{\mathrm{d}}\right|$ 和 $\boldsymbol{\Gamma}=k_{3} \frac{\partial P}{\partial \boldsymbol{\eta}}+\boldsymbol{J}_{\mathrm{s}}^{\mathrm{T}} \boldsymbol{K}_{1} \boldsymbol{X}_{\mathrm{e}}$，得到

$$
\begin{aligned}
\dot{V}_{3} \leqslant & -\left(k_{3} \frac{\partial P}{\partial \boldsymbol{\eta}}+\boldsymbol{J}_{\mathrm{s}}^{\mathrm{T}} \boldsymbol{K}_{1} \boldsymbol{X}_{\mathrm{e}}\right)^{\mathrm{T}}\left(k_{3} \frac{\partial P}{\partial \boldsymbol{\eta}}+\boldsymbol{J}_{\mathrm{s}}^{\mathrm{T}} \boldsymbol{K}_{1} \boldsymbol{X}_{\mathrm{e}}\right) \\
& +\Delta-\delta x_{\mathrm{e}}^{2}+y_{\mathrm{e}} V \sin \left(\arctan \left(\frac{-y_{\mathrm{e}}}{l_{0}}\right)\right) \\
& +\sum_{i=1}^{n}\left(S_{ir} K_{ir}-\boldsymbol{W}_{ir}^{* \mathrm{T}}\left|S_{ir}\right| \boldsymbol{\sigma}\left(\boldsymbol{Z}_{r}\right)+S_{iu} K_{iu}-\boldsymbol{W}_{iu}^{* \mathrm{T}}\left|S_{iu}\right| \boldsymbol{\sigma}\left(\boldsymbol{Z}_{u}\right)\right)
\end{aligned} \tag{6-145}
$$

注意到 $\left|\boldsymbol{W}_{ir}^{*\mathrm{T}} \boldsymbol{\sigma}\left(\boldsymbol{Z}_{r}\right)-K_{ir}\right|<c_{r}$ 以及 $\left|\boldsymbol{W}_{iu}^{*\mathrm{T}} \boldsymbol{\sigma}\left(\boldsymbol{Z}_{u}\right)-K_{iu}\right|<c_{u}$。利用神经网络逼近特性，则有

$$
\dot{V}_{3} \leqslant-\boldsymbol{\Gamma}^{\mathrm{T}} \boldsymbol{\Gamma}+\Delta-\delta x_{\mathrm{e}}^{2}+y_{\mathrm{e}} V \sin \left(\arctan \left(\frac{-y_{\mathrm{e}}}{l_{0}}\right)\right)-\sum_{i=1}^{n}\left(\bar{c}_{r}\left|S_{ir}\right|+\bar{c}_{u}\left|S_{iu}\right|\right) \tag{6-146}
$$

此外，利用等式 $\sin \left(\arctan \left(\frac{-y_{\mathrm{e}}}{l_{0}}\right)\right)=-\frac{y_{\mathrm{e}}}{\sqrt{l_{0}^{2}+y_{\mathrm{e}}^{2}}}$，可得

$$
\dot{V}_{3} \leqslant-\boldsymbol{\Gamma}^{\mathrm{T}} \boldsymbol{\Gamma}-\sum_{i=1}^{n}\left(\bar{c}_{r}\left|S_{ir}\right|+\bar{c}_{u}\left|S_{iu}\right|\right)-\delta x_{\mathrm{e}}^{2}-\frac{V}{\sqrt{l_{0}^{2}+y_{\mathrm{e}}^{2}}} y_{\mathrm{e}}^{2}+\Delta \tag{6-147}
$$

令 $\Omega\left(y_{\mathrm{e}}\right)=\frac{V}{\sqrt{l_{0}^{2}+y_{\mathrm{e}}^{2}}}$，则对任意 $\varepsilon_{0}>0$ 和 $\left\|y_{\mathrm{e}}\right\| \leqslant \varepsilon_{0}$，有

$$
\Omega\left(y_{\mathrm{e}}\right) \geqslant \frac{V_{\min }}{\sqrt{l_{0\max}^{2}+y_{\mathrm{e}\max}^{2}}}=c_{3} \tag{6-148}
$$

在此背景下，式（6-147）可表示为

$$
\dot{V}_{3} \leqslant-\boldsymbol{\Gamma}^{\mathrm{T}} \boldsymbol{\Gamma}-\sum_{i=1}^{n}\left(\bar{c}_{1}\left|S_{ir}\right|+\bar{c}_{2}\left|S_{iu}\right|\right)-\delta x_{\mathrm{e}}^{2}-c_{3} y_{\mathrm{e}}^{2}+\Delta \tag{6-149}
$$

式（6-142）结果表明误差闭环系统误差信号一致最终有界。

至此，定理 6-7 证毕。

6.4.5　仿真实验

下面给出仿真实验，用来验证所提出的集群自主避障控制方法的有效性。考虑由七个航行器组成的集群系统，期望速度为 $u_{\mathrm{d}}=2\mathrm{m/s}$；期望平均距离为 $\sigma_{\mathrm{d}}=20\mathrm{m}$；期望路径为

$$\begin{cases} x_{\mathrm{d}}=\theta, y_{\mathrm{d}}=\theta, & \theta<200 \\ x_{\mathrm{d}}=200+75\sqrt{2}-150\cos\left((\theta-200)/150+\pi/4\right), & \\ y_{\mathrm{d}}=200-75\sqrt{2}+150\cos\left((\theta-200)/150+\pi/4\right), & 200\leqslant\theta\leqslant 200+75\pi \\ x_{\mathrm{d}}=\theta-75\pi+150\sqrt{2}, y_{\mathrm{d}}=400+75\sqrt{2}-\theta, & \theta>200+75\pi \end{cases}$$

且集群路径跟踪过程中设置两个障碍物，位置分别为 $(300,240)$ 和 $(500,110)$。

不失一般性，考虑外界干扰 $\boldsymbol{\tau}_{wui}=\left[m_{11}\omega_1, m_{22}\omega_2, m_{33}\omega_3\right]^{\mathrm{T}}$，这里 $\omega_i\left(i=1,2,3\right)$ 为零均值高斯白噪声。

航行器初始速度为 $v_i=\left[0,0,0\right]^{\mathrm{T}}$，初始位置和艏向角为 $\boldsymbol{\eta}_1=\left[-30,20,0.25\pi\right]^{\mathrm{T}}$，$\boldsymbol{\eta}_2=\left[10,-15,0\right]^{\mathrm{T}}$，$\boldsymbol{\eta}_3=\left[-10,-20,-0.15\pi\right]^{\mathrm{T}}$，$\boldsymbol{\eta}_4=\left[-10,10,0.15\pi\right]^{\mathrm{T}}$，$\boldsymbol{\eta}_5=\left[-10,20,0.2\pi\right]^{\mathrm{T}}$，$\boldsymbol{\eta}_6=\left[-25,-10,0.5\pi\right]^{\mathrm{T}}$，$\boldsymbol{\eta}_7=\left[-20,0,0\right]^{\mathrm{T}}$。

控制参数为 $\boldsymbol{K}_1=\mathrm{diag}\left\{0.1,0.1,0.1\right\}$，$\delta=0.2$，$l_0=20$，$\lambda_{i1}=0.4$，$\lambda_{i2}=5$，$\eta_{iu}=500$，$\eta_{ir}=500$。

图 6-28 给出了集群自主避障行为曲线，其中虚线表示期望路径，两个实心圆表示障碍物。从图中可以看到，航行器集群能较好地跟踪上期望路径，且能合理地绕开障碍物。图 6-29 给出了不同时间节点的集群自主避障行为曲线，可以清楚地看到各航行器在避碰势函数和避障势函数作用下均保持一定的距离，且始终围绕在集群中心点附近，因此验证了集群自主避障方法的有效性。

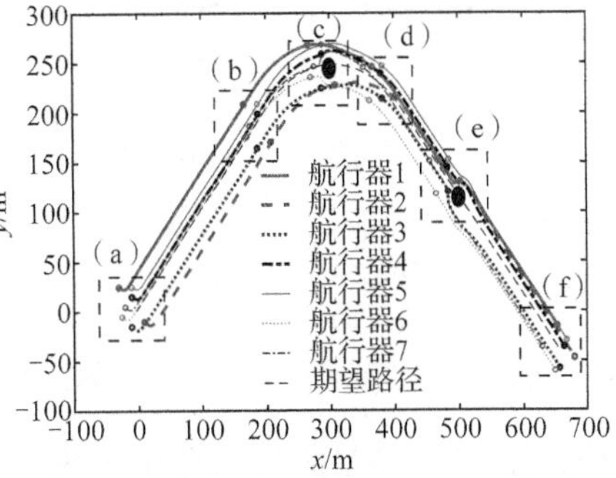

图 6-28　集群自主避障行为曲线

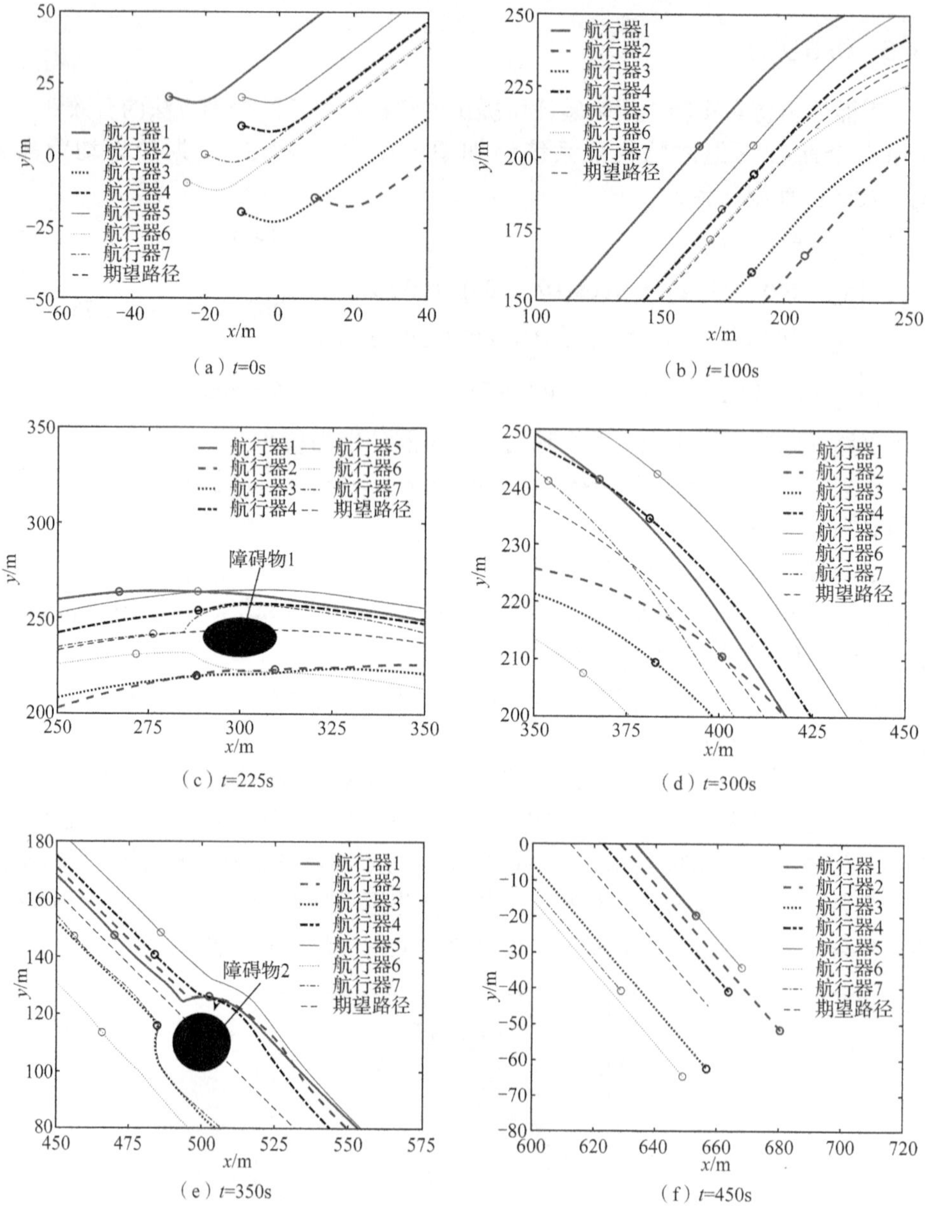

图 6-29　不同时间节点的集群自主避障行为曲线

图 6-30 给出了集群自主避障误差曲线，图中可见三个误差能够较快收敛到零，其中 225s 和 350s 附近的集群误差不为零是集群避障导致的，当航行器遇到障碍物时，各航行器以避障任务为主，势必导致偏离原期望路径；当与障碍物距离满足安全距离后，各航行器又在集群聚集策略的作用下跟踪上期望路径，

致使集群误差收敛到零。图 6-31 给出了速度演化曲线，图中可见各航行器的速度均从零逐渐增加到给定期望值，且各航行器速度稳定后大小一致，证明了集群制导方法的有效性，其中 225s 和 350s 附近的速度变化较大是航行器避障导致的，航行器在势函数的作用下改变速度大小。图 6-32 给出了艏向角演化曲线，可以看出，经过初始阶段的短暂调整后，均能趋于一致。值得一提的是，速度和艏向角曲线在航行器避障阶段均出现一定的波动，速度或大或小，或左转或右转，以达到规避障碍物的目的。图 6-33 给出了控制输入曲线，包括纵向推力和转艏力矩，可以看到控制输入较为平滑，满足实际需要。

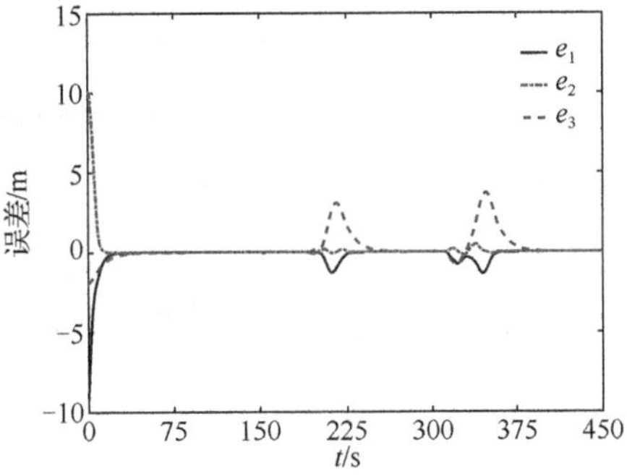

图 6-30　集群自主避障误差曲线

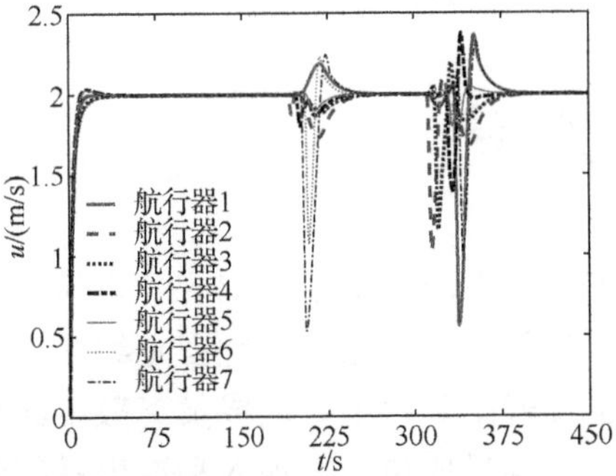

图 6-31　速度演化曲线

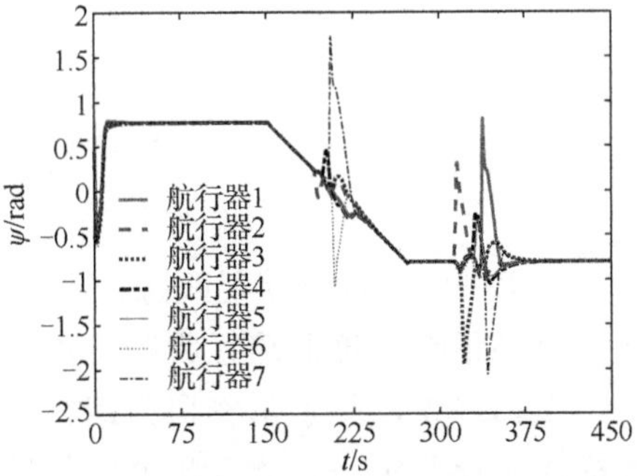

图 6-32　艏向角演化曲线

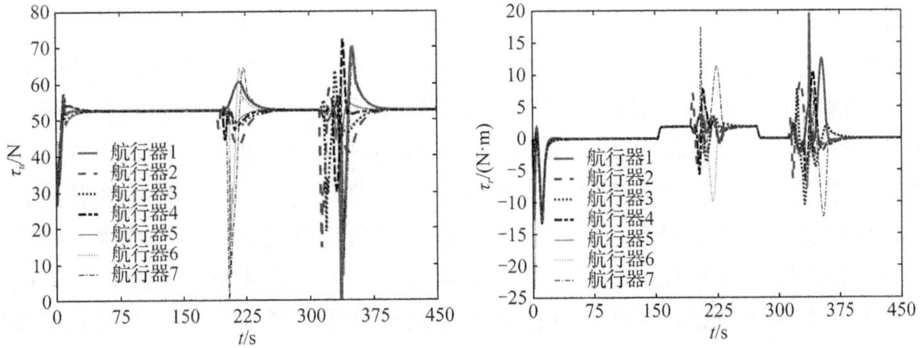

（a）纵向推力曲线　　（b）转艏力矩曲线

图 6-33　控制输入曲线

图 6-34 给出了小波神经网络估计曲线，包括纵向不确定性估计和转艏不确定性估计。从图中可以看到，小波神经网络能够准确地估计出系统不确定性，提高控制器鲁棒性，进而实现高精度集群路径跟踪。

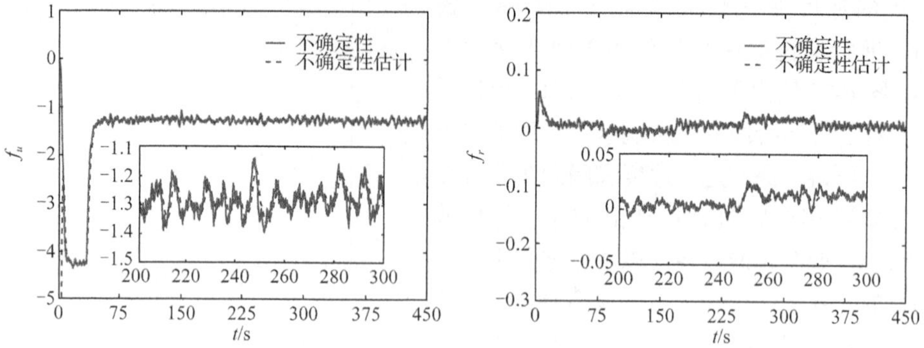

（a）纵向不确定性估计曲线 （b）转艏不确定性估计曲线

图 6-34 小波神经网络估计曲线

6.5 本章小结

本章在单航行器路径跟踪控制和轨迹跟踪控制研究基础上，研究了多航行器集群轨迹跟踪、集群路径跟踪及集群自主避障问题，克服了以往固定编队模式的约束。首先，基于生物自组织行为构建了集群距离模型，以成员离散度的形式描述航行器集群，避免集群成员数量限制，满足成员随时加入和退出系统的实际需求；通过设计集期望速度向量，保证了集群各成员以相同的速度跟踪上期望目标。其次，考虑了集群轨迹跟踪控制中的模型不确定性和外界干扰问题，打包处理集总干扰，并利用小波神经网络实现了对集总干扰的估计，提高了集群系统的抗干扰性；考虑了集群中心位置不可测问题，基于图论和一致性方法设计了群中心观测器，保证了集群各成员均能精准识别集群中心位置。再次，针对集群路径跟踪控制问题，基于传统 LOS 方法研究了集群中心制导方法，将集群路径跟踪问题转换为集群中心点的路径跟踪问题；在动力学控制器设计方面，基于前面章节的研究工作，设计了基于模糊和自适应滑模控制律，提高了协同控制系统的鲁棒性。最后，结合实际工程需求，在集群路径跟踪的基础上考虑了自主避障问题，利用设计的避障势函数修正集群速度向量，保证了集群成员以顺时针或逆时针方向绕行障碍物。理论分析和仿真实验验证了所设计的协同控制方法的有效性。

参 考 文 献

段海滨，李沛，2017．基于生物群集行为的无人机集群控制．科技导报，35（7）：17-25．

高为炳，1996．变结构控制的理论及设计方法．北京：科学出版社．

何健，2009．基于多智能体的群集运动控制方法研究．南京：南京理工大学．

秦梓荷，2018．水面无人艇运动控制及集群协调规划方法研究．哈尔滨：哈尔滨工程大学．

俞辉，王永骥，程磊，2005．稳定的有领航者的多移动 agent 群集运动控制．华中科技大学学报（自然科学版）（8）：56-58．

俞辉，王永骥，刘磊，2006．基于动态拓扑有领航者的智能群体群集运动控制．系统工程与电子技术，28（11）：1721-1724．

Bayindir L, 2016. A review of swarm robotics tasks. Neurocomputing, 172: 292-321.

Billings S A, Wei H, 2005. A new class of wavelet networks for nonlinear system identification. IEEE Transactions on Neural Networks, 16(4): 862-874.

Brambilla M, Ferrante E, Birattari M, et al., 2013. Swarm robotics: a review from the swarm engineering perspective. Swarm Intelligence, 7(1): 1-41.

Dai G B, Liu Y C, 2017. Distributed coordination and cooperation control for networked mobile manipulators. IEEE Transactions on Industrial Electronics, 64(6): 5056-5074.

Ganesan V, Chitre M, Brekke E, 2015. Robust underwater obstacle detection and collision avoidance. Autonomous Robots.

Gu D B, Hu H S, 2008. Using fuzzy logic to design separation function in flocking algorithms. IEEE Transactions on Fuzzy Systems, 16(4): 826-838.

Hou Z G, Cheng L, Tan M, 2009. Decentralized robust adaptive control for the multi-agent system consensus problem using neural networks. IEEE Transactions on Systems Man and Cybernetics Part B, 39(3): 636-647.

Jadbabaie A, Lin J, Morse A S, 2003. Coordination of groups of mobile autonomous agents using nearest neighbor rules. IEEE Transactions on Automatic Control, 48(6): 988-1001.

Liang X, Qu X R, Hou Y H, et al., 2020. Distributed coordinated tracking control of multiple unmanned surface vehicles under complex marine environments. Ocean Engineering, 205: 1-9.

Liang X, Qu X R, Wang N, et al., 2019a. Swarm control with collision avoidance for multiple underactuated surface vehicles. Ocean Engineering, 191: 1-10.

Liang X, Qu X R, Wang N, et al., 2019b. A novel distributed and self-organized swarm control framework for underactuated unmanned marine vehicles. IEEE Access, 7: 112703-112712.

Liu L, Wang D, Peng Z H, 2016. Path following of marine surface vehicles with dynamical uncertainty and time-varying ocean disturbances. Neurocomputing, 173(part 3): 799-808.

Liu Y C, Chopra N, 2012. Controlled synchronization of heterogeneous robotic manipulators in the task space. IEEE Transactions on Robotics, 28(1): 268-275.

Liu Y C, Chopra N, 2013. Control of semi-autonomous teleoperation system with time delays. Automatica, 49(6): 1553-1565.

Ma C, Zeng Q S, 2015. Distributed formation control of 6-DOF autonomous underwater vehicles networked by sampled-data information under directed topology. Neurocomputing, 154: 33-40.

Olfati-Saber R, Murray R M, 2004. Consensus problems in networks of agents with switching topology and time-delays. IEEE Transactions on Automatic Control, 49(9): 1520-1533.

Qu X, Liang X R, Hou Y H, et al., 2020. Path-following control of unmanned surface vehicles with unknown dynamics and unmeasured velocities. Journal of Marine Science and Technology, Doi: 10.1007/s00773-020-00744-3.

Reynolds C W, 1987. Flocks, herds, and schools: a distributed behavioral model. ACM SIGGAPH Computer Graphics,

21(4): 25-34.

Shirazi A R, Jin Y C, 2017. A strategy for self-organized coordinated motion of a swarm of minimalist robots. IEEE Transactions on Emerging Topics in Computational Intelligence, 1(5): 326-338.

Tanner H G, Jadbabaie A, Pappas G J, 2003. Stable flocking of mobile agents, Part Ⅱ: dynamic topology. 42nd IEEE International Conference on Decision and Control: 2016-2021.

Woo J, Kim N, 2016. Vision-based target motion analysis and collision avoidance of unmanned surface vehicles. Proceedings of the Institution of Mechanical Engineers, Part M: Journal of Engineering for the Maritime Environment, 230(4): 566-578.

Yoo S J, Park J B, Choi Y H, 2006. Adaptive dynamic surface control of flexible-joint robots using self-recurrent wavelet neural networks. IEEE Transactions on Systems, Man, and Cybernetics, Part B (Cybernetics), 36(6): 1342-1355.